前　言

教育活动如何发挥其应有之效能？这是每位教育者均需认真思考和着力解决的永恒问题，人们从不同学科角度进行了坚持不懈的探索并作出了各式回答。心理学作为当今时代的显学，在教育教学中占据着不可替代的重要地位，这已成为社会各界的普遍共识。但它对教师做好教育教学工作究竟意义何在？即将付梓的教师教育公共课教材《心理学与教育》对此做了系统全面的剖析和解读。作为山东师范大学校级精品课程——公共课心理学的重要建设成果之一，本书由心理学院组织全院骨干教师联袂编撰而成。可以说，它是新近成立的心理学院教师们集体智慧的结晶与团队凝聚力的体现！没有他们的通力合作和精诚奉献，就没有本教材的迅速问世！

作为教师培养课程体系中的一门共同课程，心理学历来受到我国教师教育机构的普遍重视，教育主管部门亦对该门课程寄予相当高的期望。因为绝大多数师范专业学生虽然都正在接受或曾经受过良好的思想政治教育和系统的专业素质训练，但他们由于对学生的认知、个性和学习及心理健康问题缺乏充分的认识，往往不能依据学生的心理特点，有针对性地组织和实施教育活动。就提高教育教学效率而言，每个教师有义务更有责任学会从心理学的角度去分析学生的心理特点，不断自觉提高自己的教育教学水平和教育科研水平，促使自己早日成为一名专家型教师。

由于师范专业学生学习心理学主要是为了尽快熟悉和适应教育教学工作，完成从学生向教师的角色转换。因此，本书在概括介绍当代心理学研究所取得的主要理论成果和研究结论之外，还适当融入了发展心理学、认知心理学、社会心理学和心理卫生学等相关学科的研究成果，以增强对教育教学实际活动的针对性和有效性。全书分三部分，共十二章。

第一部分　《教育的心理基础》包括一至六章内容。该部分在明确心理学的研究对象及其发展历史的基础上，重点阐述了心理学的研究方法和作用以及注意与感知、记忆与思维、智力与创造力、动机与情绪、人格等方面的心理原理及具体教育应用问题，使未来教师初步把握心理学知识及一般心理现象在学生身上的体现，同时也旨在增强大学生对自身的理解。

第二部分　《心理发展、学习与教学》包括七、八、九三章内容。主要阐述青少年学生的心理发展特点、基本学习规律以及教学实施过程中应注意的心理规律，以帮助未来教师明确不同教学活动所依赖的发展、学习与教学等内在的心理依据。

第三部分　《心理教育》包括十、十一、十二章内容。主要探讨与学生心理健康成长有关的基本心理规律。具体包括对学生的品德培养、人际关系的建立与调适、常见心理问题与教育对策及心理辅导技术的介绍，旨在帮助未来教师提高育人工作的科学性和有效性，同时也意在培养大学生自身的心理素质。

本书在成书过程中努力贯彻了如下原则：一、理论与实际相结合。要保证教育教学活动的适当性，就必须了解学生心理的一般特点及有关理论，同时又必须注意结合现实教育教学实际。本书既包含了心理学的基本理论观点，又提供了各种实际教育教学事例，便于学生对有关理论知识的理解和迁移。二、科学性与可读性相兼容。未来教师只有掌握了科学的心理学知识，才能真正有效地指导实践，但科学并不必然意味着晦涩难懂。本书在介绍已有理论认识和研究结果时，结合生活实际努力做到深入浅出、生动有趣，以激发学生的学习热情。三、基础性与前沿性相贯通。向师范学生传递基础内容还是前沿知识，历来是存在很大争论的焦点问题。本书在努力吸收传统研究菁华的同时，力争反映本学科的发展前沿和动向，以利于最大限度地促进未来教师的专业成长。

本书由张文新、高峰强、司继伟担纲主编。具体撰写分工如下：张文新（教授），第一章；毛伟宾（副教授），第二章；杜秀芳（副教授），第三章；张景焕（教授），第四章；项旭映（副教授），第五章；高峰强（教授），第六章；王益文（副教授），第七章；常淑敏（副教授），第八章；司继伟（副教授），第九章；王美芳（教授），第十章；佘瑞琴（副教授），第十一章；陈英敏（副教授），第十二章。最后，主编对各章进行了细致深入的修改，并对全书的写作体例做了适当调整。付梓之际，谨向对本书的编写给予支持和帮助的各方人士表示衷心的感谢！

本书是在借鉴、参考和引用国内外大量文献资料基础上完成的。囿于篇幅，我们仅在参考文献中列出了主要书目，对有关论文和报告未能一一列出，在此对有关作者表示深深谢意。古人云：始生之物，其形必陋。尽管我们已经尽力，但由于水平有限和时间紧迫，本书必然还存在某些瑕疵和纰漏，真诚希望同行专家与读者朋友批评、指正，以利于修订完善。

编者

2006年12月谨识于泉城济南

目　录

第一章　概论

[内容摘要]

当今喜欢心理学、谈论心理学的人愈来愈多，但真正对心理学有所了解的人却不多。不少人对心理学和心理学家工作的认识比较肤浅，甚至还存在着种种误解。随着研究方法的进步和诸多交叉学科、边缘学科的兴起，经历百余年发展的心理学已逐渐演变成为一个综合性的科学领域。当前，心理学的触角已逐渐延伸到人类社会的各个领域，在人们的日常生活中起着举足轻重的作用。本章系统地介绍了心理学的研究对象、研究任务、主要理论流派、研究主题、研究方法以及师范学生学习心理学的意义，为以后各章节的深入学习奠定基础。第一节介绍了心理学的研究对象和任务。第二节在回顾心理学的理论演变进程的基础上，列举了现代心理学的研究主题。第三节概述了心理学研究的基本程序和主要方法。第四节阐述了师范学生学习心理学的意义。

[学习目标]

1. 明确心理学的研究对象和研究任务；
2. 了解心理学的主要理论流派及其基本观点；
3. 了解现代心理学的研究主题；
4. 了解心理学的主要研究方法；
5. 明确师范学生学习心理学的意义。

[关键词]

科学心理学　研究对象与任务　研究主题　研究方法

第一节　心理学的研究对象与任务

一、心理学的研究对象

心理学是一门研究心理和行为的科学。① 作为心理学研究对象的心理和行为既

① 〔美〕M·艾森克著，阎巩固译：《心理学——一条整合的途径》，华东师范大学出版社2001年版，第3页。

包括人的心理和行为，也包括动物的心理和行为，但以人的心理和行为为主。人类的心理与行为现象是十分丰富和多样化的。

（一）个体心理

就个体水平而言，人的心理现象可以分为心理过程和心理特性。

1．心理过程

心理过程泛指心理操作的加工程序，包括心理事件的相互作用和相互转化的加工进程。在心理学中，心理过程和心理活动两个词一般是可以通用的。个体的心理过程包括认识（认知）过程、情绪过程和意志过程三个方面。认识（认知）过程是指人获取和运用知识的过程，它主要包括感觉、知觉、记忆、思维、想象和言语等活动。情绪与情感过程是人们对自己所认识的事物、所从事的事情以及对他人和自己的态度的体验。人不仅能够认识事物，对事物产生某种情绪体验，而且能够在自己的活动中有目的、有计划地改造世界。这种自觉的能动性，是人与动物的本质区别。心理学中，将自觉地确立目的、并为实现目的而有目的、有计划地支配和调节自己行为的心理过程叫做意志。

2．心理特性

众所周知，人与人之间在心理上存在一些稳定的、经常出现的差异，如有人比较温和，有人比较急躁；有人记忆力好，有人记忆力差；有人内向，有人外倾；有人长于数理，有人长于文学艺术。这些差异既与先天的遗传因素有关，也与后天的生活环境和社会化经验有关。人与人心理的差异主要表现在性格、气质、能力三个方面，这三个方面称作个性心理特征。

（二）个体心理与行为

行为是有机体适应环境的方式，行为就是行动。一般而言，心理学研究的主题是人类和其他动物的可观察的行为，如微笑、哭泣、交谈、攻击、学习等等。心理学家致力于探讨这些行为模式的机能与发生机制。行为不同于心理，但却与心理有着密切的联系。一方面，引起行为的刺激常常是通过心理的中介而起作用，行为的多样性是由心理的复杂性引起的。同一刺激往往会引起人们不同的反应。有机体的内部状态不同，对同一事物的反应也可能差别很大。另一方面，人的心理又常常通过行为表现出来。心理现象是一种主观的精神现象，而行为具有外显性，是可以客观测量的。因此，心理学家可以通过观察和分析人的行为来研究心理活动。在此意义上，心理学也可以称作研究行为的科学。

（三）意识与无意识

人类与动物在心理活动上的不同之处在于前者具有意识的特点。人类意识的主要特征就是人类可以用语词的形式巩固头脑中的知识体系，这种知识体系与各种情绪、情感结合在一起，构成了我们丰富多彩的主观世界。意识的另一特征是人的活动具有明确的目的性，能够对达到目的的方法和手段预先作出计划。此外，人还具有自我意识，能够区分“自我”和“非我”，“主体”和“客体”。除意识之外，人的心理活动还有无意识现象，即人们在正常情况下觉察不到，同时也不能够自觉调节和控制的心理现象，例如，人在梦境中的心理现象大多是在无意识的情况下出现的。人的某些动作方式起初可能受到意识的调节，但在成为习惯后就可能转化为无意识现象。

（四）社会心理

人是一种社会存在物，总是生活在一定的群体之中，并与他人结成各种各样的关系，如亲属关系、师生关系、民族关系、国家关系等。群体的存在使得群体心理或社会心理现象得以产生，如时尚、风俗、舆论、流言、偏见、民族和国家的心理特点等。

二、心理学的研究任务

（一）描述心理与行为事实

描述心理与行为事实，即“What”的问题，是心理科学研究的第一步。其主要内容是采用科学的方法、凭借科学的手段、从科学的角度对各种心理现象的本质和特点进行界定。例如，人的心理现象包括哪些方面，如何划分其种类？记忆的内涵是什么？小学儿童记忆的发展有何特点？什么样的行为才属于攻击行为，儿童攻击行为的频率、形式是否存在性别差异，差异的具体表现是什么？青少年期亲子关系发展变化的轨迹是怎样的等等。目前心理学研究中有许多心理概念尚未达成共识，例如，仅智力一词就有几十种不同的说法，有的学者认为智力是个体适应环境的能力，有的认为智力是个体抽象思维的能力，有的认为智力是学习的能力，有的认为智力是多种能力的综合等等。因此，要建立系统、成熟的心理学，心理学家还需要进行大量的描述性研究。

（二）揭示心理与行为发生的机制

揭示心理与行为发生的机制，即“Why”的问题，是心理科学研究的主要任务。心理学不仅要描述心理与行为现象的基本特点，更重要的是分析现象背后的深层原因，揭示其发生的心理与生理机制。譬如，导致攻击行为发生的因素有哪些？导致儿童攻击行为存在个体差异的原因是什么？不同认知风格对个体攻击行为的发生有何影响？高攻击行为的个体对既定刺激是否作出不同于其他个体的脑电反应？心理与生理机制的探讨对深入认识心理与行为具有重要意义，同时也是预测与控制人的心理与行为的基础。需说明的是，心理和生理机制的探讨属于不同层次的研究，可以同步进行。目前，心理学界关于心理与行为现象产生的心理机制的探讨已较多，对心理与行为现象产生的生理机制的研究却方兴未艾，且尚不够成熟。

（三）干预心理与行为

干预心理与行为，即“How”的问题，是心理学研究最高层次的任务。描述心理与行为的基本特点、揭示心理与行为发生的心理与生理机制最终是为了对人的心理与行为进行干预，为促进个体或社会的积极发展服务。前两者属于认识环节的任务，而后者属于实践环节的任务，也是心理学发挥和实现其应用价值的落脚点。例如，根据中小学生欺负发生的一般特点、心理机制，可制定出科学有效的欺负干预方案，降低欺负发生的频率和强度，从而实现保护和促进中小学生的心理健康发展的目的。

应当指出的是，上述三项任务是密切联系、环环相扣的。对心理与行为事实的准确描述有利于揭示其发生的心理与生理机制，而对心理与生理机制的揭示又为最终的干预提供了可能，在干预的过程中又可能发现新的研究问题。

三、现代心理学的重要分支学科

心理学经过百余年的快速发展，已形成了内容相当丰富的知识体系，并分化出众多的分支学科。根据各分支学科的性质与任务，大致可以把心理学划分为两个领域：基础理论领域和应用（或职业）领域。属于基础理论领域的分支学科，研究心理学中同各分支学科有关的基础理论、基本方法以及心理发生发展的基本规律。它主要包括普通心理学、生理心理学、实验心理学、发展心理学等。心理学自独立以来，已被广泛应用于人类社会的各个领域，以解决各个具体领域中与心理学有关的实际问题。主要的应用分支包括教育心理学、学校心理学、工业心理学、临床心理学、广告心理学、消费心理学、司法心理学、军事心理学、环境心理学等。

专栏1—1　心理学家们都在做些什么？

在国外，心理学家们除了从事临床工作之外，还在研究、教学、商业或者咨询领域里就职。取得博士学位的专业心理学家的工作大致可以分为三类：

学院/研究性心理学家	临床心理学家	在工业、法律和其他领域工作的心理学家
专门从事纯学术和应用领域的研究，例如：	从事心理治疗工作，有时也做研究。就职于下列机构：	做研究，或者从事社团、机构的顾问工作。例如：
发展心理学 心理测量学（测验） 健康 教育 工业/组织心理学 生理心理学 感觉和知觉 工艺设计和应用	私人诊所 心理健康诊所 普通医院 精神病医院 实验室 大学或学院	体育 消费者权益 广告 组织问题 环境问题 国家政策 民意调查 军事训练 动物行为 法律问题

（资料来源：韦德，佛斯瑞，2006）

美国心理学会（APA）在1996年的出版物中对心理学家的工作作出如下描述：

心理学家研究怎样使人们在工作中提高效率，提高满意度和动机；怎样区分好的和差的工人或者管理人员；什么样的工作条件会提高/降低生产率、士气和安全系数。

有些心理学家设计一定的程序进行员工的招募、选拔和培训。他们有助于组织按照设定的方向改变。

还有一些心理学家通过合理设计一些实际工作中会遇到的任务、工具和环境因素，帮助人们有效地工作。这些专家也能够帮助公司设计产品以及进行有关产品设计的研究。例如，心理学家在厂商开发计算机硬件设备的友好用户界面时起到很大作用，从而对计算机使用者的高效率工作和计算机产品的市场接受性作出了贡献。

在心理健康和保健方面，经验丰富的心理学家还能够处理健康问题和进行个人职业选择与调整辅导。他们和员工、助手一起工作，帮助那些因毒品或者酒精成瘾的人；同时也帮助人们培养健康行为。

心理学家还能够对接受健康护理专业培训的学生，如医生和护士，讲授疾病中所包含的心理因素。对于已经开业的健康人员，心理学家还可以给他们提出劝告，教他们了解许多疾病的心理基础，从而使他们能更好地诊断和治疗源于心因性的症状。加入保健小组的心理学家往往在医院、医学院、门诊部、护理中心、疼痛门诊以及疗养院工作（APA，1996）。

第二节 心理学的发展概况

一、心理学的主要理论流派

冯特（1832～1920）

诚如早期实验心理学家艾宾浩斯（H. Ebbinghaus）所言："心理学有着漫长的过去，但只有短暂的历史。"早在两千年前，古希腊先哲亚里士多德就在其著作《论灵魂》中对诸多心理问题作出了理论上的探讨。然而，科学的界定是以科学方法的使用为基石的。心理学家们大多认为：源远流长的心理学思想虽然经历了长期的发展，却一直处于哲学思辨的襁褓中。科学心理学的诞生是以1879年德国心理学家冯特（W. Wundt）在莱比锡大学建立世界上第一个心理实验室并正式从事有系统的心理物理学的实验工作为标志的。

在科学心理学建立之初，人们对心理学的研究对象和理论体系众说纷纭、莫衷一是，各家争鸣数十载的结果是学派林立、分歧尖锐。不过这种局面并没有持续很长时间，大约从20世纪30年代以后，各学派间取长补短、互相融合，由此产生了许多新的思潮和心理学观点。下面就心理学发展史中的几种主要流派、思潮和观点做一简要介绍。

（一）构造主义心理学

构造主义（structuralism）又称结构主义，主张心理学应以意识结构为研究对象，认为所有的人类精神经验都可以作为基本成分的联合来理解。研究者使用元素分析的方法，试图通过分析感觉的构成因素以及其他组成个体精神生活的体验，来揭示人类心理的潜在结构。

构造主义的奠基人是被誉为“心理学之父”的冯特，其著名代表人物是冯特的弟子铁钦纳（E. B. Titchener）。作为心理学历史上的第一个学派，构造主义使心理学摆脱了思辨的羁绊而走上了实验研究的道路。但由于它一直囿于纯内省的分析，又不免将自身的发展引上了死胡同。

（二）行为主义心理学

1913年，美国心理学家华生（J. Watson）发表了一篇题为《一个行为主义者眼中的心理学》的论文，正式宣告了行为主义（behaviorism）的诞生。华生主张把心理看作一个黑箱，不管黑箱里装了什么，只要对受刺激影响的反应行为作出观察就可以。因此，心理学应以行为作为研究对象。其研究路线可以用“刺激——反应”公式（S－R）来表示。这是早期的行为主义，也被称为古典行为主义。后期的主要代表人物是美国心理学家斯金纳（B. F. Skinner），由于他不否认人内部心理活动的存在，发展了行为主义，所以其理论被称为新行为主义。

华生（1878～1958）

行为主义者都强调心理学应采取科学的方法对行为进行精确的观察和度量，这对心理学走上科学化道路起到了重要推动作用。但它排斥研究心理的内部结构和过程，否定意识研究的重要性，无疑又严重限制了心理学的发展。

（三）格式塔心理学

格式塔心理学（Gestalt psychology）又称完形心理学，始于1912年的德国，由韦特海默（M. Wertherimer）、考夫卡（K. Koffka）和苛勒（W. Kohler）提出。

“格式塔”是德文Gestalt的译音，其含义是整体，或称“完形”。与构造主义不同，格式塔派认为心理学的研究对象应是意识的组织。该学派反对把意识分析为元素，强调心理作为一个整体、一种组织的意义。它们认为“整体大于部分之和”，整体不能还原为各个部分和元素的总和；部分相加不等于全体；整体先于部分而存在，并且制约着部分的性质和意义。作为一个学派，格式塔学派的研究在当时产生了一定的影响，并为后来认知心理学的发展奠定了基础。至今有关知觉的实验中还包括很多格式塔规律。

韦特海默（1880～1943）

（四）精神分析心理学

精神分析学说（psychoanalysis）是由奥地利精神病医生弗洛伊德（S. Freud）于19世纪末20世纪初创立的。如果说构造主义和格式塔心理学重视意识经验的研究，行为主义强调正常行为的分析，那么精神分析学派则注重异常行为的分析和动机、无意识现象的研究。

弗洛伊德的理论主要来源于治疗精神病的临床经验，他通过梦的解析、自由联想和日常生活分析等手段，揭示人们思想和行为的潜在动机，特别是性欲的冲动。他还基于意识、前意识和潜意识理论，提出了由本我（id）、自我（ego）和超我（superego）组成的人格结构模型。20世纪30年代以后，一批精神分析学家又在新的社会条件下对弗洛伊德的古典精神分析理论和方法进行了修正和扩充，其研究中心有的由本我转向自我，形成了精神分析的自我心理学派；有的则从社会和文化方面拓展了弗洛伊德的理论，形成了精神分析社会文化学派。

弗洛伊德（1856～1939）

精神分析学说不但是现代心理学中影响最大的理论之一，而且也是20世纪对人类文化影响最大的理论之一，对哲学、文学以及其他社会科学都产生了重要影响。

（五）认知心理学

广义的认知心理学（cognitive psychology），包括结构主义认知心理学（如皮亚杰的发生认识论）、心理主义认知心理学（如行为主义逐渐衰落期间主张研究心理、意识等内部过程的理论）和信息加工心理学（information－processing psychology）三种。狭义的认知心理学，则专指信息加工心理学，即用信息加工的观点来解释心理活动。①

① 车文博：《二十世纪西方心理学发展的轨迹及其未来的走向》，载《社会科学战线》1995年第5期，第32～33页。

认知心理学出现在20世纪初，早期以瑞士心理学家皮亚杰（J. Piaget）为著名代表人物。20世纪50年代，信息论、控制论和系统论都曾对它产生过深远影响。1967年，奈塞尔（U. Neisser）《认知心理学》一书的出版被看作现代认知心理学诞生的标志。认知心理学的研究对象是思维等复杂的心理过程，包括知觉、注意、学习、记忆、问题解决、决策以及语言的使用等。该领域的心理学家发展了一套自己特有的研究方法，如反应时记录法、口语报告法、计算机模拟等。近年来，认知心理学与神经科学结合产生了认知神经科学（cognitive neuroscience），它主要研究认知功能的脑机制、认知与神经系统活动的关系、脑发育与认知功能的发展等。有人预言，在21世纪，认知神经科学的研究有望成为心理学发展的主流。①

（六）人本主义心理学

马斯洛（1908～1970）

20世纪50年代末和60年代初在美国兴起的人本主义心理学（humanistic psychology），是由马斯洛（A. H. Maslow）、罗杰斯（C. R. Rogers）等人所创立的。它主张研究人的本性、潜能、经验、价值、生命意义、创造力和自我实现，反对心理学中的"第一势力"行为主义的机械决定论和"第二势力"精神分析的生物还原论，故人本主义心理学被称为"第三势力"。②人本主义注重人的独特性，对人性持乐观看法，认为人类本性是善的，而且人类本性中蕴藏着无限的潜力。因此，它的研究不只在于了解人性，还探讨了自我成长的需要，并主张改善环境以利于人性的充分发展，以达到自我实现（self-actualization）的境界。

人本主义心理学强调人的社会性特点，给人的心理本质作出了新的描绘，为教育心理学、发展心理学、心理咨询和治疗等领域孕育了一条富有创新性的人本主义路线和方法。但其理论主要由思辨得出，不能通过实验予以证明，且使用的术语缺乏明确的界定，因此仍有一定的局限性。

（七）进化心理学

进化心理学（evolutionary psychology）也称人类心理生物学，是近年来在西方心理学中出现的一种新的研究取向。其主要创始人是美国当代心理学家巴斯（D. Buss）。进化心理学在很大程度上受到达尔文自然选择进化论的影响，认为人类的心理能力和生理能力一样，在经过了几百万年的演化后已经形成了对环境特定的适应

① 彭聃龄主编：《普通心理学》，北京师范大学出版社2001年版，第31页。

② 车文博：《二十世纪西方心理学发展的轨迹及其未来的走向》，载《社会科学战线》1995年第5期，第32～33页。

性。这种理论主要考察人类的冲突、择偶、利他等行为的演化问题。认为心理是人类在解决生存和繁殖问题的过程中演化形成的，心理学的研究应受进化论的指导。该理论关注遗传倾向和生理特性对人们行为的影响，以及在进化过程中人类在面对环境压力时怎样改变自己的行为以适应生存的需要。由于它以漫长的进化过程作为理论探讨的中心，所以常因无法通过实验证明自己的观点而受到质疑。进化心理学虽然具有一定的合理性，但大多数心理学家仍然相信，人的社会行为更多地受文化和环境因素的影响，纯粹的生物因素并不能完全决定个体的心理状况。

二、现代心理学的研究主题

心理学经过百余年的快速发展，研究领域已拓展到人类生活的各个方面，但是从内容上分析，现代心理主要包括 8 个大的研究主题。①

1. 心理与行为的生物基础

心理是人脑的机能，人类的一切心理活动和行为都有其生理和生物学基础。要清楚揭示心理与行为的奥秘必须研究其赖以发生的生物学基础。该领域的研究主要包括神经系统、内分泌系统、个体生命的起源与基础机制问题。近年来，随着认知神经科学的兴起，关于心理的脑功能的研究成为一个十分活跃的研究领域。研究者试图利用脑电诱发技术（ERP）、功能性核磁共振成像技术（fMRI）等先进的技术手段揭示各种心理活动的脑机制。

2. 感觉、知觉与意识

感觉和知觉是最基本的认知过程，关于感知觉的研究旨在探讨个体如何通过感官获得感觉，进而认识周围的环境。意识是心理学中的基本问题。

3. 学习记忆与思维

学习、记忆与思维是复杂的认知过程。认知心理学致力于认知过程的研究。

4. 生命全程的心理发展

毕生发展心理学研究人的整个生命历程中心理与行为发展变化的规律。个体心理的发展一般划分为认知或智力的发展、情绪情感的发展和社会性发展三个方面。心理的发展是遗传生物因素和环境文化因素相互作用的结果。发展心理学研究所涉及的核心问题包括个体心理发展变化的原因或者机制，发展过程的性质——即发展的阶段性与连续性问题以及发展的个别差异问题。当代毕生发展心理学认为，个体的一生都是一个发展的过程，发展是个体随年龄的增长在生理、心理和社会方面发生的具有一定顺序性的变化。心理的发展不仅表现为个体新的心理机能的出现、形成以及已有心理机能的成熟增强，也包括已有机能的衰弱和丧失。人的一生要经历童年期、青少年期和成年期三大发展阶段。

---

① 张春兴著：《心理学原理》，中华书局 2003 年版，第 31～32 页。

5. 动机与情绪

人类的一切活动都是在某种内部动机的推动下进行的。动机是推动人的活动并使活动朝向某一目标的内部动力。动机的基础是人类的各种需要。人有生理需要和社会需要，前者如衣食住行等，后者如学习、交往、成就和自尊等。动机具有不同的性质和强度，动机不同，人们对待事物的态度和相应的行为方式也不一样。心理学关于人类动机的研究旨在揭示行为发生的原因，探讨个体行为的自主性与选择性。动机和需要与情绪、情感有着密切的联系，动机得到满足时人产生积极的情绪，反之则容易产生消极的情绪。

6. 个别差异

人们的思维、态度以及行为方面存在巨大的差异。这些差异及其形成的原因一直是心理学家研究的重要问题之一。关于个别差异的研究主要涉及能力和性格的差异以及这些差异产生的原因。

7. 社会心理

社会心理研究群体心理，研究群体中人与人的关系以及个人与群体的关系。研究的主题主要包括社会认知、态度的形成与改变、社会互动、团体行为等。

8. 心理异常与治疗

健康心理学是心理学中较为年轻的一个分支学科，目的在于探讨心理异常的原因与症状，进而实施心理治疗，维持心理健康。它在20世纪70年代异军突起，已发展成为心理学中一个十分重要的领域。健康心理学提出了关于健康的生物—心理—社会模型，认为疾病的产生并不单纯是由生物因素导致的，相反它取决于生物、心理和社会三个方面的相互作用。心理因素与健康有着密切的关系。人类的许多疾病与心理因素有关，例如，压力是一种威胁健康的重要因素，对个体的健康有着直接和间接的重要影响。该领域的实践证明，心理学的许多方法在疾病的预防和治疗中具有重要的作用。

第三节　心理学的研究方法

一、心理学研究的一般过程

心理科学研究要遵循严格的研究流程。虽然具体到每项心理学研究的过程可能会因学科分支、具体课题或研究人员的不同而有所差异，但是心理学研究的一般过程基本相同，主要包括以下几个阶段。

1. 发现问题，选择课题

心理科学研究始于问题，问题是具体研究课题的出发点。发现问题是心理学研究工作中的首要环节。心理学研究的问题可以有多种来源。一些问题可能来源于我们的日常经验或者所观察到的现象。例如，在日常生活中我们可以观察到，当有人遇到困难时，旁观者一人在场时提供帮助的可能性要高于多人在场的情境。这种现象产生的原因是什么？我们就可以设计实验对这一问题进行研究。我们还可以在社会实践需要或热点问题中发现研究问题。例如，20 世纪 80 年代以来，中国出现了大批政策性独生子女，独生子女的心理发展及教育问题为心理学的研究提供了有价值的研究课题。此外，我们还可以通过对理论的分析、对理论与现象间矛盾的判别以及对前人已有研究的扩展等方式来提出研究的问题。需要指出的是，并非所有的问题都可以成为研究课题。由于问题自身的价值、主客观条件等因素的制约，研究者需要对问题进行选择或转化，使其成为可研究的课题。正如哈里特·泽克曼等人所指出的："伟大的科学家与平庸的科学家之间的主要区别就在于他们对所研究问题的选择"。① 能否选择好的课题，与研究人员的知识、经验和能力有着十分密切的关系。

2. 提出假设，设计研究

选择好研究课题，并对研究问题进行清晰描述后，研究者还需要根据自己的知识经验和已有的研究成果等对研究变量之间的关系提出合理的设想，即提出研究假设。例如，班杜拉（A. Bandura）曾基于其社会学习理论提出了一个假设：儿童对于攻击行为的观察学习能够增加其攻击行为。研究假设在研究全程中具有核心作用，它能够帮助研究者形成研究的框架，使研究目的更加明确，并有助于研究过程中对变量的有效控制。根据研究假设，研究者还需要针对研究内容设计具体方案，对整个研究工作的实施作出具体计划和安排，即研究设计。研究设计是保证课题研究顺利进行的前提条件，其中包括研究的程序、被试的选择与安排、数据收集的方式、无关因素的控制以及最后的统计分析思路等。

3. 实施研究，收集数据

研究设计确定以后，接下来的工作就是严格依照预定的方案来收集数据资料。心理学研究中数据既包括量化的数据（数字），也包括质化数据（文本）。运用合适的方法程序保证所收集的数据的质量是整个研究工作中十分关键的一步。数据是整个研究工作的基础，数据的信度和效度将会直接影响研究的结果和研究价值。研究者可以根据某一研究问题选择特定的研究方法，也可以运用多种研究方法对同一问题进行探讨。

4. 分析数据，检验假设

数据收集完毕，研究者就需要对数据进行加工、整理或转换，然后基于研究假设，采用合适的统计方法进行数据的分析和检验，从而确定研究假设的真伪。

5. 撰写报告，评价研究

---

① 李锐等（译），Sternberg，R. J.（著）：《心理学：探索人类的心灵》，江苏教育出版社 2005 年版，第 48 页。

经过上述步骤，研究者一般会对所关注的研究问题作出一定的解答。作为研究课题的总结，研究者需要撰写报告来记录解决问题的过程和研究的发现。这一方面有利于学术的交流，另一方面也是学者对自我、社会的一种责任和义务。通常研究者需要在研究报告中对自己所完成的研究进行评价和反思，对研究存在的问题以及未来该领域研究的方向进行简要的讨论和总结。

需要指出的是，上述五个阶段只是遵循一种逻辑顺序，在实际研究过程中，可能会有所重叠交叉。并且，科学问题的解决很少是一劳永逸的，五个阶段之间实际上构成了一个前后相继、循环往复的过程，即一个研究的终点可能正是新研究的起点。此外，由于心理学研究对象（人）和研究主体（人）的特殊性，心理科学的研究过程具有一定的特殊性。在研究过程中，研究者经常会面临研究需要与伦理原则之间的矛盾。研究者与研究对象的交互作用也往往为一些心理现象的解释和预测带来某些困难。

二、心理学常用的数据收集方法

当前，随着心理科学的迅速发展，心理科学的研究方法和技术呈现出了极为复杂的形态。下面简要介绍当代心理学研究中一些常用的数据收集方法。

（一）调查法

调查法是在自然条件下，通过提出问题的方式搜集资料，以对个体的心理现象和行为表现等进行描述或预测的方法。通过运用调查法，研究者可以获得直接观察所不能获得的信息，例如个体的动机、兴趣、价值观、信念、行为或对某一事件、问题的看法等。同时，调查法是在自然条件下实施的，有利于反映研究对象的真实特征。因此，调查法在心理学的研究中被广泛应用。

在心理学研究中，常用的调查方式包括问卷法、访谈法和电话调查。问卷法是研究者按照一定要求和程序编制问卷或使用已有的问卷来收集数据资料的一种方法。在施测方式上，问卷可以由研究对象单独回答，也可以在调查者的安排下团体作答，还可以邮寄给研究对象填写。从问卷的结构上来看，有开放性问卷（只提出问题，不列答案，由被试自由回答）、封闭性问卷（不仅提出问题，还列出备选答案，由被试选择）和综合性问卷（部分题目让被试自由作答，部分题目让被试作出选择）三种。根据具体的研究目的，研究者可以使用不同结构的问卷来获得预期的信息。问卷法可以选取大样本量，短时间内就能够收集到大量的数据，结果较少受研究者和研究对象交互作用的影响，并且较易量化。问卷法的局限在于测查的题目都被研究者预先设定好了，相对缺乏灵活性；并且，由于问卷法本身的特点，研究者也很难记录被试在作答过程中的反应。

与问卷法相似，访谈法也是通过一些预先设计好的问题来获得需要的信息。但是，访谈法是研究者通过与研究对象有目的的交谈来收集资料的一种方法，是心理学研究中常用的一种定性研究方法。根据访谈问题的设计，可以把访谈法分为结构访谈（访谈之前就拟定好了访谈问题、问题备选答案及问题的排列顺序）、半结构访谈（只确定访谈主题，但访谈过程中的细节由研究者做弹性处理）和开放性访谈（对于问和答没有明确限定）。通过访谈，研究者可以听取被访谈者的解释、观察被访谈者的反应，这些都是问卷法难以做到的。但是，访谈法比较费时费力，难以用于大样本施测；并且，研究者在访谈过程中容易对研究对象产生难以控制的影响；访谈法收集的数据在分析上也较为复杂。

电话调查就是通过电话进行访谈。根据自己的研究目的，研究者事先准备一套问题条目，根据被访谈者的回答进行追问。随着当前电话的普及，电话调查已经成为在态度调查和消费行为调查领域广为使用的方法。

（二）观察法

观察法是指人们根据一定的目的、要求，通过感官或借助于一定的科学仪器收集研究对象在一定的时间和条件下的言行表现作资料，从而判断其心理活动的一种方法。科学研究离不开观察。在心理学研究中，观察法以其自然性（在自然情境中观察，真实、自然、有代表性）、直接性（直接观察所要研究的行为）、全面性（观察法适用于个体的认知、情感和行为各领域的研究，也适用于不同人群）、历时性（可以对同一现象或团体进行较长时间研究，有助于把握心理现象的发生发展过程）和结合性（观察法可以单独使用，也可以与其他方法配合使用）的优点而受到了诸多研究者的青睐。

观察法在心理学研究中有着久远的历史。达尔文基于对儿子行为发展的较系统观察和记录，在1876年发表了著作《一个婴儿的传略》，成为儿童心理研究的宝贵资料；德国心理学家普莱尔对自己的孩子从出生到3岁的发展作了全面系统的观察和记录，撰写了名著《儿童心理》（Pryer，1882），标志着儿童心理学的诞生；皮亚杰则通过详细的观察与记录，深入分析了儿童认知发展的规律和特点，对发展心理学产生了深远影响。然而，早期由于观察技术手段的限制，观察法难以准确描述观察对象的行为活动，因此受到了诸多研究者的批评。近年来，随着录音、录像等现代化技术设备的引入，观察记录技术的提高和统计分析技术的进步，越来越多的研究者开始运用观察法到自然情境中去收集第一手的研究资料，极大地扩展和深化了心理学研究的范围。

在观察过程中，观察者可以扮演不同的角色。根据观察者角色的不同，可以把观察法分为参与观察和非参与观察。参与观察是指研究者在研究活动中既是观察者又是参与者。例如，人们常被诱骗购买自己本来不想买的物品。罗伯特·谢迪尼（Robert Cialdini）对这一现象非常感兴趣。于是，他在为时三年的时间里，运用参与观察的研究策略对这一现象进行了考察。在这三年里，他参加了许多广告公司、公共关系公司以及慈善机构销售人员的培训活动。在他作为职员接受训练的过程中，他了解到了许多推销商品的技巧，而这些技巧正是说服人们购买不需要的商品的秘诀。如果罗伯特·谢迪尼不参与其中，这些秘诀是不会传授给他的。基于这种研究策略，他提出了自己的理论模型。此外，研究宗教心理学的人员，也往往采用参与观察的方法来消除隔阂，获得所需要的信息。非参与观察是指观察者处于旁观者的地位，只观察而不参与被观察者的任何活动。这种观察可以分为两种情况：（1）被观察者不知道有人在观察他们的活动。例如，许多研究通过单向透视窗来观察幼儿自发的游戏活动。（2）被观察者知道有人在观察他们的活动。例如，研究者在课堂上观察学生的问题行为状况等。

作为心理学研究中的一种重要的收集数据的方式，观察法具有诸多的优点。然而，观察法自身也存在一些局限，主要表现为：第一，观察法具有被动性。研究者在自然环境中要观察某些事件的发生，有时是可遇而不可求的。例如，若要研究儿童的攻击行为，可能在一天中也看不到真正的打架行为。第二，观察法较为费时费力，难以进行大样本研究。第三，对于观察法获得的数据的分析较为复杂。

（三）测验法

测验法是通过标准化测验来研究个体心理或行为差异的一种方法。孟子曾曰："权，然后知轻重；度，然后知长短。物皆然，心为甚"。[①] 这明确指出了对心理现象进行测量的必要性和可能性。心理测验在一定意义上就是对心理现象进行"权"与"度"。1905 年，比纳和西蒙编制了历史上的第一智力测验，即著名的"比纳－西蒙量表"。如果把它作为科学心理测验诞生的标志，那么心理测验的发展至今已经有一百多年的历史。当前，心理测验在实际工作和心理学理论研究中都有着广泛的用途。在实际工作中，心理测验被广泛用于人才的甄选、安置以及个体的诊断和咨询等方面；在心理学的理论研究中，研究者可以通过心理测验来收集材料，建立和检验假说，并且根据测验对研究对象群体进行分组等。

以心理测验为工具的测验法具有以下特点：第一，间接性。心理测验所测量的是研究对象对测验题目的外显反应，研究者根据这一外显反应来推测其内在的心理过程或机制。第二，相对性。作为一种研究工具，心理测验无绝对零点，也无相等单位。例如，在心理测验中，25 分和 30 分之差，与 45 分和 50 分之差是不同的。因此，在严格意义上，心理测验的结果只是一个相对的量数，往往是与被试所在团体的测验常模相比较而言的。第三，客观性。心理测验不同于一般的考试，它经过标准化的测量，具有一定的信度和效度。

根据心理测验所测量的内容，可以把心理测验分为以下几类：（1）能力测验，是对人们成功地完成某种心理活动所必需的心理特征的测量，包括一般能力测验（如智力测验）、特殊能力测验（如音乐能力测验）和能力倾向测验（测量潜在能力

① 《孟子·梁惠王》。

的测验）。（2）教育测验，又称知识测验或成就测验，主要考察个体获得的知识和形成的技能，如综合成就测验和分科成就测验等。（3）个性测验，主要用于测量个体的性格、气质、兴趣和态度等个性特点。现在较为流行的个性测验如艾森克人格问卷、卡特尔16项人格因素量表等。此外，根据测验材料的特点，心理测验还可以分为：语言文字测验、非文字测验或操作性测验以及投射性测验等。

心理测验是一种较为系统的心理测量，对于心理学研究的发展深化具有重要意义。但需要注意的是，虽然心理测验有着重要的功能，但在运用测验解决实际问题时要避免绝对化，测验的结果只是进行决策或解决问题时要考虑的一个因素，而不是充分条件。此外，正确、有效地设计和使用心理测验，也不是轻而易举之事。研究对象的反应方式还可能会导致心理测验结果的误差，例如，社会期望效应、中庸心向和从众性等。

（四）实验法

实验法是通过控制和操作变量来研究变量间因果关系的一种研究方法。与调查法、观察法和测验法相比，实验法的最大优势在于能够对变量之间的因果关系作出推论。同时，实验法也较为经济，它不需要像观察法一样来等待观察事件的发生，只需要创设感兴趣的情境来控制环境，就可以迅速有效地获得数据。在心理学研究中，实验法常用来验证理论，并提供解释行为的数据。

在实验开始前，研究者必须对三种变量进行慎重的考虑：自变量、因变量和控制变量。自变量是被实验者操纵的变量；因变量是自变量作用的反应结果，即实验者所记录的随着自变量的变化而变化的被试行为；控制变量是由实验者在实验中保持恒定的潜在变量，对于控制变量的考虑，可以在一定程度上保证因变量的变化是由自变量的变化引起的。例如，当前大学校园中，大学生上自习时给朋友们占位是非常普遍的。假设一名心理学专业的学生想了解一下怎样用非言语的手段延长在自习室中占位的时间。为此，他随机选取了两组被试：一组被试在自习室坐下之后，迅速把自己的书包、书本、衣服、水杯等都摊在旁边的空位上，然后上自习；另一组被试坐下之后没有在旁边的空位上放置物品，直接上自习。然后，实验者记录两组被试从坐下后到旁边的座位被别人占据的时间。在这个实验中，自变量有两个水平：把物品摊到旁边的桌子上和不放置物品，因变量就是实验者记录的时间。当然，这个实验中还有许多变量需要控制，例如，自习室的座位与学生人数的比例、占座人的性别等。如果这个实验能够成功实施的话，那么得出的结论可能是：个体在旁边座位上加上私人物品比不加物品更能保护座位。

运用实验法虽然能够对变量之间的因果关系作出推测，但是心理学研究中传统的实验室实验有一整套的实验设计原则，这些原则产生效用的基础是实验过程中严格的随机化程序，如上例中两组被试的随机化分配等。这样才能较为有效地保证自变量对因变量的影响。然而，这种要求有时在日常生活中是难以实现的。例如研究者想要比较两种教学方法在教授《大学生心理学》中的效果。理想的方法是：建立两所完全相同的大学，配备完全相同的教师，随机把学生分到两所大学中，形成两个被试组，然后每所大学使用一种教学方法教授该课程。但是，这种计划在现实中几乎是不可能实现的。随着传统实验室实验的局限日益明显，20 世纪 70 年代以来在心理学研究中的“生态化”运动（要求在日常生活和文化背景中研究个体心理现象）的影响下，准实验设计在心理学研究中迅速发展起来。与实验室实验设计相比，准实验设计不要求对被试进行随机分配。例如，对于上述两种教学方法的考察，可以根据实际选择两所大学，一所大学接受一种教学方法。目前，准实验设计在心理学研究中得到了大量运用。准实验具有较高的生态效度，但其存在的问题是难以对所研究的问题作出精确的因果推论。

综上所述，在心理学研究中有多种数据收集方法，但需要指出的是，没有哪一种数据收集方式能够回答心理科学研究者所关心的所有问题，每一种方法都有其局限性。因此，当前心理学家提倡通过使用多种方法来研究同一问题（如三角测量法等），这将有助于揭示同一问题的不同侧面。

第四节　师范学生学习心理学的意义

心理学在教育教学中具有重要的意义，从宏观的教育思想到微观的教育手段，从学生的学习到教师的教学，从学生良好品德的形成到教师自身的专业发展，教育中的每一个环节几乎都离不开心理学的参与。作为未来的教师，师范学生应该具备教书育人的能力，掌握必要的心理学知识对其未来从事教师工作以及自身的健康发展均具有十分重要的意义。

一、掌握必要的心理学知识是师范学生未来从事教育教学工作的必要条件

教师的知识结构是教师顺利从事职业的前提条件和基础。一般认为，教师的知识结构由四个方面构成：即本体性知识、条件性知识、实践性知识和文化知识。其中条件性知识主要是指教师所具有的教育学和心理学知识。它是关于教师“如何教”的知识，具体表现为教师关于学生如何发展的知识、关于教与学的知识和关于学生评价的知识，它能够对本体性知识的教授起到一个理论支撑作用，是教师从事教育教学工作的重要保障。作为一名教师，对所教学科拥有较多的知识，只是解决了教什么的问题，而掌握了心理学的原理和方法，则有助于解决如何教和怎样教得更好的问题。师范学生将来的教学对象主要是处于儿童青少年阶段的中小学生，对儿童青少年心理发展特点和规律，如认知发展特点、情绪情感发展特点、人际关系发展特点等的学习和了解，有助于教师根据不同年龄阶段学生的心理发展特点恰当使用和及时调整教育教学手段或策略，从而使教育教学工作达到预期的目标。同时，师

范学生通过掌握心理学的知识和理论，有助于将来从心理学的角度分析、研究和解决教书育人过程中出现的其他各种问题。

国外的教师教育课程体系均十分强调心理学对教师职业的特殊重要性，要求从业者必须学习相应的心理学课程。例如，英国的教师教育认证委员会（United Kingdom Council for the Accreditation of Teacher Education）的文件指出，心理学在教师教育课程中处于核心地位，并明确规定教师应该对以下四个方面的问题形成科学的理解并能够应用于实际教学之中：①

(1) 试图达到的预期学习结果的实质；

(2) 可以达到这些结果的学习过程或活动；

(3) 可能影响这些活动的内部和外部因素；

(4) 学习者作为个人和小组成员的不同学习方法。

该委员会认为，如果教师对这些问题有了正确的理解，他们就应该能够找到并利用有效的策略，来调控与特定学生、教学目标和情境相适应的有效的学习活动，并对学习进程和成绩进行有效的评价。

上述四个问题涉及学生学习的性质、学习过程、影响学习的因素以及学习的个别差异等有关学生学习的最根本的问题。而心理学，特别是教育心理学关于学生学习的研究可以提供有关这些问题的理论知识。例如，心理学中的行为主义、认知主义以及建构主义等不同学派对人类的学习的研究，对教育者实施教育提供了理论上的指导。心理学研究者对于超常学生和学习不良学生等特殊群体的研究，也为教育中的个体差异教学提供了重要参考。

教师担负着教书与育人的双重任务。要培养学生健康人格和良好的品德，教师必须了解学生人格和品德形成与发展的规律。当代心理学研究所提出的关于个体人格和品德形成与发展的基本原理、规律是学校实施思想品德教育的重要理论基础，同时也能够为检验学校德育的实效性和科学性以及学生品德的评定提供具体的科学指导和依据。

二、学习心理学有助于大学生更好地适应大学生活及自身健康发展

根据当代心理发展理论，处于青少年晚期或者青年期的大学生，正面临着向成人最后过渡但却还没有真正进入成年期，其发展仍具有过渡性的特点。一方面，大学生在生理上已经完全发育成熟，其认知能力已经进入皮亚杰所提出的形式运算阶段，并且出现了辩证思维能力，思维的各种品质，如灵活性、深刻性、独特性和系统性等已经达到成人水平。另一方面，大学生还没有真正进入成年期，他们还没有

① K. Pawlik, M. R. Rosenzweig（主编），张厚粲（主译）：《国际心理学手册》，华东师范大学出版社 2002 年版，第 667 页。

完全拥有成年人的地位与特权，在经济上没有实现独立而主要依赖父母和家庭的支持，没有稳定的工作。在一些重大问题上他们还不能作出完全独立的决策，通常要听取父母、老师或者其他成人的意见，其生活还存在多方面的不确定性。

与此同时，大学生面临着一系列新的发展主题，包括专业知识的学习，寻找和确定未来的职业道路，选择伴侣并发展亲密关系，确立自己的价值观等等。在自我方面，大学生也需要对以前形成的重要认同进行反思和筛选并将它们整合到一个新的同一性结构和自我系统之中，从而建立起稳定的自我同一性。这些都是大学生面临的新任务甚至是挑战。特别是近年来，我国社会处于一个剧烈的转型时期，社会竞争加剧，生活中的不确定因素增加，大学生面临的挑战与压力也在不断增加，大学生心理健康问题已经引起社会各界的广泛关注。因此，如何积极适应大学阶段的学习生活，有效地应对专业学习、日常生活以及个人发展中遇到的困扰与问题是当前大学生面临的一个重要问题。通过心理学的学习，掌握人的心理活动特点和规律，有助于大学生深入地认识自己、了解他人，学会自我调节的方法，提高自身的心理素质，更好地应对自己大学生活中的挑战和任务，从而实现个人在专业学习和其他方面的更好发展。

此外，大学阶段是系统学习专业知识，培养和发展专业创造力的重要阶段。大学生要在学业上取得成功，不仅需要主观上勤奋与努力，还需要掌握科学的学习方法和策略。学习心理学，有助于大学生更深入的掌握学习的规律与特点，获取有效的学习以及创造性解决问题的策略和方法，提高学习能力与效率，培养和发展自己的创造力。

[主要结论与应用]

1. 心理学是研究心理与行为的科学。

2. 心理学主要以人的心理为研究对象。人的心理包括个体心理和社会心理。个体心理包括心理过程（如感知觉、记忆、思维、想象等）和心理特性（如气质、性格、能力等）。

3. 心理学的主要任务是描述心理与行为事实、揭示心理与行为的发生机制、对心理与行为进行干预。

4. 心理学的分支可分为基础领域（如普通心理学、发展心理学、生理心理学等）和应用领域（如教育心理学、临床心理学、工业心理学等）。

5. 心理学的主要理论流派为构造主义心理学、行为主义心理学、格式塔心理学、精神分析心理学、认知心理学、人本主义心理学和进化心理学等。

6. 现代心理学的研究主题包括心理与行为的生物基础、感觉、知觉与意识、学习记忆与思维、生命全程的心理发展、动机与情绪、个别差异等。

7. 心理学的基本研究程序为发现问题和选择课题，提出假设和设计研究，选择方法和收集数据，分析数据和检验假设，撰写报告和评价研究等五步。

8. 调查法、观察法、测验法、实验法是心理学研究的常用方法。

[学术动态]

认知神经科学（认知科学和神经科学的边缘科学，利用脑成像技术研究认知活动的脑机制）正成为当代心理学研究的热点和前沿领域。20 世纪 70 年代后期，Rockefeller 大学和 Cornell 大学从事脑如何支持心智活动研究的专家在纽约市召开了一次科学家会议。认知心理学家 Georage A. Miller 和神经科学家 Michael S. Gazzninga 提出了"认知神经科学"这一学科术语，并在该会议上获得通过。认知神经科学主要研究成熟个体认知加工的神经机制。它是一门跨越多个领域、综合性极强的"综合学科"，是以大脑作为研究对象的各门学科的总称。认知神经科学的主要任务是，了解脑内成千上万的神经细胞如何有序活动产生行为，以及环境（包括他人的行为）如何影响大脑的活动，并最终以脑的工作原理来解释行为（包括高级复杂的认知行为——感知、语言、思维、智力等）。认知神经科学是认知心理学与神经科学充分融合而逐渐形成的一门崭新的边缘交叉学科。它广泛采用认知心理学、分子生物学和其他神经科学的方法，对人类"脑与行为"这一重大问题展开深入的研究，旨在阐明认知活动的脑内过程和脑机制。随着现代脑成像技术的迅速发展，认知神经科学研究在探讨人类的记忆、智力、创造力、情绪等各种复杂心理活动的大脑活动机制上已经取得了不少进展。已有研究成果为人们探索大脑的奥秘提供了一条新的途径，也促使人们有可能把对儿童、青少年心理发展的辅导与大脑潜能的开发建立在更加科学的基础上。

[学业评价]

1. 试述心理学的研究对象是什么？
2. 心理学的研究任务包括哪些？
3. 列举心理学的主要分支学科？
4. 简要介绍心理学的主要理论流派。
5. 列举现代心理学研究的主题。
6. 心理学研究的基本程序是怎样的？
8. 常用的心理学的研究方法包括哪些？各自有何特点？
9. 阐述师范学生学习心理学的意义。

第二章 注意与感知

[内容摘要]

注意是大家非常熟悉的一种心理现象，是心理活动对一定对象的指向与集中。注意对人类生活具有十分重要的意义，它对心理活动起着积极的维持和组织作用，使人能够及时地集中自己的心理活动，清晰地反映客观事物，更好地适应环境并改造世界。因此，注意尽管不是一种独立的心理现象，但却是一切心理活动的开端和起点。它调节和控制着人的心理活动向一定的目标进行。本章第一节着重介绍各种注意的特点和衡量注意品质的若干特征，以及如何在教学中利用和培养学生的注意力。感觉与知觉是最基本的认知过程。现实生活中，纯粹的感觉几乎是不存在的，它总是与知觉紧密结合在一起。人类认识世界是从感知觉开始的，感知觉不仅提供了内外环境的信息，使机体保持着与环境的信息平衡，而且能依照过去的经验对当前的信息作出组织与解释。本章第二节着重介绍感知觉的基本规律、特征以及空间知觉、时间知觉、运动知觉等基本现象。

[学习目标]

1. 了解注意与感觉知觉的基本概念及特征；
2. 能科学地认识和分析注意及感知觉现象；
3. 能运用注意与感知的规律去指导自己的学习和教学。

[关键词]

注意　感觉　知觉　注意的分类　感觉的规律　知觉的特征

第一节　注意

一、注意概述

乌申斯基说，“注意是通向心灵的唯一的门户”。人生活在复杂的环境中，每一瞬间，通常会有许多客观事物同时作用于个体，但人们并非同时反映它们。同一时间，人们的心理活动往往是有选择地指向并集中在其中的某一个或少数几个对象上，对它作出清晰的反应。与此同时，人们的心理活动也就离开了其他的对象，对它们反映得比较模糊，甚至未予反应，这就是我们所说的注意现象。

（一）注意的概念及特征

1. 注意就是心理活动对一定对象的指向和集中

注意是大家熟悉的一种心理现象，如学生上课时专心地听讲，仔细地观察挂图，聚精会神地思考老师提出的问题。这里，专心、仔细、聚精会神都是描述人的注意状态的。当人处于注意状态时，其心理活动总是指向一定的对象：或观察某一事物，或回忆某件往事，或思考某个问题，或想象某种形象，不进行任何心理活动的注意是不存在的。

注意的对象既可以是外部世界的对象和现象，也可以是我们自己的身体、行为和观念。

2. 指向性和集中性是注意的两个基本特征

注意的指向性是指心理活动有选择地反映一定的对象，而离开其余的对象。而注意的集中性是指心理活动停留在被选择的对象上的强度或紧张度，它使心理活动离开一切无关的事物，并且抑制多余的活动。注意的指向性和集中性表明了注意具有方向和强度的特征。在注意状态下，心理活动不仅选择、指向于一定的刺激，而且还集中于一定的刺激。心理活动的集中性有两种情况：一是在同一时间内各种有关的心理活动共同集中于一定的刺激。通常我们说"聚精会神"，"专心致志"就是指人的各种有关的心理活动都共同地指向并集中于同一种刺激。二是就同一种心理活动而言，它不仅指向于一定的对象，而且维持这种指向使活动不断地深入下去。通常我们说的"注视"和"倾听"等等，就是指人的某种有关的心理活动不仅指向而且持续地、深入地集中于一定的刺激。因此，与集中性相联系的是注意的强度或紧张度。

3. 注意与其他心理过程密切相关

注意本身不是一种独立的心理活动过程，而是各种心理过程的共同特性，即指向一定对象的特性。注意本身没有自己特定的反映内容，注意总是和心理过程紧密联系着，如注意看、注意听等。同时离开注意，其他心理活动过程就无法进行。

（二）注意与意识

1. 注意不等同于意识

意识是指人们能够清醒觉察的心理状态，意味着清醒、警觉、注意集中等。意识的内容主要是指人们可以用语言报告出的东西，如对幸福的体验、对痛苦的感受、对往事的回忆等。从活动内容上来说，注意是一种心理活动或"心理动作"，而意识主要是一种心理内容或体验。假如把人脑比作一台电视机的话，注意就是对电视节目进行选择的过程，而意识则是出现在电视屏幕上的内容。从活动的机制来看，注意决定什么东西可以成为意识的内容，什么东西不能。与意识相比，注意更为主动和易于控制。在人们将注意集中于特定事物或活动时，或注意将一定事物"推入"

到意识中心时，通常包含了无意识的过程。人们可以有意识地选择所要注意的活动或对象，但在很多情况下，这种选择并不是有意识的，而是由刺激或事件本身引起的，是一个无意识的过程。

2. 注意和意识密不可分

当人们处于注意状态时，意识内容比较清晰。但是，即使人在觉醒状态下，也不能意识到所有的外部刺激、事件和自己的行为，而只能意识到其中的一部分。人的注意所指向的内容，一般处于意识活动的中心。因此，对于注意指向的内容，人的意识比较清晰和紧张。

（三）注意的功能与外部表现

注意对人类生活具有十分重要的意义，它对心理活动起着积极的维持和组织作用，使人能够及时地集中自己的心理活动，清晰地反映客观事物，更好地适应环境并改造世界。

1. 注意的功能

注意是一种复杂的心理活动，具有一系列的功能。一是选择功能。注意的实质是选择有关的刺激物而抛开无关的刺激物。对有关刺激物的选择一般是根据主体的需要，选择有意义的、符合需要的、与当前活动相一致的刺激，而避开其他无关的刺激；二是保持功能。当心理活动发生以后，使这种心理活动持续下去，注意使对象维持在意识状态中，得到清晰、准确的反映，直到达到目的为止；三是调节和监督功能。注意调节和控制人的心理活动向一定的目标进行。在注意状态下人们才能有效地监控自己的动作和行为，从而达到预定目的，避免失误，顺利完成相应的工作任务。

2. 注意的外部表现

注意是一种内部心理状态，可以通过人的外部行为表现出来。注意时最显著的外部表现有如下几种：一是适应性动作。当人处于注意状态时，总会表现出与相应的注意活动有关的一些动作，这些动作被称为适应性动作。如侧耳倾听、举目凝视、紧皱眉头等。二是无关运动的停止。人在高度集中注意时，无关运动会停止。三是呼吸运动的变化。人在集中注意时，呼吸变得轻微而缓慢，呼吸的时间比例也会发生变化，一般是吸短呼长；当注意高度集中时，甚至会出现呼吸暂时停止的状态，即所谓“屏息”现象。此外，在注意紧张时还会出现心跳加速、牙关紧闭、紧握拳头等现象。可以根据一个人的外部表现来推断他的注意情况。但是，有时注意的外部表现和注意的真实情况不相符合，例如貌似注意而不注意、貌似不注意而注意等现象。

二、注意的种类

目前，一般根据产生和保持注意时有无目的以及意志努力程度的不同，把注意分为无意注意、有意注意和有意后注意三种。

（一）无意注意

无意注意，也叫不随意注意，是指事先没有预定目的、也不需要意志努力的注意。例如，在安静的阅览室内，突然传来一声巨响，大家都不由自主地转过头去注意那个声音，这就属于无意注意。在这种情况下，人们对要注意的东西没有任何准备，也没有明确的认识任务，注意的引起不是依靠意志努力，而主要取决于刺激本身的性质。无意注意是人和动物都具有的初级注意。

引起无意注意的原因来自两个方面：刺激物的特点和人的内部状态，同时这两方面的原因也是相联系的。

1. 刺激物的特点

（1）刺激物的强度。任何相当强烈的刺激，例如，强烈的光线、巨大的声响、浓郁的气味，都会使人不由自主地加以注意。

（2）刺激物之间的对比关系。刺激物之间在强度、大小、形状、颜色等方面差别越明显，就越容易引起人的无意注意。例如，鹤立鸡群、万绿丛中一点红等等，这些易引起人的无意注意。

（3）刺激物的活动与变化。活动和变化的刺激比静止不动的刺激易引起人的注意。例如，夜间的霓虹灯，突然响起的高亢声音以及课堂上做小动作的学生，等等。

（4）刺激物的新异性。新奇的东西容易成为人们注意的对象，而千篇一律的、刻板的、司空见惯的东西就不容易引起人们的注意。

2. 主体自身的状态

（1）需要和兴趣。凡能满足人的需要（不论是机体的、物质的需要或者是精神的需要）、符合人的兴趣的刺激物容易成为无意注意的对象。例如，举办音乐会的广告，容易引起音乐爱好者的注意；举办舞会的海报，会引起跳舞爱好者的注意。心理学上的鸡尾酒会效应突出反映了需要和兴趣在注意中的作用。

（2）情绪和过去经验。人的情绪状态在很大程度上影响着无意注意。如果一个人心胸开朗、心情舒畅，平常不大注意的事物，这时候也会注意到了，“人逢喜事精神爽”。如果一个人郁郁寡欢、无精打采，平常容易注意的东西，这时候也不会注意了。过去经验也会影响着注意的指向。人们看报时所注意的消息往往不同，这多半是由于其知识经验不同。

（3）人的身体状态。一个人身体健康、精力充沛，他的注意范围比较广泛；反之，一个人处于生病、疲劳或者瞌睡状态时，注意的范围会减小。

（二）有意注意

有意注意，也叫随意注意，是服从于预定目的、需要作意志努力的注意。它是注意的一种积极、主动的形式。如果说动物也有无意注意的话，那么只有人才有有意注意。有意注意是人类所特有的心理活动，它是在人类实践活动中发生和发展起来的，同时又是人们实践活动的必要条件。

有意注意的维持必须作出一定的意志努力。要维持稳定的有意注意依赖于下列一些条件：

1. 加深对活动任务的理解

有意注意是服从于活动任务的注意，对完成任务的重要性理解得越深刻、越清晰，完成任务的注意力就会越集中。如对学生提出的任务目标越具体，学生在活动中就会越全心投入。

2. 努力排除与活动任务无关的干扰

排除与活动任务无关的干扰，就要克服困难，调动人的意志力，把注意力集中在要完成的任务上。例如，保持环境的安静，降低干扰声音的强度；预先把工作的地方收拾整齐，把一切可能妨碍工作的东西都去掉，把工作需要的一切物品都准备齐全，布置好适当的照明条件以及建立起习惯的工作条件，都有助于注意的集中和维持。

3. 培养间接兴趣

间接兴趣是对活动结果的兴趣，在有意注意的维持中起着重要的作用。如成年人学习外语困难重重，背单词、背课文，常常会使人枯燥乏味，但是不少人认识到掌握外语的重要意义，就会用超人的毅力去攻读。

4. 增强克服困难的意志力

一个具有顽强、坚毅性格特点的人，易于使自己的注意力保持在当前的目的与任务中；相反，意志薄弱、害怕困难的人不可能有良好的有意注意。

（三）有意后注意

有意后注意，也叫随意后注意，是注意的一种特殊形式，是指事先有预定的目的，不需要意志努力的注意。从特征上讲，它同时具有无意注意和有意注意的某些特征。它一方面类似于有意注意，因为它和自觉的目的、任务相联系；另一方面类似于无意注意，因为它不需要人的意志努力。从发生上讲，有意后注意是在有意注意的基础上发展起来的。

有意后注意是一种高级类型的注意，具有高度的稳定性，是人类从事创造性活动的必要条件。如老师的课如果讲得精彩，学生往往会沉浸其中，时间倏忽而过，上课成为一种享受而不是负担，既学习效果好，又兴致盎然、不会感到疲惫。一切有成就的科学家和艺术家都会高度关注于自己的事业，废寝忘食地为科学或艺术作出创造性的贡献。

无意注意、有意注意和有意后注意在实践活动中紧密联系、协同活动。有意注意可以转化为有意后注意，而无意注意在一定条件下也可以转化为有意注意。

三、注意的品质

注意的品质又称为注意的特征，是衡量注意效率的基本尺度。主要包括注意的范围、注意的稳定性、注意的分配与注意的转移。

（一）注意的范围

注意的范围也叫注意的广度。是指在同一时间内能清楚地把握对象的数量。注意的广度很早就受到心理学家的重视并对它进行实验研究。1859年汉弥尔顿（W. Hamilton）最先作了示范实验，他在地上撒一把石弹子，让被试迅速作出辨认。1871年耶文斯（W. S. Jevons）进行了类似的实验，他把黑豆洒在一个白盘子中，要被试立即报告所看到的盘子中的黑豆的数量。现在心理学家用速示器测量，在0.1秒的时间内呈现彼此不相联系的数字、图形、字母或汉字，研究结果表明成人的平均广度是：圆点8～9个，字母4～6个，图形3～4个，汉字3～4个。

人的注意广度不是固定不变的，影响注意广度的因素主要有两个方面：

1. 知觉对象的特点

在知觉任务相同的情况下，知觉对象的特点不同，注意的范围会有一定的变化。研究表明：知觉的对象越集中，排列的越有规律，越能成为相互联系的整体，注意的范围也就越大。例如人们对颜色相同的字母要比颜色不同的字母的注意范围要大些；对排列成一行的字母要比散乱排列的字母的注意数目要多些；对大小相同的字母的感知的数量，要比对大小不同的字母感知的数量要大得多；对组成词的字母所注意的范围，要比孤立的字母所能注意的范围大得多。

2. 个体知觉活动的任务和知识经验

同样的知觉对象，由于个体知觉活动的任务和知识经验不同，注意的范围也会有一定的变化。如果知觉活动的任务多，注意范围就小；如果知觉活动的任务少，注意范围就大。例如，在速示器上呈现一定数量的外文字母，要求被试不仅辨认出字母的个数，同时还要求他们指出字母在书写上的错误。这时他们所能知觉到的字母数量比他在只辨认字母数量时要少得多。如果知识经验丰富则注意范围就大，知识经验贫乏，注意范围就小。如刚学会阅读的学生阅读速度慢，读专业书阅读速度快，阅读不熟悉的书籍速度就慢。

注意广度除了有同时广度外，还有继时广度，即一个人把握在时间上连续出现的刺激物的数量。这是注意广度的另一种形式。例如，在接收电码中常常要求感受高速度连续呈现的刺激物，这就涉及注意在时间上的广度问题。注意在时间上的广度也受知觉对象的特点和主体状态的影响。

（二）注意的稳定性

注意的稳定性是指对同一对象或同一活动上注意所能持续的时间。这是注意在时间上的特征，可以用某一时间范围内工作效率的变化来表示。注意稳定性是衡量注意品质的一个重要的指标，它在人们的工作和生活中具有重要的意义。

1. 广义与狭义的注意稳定性

注意的稳定性可以区分出狭义的注意稳定性和广义的注意稳定性。

（1）狭义的注意稳定性是指注意保持在同一对象上的时间。人在感知同一事物的时候，注意很难长时间地保持固定不变。如在听觉方面，将一只表放在离被试耳朵的一定距离处，使他刚能隐约地听到嘀答声。被试有时听到表的声音，有时又听不到；或者感到表的声音有时强有时弱。注意的这种周期性的变化，称为注意的起伏。前苏联心理学家把这种现象称为注意的动摇。关于注意起伏的原因，一般认为是由于感觉器官的局部适应，而对物体的感受性短暂地下降。现代神经生理学提出了新的论点，他们把注意的起伏和有机体一系列机能的节律性起伏联系起来。

（2）广义的注意稳定性是指注意保持在同一活动上的时间。广义的注意稳定性并不意味着注意总是指向同一对象，而是指当注意的对象和行动有所变化，但注意的总方向和总任务不变。例如，学生在完成作业的过程中，可能要看教科书，要写字或演算，虽然他所接触的课文、所写的字句或数字时刻在变化着，但是他的注意仍集中于完成作业这一项总的任务上。这时，他的注意是稳定的。

2. 注意稳定性的保持与注意的分散

虽然我们不能长时间地使注意集中在一个对象上，但我们却能长时间地集中注意于一定的工作，并能完成该项工作。

（1）注意稳定性与对象的特点和人的主体状态有关。如果注意的对象是单调的、静止的，注意就难稳定；如果注意的对象是复杂的、变化的、活动的，注意就容易稳定。注意的稳定性更重要的是与人的积极性有关。如果人对所从事的活动的意义理解得深刻，对活动有浓厚的兴趣，抱着积极的态度，并且在身体健康、精力充沛、心情愉快时，注意容易保持稳定。一个意志坚强，又善于自制且能和干扰作斗争的人，注意就容易保持稳定；相反，如果人对所从事的活动持消极态度，缺乏兴趣，注意就容易分散。

（2）注意的分散，又称分心，是同注意稳定性相反的状态，是指注意不自觉地离开当前应当完成的活动而被无关刺激所吸引。注意分散的原因，主要是由于无关刺激的干扰，或单调刺激长时间作用的结果。无关刺激对注意的干扰作用决定于这些刺激本身的特点及其与注意对象的关系。研究表明，与注意对象相类似的刺激，比不相类似的刺激干扰作用大；同样的无关刺激，对知觉影响小，对于思维影响大；在知觉过程中，视知觉受无关刺激影响小，听知觉受无关刺激影响大。使人发生兴趣的或强烈地影响情绪的刺激，会引起注意的分散。但是，并非任何附加刺激都会引起注意的分散。在没有外界任何附加刺激时，大脑皮层兴奋性降低，保持注意也是困难的。因此，有时微弱的附加刺激不仅不会减弱注意，反而会加强注意。

（三）注意的分配

1. 注意分配的概念

注意的分配是指在同一时间内把注意指向于不同的对象，或将注意分配到不同的活动中去。

最早进行实验的是我国北齐时代的学者刘昼，他说“使左手画圆，右手画方，令一时俱成”是很难做到的。但在一定条件下，注意的分配又是可能的。如1887年潘尔哈姆（F. Paulham）发现，一边口诵一首熟悉的诗，一边手写另一首熟悉的诗，是可以做到的，并在后来发表过不少类似的研究报告。比纳（Binet，1890）也观察到，要两手同时各做不同的动作是困难的。不过，他认为，如果两手的动作能组合成像扫地、劈木头或其他类似的协调动作，就不会有干扰作用。

在日常生活中，我们常见到人们能顺利地同时进行两种甚至两种以上的活动，如一面看书，一面听音乐；或者一面驾驶着汽车，一面与人交谈；学生能一边听课，一边迅速地做记录；一个有经验的老师常常可以做到：当他提问某一个学生的时候，他同时可以叫另一个学生到黑板面前做什么，也可以注意到第三个学生，或走近第四个学生，给第五个学生以作业题，检查第六个学生的作业。他可以从容地做到这一切，照顾到全班同学。

2. 注意分配的条件

注意的分配是有条件的。如果我们让售货员一面与顾客交谈，一面计算货款就容易出差错；让司机通过一个路况差、人群拥挤的场所时，就必须小心翼翼、全神贯注。研究表明，要做到注意分配，首先是同时并进的两种活动中必须有一种是熟练的或几乎自动化的。人们对熟练的活动不需要更多的注意。可以将注意集中在比较生疏的活动上。即同时到达的两个信息可能不会超出脑的加工容量，人就能对两者都作出反应。只有这样，注意分配才成为可能。其次，同时进行的这些活动之间的关系也很重要。如果活动之间已经形成了某种反应系统，同时进行这些活动就比较容易。例如边歌边舞、自拉自唱等。最后，注意的分配也和同时进行的几种活动的性质有关。一般来说，把注意同时分配在几种动作技能上比较容易，而把注意同时分配在几种智力活动上就难得多了。

复杂的工作任务都离不开注意的分配。注意分配能力也能在实践中锻炼出来。在注意分配的实验中，并没有排除注意迅速转换的可能性。因为严格地同时给被试以两种不同的刺激，注意的分配是很困难的。因此，同时完成的两种活动所需要的注意很可能既有注意的转移也有注意的分配，是注意的转移和分配的结合。

（四）注意的转移

1. 注意转移的概念

注意的转移是根据新的任务，主动地把注意从一个对象转移到另一个对象上或由一种活动转移到另一种活动的现象。如从一门课转移到另一门课上，从休息转入工作等。注意的转移和注意的分散是不同的，虽然都是注意对象的变换。注意的转移是主动的、积极的，是有目的地把注意转向新的对象，使一种活动合理地为另一种活动所代替。注意的分散是被动的、消极的，是在需要注意稳定时，受无关刺激的干扰，或由单调刺激所引起的，使注意离开需要注意的对象。

2. 注意转移的条件

注意转移的快慢和难易取决于原来注意的紧张程度和引起注意转移的新对象（新活动）的性质。如果对原来事物注意紧张度高，新的事物或活动不符合人的需要和兴趣，注意的转移也就困难和缓慢。反之，注意的转移就比较容易。

注意的转移能力对某些工作特别重要，如飞行员、火车、汽车司机等。当然，注意的各种特征通过实践都是可以培养的。

四、注意规律与教学

注意是指人的心理活动对一定对象的指向和集中，是一切心理活动的开端和起点，并且维持着心理过程的正常进行。在课堂教学活动中，学生的注意力是否集中，决定了学习效果的好坏。因此，在课堂教学过程中，引发学生对教学活动的注意是十分重要的。

（一）精心设计教学导入，先声夺人

好的开始是成功的一半。教学导入一环虽耗时不多，却举足轻重。良好的导入能吸引学生的无意注意，激发学生的学习兴趣。一般有如下做法：（1）创设情境，运用生动的语言、动人的情景导入教学，使学生充满兴趣，自动地进入学习状态；（2）设置疑问，根据教学内容设计一些悬念和疑问，能使学生产生强烈的求知欲；（3）以旧引新，从旧的知识点出发，学生会感到比较亲切，温故而知新，旧知识中蕴含着新知识的生长点，恰当地运用迁移，学生比较容易接受。教师精心安排的讲课导语似“风乍起，吹皱一池春水”，让学生的注意力从上课开始就紧随着教师的讲授内容，使思维尽早进入积极的学习状态，使课堂教学取得事半功倍的效果。

（二）运用丰富灵活的教学方法，新颖有趣

在课堂上根据所讲授内容，运用丰富多彩和灵活多样的教学方法，激发学生的无意注意，使学生产生浓厚的求知欲望，感到“有趣”而“注意”，保持积极的学习状态。在课堂上或分组讨论，或竞赛质疑，或演示实验，或闭目静思，或动笔练习，或投影，或电脑显示……总之，课堂教学应是教师指挥学生演奏的一曲交响乐，而不能成为教师一人吟唱的催眠曲。具体做法是：

1. 优化板书设计

板书是教学艺术的一个方面，无论是内容，还是形式，都包含着丰富的美的因素。教师要把板书设计精美、书写端正，并配以不同的色彩，使之成为精美的艺术品，以引起学生的美感，进而激发学生的兴趣和注意力，使学生主动理解和掌握教师所讲授的知识。

2. 运用有趣的演示实验

通过实验可以把抽象的概念具体化，把枯燥的知识趣味化，吸引学生的无意注意，激发学生的探索兴趣。在实验课教学中，教师要运用有趣的演示实验，抓住时机，引导学生边实验、边思索、边总结，把观察引向深入，并引导学生对感性材料进行分析、综合、归纳、抽象、概括，形成理性认识。例如：讲授“硫”时可做“空手点烛”的实验，将少量的氯酸钾粉和等量的硫磺粉混合均匀，用指尖蘸取，吹灭蜡烛。烛芯尚有余烬时，在烛芯上轻擦手指，蜡烛就燃烧起来了。再吹灭烛火，再用手指轻轻一擦，蜡烛又燃烧起来了。学生看了情趣横生，充满了好奇心和求知欲，吸引了学生的无意注意，从而提高了教学效果。

3. 提高教学的语言艺术

语言是教师向学生讲授知识，交流思想感情，引导学生参与教学活动最重要的工具。在课堂上，如果教师口齿清晰伶俐、语言悦耳动听、描述含蓄幽默，就会扣人心弦，引人入胜。对于比较抽象的学科，教师更要在教学语言基本功方面狠下工夫，力争做到表达清晰，语言流畅，逻辑严谨，用词确切；富有感情，形象生动，抑扬顿挫，有趣逼真；言简意赅，要言不烦，点到为止，留有余地。

（三）创造性地挖掘教材内涵，深化教学

教师要善于积极挖掘教材中的有利因素，使学生充满兴趣。艺术的教学应根据教学内容来确定，要避免千篇一律，把握尺度是关键。如在讲授《周总理，你在哪里?》一课时，首先由教师朗读，感染学生，创设课堂情境。其次，让学生诵读，引导学生深刻领会一句诗、一个特写镜头、一个特定场面。最后，精选男、女生各一名，配乐朗读，以学生满怀深情的朗诵把同学们怀念总理的感情及课堂气氛推向高潮。

（四）巧妙地构思结束语，耐人寻味

要想使课堂教学达到艺术美的境界，必须创设具有艺术特色的结束语。一篇好文章，其结尾总是含蓄深刻，耐人寻味，课堂教学应该同写作一样注重结尾。教师应该根据课文内容精心设计结束语，以便收拢学生纷繁的思绪，激发学生的求知欲，做到课虽终而意无穷，甚至可以引发学生的强烈兴趣，产生一种“欲知后事如何，且听下回分解”的效果。

（五）避免无关刺激的干扰，优化课堂

排除无关刺激干扰，避免学生注意力分散也是保证良好课堂教学的重要环节。在课堂教学中，教师要注意：(1) 仪表大方得体，不要成为学生议论的对象和焦点；(2) 板书设计应布局合理、层次清楚、富有章法，不要随心所欲；(3) 教具出示要及时，不要一上课就把暂时不用的教具都拿出来，教具演示完毕后，要随时收起来，避免分散学生的注意力。

第二节　感觉与知觉

一、感觉和知觉概述

人怎样认识世界？人的知识是怎样得到的？这既是一个古老的哲学问题，也是一个古老的心理学问题。人类认识世界是从感知觉开始的，感知觉不仅提供了内外环境的信息，保持着机体与环境的信息平衡，而且能依照过去的经验对当前的信息作出组织与解释。

（一）感觉和知觉的定义

1. 感觉及其意义

感觉是人脑对直接作用于感觉器官的客观事物的个别属性的反映。可以说人们对客观世界的认识常常是从认识事物的一些简单属性开始的。例如，我们面前的一个苹果，苹果的红颜色、香甜的味道、重量、圆滑的外形都是苹果的一些个别属性。物体的这些个别属性通过感觉器官作用于人脑，在人脑中引起的心理活动就是感觉。

专栏 2—1　视觉经历

我们在正常情况下很难体会到纯粹的感觉。威廉·詹姆斯说，“对婴儿来说，这个世界只是庞大的、令人眼花缭乱的、嗡嗡作响的、混乱的一团。”我们可以来考虑一下鲍勃·伊登斯的感受，他在一出生时即失明，51 岁时才复明。他谈到了他的视觉经历：“我从来没有想到黄色竟是如此的黄！黄色太让我感到惊讶了，难以形容。红色是我最喜欢的颜色。但是我难以相信这就是红色。天不亮，我就迫不及待地起床，想去看一切我能看到的东西。夜晚，我遥望天空中的星辰和闪烁的光。有一天，我看见一些蜜蜂，它们美极了。我看到一辆卡车流星似的在雨中驶过，在空气中留下一道水雾，太美了！我还看见一片凋零的叶子在空中飘荡，让人难以忘怀。世界上的一切对于我都是那么美！你们能理解吗?”

感觉虽然很简单，是一种低级的心理活动，但却很重要，它在人们的生活和工作中都有着重要的意义。首先，感觉提供了内外环境的信息。通过感觉，人们能够认识外界物体的各种属性；通过感觉我们还能认识自己机体的各种状态，从而有可能实现自我调节。没有感觉提供的信息，人就不可能根据自己的状态来调节自己的行为。其次，感觉保证了机体与环境的信息平衡。人们要正常地生活，必须和环境保持平衡，其中包括信息的平衡。感觉剥夺实验有力地证明了这一点。（见专栏 2—2）可见，没有由感觉提供的外界信息，人就不能正常地生存。最后，感觉是人的全部心理现象的基础，离开感觉，一切高级、复杂心理现象就无从产生。

专栏 2—2　感觉剥夺实验

加拿大心理学家贝克斯顿（W. H. Bexton）等于 1954 年进行了第一个感觉剥夺实验，如下图所示。实验过程中让被试进入一个隔音的房间，躺在一张舒适的小床上，眼睛被蒙上眼罩，耳朵被堵上，手也被套上，除了进食与排泄，不允许做任何其他的活动。实验后四天对被试进行各种测验表明，被试进行精细活动的能力、识别图形的知觉能力、连续集中注意的能力以及思维的能力均受到严重的影响。他们不能集中注意力，不能进行连续而清晰的思考。实验证明，没有刺激，没有感觉，人甚至不能维持正常的心理活动。

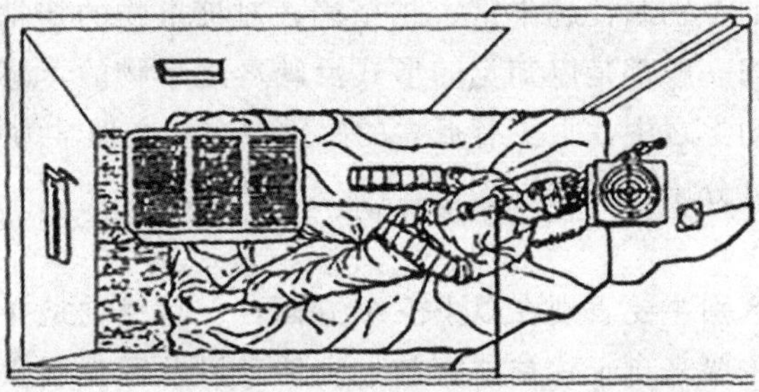

（资料来源：Carlson，1984）

2. 知觉及其组织

知觉是直接作用于感觉器官的事物的整体在脑中的反映，是人对感觉信息的组织和解释的过程。

当我们行走在林阴道上，不仅看到各种颜色，听到各种声音，闻到各种气味，而且认识到这是美丽的街心花园，那是汽车在行驶，人群川流不息，即在我们头脑中产生了花园、汽车、人群的整体形象，这就是知觉。知觉和感觉一样，都是刺激物直接作用于感觉器官而产生的，都是我们对现实的感性反映形式。离开了刺激物对感觉器官的直接作用，既不能产生感觉，也不能产生知觉。

知觉是人对感觉信息的组织过程。外部世界的大量刺激冲击我们的感官，我们倾向于有选择地输入信息，把感觉信息整合、组织起来，形成稳定、清晰、完整的映像。在日常生活中，我们很少意识到孤立的感觉，我们的头脑总是不断对感觉信息加以组织的。例如，听觉刺激是一个复杂的序列，被我们知觉为言语，或流水声，或汽车声，即组织成有意义的声音。对于其他感觉信息，我们也是将其组织成有意义的事物。这种组织功能主要依靠于我们的过去经验。

（二）感觉与知觉之间的关系

1. 共同之处

感觉和知觉是两种既相同又相异的相互紧密联系的心理活动过程。感觉和知觉的相同点在于它们都是人脑对当前客观事物的反映，即都是客观事物直接作用于感觉器官时在人脑中所产生的对当前事物的反映。另外，感觉和知觉是人对客观事物认识的初级阶段，是人们认识世界的开端，也是人们其他心理活动的基础。一个人若没有感觉和知觉，就不可能形成记忆、思维、想象等复杂的心理活动。可见，感觉和知觉都是一个人正常心理活动发生发展的必要条件。

2. 联系

感觉和知觉的紧密联系表现在，感觉是对物体个别属性的反映，知觉则是对物体整体的反映，没有对物体个别属性反映的感觉，就不可能有反映事物整体的知觉。因此感觉是知觉的有机组成部分，是知觉的基础，而知觉则是感觉的深入和发展。对某个物体感觉到的个别属性越丰富、越精确，对该事物的知觉也就越完整、越正确。在现实中，人们一般都是以知觉的形式反映客观事物的，感觉只是作为知觉的组成成分而存在于知觉之中，很少有孤立的感觉存在。心理学为了科学研究的需要，才把感觉从知觉中区分出来并加以探讨。

3. 区别

感觉和知觉的区别主要表现在以下三个方面，一是感觉是介于心理和生理之间的活动，它的产生主要来自于感觉器官的生理活动以及客观刺激的物理特性，相同的客观刺激会引起相同的感觉。而知觉则是以生理机制为基础的纯粹的心理活动，它的产生是在感觉的基础上对物体的各种属性加以综合和解释的心理活动的过程，处处表现出人的主观因素的参与；二是感觉是人脑对客观事物的个别属性的反映，知觉则是对客观事物的不同属性、不同部分及其相互关系的综合的、整体的反映；三是从感觉和知觉的生理机制来看，感觉是单一分析器活动的结果，而知觉则比感觉要复杂，它是多种分析器协同活动对复杂刺激物或刺激物之间的关系进行分析综合的结果。

目前一般的观点认为，知觉过程就是对刺激的解释。感觉是对刺激的觉察，知觉是将感觉信息组成有意义的对象，即在已储存的知识经验的参与下，把握刺激的意义。因此，知觉是现实刺激和已储存的知识经验相互作用的结果。相对而言，感觉信息是具体的、特殊的；而知觉信息则是较抽象的、一般的。知觉既具有直接性质，也具有间接性质。

（三）感觉与知觉的种类

1. 感觉的种类

根据刺激物的性质以及它所作用的感官的性质，可以将感觉分为外部感觉和内部感觉。外部感觉接受外部世界的刺激，如视觉、听觉、嗅觉、味觉、肤觉等，肤觉又可以分为温觉、冷觉和触觉、痛觉；内部感觉接受机体内部的刺激（机体自身的运动与状态），如机体的位置、运动和内部器官不同的状态等，主要包括运动觉、平衡觉和机体觉。

2. 知觉的种类

(1) 根据知觉时起主导作用的感官的特性分类。一般可以把知觉分成视知觉、听知觉、触知觉、嗅知觉、味知觉等等。当然在这些知觉中，除了起主导作用的感官以外，还有其他感觉成分参加。如在视觉空间定向中，常常有听觉或触觉的成分参加；在物体形状和大小的视知觉中，有触觉和动觉的成分参加；在言语听知觉中，常常有动觉的成分参与。

(2) 根据人脑所认识的事物的特性分类。一般可以把知觉分为空间知觉、时间知觉和运动知觉。空间知觉处理物体的大小、形状、方位和距离的信息，主要包括形状知觉、大小知觉、方位知觉、深度知觉和距离知觉；时间知觉处理事物的延续性和顺序性；运动知觉处理物体在空间的位移等。知觉的一种特殊形态叫错觉。人在出现错觉时，知觉的映像与事物的客观情况不相符合。

二、感觉过程的基本规律

(一) 感受性与感觉阈限

感觉是由一定刺激引起的。但是人的感官只对一定范围内的刺激作出反应，只有在这个范围内的刺激，才能引起人们的感觉。而且，刺激物强度的变化，并不能引起感觉产生等量的变化。如工厂的火灾警报器要多响才会让工人在喧嚣的机器轰鸣声中听到？咖啡中要加多少糖才会感觉到甜？要了解这些问题，我们就必须明确刺激量与感觉量之间的关系，而这是心理物理学的中心任务。

心理物理学是研究物理刺激的强度与它所引起的感觉量之间的关系的学科，它是19世纪中期由德国物理学家费希纳创立的，他提出了测量物理刺激强度与感觉体验大小之间关系的方法。费希纳的测量方法对所有刺激，如光、声音、味道、气味、触觉都是一样的：研究者确定阈限并建立感觉强度与刺激强度之间的心理量表。

心理量与物理量之间的关系是用感受性的大小来说明的。感受性是人的感觉系统机能的基本指标。感觉阈限是测量人的感觉系统感受性大小的指标。感觉阈限可以分为绝对感觉阈限和差别感觉阈限。感受性可以分为绝对感受性和差别感受性。

1. 绝对感受性和绝对感觉阈限

刺激物只有达到一定的强度才能引起人们的感觉。例如，我们平时看不见空气中的灰尘，当灰尘落在我们的皮肤表面时，我们也觉察不到它的存在。这种刚刚能引起感觉的最小刺激量，叫绝对感觉阈限（absolute sensory threshold）；而人的感官觉察这种微弱刺激的能力，叫绝对感受性（absolute sensitivity）。

绝对感受性可以用绝对感觉阈限来衡量。绝对感觉阈限与感受性之间的关系成反比。

$$E=1/R$$

在历史上，人们曾把绝对感觉阈限理解为一个固定的刺激量。超过这个数量，就能引起人的感觉；低于这个数量，人就不能觉察到它的存在。以后人们发现，这个阈限值并不是绝对不变的。在不同的条件下，同一感觉的绝对阈限可能不同。人的活动的性质，刺激的强度和持续时间，个体的注意、态度和年龄等都会影响阈限的大小。因此有人认为把绝对阈限看成某个固定的刺激量是不妥的。所以绝对感觉阈限的操作定义是50%的次数被感觉到的最小刺激量为绝对感觉阈限。当然，各种感觉的绝对阈限是彼此各不相同的。

一般说来，人类各种感觉的绝对感受性都很高。如视觉，晴朗的黑夜中可以见到30英里外的一束烛光，它的强度相当于10个光子；听觉，在安静的环境中，人们可听到6米远处的手表嘀嗒；味觉，人可以辨出7.5升水中的一茶匙糖；嗅觉，一滴香水可使香味扩散至三个房间；触觉，一片蜜蜂翅膀从一公分外落在面颊上可觉其存在。

2. 差别感受性和差别感觉阈限

刺激引起感觉后，刺激数量的变化并不一定都能引起感觉上的变化。例如，我们听一个10人的合唱，再增加2个人时我们就能感觉到声音的提高。但如果是一个百人的大合唱，需要增加多少人才能感觉到声音的提高？也就是说，两个同类刺激物，它们的强度只有达到一定的差异，才能引起差别感觉，人们也才能够把它们区别开来。这种刚刚能引起差别感觉的刺激物间的最小差异量，叫差别阈限（difference threshold）或最小可觉差（just noticeable difference）。对这一最小差异量的感觉能力，叫差别感受性（difference sensitivity）。

差别感受性与差别阈限在数值上也成反比例。差别阈限越小，即刚刚能够引起差别感觉的刺激物间的最小差异量越小，差别感受性就越大。反之，差别感觉阈限越大，差别感受性越小。

德国生理学家韦伯（Weber，1834）曾系统研究了触觉的差别阈限。他让被试先后用手提起两个重量不大的物体，并判断哪个重些。用这种方法确定了刚刚能够引起差别感觉的最小刺激量。结果发现，对刺激物的差别感觉，不决定于一个刺激增加的绝对数量，而取决于刺激物的增量与原刺激物的比值。比方说，如果手上原有的重量是100克，那么至少必须增加2克，人们才能感觉到两个重量（即100克和102克）的差别；如果原有的重量是200克，那么增加的重量必须达到4克；如果原重量为300克，那么增加的重量应该在6克。可见，为了引起差别感觉，刺激的增量与原刺激之间存在着某种关系。这种关系可用以下公式来表示：

$$K=\triangle I/I$$

其中I为标准刺激的强度或原刺激量，△I为引起差别感觉的刺激增量，即最小可觉差（JND）。K为一个常数。这个公式叫韦伯定律。对不同感觉来说，K的数值是不相同的，即韦伯分数不同。根据韦伯分数的大小，可以判断某种感觉的敏锐程度。韦伯分数越小，感觉越敏锐。

韦伯定律虽然揭示了感觉的某些规律，但它只是一个近似值，只适用于刺激的中等强度。刺激过弱或过强，比值都会发生改变。

（二）感觉的适应

感觉的适应是指刺激物持续地作用于某一感受器而使感受性发生变化的现象。这种变化或者使感受性提高或者使感受性降低。例如，我们刚从电影院出来时，由于外面的光线太强，会看不清外面的东西，只好眯起眼睛以免强光照射。这是因为在黑暗中我们眼睛的感受性提高了，在强光下需要降低感受性。当我们从明亮的阳光下，走进一个光线比较暗的房子里，开始我们什么也看不清，以后才能逐渐分辨出物体的轮廓。这是我们对弱光的感受性不断提高的缘故。“入芝兰之室，久而不闻其香；入鲍鱼之肆，久而不闻其臭”就是嗅觉的适应。人感觉不到身上佩带的手表、腰带、戒指或眼镜的压力则是触觉的适应。

（三）感觉的对比

两种不同的刺激物作用于同一感受器而使感受性发生变化的现象，是感觉的对比，包括同时对比和继时对比。同时对比，是指两种不同的刺激物同时作用于同一感受器产生的对比的现象。例如，同样的灰色方块在白色的背景上显得暗，在深黑色的背景上显得亮。继时对比，是指两种不同的刺激物先后作用于同一感受器产生的对比的现象。例如，先吃苦药后吃糖，会觉得糖特别甜。

（四）感觉之间的相互作用

1. 不同感觉的相互作用

某种感觉器官受到刺激而对其他器官的感受性造成影响，或使其升高或使其降低，这种现象叫做不同感觉的相互作用。现实生活中人们接受环境的信息常常是多通道同时进行的，不同感觉的相互作用时有发生。实验发现，微痛刺激、某些嗅觉刺激，都可使视觉感受性提高；微光刺激则能提高听觉感受性，而强光刺激会降低听觉感受性。凉水洗脸可以提高黄昏视觉。

不同感觉的相互作用，其一般规律是，弱刺激能提高另一种感觉的感受性；强刺激则会使另一种感觉的感受性降低。感觉的相互作用现象在实际生活中具有很重要的应用价值。如可以用呈现音乐的方法来减轻牙科手术中病人的疼痛。

相同感觉间也存在着相互作用。如视觉的正后像、负后像等即为相同感觉间的相互作用。

2. 联觉

联觉是指一种感觉引起另一种感觉的现象。它是感觉相互作用的另一种表现。如在音乐上有一定造诣的人，听到一定的音乐会产生相应的视觉，这就是一种视听联觉。

联觉的形式很多，最突出的是颜色联觉。如色觉可以引起温度觉、轻重觉以及远近感。

3. 不同感觉的补偿

当某种感觉受损或缺失后，其他感觉会予以补偿，这就是不同感觉的补偿现象。不同感觉之间之所以能够相互补偿，是因为在一定条件下不同形式的能量可以相互转换。

三、知觉过程的基本特性

人的知觉过程是一个有组织、有规律的心理活动过程。这些规律主要表现为知觉的选择性、知觉的整体性、知觉的理解性和知觉的恒常性等，它们保证了人们对客观事物的认识。

（一）知觉的对象与背景（知觉的选择性）

人在知觉客观世界时，往往会根据当前的需要，对外来刺激有选择地进行组织加工。人们总是有选择地把少数事物当成知觉的对象（object），而把其他事物当成知觉的背景（background），以便更清晰地感知一定事物与对象。只有这样才使人能够把注意力集中到某些重要的刺激或刺激的重要方面，排除次要的刺激的干扰，从而更有效地感知外界事物，适应外界环境。

知觉对象与背景之间的关系是相对而言的，是可以发生相互转化的。因此知觉对象并不是一成不变地固定在某些背景上，它们之间不断地发生着转换，以保证有意义的客体内容成为知觉对象。知觉对象与背景之间相互转化的最明显的例子就是双关图形（ambiguous figure）（或叫两歧图形）（见图2—1、2—2）。对象与背景的相互转化和交替出现就是由于人的知觉选择性的作用，这使得人们的知觉既清晰准确，又完善丰富。

图2—1　花瓶还是人脸？

（资料来源：Rubin，1915）

图2—2　老妇还是少女？

（资料来源：叶实乾等，2004）

知觉对象的选择，受到主客观因素的影响。因为人的知觉活动是在实践中产生并为实践服务的。当一个人同时面临着很多刺激时，客观上来说，同时作用于人的这些刺激彼此之间并不存在着轻重缓急，但人对这些刺激的取舍，则受到对象和背景之间本身具有的结构特点的影响，如对象与背景的差别、对象各部分的组合以及对象的运动等都会影响知觉对象的选择，同时也受到知觉者的需要、兴趣、爱好、任务、知识经验以及刺激物对人的意义是否重要等主观因素的影响。

（二）知觉中整体与部分的关系（知觉的整体性）

知觉的对象具有不同的属性、不同的部分组成，但是人并不把知觉的对象感知为个别的孤立部分，而总是把它知觉为一个统一的整体。知觉的这种特性称为知觉的整体性。

人的知觉系统具有把个别属性、个别部分综合为整体的能力。例如，我们有的时候接触到的一些图形都是未封闭的、不完整的，但我们的知觉系统总能把视野中的个别成分综合成为一个有组织的整体结构（见图 2－3）。人的知觉之所以能够把当前客观事物的刺激中缺失的东西在主观上进行补充，是因为客观事物的各个部分和它的各种属性是作为一个整体对人发生作用的。大脑会对来自感官的信息进行加工处理，客观刺激中缺少的东西，能用头脑中曾经有过的这些刺激所留下的痕迹进行弥补，即通过主观上的补充、删略、替代或改组，使人对客观事物产生完整的知觉。

图 2－3　人们总是倾向于把上图知觉为方形、圆形与三角形

当然知觉的整体性首先与事物的特征及其结构有关。由于各个成分空间分布的情况不同，我们知觉到的整体也就不同。可见，知觉的整合作用离不开组成整体的各个成分的特点。另外，知觉的整体性也与知觉者的主观状态，特别是一个人原有的知识经验有关。如一个不熟悉外文单词的人，他对单词的知觉只能是一个字母、一个字母地进行。相反一个熟悉外文单词的人，他把每一个单词都知觉为一个整体。

知觉的整体性一方面提高了人们知觉事物的能力，但另一方面，由于知觉整体性人们有时会忽略部分或细节的特征，会抑制对个别成分的知觉。

（三）理解在知觉中的作用（知觉的理解性）

知觉的理解性是指人以知识经验为基础对感知的事物加工处理，并用语词加以概括赋予说明的组织加工的过程。可以说，人的知觉与记忆、思维等高级认知过程有着密切的关系。人在知觉中，不是被动地把知觉对象的特点登记下来，而是以过去的知识经验为依据，力求对知觉对象作出某种解释，使它具有一定的意义。在这个意义上，知觉过程也可以看成是“假设检验”的过程。

图 2—4　图中隐藏的是什么？

（资料来源：Goldstein，1980）

在知觉过程中，影响知觉理解性的主要有如下几个方面：一是言语的指导。在环境相当复杂、对象的外部标志不是很明显的情况下，言语的指导作用唤起了人们过去的经验，有助于对知觉对象的理解（如图 2—4、2—5）。二是实践活动的任务。实践活动是人的知觉的基础，知觉服从于当前的活动任务。人们的活动任务不同，

图 2—5　从斑点图里可以看到什么？

图 2—6　从上看还是从下看？

（资料来源：转自 Lefton，2000）

对同一个对象的理解可能不同，产生的知觉效果可能也不同。三是情绪状态。同样一种事物，情绪状态不同，人们对它的理解也不同。例如积极的心境使人感受美好，

而消极的心情也使人的感受灰暗。四是知识经验的影响。人的知识经验直接影响着知觉的内容、精确性和速度。如“不可能图形”可以进一步说明人的知识经验对知觉理解的影响（见图2—6）。由于大脑皮层接受了来自眼睛的矛盾信息，因而人不能用过去的知识和经验去理解它、解释它，因为这与人脑中的知识经验产生矛盾，这充分说明了知识经验在知觉理解中的作用。

（四）知觉的恒常性

知觉恒常性是指当知觉的客观条件在一定范围内改变时，我们的知觉映像也能在相当程度上保持着它的稳定性。它是人们知觉客观事物的一个重要特性。

在视知觉中，知觉的恒常性表现得特别明显。对象的大小、形状、亮度、颜色等映像与客观刺激的关系并不完全服从物理学的规律。尽管外界条件发生了一定的变化，我们在观察同一事物的时候，仍然把它知觉为同一的事物。在视知觉的范围内，恒常性的种类有：

1. 形状恒常性

当我们从不同的角度观察同一物体时，物体在网膜上投射的形状是不断变化的。但是我们知觉到的物体形状并没有显出很大的变化，这就是形状的恒常性。如让被试坐在桌边，将圆形的碟子依次放在离被试不同距离的桌子上，要求被试观察碟子的形状并用铅笔在方格纸中划出他当时知觉到的碟子的形状。实验表明，知觉到的形状具有一定的恒常性，它比光学投影的形状要更圆些。如我们平常所见到的门的形状与我们关于门的形状的知觉（见图2—7）。

图2—7　在不同状态下看到的门

（资料来源：Atkinson，1983）

2. 大小恒常性

大小恒常性是指人对物体的知觉大小不完全随映像的变化而趋于保持物体实际大小的特性。例如，同一个人站在离我们2米、4米、8米、10米和20米的不同距离处，他在我们视网膜上的视像随距离的不同而变化，但我们在知觉这个人的大小时仍然是按照他的实际大小来感知的。可以说，视网膜成像按几何投影的规律变化、随对象的距离按比例增大或缩小，而知觉到的大小却不完全随距离而变化，它趋向于原物的实际大小。这说明我们在知觉时就已经考虑到了距离的信息，从而相对地把握了前方人的实际的大小。

3. 明度（或视亮度）恒常性

在照明条件改变的情况下，物体的相对明度或视亮度不变，叫明度或视亮度恒常性。如白墙在阳光和月色下看，都是白色的；而煤块在阳光和月色下，都是黑色的。从物体反射的光量来说，煤块在日光下反射的光量约为白墙在月光下反射的光量的5万倍。而我们仍把阳光下的煤块知觉为黑的，月光下的白墙知觉为白的。可见，我们看到的物体明度或视亮度，并不取决于照明的条件，而是取决于物体表面的反射系数。

4. 颜色恒常性

是指人在判断颜色时，不因物体环境的变化而保持对其颜色知觉不变的知觉特性。如用红光照射在白色物体的表面，我们看到的物体表面不是红色的，而是在红光照射下的白色。但如果让被试通过一个圆筒去观察纸中央，便会把纸看成红色的。

恒常性对于人的正常生活和工作有重要的意义。客观环境中的事物具有一定的稳定性，因此人类的知觉就需要有相应的稳定性，以此来真实地反映客观对象的自然属性和本来面目，同时也是人类适应周围环境的一种重要能力。知觉恒常性既是人类认识世界的需要，也是人类长期实践活动的结果。

专栏 2—3　知觉恒常性是先天的还是后天的？

刚果的俾格米（Pygmi）人居住在枝叶茂密的热带森林中。人类学家特恩布尔（Turnbull，1961）曾描述过这些人及其生活方式。有些俾格米人从来没有离开过森林，没有过开阔的视野。当特恩布尔带着一位名叫肯格（Kenge）的俾格米人第一次离开居住地大森林来到一片开阔的平原时，他看见几英里外的远处一群野牛在吃草时惊奇地问："那些是什么虫子？"当告诉他是野牛时，他哈哈大笑，说不要说傻话。尽管他不相信，但还是仔细凝视着，说"这是些什么野牛会这样小。"当驱车越走越近，这些"虫子"变得越来越大时，他感到不可理解，甚至有些害怕，小声地说这应该是魔法。最后，当他们到达野牛身边时，肯格不再害怕，但他仍不明白为什么刚才它们看起来那样小。当两个人继续驱车来到爱德华湖边的时候，发生了类似的情况。这是一个很大的湖，在两三英里外有一艘渔船。肯格不相信几英里外的那条船大到足以能装下几个人。他断言那不过是一块木头，直到特恩布鲁提醒他有关野牛的那次经历后，肯格才惊异地点头表示同意。

（五）知觉的适应

当视觉输入发生变化时，我们的视觉系统能够适应这种变化，使之恢复到正常的状态。如格雷戈里医生曾记录了一位白内障病人的经历：S. B. 先生从一出生就失明，经过一次手术后重获光明，他努力学习运用他的视觉。他必须学着去分辨物体、看时钟、识数、认字以及学会判断大小和距离。例如，在一段时间内他分不清圆圈和圆球，三角形和棱锥体，然后经过很大的努力，才学会根据各种标识来估计对象的远近。一天，当 S. B. 从医院的窗户向外望时，他十分好奇地发现在下边的地面上移动着一些小东西，于是他爬到窗边，想探出身子用手去接近并仔细观察这些东西。幸亏医生及时阻止了他的行动。他当时住在四楼，而下面移动着的是马路上正在疾驰的小汽车。尽管 S. B. 现在能够看到东西，但他还不具有深度知觉。

早在 19 世纪末，心理学家就开始研究知觉适应现象。19 世纪末斯特拉顿的实验可以证明我们的知觉是后天学习、不断适应的结果。他在眼睛上戴了一个特制的圆筒，通过圆筒可以在眼睛视网膜上形成与外界事物一样是正立的实像，开始非常不适应，视觉和触觉、动觉之间发生了矛盾，用手触摸物体或者在空间移动都发生了巨大的困难，如想拿下面的东西，手却伸向了上方；写字也不能依靠视觉而只能靠触觉和记忆来写。这种异常的视觉经验使他感到头痛和恶心。8 天以后，他的视觉逐渐与触摸觉、动觉协调起来，不再感到外部世界是一个颠倒的世界，周围的景象也悉如平常了，行动也自如了。可在他摘掉了眼镜后，混乱的局面再次发生。

这说明，我们对外部世界的知觉在后天生活中通过学习获得的，是将许多感觉器官所获得的信息，如视觉信息、触觉信息、动觉信息等加以综合分析以后才产生的。

四、空间知觉、时间知觉与运动知觉

（一）空间知觉

1. 图形、背景与封闭性

人在面对外界刺激的时候总会按照自己的方式去组织自己的知觉，在组织过程中首要的一步就是区分图形与背景。所谓图形是位于最前部的类似客体的区域，而背景则被看成是用来突出图形的幕布。而轮廓代表了图形及其背景的一个分界面，它是在视野中邻近的成分出现明度或颜色的突然变化时出现的（如图 2—8）。

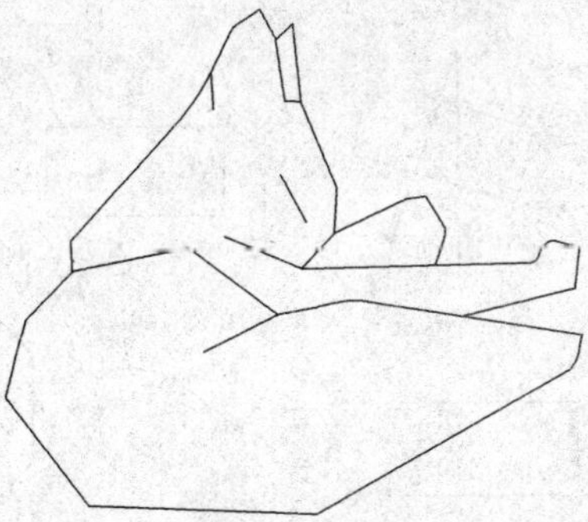

图 2—8　轮廓把背景与图形分开

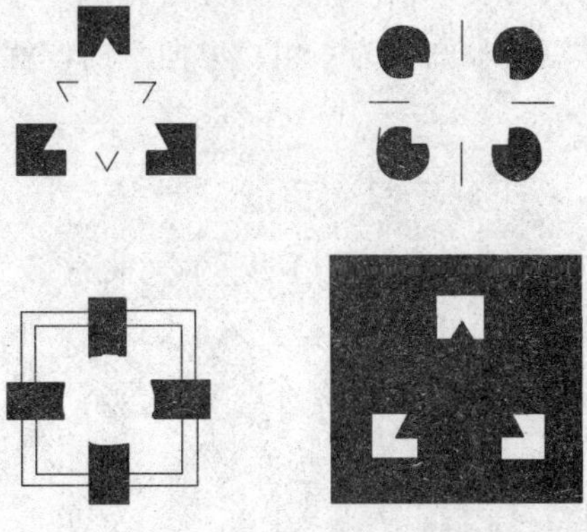

图 2—9　几种不同的主观轮廓

当然，人在知觉过程中把一个图形看成位于背景前面的趋势非常强烈，甚至当客观上不存在刺激的梯度变化时，人们在一片同质的视野中也能看到轮廓，这种轮廓叫做主观轮廓（如图 2—9）。

那么人是如何完成这一知觉的组织过程的呢？关于这个问题的研究最早是由格式塔心理学派来进行的，并提出了一系列的知觉组织原则：

（1）邻近性（proximity）。在其他条件相同时，空间上彼此接近的部分，容易组成为图形（图 2—10a）。

（2）相似性（similarity）。视野中相似的成分容易组成图形（图 2—10b）。

（3）对称性（symmetry）。在视野中，对称的部分容易组成图形（图 2—10c）。

（4）良好连续（good continuation）。具有良好连续的几条线段，容易组成图形（图 2—10d、图 2—11）。

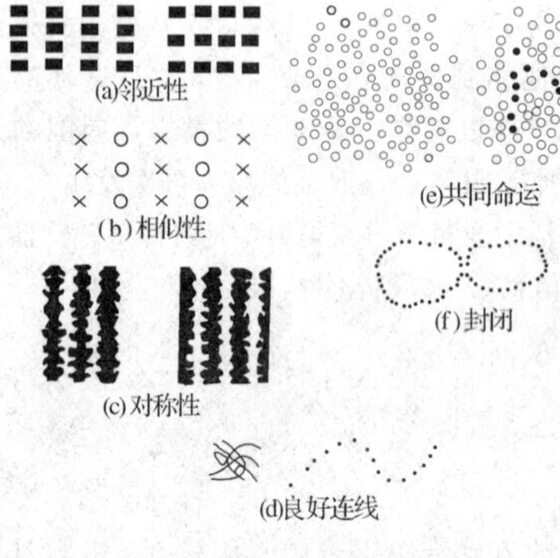

图 2—10　图形的组织原则

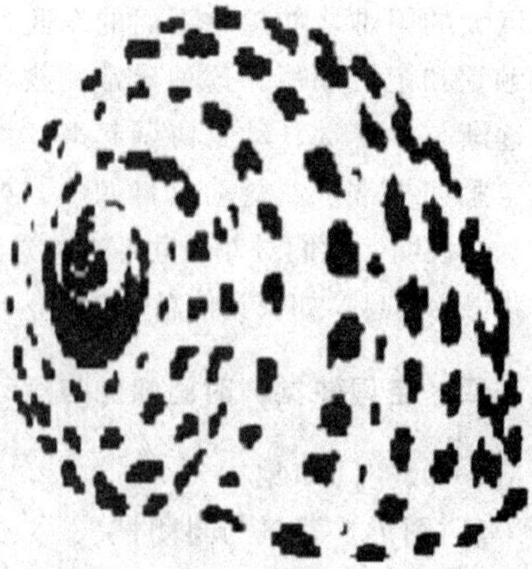

图 2—11　良好连续

（5）共同命运（common fate）（图 2—10e）。

（6）封闭（closure）。视野中封闭的线段容易组成图形（图 2—10f）。

（7）线条方向（line orientation）。线条方向对图形组合也有重要的意义，方向相同，就容易知觉为一组；方向不同，就容易分开（图 2—12）。

图 2—12　线条方向

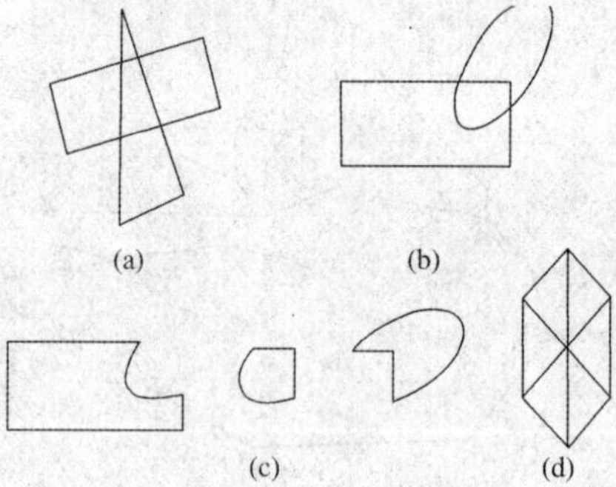

图 2—13　简单性

(8) 简单性 (minimum)。视野中具有简单结构的部分，容易组成图形 (图 2－13)。

2. 距离、深度与线索

人们不仅能够知觉物体的形状，而且能够知觉物体的深度和距离。形状知觉属于二维空间的知觉，而深度知觉涉及三维空间的知觉，即不仅能够知觉物体的高和宽，而且能够知觉物体的距离、深度、凹凸等。

人们怎样才能知觉物体的距离与深度？哪些因素提供了深度与距离的线索呢？根据心理学和邻近科学的研究，这类线索有：

(1) 肌肉线索 (生理线索)，即人眼在观看不同距离的物体时，会出现调节和幅合等一系列变化，对人们分辨物体的距离有一定意义。所谓调节。是指水晶体的形状 (曲度) 由于距离的改变而变化。当物体移近的时候，眼睛的水晶体曲度变大；物体移向远方，眼睛的水晶体曲度变小。水晶体曲度的变化是由改变睫状肌的紧张度来实现的；所谓幅合，是指眼睛随距离的改变而将视轴聚到被注视到的物体上。幅合是双眼的机能。物体近，幅合角大；物体远，幅合角小。根据幅合角的大小，人们也能获得距离的信息。

研究分析表明，调节在深度知觉中只能在较小的距离范围内起作用，幅合的作用较大。

(2) 单眼线索，是指用一只眼睛就能感受的深度线索。这些线索包括以下几种：对象重叠 (遮挡)，物体相互遮挡是判断物体前后关系的重要条件 (如图 2－14)。线条透视，两条向远方伸延的平行线看来趋于接近 (如图 2－15)。空气透视，远处物体看起来模糊，近物细节清晰。相对高度，在其他条件相等时，视野中两个物体相对位置较高的那一个，就显得远些。纹理梯度 (结构级差)，这是指视野中的物体在视网膜

图 2－14　遮挡

图 2－15　线条透视

上的投影大小和投影密度发生有层次的变化（如图 2－16）。运动视差，当观察者与周围环境中的物体相对运动时，远近不同的物体在运动速度和运动方向上将出现差异。一般说，近处物体看去移动得快，方向相反；远处物体移动较慢，方向相同。

图 2－16　结构级差

（3）双眼线索——两眼视差，即人们知觉物体的距离与深度，主要依赖于两眼提供的线索。人有两只眼睛，它们之间大约相隔 65mm，因此他们接受到的外部图像会略有不同。试一下这个实验。首先闭上你的左眼，用右眼调准两个食指，使其与远处某个小物体成一直线，保持一根手指为一臂的距离，另一个手指在脸前方一英尺左右的距离。现在保持手指不变，闭上你的右眼睁开你的左眼，同时继续注视远方的物体。现在来看一下你的两个手指的位置发生的变化。第二只眼睛并没有看到他们与远处的物体成一条直线，而是看到了另一幅图像。

因此当我们看立体物体或一大片景物（其中物体远近不同）的时候，两眼的视像将稍微有点差别：右眼看到右边多些，左眼看到左边多些；这样两个视像便产生不完全在两个视网膜的相同部位上，也不会完全重合，这就是双眼视差。双眼视差是立体知觉的重要信息。双眼视差转化为神经冲动，传到大脑，经过加工处理，便产生了立体知觉。在观察一大片景物时，远近不同的视像落在两眼视网膜不相应的部位上，就产生了深度知觉。我们可以用实体镜来演示双眼视差在立体知觉中的作用。在实体镜里分别放上两张略有差别的照片，两眼通过三棱镜去看，在距离适宜时，就会产生立体感。

（二）时间知觉与运动知觉

1. 时间知觉

时间也和空间一样，是一种客观存在。所谓时间知觉是指人们对客观事物和事件的连续性和顺序性的反映。

时间，既没有开始也没有结束，从遥远的过去直到无穷的将来，要计量时间，必须以某种客观现象作为参考体。作为时间知觉的参考标志很多：一是自然界的周期性现象，如太阳的东升西落、月亮的盈亏圆缺、星座的向西移动、四季的更替变化等，都可以成为我们感知、判断时间和调节活动的客观依据。二是有机体的各种节律性活动，如心跳、呼吸、消化、排泄、饥渴等。这些变化都可用于对不同长短时间的估计。人们根据身体组织的这些节律性活动，也能估计事件持续的时间。身体组织的这些节律性活动，也叫生物钟，它给人们提供了时间的信息。动物也有“测量”时间的本领。如鸡叫三遍天亮、青蛙冬眠春晓、大雁南来北往等，这些都是动物按时间进行活动的现象。三是借助计时工具，如日历、时钟、手表等。借助于先进的计时工具，我们可以准确地估计世纪、年、月这样较长的时间，而且可以准确地记录极其短暂的时间。

影响时间知觉的因素主要有如下几个方面：

（1）感觉通道的性质。在判断时间的精确性方面，听觉最好，触觉其次，视觉较差。例如，当两个声音相隔1/100秒时，人耳就能分辨出来；而触觉分辨两个刺激物间的最小时距为1/40秒，视觉为1/10秒～1/20秒。

（2）一定时间内事件发生的数量和性质。在一定时间内，事件发生的数量越多，性质越复杂，人们倾向于把时间估计的较短；而事件的数量少，性质简单，人们倾向于把时间估计的较长。例如一节课、一个报告如果内容丰富，颇有兴味，听课人会觉得时间过得快；相反如果报告的内容贫乏乏味，听众就会觉得时间过得慢。

在回忆往事时，情况恰好相反。同样一段时间，经历越丰富，就觉得时间长；经历越简单，就觉得时间短。

（3）人的情绪和兴趣。人们对自己感兴趣的东西，会觉得时间过得快，出现对时间的估计不足。相反，对厌恶的、无所谓的事情，会觉得时间过得慢，出现时间的高估。在期待某种事情的时候，会觉得时间过得很慢；相反对不愿出现的事物，会觉得时间过得真快等。

（4）能否利用时间标尺直接影响时间估计的准确度。如果能在缺乏客观时间标尺的情况下，用数数、数脉搏作为时间标尺，时间估计的准确度就高；特别在长时距估计中，准确度提高更为明显。经验丰富的人对时间估计得相当准确。人们估计时间间隔的最精确的范围在0.2秒～2秒。对于短于1秒的易做超估，长于1秒的易做短估。反之，不会利用时间标尺，时间估计的误差就大。

2. 运动知觉

所谓运动知觉是指对物体的空间位移和移动速度的知觉。通过运动知觉，我们可以分辨物体的静止和运动以及物体运动速度的快慢。

运动知觉依赖于对象运动的速度。物体运动的速度太慢，或单位时间内物体位移的距离太小，都不能使人产生运动知觉。例如，人们不能觉察手表上时针的运动，也不能感知花朵开放的细微变化。同样，物体运动的速度太快，超过一定的限度，人们只能看到弥漫性的闪烁。例如，快速运转的飞轮或电扇的叶片。看到闪烁时的速度叫运动知觉的上阈。我国的研究表明，在两米距离时，运动知觉的下阈为 0.66 毫米/秒，上阈为 605.2 毫米/秒。运动知觉的差别阈限大致符合韦伯定律。

似动是指在一定时间和空间条件下，人们在静止的物体间看到了运动，或者在没有连续位移的地方，看到了连续的运动。似动的主要形式有：

(1) 动景运动（又称 Φ 现象 phi－phenomenon）。当两个刺激物（光点、直线、图形或画片）按一定的空间间隔和时间距离相继呈现时，我们会看到从一个刺激物向另一个刺激物的连续运动，这就是动景运动。例如，给被试呈现两条线段，一条水平、一条垂直，或两条互相平行。当这两条线段的呈现时距过短时（低于 30ms），人们看到两条线段同时呈现。当两条线段的时距过长（超过 200ms）时，人们看到相继出现的两条线段。当时距为 60ms 左右时，人们就看到从一条直线向另一条直线的运动。

动景运动有时也叫最佳运动或 phi 运动。我们看到的电影、电视、活动性商业广告（霓虹灯），都是按动景运动发生的原理制成的。它在逼真性方面，使人难以与真正运动区别开来。

(2) 诱发运动。由于一个物体的运动使其相邻的一个静止的物体产生运动的印象，叫诱发运动。例如，夜空中的月亮是相对静止的，而浮云是运动的。可是我们看到的却是月亮在运动，云是静止的。

诱发运动可在实验室内演示出来。如果在暗室内呈现一个发亮的框架和一个光点，并让框架向右运动。那么我们感觉光点向左运动，而框架是静止的。一般说来，视野中细小的对象看上去在动，而大的背景则处于静止的状态。

(3) 自主运动。自主运动又叫游动运动或自动效应，指人在注视暗室内一个微弱的、静止的光点片刻后感觉到光点在来回移动的现象。在没有月光的夜晚，当我们仰视天空时，有时会发现一个细小而发亮的东西在天空游动。我们会误认为它是一架飞机，其实这是由星星引起的自主运动。在暗室内，如果你点燃一支薰香或烟头，并注视这个光点，你也会看到这个光点似乎在运动。

(4) 运动后效。在注视向一个方向的物体运动之后，如果将注视点转向静止的物体，则似乎朝相反的方向运动。例如，如果你注视瀑布的某一处，然后看周围静止的田野，会觉得田野的一切在向上飞升。在注视飞速开过的火车之后，会觉得附近的树木向相反的方向运动。这都是运动后效。

（三）错觉

现实生活中常有错觉发生。所谓错觉是对客观事物的不正确的知觉，它与幻觉不同。错觉产生的原因很复杂，往往与我们知觉中的恒常性、习惯性眼球运动、连续性原则以及知觉习惯等多种综合原因有关。常见的错觉有图形错觉、大小错觉、方位错觉、形重错觉、运动错觉以及时间错觉等。下面是几种比较常见的图形错觉：

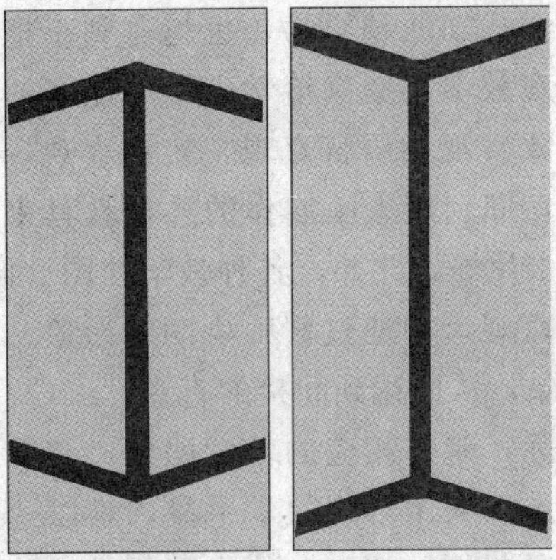

图 2—17　缪勒—莱耶错觉

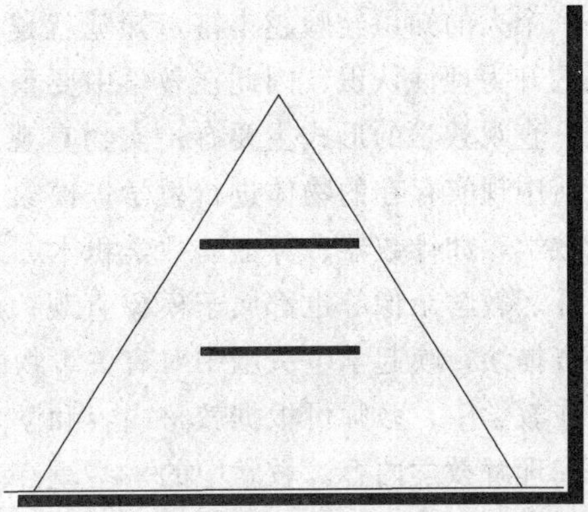

图 2—18　潘佐错觉

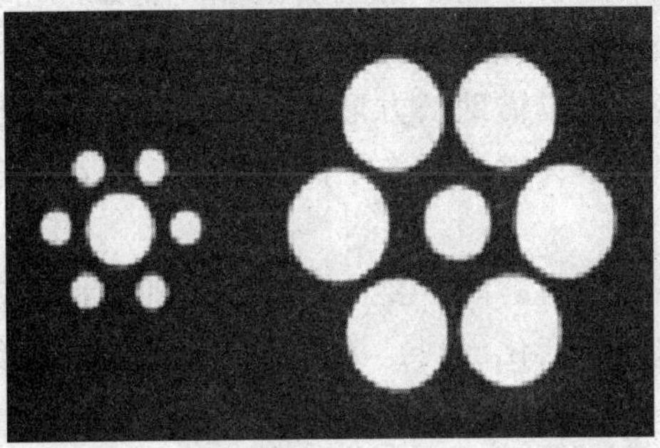

图 2—19　多尔波也夫错觉

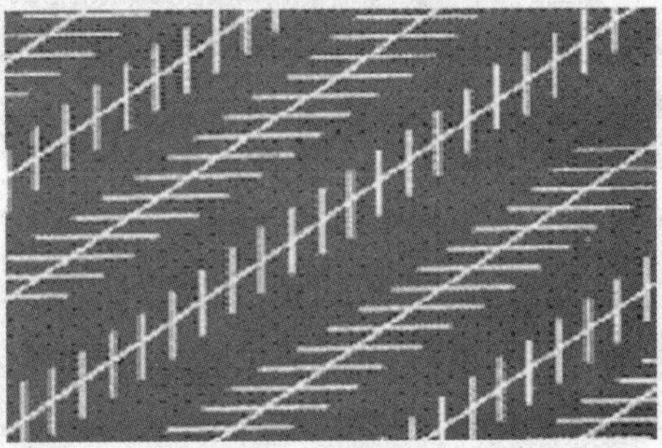

图 2—20　佐尔拉错觉

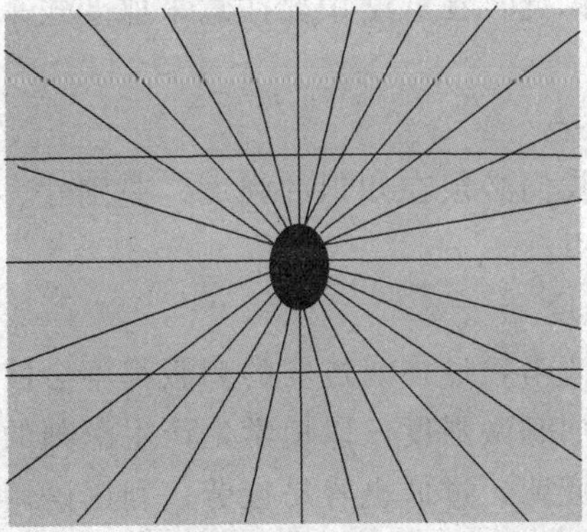

图 2—21　冯特错觉

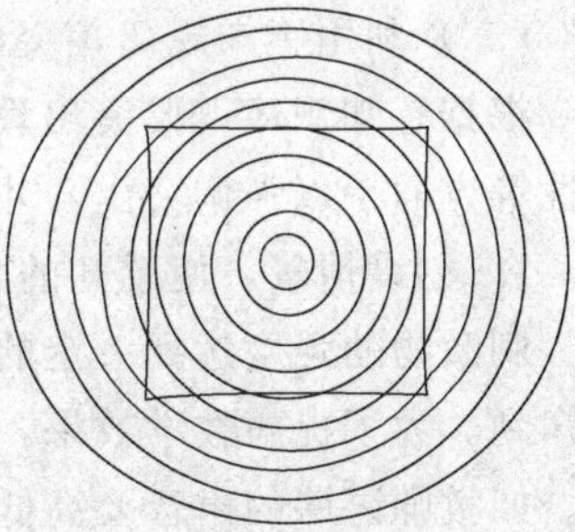

图 2—22　爱因斯坦错觉

五、感知规律与教学

感知觉是一切高级心理现象的基础，一切理性认识都是从基本的感性认识开始的，所以在课堂教学中要注意运用感知规律，提高课堂教学的质量。

（一）利用感知规律，增加学生的感性认识

一个人的知识经验越丰富，知觉就越完善，感知便越容易，也越有利于把感性认识上升为理性认识，因此在教学中要重视直观教学，提供给学生尽可能多的感性认识。直观教学的形式主要有：实物直观、模象直观和语言直观。实物直观，即利用生活中现实存在的物体进行教学；模象直观，即利用人工制作的各种教具来进行直观教学，如计数器、算盘、数学积木、几何木片等，此外，各种教学挂图、插图、幻灯片、教学录像等也都属于模象直观；语言直观，即通过教师生动、形象、准确的语言描绘，唤起学生头脑中对有关事物的表象，从而达到间接的直观。

在教学中，教师可根据教材内容和学生实际，制作相应的教学课件，帮助学生感知和理解教学内容。教学中的一些重点、难点，利用常规教学手段，难以达到理想的教学效果，而运用CAI辅助教学，教学的效果明显提高，使得教材中一些难于理解、抽象的概念等，能直观地演示给学生看，使学生一看就明白了。例如，在教学“圆面积计算”时，运用CAI辅助教学，将一个圆平均分成8等份、16等份、32等份，然后组成一个长方形，学生一目了然，可以借助长方形的面积公式，推导出圆面积的计算公式。这样既突破了重点、难点，又发展了学生的想象力，提高了学习效率，教学效果也非常好。

当然，老师在进行直观教学为学生提供感性材料时，要注意变式，即变换呈现形式，使对象的本质属性不变，而非本质属性则变化出现，从而通过感知辨别排除非本质属性的干扰，形成正确、概括的表象。例如，认识梯形时从标准图形入手给出定义。但若只出现标准图形，学生容易产生梯形的腰总是在两边，以及上底短、下底长等错觉，从而影响对梯形本质的掌握。因此，在教学中要注意采取变式来突出事物的本质属性。

（二）利用感知规律，突出教学的重点、难点

根据感知规律，要突出教学的重点难点，我们必须在知识的强度、差别性、变化性等方面予以强调突出，才能起到良好的作用。

1. 创设情景，使感知的事物达到一定的强度

刺激物的强度达到一定的程度才能感知的清晰，过强或过弱的刺激都不会使人感知到。为了提高教学效果，就需要适当地增加刺激强度，以使学生产生深刻的印象。如教师讲课的声音要高低适度，过高容易疲劳，过低也容易疲劳；利用语调提高、字体加粗以及重复等来突出教学重点的强度。

2. 充分利用活动变化来增强感知的效果

在感知过程中，变动的对象较静止的对象更易于引起学生的注意和兴趣。因此在教学过程中，要想方设法使刺激物呈现运动状态，用动态来增强感知的效果。例如角的认识教学中，利用计算机使静变动，动静结合，在学生获得丰富的角的大小跟两边张开程度有关的表象的基础上，来理解静止图中所反映的本质属性。

在感知过程中除了采用变动对象外，言语表述的变动也能引起学生感知的兴趣，

有时能一下子切中问题要害，特别对低年级学生更是如此。比如把“比 4 小 1 是谁，比 4 大 1 是谁”，说成“谁和 4 手拉手”或者“谁和 4 是好邻居”。尽管只换了几个字，但产生的效果是不一样的。学生学得既轻松愉快，又抓住了“相邻”、“位置变化”等关键之处，效果比平铺直叙式的语言好得多。

3. 运用对比，突出差异，使学生获得清晰的印象

根据差异律，在教学中要注意处理好感知对象与背景之间的关系，使对象之间差异突出、对比明显也会产生好的效果。如在自然课教学中应正确运用各种色彩与符号。如用红色表示动脉血，用蓝色表示静脉血，板书时用方框、圆圈、划线等强调重点，可以较好地引起学生注意，提高教学效率。如用简图比较蝶与蛾的区别，用表格比较鱼与蝌蚪的异同点等。运用对比时，不管使用图表或是语言、数据，都要简明扼要，突出对比点，使学生一目了然，获得清晰的印象。有的老师在语文的阅读课教学中注意采用多种对比的方式，以加强学生的印象，提高学生的理解，如课文与原著相比较、同名文章相比较、同一作者的几篇课文相比较、同一单元中相同体裁的文章进行比较、同一题材、不同体裁的文章进行比较等。

（三）运用感知规律，培养学生的感知能力

在教学中充分运用感知规律，有助于培养学生的感知能力。要做到这一点，应从以下几个方面入手：

1. 注意演示与讲解相结合

直观的感性材料是掌握理性知识的基础。但是，要形成理性知识，还必须借助语言对感性材料进行加工，经过分析、综合、抽象概括才能揭示事物的本质特征。因此，在直观教学中，直观手段的运用必须与教师的言语指导相配合，这样才能收到事半功倍的效果。一般说来，直观手段与教师言语的配合有三种作用：在直观教学前，教师的言语起导向作用；在直观教学中，教师的语言起引导、强化作用；在直观教学后，教师的语言起概括、深化作用。所以，在教学中要注意形声结合，把演示与讲解有机地结合起来，在直观演示的同时有目的、有条理地提出问题，让学生边观察边思考，从而培养学生的观察力，发展学生的思维。

2. 注意观察与思考相结合

教师需要引导学生把观察与思考结合起来，才能认识事物，了解事物的本质。因此，在直观教学前，教师要向学生提出明确的观察目的，教给观察的具体方法。在直观教学中，要指导学生边观察边思考，在观察中思考，在思考中观察。通过分析、比较、综合，克服感性经验的消极作用，最后从观察思考中得出结论，使学生获得正确、清晰、完整的认识。

3. 注意多种感官相结合

在感知过程中，多种感官协同活动，可以提高感知效果。这是因为感知对象复合刺激居多，且有多种属性，要通过多种感官进行活动，从而既有助于感知的全面

与精确，也有助于学生能力的提高。例如，在教学生认识长方体的时候，可以让学生带来各种长方体的盒子，通过看、摸、比、说，去寻找长方体的各种特征，然后师生共同归纳出长方体的本质特征。这样多种感官参与活动，做到眼到、耳到、口到、手到和心到，从而发挥了多渠道感知的优势，提高了感知效果。同时还要注意教具、学具并用，在使用教具的同时应注意巧妙地引导学生运用学具，使学生眼看、耳听、手动、脑想，培养他们自己探索知识的能力和创造性思维的能力。

[主要结论与应用]

1. 注意就是心理活动对一定对象的指向和集中。

2. 一般根据产生和保持注意时有无目的以及意志努力程度的不同，把注意分为无意注意、有意注意和有意后注意三种。

3. 注意的品质又称为注意的特征，是衡量注意效率的基本尺度。主要包括注意的范围、注意的稳定性、注意的分配与注意的转移。

4. 注意是指人的心理活动对一定对象的指向和集中，是一切心理活动的开端和起点，并且维持着心理过程的正常进行。在课堂教学活动中，学生的注意力是否集中，决定了学习效果的好坏。因此，在课堂教学过程中，引发学生对教学活动的注意是十分重要的。

5. 感觉是人脑对直接作用于感觉器官的客观事物的个别属性的反映。知觉是直接作用于感觉器官的事物的整体在脑中的反映，是人对感觉信息的组织和解释的过程。

6. 心理量与物理量之间的关系是用感受性的大小来说明的。感受性是人的感觉系统机能的基本指标。感觉阈限是测量人的感觉系统感受性大小的指标。感觉阈限可以分为绝对感觉阈限和差别感觉阈限。感受性可以分为绝对感受性和差别感受性。

7. 人的知觉过程是一个有组织、有规律的心理活动过程。这些规律主要表现为知觉的选择性、知觉的整体性、知觉的理解性和知觉的恒常性等，它们保证了人们对客观事物的认识。

8. 知觉可以分为空间知觉、时间知觉、运动知觉和错觉。

[学术动态]

1. 注意的过滤器—衰减模型。由英国心理学家布鲁德本特根据双耳分听的一系列实验结果于1958年提出，他认为当信息通过各种感觉通道进入神经系统时，要先经过一个过滤机制。这种过滤器相当于一个开关，它按照“全或无”的原则工作，接通一个通道，通过一些信息，这些信息便得到进一步的加工处理。其他的通道则被阻断，信息不能通过，暂时储存在短时记忆中，并且迅速衰退。在这个模型中，通道只能接通一个，魏尔福特（Welford）把它称为单通道理论。

2. 注意的衰减模型。瑞斯曼（Treisman，1960，1964）对上述过滤器模型加以改进，提出了衰减模型（Attenuation Model）。她认为过滤器并不是按“全或无”的方式来工作的，不是只允许一个通道（追随耳）的信息通过，而是既允许追随耳的信息通过，也允许非追随耳的信息通过，只是非追随耳的信息受到衰减，强度减弱了，但一些信息仍可得到高级加工。

3. 注意的反映选择模型。多伊奇等人（Deutsch et，al.，1963）提出了选择性注意的另一种观点，后由诺曼（Norman，1968）加以完善。他们认为，几个输入通道的信息均可进入高级分析水平，得到全部的知觉加工，注意不在于选择知觉刺激，而在于选择对刺激的反应。

4. 注意资源分配模型。知觉选择模型和反应选择模型都与认知系统加工能力有限相联系。这些理论都假设注意是一个容量有限的通道，认为进入感觉器官的刺激必须经过它，才能得到后续的加工。心理学家卡恩曼于 1973 年提出注意资源分配模型，从另外一个角度去理解注意。具体地说，他们并不设想一个瓶颈的结构，即存在于某个位置的过滤器，而是将注意看作人能作用于执行任务的数量有限的能量或资源，用这种能量或资源的分配来解释注意。这种理论也被称作中枢能量理论。

5. 知觉的自下而上加工与自上而下加工。知觉既依赖于现实的直接刺激，同时也依赖于过去的知识经验，这两者都是产生知觉所必需的，因此一般认为知觉过程包含相互联系的两种加工：自下而上（bottom—up）加工和自上而下（top—down）加工。自下而上加工和自上而下加工两个术语都是从计算机科学引来的。Lindsay 和 Norman（1977）将自下而上加工称作数据驱动加工（Date—Driven Processing），而将自上而下加工称作概念驱动加工（Conceptually—Driven Processing）。

自下而上加工是指由外部刺激开始的加工，通常是说先对较小的知觉单元进行分析，然后再转向较大的知觉单元，经过一系列连续阶段的加工而达到对感觉刺激的解释。如当我们看一个英文单词的时候，视觉系统先确认构成诸字母的各个特征，如垂直线、水平线、斜线等，然后将这些特征加以结合来确认一些字母，字母再结合起来而形成单词。由于信息流程是从构成知觉基础的较小的知觉单元到较大的知觉单元，或者说从较低水平的加工到较高水平的加工，这种类型的加工因而被称为自下而上的加工。

自上而下加工是由有关知觉对象的一般知识开始的加工。知觉者对事物的需要、兴趣和爱好，或对活动的预先准备状态和期待，他的一般知识经验，都在一定程度上影响到知觉的过程和结果。人的知觉系统不仅要加工由外部输入的信息，而且要加工在头脑中已经存储的信息。自上而下加工常体现于上下文效应中。如音素恢复实验所表明的那样，字词的上下文迫使对缺失的一个字母的字词作出相应的解释。这种音素恢复现象是已储存的知识作用的结果，依赖于现实刺激的信息和已储存信息的相互作用。由于是一般知识引导知觉加工，较高水平的加工制约较低水平的加工，因此这种类型的加工叫自上而下的加工。

6. 知觉的总体特征优先原则。内温把刺激区分为整体特征（Global Feature）和局部特征（Local Feature），前者可看作整体，后者可看作部分。实验中，给被试短暂地呈现由许多小字母组成的一个大字母。根据实验结果，内温认为，总体特征的知觉快于局部特征的知觉，而且当人有意识地去注意看总体特征时，知觉加工不受局部特征的影响，但当人注意看局部特征时，他不能不先知觉总体特征。这就意味着总体特征是先于局部特征被知觉的，总体加工是处于局部分析之前的一个必要知觉阶段。也就是说，被试总是对整体特征比对局部特征更敏感。可见，在提取事物的细节信息之前，我们对事物的整体可能已经有了粗略的了解。内温将这种加工的顺序称作总体特征优先。照他的看法，知觉过程开始于总体的组织，然后才是对局部特征的分析，这也就是说知觉是从整体到部分的。

[学业评价]

1. 什么是注意？如何理解这一概念？
2. 注意可以分为哪几类？
3. 注意的品质表现在哪几个方面？
4. 如何在教学中培养学生的各种注意？
5. 什么是感觉与知觉？两者之间的关系是什么？
6. 如何理解感觉的基本规律？
7. 知觉的基本特征是什么？
8. 图形的组织原则有哪些？
9. 影响深度知觉的线索有哪些？
10. 什么是时间知觉？
11. 什么是运动知觉？似动知觉主要有哪几种形式？

第三章　记忆与思维

[内容摘要]

记忆与思维是认知过程的核心内容，它们不仅在个体心理活动中具有重要地位，而且在个体学习中也是必需的。个体知识的获得和巩固的过程也就是知识记忆的过程，知识运用的过程也就是思维的过程。本章第一节主要介绍什么是记忆，记忆的种类，三种记忆系统，遗忘的规律、学说及影响因素；第二节介绍如何根据记忆的规律组织复习，促进学生知识的巩固；第三节介绍思维的基本内容，包括思维的种类，三种思维形式，问题解决，创造性思维和想象；第四节介绍根据思维的基本规律，如何帮助学生掌握科学概念，如何培养学生解决问题的能力以及如何培养学生的创造性思维。

[学习目标]

1. 记住记忆的概念、基本过程、主要类型，遗忘的概念、基本规律；

2. 理解记忆系统的编码方式及存储特点，遗忘的原因，影响遗忘的因素；

3. 能够运用记忆规律组织复习，促进知识的巩固；

4. 记住思维的概念、特征、种类、主要形式，问题解决的影响因素，创造性思维的概念、特点，想象的概念、种类；

5. 理解问题解决的策略，创造性思维的阶段；

6. 能够联系实际分析如何促进概念掌握，培养学生问题解决的能力及创造性思维。

[关键词]

记忆　记忆系统　思维　创造思维　想象

第一节　记忆概述

记忆是认知过程的重要组成部分，它贯穿于人的整个心理活动中，记忆研究也是心理学中最活跃的领域之一，本节将对记忆的基本知识以及该领域的一些最新研究成果加以介绍。

一、记忆的概念

记忆是人脑对过去经历过的事物的反映。记忆和感知不同，感知是对现在直接作用于人的事物的反映，而记忆则是对过去经历的事物的反映。过去经历的事物不仅包括感知过的事物，也包括思考过的问题、体验过的情感、操作过的动作等，这些过去的经验都会在人的头脑中留下不同程度的印象，其中一部分能保留相当长的时间，在一定条件下还能回想起来，这就是记忆。

用信息加工的语言来讲，记忆是对信息进行编码、储存和提取的过程。与之相对应，可将记忆分为识记、保持和再现三个环节。

二、记忆的基本过程

（一）识记

识记是识别和记住事物，从而获得和积累知识经验的过程。从信息加工角度讲，就是对输入信息进行编码的过程。识记是整个记忆过程的开端，保持和再现都必须以它为前提。识记有许多种类，而且在不同的识记中识记的规律是不同的。

1. 识记的种类

（1）根据识记的目的和意志努力的程度分为无意识记和有意识记。无意识记是指没有预定的目的要求，不需意志努力，自然而然记住某些事物的识记。它随时随地都可能发生，人们的许多知识经验都来自于无意识记，对学前期的儿童来讲，无意识记是一种主导的识记方式。这种识记的优点是无需经过意志努力，运用起来既可减轻学生的识记负担，又能提高识记效率；但也有缺点，无意识记由于缺乏预定目的，具有偶然性和片面性，依靠它不能获得系统的知识和经验。

有意识记是指有预定目的任务，按一定方法和步骤，需要作出一定意志努力的识记。它是人的一种自觉的主动的识记方式，如学生在学习过程中，具有明确的识记目的任务，需要付出很大的意志努力，牢记有关的定义、概念、公式、规律等，就属于有意识记。这种识记的优点是有目的、能获得系统的知识；但其缺点是需要意志努力、比较费力。心理学实验证明，有意识记由于目的和任务明确，能引起学习者更为复杂的智力活动和更高的活动积极性，因此，其效果优于无意识记。

（2）根据识记材料的意义及识记者的理解程度分为机械识记和意义识记。机械识记是指由于材料本身无意义或材料本身有意义但识记者不理解，根据事物的外部联系，依靠简单重复进行的识记。比如对历史年代、统计数字、人名地名、电话号码等的识记就属于机械识记。意义识记是指通过对材料的理解进行的识记。这种识记依靠的是事物内部的联系，其基本条件是理解。实验表明，意义识记的效果要优于机械识记。

机械识记尽管不如意义识记效果好，但现实生活中也不可缺少。为了提高机械识记的效果，心理学家提出机械识记意义化的办法，也就是对无意义的材料人为地赋予一定的意义，制造人为联想，从而大大提高识记效果。

2. 影响识记效果的因素

（1）识记的目的和任务。是否具有明确的识记目的和任务，对识记效果具有重要的影响。而且目的越明确，识记效果也越好。因为有了明确的目的，识记者的认知活动的方向性愈强，越能把全部的精力集中到识记任务上，并采取各种有效的方法，使识记效果增强。

（2）活动的内容和性质。识记是在活动中进行的，活动的内容和性质影响识记效果。如果活动要求学习者直接操作识记对象，动手写、画、计算、分类、组装等，这时学习者的注意力高度集中，能提高记忆效果。

（3）识记态度。良好的识记态度是取得识记效率的重要条件之一。它可以使识记者的心理活动集中到所要识记的内容上，通过积极的思考，从而取得较好的识记效果。

（4）识记材料的特点。识记要受识记材料的性质、数量等的影响，在性质方面，一般来说，对直观的、形象的材料的识记优于抽象材料，有意义的材料优于无意义的材料。

识记还受材料数量的影响，识记所需时间往往随材料数量的增加而增加，但时间增加的量远远超过材料增加的量，即平均每一份材料所需要的时间随着材料数量的增加而增加。因此对数量小的材料适于整体识记，数量大的材料则分段识记效果好。

材料的部位不同，识记效果也不同，在各部分材料难易相似的情况下对中间部分的识记效果要低于前部和后部，这主要是由于前摄抑制和倒摄抑制造成的。

识记的效果除依赖于上述各种条件外，也受主体的知识经验、意识倾向、情绪状态、对识记材料的加工深度、个性特征等心理条件的影响。

（二）保持

保持是识记过的事物以一定的形式储存在人的头脑中，并得到巩固的过程。从信息加工的角度讲，保持就是信息在人脑中的继续编码和贮存。保持是记忆的重要环节，借助于保持，识记的内容才得到巩固，同时保持也是实现再认和回忆的重要条件，可以说没有保持就没有记忆。

在记忆过程中识记的材料在头脑中的保持不是一成不变的，它在数量和质量上都会发生一系列的变化，一般来讲数量上会越来越少；质量上，有时会简略了某些细节、有时会增加了某些细节、有时则会歪曲了某些部分，也就是说保持是一个动态的过程。

（三）再现

再现是从记忆加工中提取信息的过程。再现是记忆过程的最后一个阶段，也是最重要的环节，只有提取出的信息才能成为人类的知识和经验。再现还是衡量记忆效果的唯一标准，是否记住就看能否再现。再现有两种基本形式，即再认和回忆。

1. 再认

曾经感知过的事物，再度呈现时能辨认出来就是再认。人在再认时的速度和确定程度有很大的差异，熟悉的事物立刻就能再认；不熟悉的事物，再认常常发生困难。决定再认的速度和确定程度的因素不外乎两点：一是识记的巩固程度；二是再认事物本身或周围环境的变化程度，原来识记得牢、原事物与当前识记的事物和环境又无显著变化时，再认速度就快、确定程度就好。

2. 回忆

过去经历过的事物形象或概念在头脑中重新浮现的过程叫回忆，也称重现。由于在回忆时过去识记过的事物没有再度出现在面前，因此回忆要比再认困难，再认要相对简单容易些，能回忆的必能再认，反过来就不一定成立。如在考试时，选择题相比填空、简答题要容易回答。但再认和回忆只是程度的不同，没有本质的差异。

记忆过程的三个环节并不是彼此孤立的，而是既相互区别又相互制约的。识记是保持的前提和基础，保持是对识记的进一步加深和巩固；再认和回忆可以进一步加强识记和保持，并成为检查识记和保持效果的手段；遗忘是整个记忆过程的对立面，同时又是记忆过程不可缺少的方面。

三、记忆的分类

(一) 根据记忆内容，可将记忆分为形象记忆、逻辑记忆、情绪记忆和运动记忆

1. 形象记忆

形象记忆是以事物的具体形象为内容的记忆。一般以视觉和听觉的形象记忆为主。头脑中所记的客观事物的形象就叫记忆表象，简称表象，表象具有形象性、概括性和可操作性。形象记忆通常以表象形式存在，所以又称为“表象记忆”。直观形象性是其显著的特点。

2. 逻辑记忆

逻辑记忆是以概念、判断和推理为内容的记忆。它记的不是具体事件、形象，而是隐藏在事件、形象背后的抽象的概念，它与人类抽象思维活动相联系，具有高度的概括性、理解性和逻辑性。

3. 情绪记忆

情绪记忆是以体验过的情绪、情感为内容的记忆。它是体验过的某种情绪、情感在刺激作用下的自然回放，情绪记忆经常伴随着其他形式的记忆而产生。这种记忆具有鲜明、生动、深刻和情境性等特点。

4. 运动记忆

运动记忆是以做过的动作和动作方式为内容的记忆。其特点是容易保持和恢复。它一旦形成，保持时间往往比较长久，不容易遗忘，同时提取也比较容易。动作记忆是人类一切外部活动得以顺利进行的基础。

（二）根据记忆的意识性，可将记忆分为外显记忆和内隐记忆

1．外显记忆

外显记忆是指在意识的控制下，过去经验对当前作业产生的有意识的影响。它的突出特点是强调信息提取过程的有意识性。传统记忆研究关注的主要是外显记忆。

2．内隐记忆

内隐记忆是指在个体无法意识的情况下，过去经验对当前作业产生的无意识的影响。它的突出特点是强调信息提取过程的无意识性。因此我们不能用通常测量外显记忆的方法测量内隐记忆，而需要用一些特殊的方法把内隐记忆从外显记忆中分离出来。内隐记忆是当前记忆研究的热点，它代表了记忆研究的最新动向。

（三）根据记忆信息的性质，将记忆分为情景记忆和语义记忆

1．情景记忆

情景记忆是指根据时空关系对某个事件的记忆。这种记忆是与个人的亲身经历分不开的，如想起自己参加过某个会议或去过某个地方。其特点是个人将以往生活中与个人有关的事实、时间、地点、人物、情境及当时的所知所感结合在一起编码记录下来，并储存在长时记忆中。如个人所写的自传式文章，其内容主要是以陈述的方式表达其经历性记忆，因此又有人称之为“自传体记忆”。

专栏3—1　自传体记忆

自传体记忆是个人生活事件的记忆，由于它在人类认知中建构起自我、情绪、个人意义及其交互作用的通道，因而备受心理学家的青睐；同时，更为引人注目的是，近期关于这方面的研究已经成为记忆研究乃至整个认知心理学新的方法论的增长点。

2．语义记忆

语义记忆是指人们对一般知识和规律的记忆。这些知识和规律是以语义符号的形式表达的，它表现在单词、符号、公式、规则、概念这样的形式中，如记住化学公式、乘法规则、英语单词等。它与特殊的时间空间无关，语义记忆是人类一切知识的基础。

四、三种记忆系统

美国心理学家阿特金森最早提出记忆有三种信息贮存系统，即感觉记忆（也称感觉登记、瞬时记忆）、短时记忆和长时记忆。每个系统又是对信息进行加工的一个阶段，在每个阶段中信息保持时间和编码方式不同，故有记忆的三级信息加工模式

或三个记忆阶段之说。

（一）感觉记忆

1. 感觉记忆的概念

当刺激作用停止后，感觉信息在一个极短的时间内保存下来，这种记忆就叫感觉记忆，也叫感觉登记或瞬时记忆。它是记忆系统的开始阶段，感觉记忆的储存时间大约为 0.25～2 秒。后像就是感觉记忆的一个例子，当外部刺激直接作用于感觉器官而产生感觉象后，虽然刺激的作用停止，但感觉象仍然维持极短的片刻，这种感觉滞留表明感觉信息的瞬间储存，这就是感觉记忆或瞬时记忆。

感觉记忆保持的信息虽然十分短暂，但它在刺激直接作用之后，为进一步的加工提供了更多的时间和可能。它好比整个记忆系统的“接待室”，从感官输入的各种信息都要在这里登记并接受处理。

2. 感觉记忆的编码

感觉记忆是记忆系统的开始阶段，也叫感觉登记。它是一种原始的感觉形式，由于未经任何心理加工，只是以感觉痕迹的方式被登录下来，因此感觉记忆按刺激的物理特性编码，并按感知的顺序被登记，它具有鲜明的形象性。

3. 感觉记忆的存贮

感觉记忆保持时间非常短暂，来自于视觉的图像记忆一般不超过 250 毫秒，而声像记忆最长，可达 4 秒之久。

感觉记忆保持时间短暂，信息消失的速度很快，这对信息加工是极为重要的，因为外界的信息处于迅速变化状态，感官内登记的信息如果不尽快的被选用或抹掉，就会同新输入的信息混杂，从而丧失对最初信息的识别。

感觉记忆中的信息如果受到注意就会转入短时记忆中。感觉记忆中的信息都是未经心理加工的信息，是尚未受到意义分析的信息，被登记的信息只有受到特别注意或模式识别，才能转入短时记忆，并在那里赋予它意义，否则就会很快衰退而消失。

（二）短时记忆

1. 短时记忆的概念

短时记忆是指信息在头脑中的保持时间不超过一分钟的记忆。就其功能来讲，短时记忆与感觉记忆不同，感觉记忆中的信息是不被意识也是未被加工的，而短时记忆是操作性的、是正在工作着的、活动着的记忆。由于它主要对来自感觉记忆和长时记忆中所贮存的信息进行有意识的加工，故又叫工作记忆。

2. 短时记忆的编码

编码就是对信息进行转换使之适合于记忆储存。经过编码所产生的具体信息形式叫代码。60 年代以来大量实验证实，短时记忆中的信息主要是言语听觉编码，少量的是视觉和语义编码。影响编码的因素主要有觉醒状态、组块和加工深度等。

3. 短时记忆的存贮

短时记忆保持时间很短，研究表明在没有复述的情况下，可以保持15～30秒，最长不超过一分钟。

短时记忆容量有限。1956年美国心理学家G.米勒明确提出短时记忆的容量为7±2，并提出组块的概念。组块是指将若干较小的单位联合成熟悉的、较大的单位的信息加工，也指这样组成的单位。一个块可以是一个数字、一个字母，也可以是一个单词、一句话，总之是一个有意义的单位。短时记忆容量中，虽然块的数量是5～9个，但块的容量是可以变的，因此短时记忆容量是可变的、灵活的。块的容量主要与知识经验有关。

短时记忆中的信息在得不到复述的情况下很快发生遗忘，通过复述可转入长时记忆。短时记忆的遗忘更多的是由于干扰导致的。

（三）长时记忆

1. 长时记忆的概念

长时记忆是指信息在头脑中储存1分钟以上的记忆。长时记忆是一个巨大的信息贮存库，其信息主要来自短时记忆阶段加工复述的内容，也有的是由于印象深刻而一次获得的。

2. 长时记忆的编码

长时记忆中的信息以语义编码为主。

3. 长时记忆的存贮

长时记忆容量似乎没有限度，它可以储存一个人关于世界的一切知识，为他的活动提供必要的知识基础。长时记忆的容量究竟有多大，不同的人有不同的看法，最多可达10的15次方比特的信息量。

长时记忆中信息保持的时间很长，最少一分钟，直至数日、数周、数年，甚至终生不忘。

> 专栏3－2　元记忆
>
> 人们在研究记忆的过程中发现，记忆任务中，个体对加工的控制的性质很大程度上依赖于个体对自己加工过程的了解。例如，一个人若知道记忆某种信息的一种有效策略，而且知道什么时候去运用它，这种知识当然会影响他的记忆操作。这种对记忆过程和内容本身的了解与控制叫做元记忆。

五、遗忘

遗忘是与保持相反的过程，识记的内容不能保持或提取时有困难就是遗忘。它表现为对识记的内容不能再认和重现或再认和重现时有错误。

（一）遗忘规律

德国心理学家艾宾浩斯第一个对遗忘现象作了长期而系统的研究，经过8年的实验研究，终于发表了名著《论记忆》，此书成为心理学上的里程碑，他的研究发现遗忘是有规律的。

艾宾浩斯以自己为被试，为防止已有经验对当前记忆的干扰，创造了无意义音节作为实验材料（如DOK，ZAD），用节省法计算出遗忘与保持的量。根据该方法绘制成的学习曲线就被称为艾宾浩斯遗忘曲线。

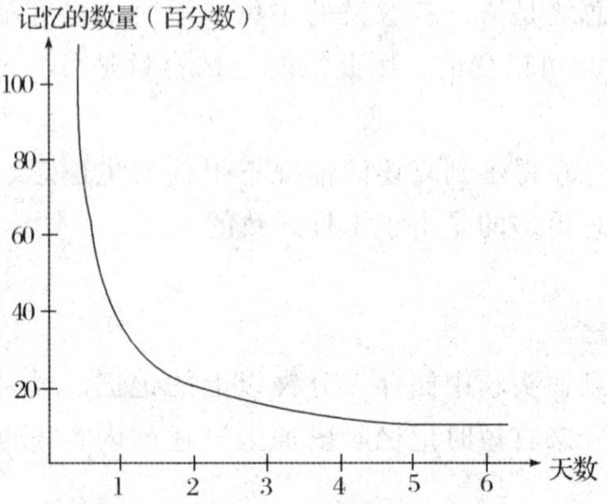

图3—1　艾宾浩斯遗忘曲线

这条曲线就表明了遗忘的规律，遗忘进程是不均衡的，一开始忘得快，以后遗忘速度逐渐变慢，总体上呈现先快后慢的趋势。后来许多心理学家重复了艾宾浩斯的试验，并证实了遗忘规律的正确性。

遗忘除了受时间的影响之外，还与很多因素有关，如有意义的材料比无意义的材料忘得快；数量大的材料遗忘得快；学习程度不够的材料忘得快，一般认为过度学习150%的材料记忆效果最好；学习材料中首尾的内容忘得慢，中间的忘得快。

（二）遗忘原因

1. 衰退说

衰退说认为大脑中的记忆痕迹如果得不到强化，会随着时间的推移而逐渐减弱，以至最后消失，于是就产生了遗忘。这种说法易于为人们接受。在感觉记忆和短时记忆的情况下，未经注意或复述的材料可能由于痕迹衰退而遗忘。但很难用实验来证实，同时它对暂时性遗忘不能解释。

2. 干扰说

干扰说认为遗忘是因为在学习和回忆之间受到其他刺激的干扰所致，随着愈益增多的新信息输入和归类，提取线索就愈加困难，因为相互之间存在干扰，所以不能提取，导致遗忘。一旦干扰被解除，记忆就能恢复，而记忆痕迹并未发生任何变化。记忆中的干扰有两种，分别是前摄抑制和倒摄抑制。

先学习材料对后学习材料的保持和回忆起干扰作用的称为前摄抑制；后学习材

料对先学习材料的保持和回忆起干扰作用的称为倒摄抑制。不论在哪一种情况下，前后学习的内容越相似，干扰的程度就越大。

第二节　记忆规律在学习中的应用

记忆在个体的学习中具有重要的作用，知识的获得和巩固的过程也就是知识记忆的过程。那么，怎样才能将所学的知识保持的更长久？

一、运用记忆规律有效组织复习

记忆研究表明，复习能防止学习后的遗忘，但复习不是单纯的机械重复，它需要积极思维的参与，需要运用一定的方法。

（一）及时复习

也就是要趁热打铁，遗忘规律表明，识记后遗忘立即开始，遗忘的进程是“先快后慢”，为了避免学习后急速遗忘，就必须及时进行复习，最好在24小时内复习。等时间长了再复习就会花费更多的时间和精力。

（二）正确分配复习时间

从时间分配上，可将复习分为集中复习和分散复习，相对集中一段时间复习同一种内容叫集中复习；分散复习是将同一内容分散到几个时间段里复习。采用集中复习还是分散复习，一般要视学习材料的性质、数量、难易程度以及记忆已经到达的水平而定。心理学实验证明，相对集中一段时间学习同一内容的材料效果较好；在学习材料的内容较多时，分散复习的效果要好于集中复习，但分配复习的时间间隔不宜过短，也不应太长。

（三）反复识记和尝试回忆相结合

尝试回忆是指在识记的材料尚未牢固地记住之前试图回忆的复习方法。尝试回忆能够检验自己的记忆状况，及时发现难以记住的部分和发生错误的地方，然后有重点地重新识记，避免时间的浪费，同时又可以使学生集中注意。反复识记和尝试回忆交替进行可以提高复习的效率。

（四）采取多样化的复习方法

复习方法单调，容易使人厌倦、疲劳，降低复习效果。而多样化的复习方法，能引起学生的兴趣，引起和加强注意，调动学习的积极性，从而提高复习效果。例如，对同一字词的复习，可以运用默写、造句、填空、解词、分析字形等方式。

（五）多种感官参与

复习时多种感官参与可以提高记忆效果。单一感官通道获得的信息是有限的，多种感官通道结合如视听结合，能获得更多的信息，同时大脑中易于形成多种记忆痕迹，以后回忆时就可以引起多种相关记忆痕迹的活动，从而提高记忆效果。因此复习时要注意眼看、耳听、口读、手写相互配合。

二、运用记忆规律促进知识巩固

（一）明确识记目的，增强学习主动性

识记时有无目的对记忆效果有很大的影响，因此教师应该根据教学内容提出明确的记忆任务，如要求学生记什么、记到什么程度，这样可以使学生积极思维并努力去理解学习内容，从而提高学习效果。

（二）理解学习材料的意义，建立知识间的内在联系

要使学生获得巩固的知识，最重要的是使学生理解所学内容并把它系统化。学习材料只有被理解并纳入自己的知识体系，才能长久保持在记忆中，并在需要时及时提取。教师教学的主要任务是使学生理解所学内容，因此要对教学内容讲深讲透，使学生在头脑中建立起多方面的联系，使知识系统化。

（三）运用各种记忆策略，促进对知识的保持

记忆策略是指主体控制自己的记忆活动，增强记忆效果的方法。个体在记忆活动中常用的记忆策略主要有复述策略、精加工策略、组织策略、提取策略等。如精加工策略就是将所学的新信息与头脑中已有的知识经验联系起来，以此来增加新信息的意义的一种策略，像歌谣口诀记忆法、主观组织记忆法等；组织策略就是将一组信息划分为若干较小的单元，并且表示它们的关系，如组块化等。这样既能增加记忆的容量，又能降低记忆的负担，从而提高记忆效果。

（四）注重复习方法，防止知识遗忘

在学习过程中始终伴随着遗忘，因此要不断地复习才能使知识得到巩固。复习时要遵循遗忘规律，选择合理的复习方法防止知识的遗忘，以达到巩固的目的。

第三节　思维和想象概述

前面讲的感觉和知觉都是对客观事物的直接反映，但并非所有的客观事物都能被直接感知到，有时需要借助于一定的知识经验间接地概括地去认识，这就是本节要介绍的思维和想象。

一、思维概念和分类

（一）思维的定义与特征

思维是借助于言语、表象和动作实现的，对客观事物的本质和规律的概括的间接反映。思维不同于感知，首先在反映内容上，感知只反映事物的外在的表面的属性；而思维则突破了感知的局限，深入到事物内部去，反映事物的内在联系，即本质和规律。其次，在反映形式上，感知对事物的反映依赖于刺激物的直接作用，是

直观的具体的；而思维对事物的反映则不是直接的，而是一种间接的概括的反映，往往是事发后的推断或事发前的预测，借助于已有的知识经验进行种种推论和假设。思维具有以下一些特征：

1. 概括性

思维不是对个别事物、个别属性的反映，而是在感知的基础上，对一类事物的本质特征和事物之间规律的反映。概括性有两层含义：一是在多次感知与多次实践的基础上抽取出一类事物所具有的共同特征，如“所有的三角形都具有三条边三个角”；二是思维能找出两类事物之间的必然联系和规律性，如“凡是木材就能燃烧”。

2. 间接性

思维不像感知那样只反映直接作用于感官的事物，而是借助于已有的知识经验间接的反映没有感知或根本不能感知的事物。由于人的感官机能的限制，时间、空间的限制，事物本质和规律的隐含性等，使得世界上有许多事物单凭感知是无法认识的，但借助于已有的知识经验，人们也可以间接地反映。

（二）思维的分类

1. 根据思维的发展水平，分为直观动作思维、具体形象思维和抽象逻辑思维

直观动作思维又称感知运动思维，是指直接与物质活动相联系的思维。这种思维的凭借物是动作，面临的思维任务具有直观的形式，解决问题的方式依赖于实际的动作。3岁前幼儿的思维基本属于直观动作思维。

具体形象思维是指人们利用头脑中的具体形象——表象来思考问题。它主要表现在学前期，这时期儿童的言语还没有得到充分的发展，他们主要运用具体形象来思考，思考受具体知觉情境的影响。成人的思维主要是运用概念来进行，但也不能脱离形象思维，在解决直观性的任务或比较复杂的问题时，鲜明生动的形象有助于思维活动的顺利进行，特别是艺术家、导演、作家、建筑设计师等在工作中则更多的运用形象思维。

抽象逻辑思维是运用概念、判断、推理的形式来反映事物的本质的思维。学生学习科学知识，数学家、哲学家进行演算推理都要运用这种思维。它是人类思维的典型形式，是人类思维的高级阶段，它以语言为工具，能达到对事物的本质特征和内在联系的认识。这种思维由于是以概念为支柱进行的，因而它和语言、社会文化、教育密不可分，离开了语言、社会文化和教育，人就不会具有逻辑思维能力。

2. 根据思维方向，分为集中思维和发散思维

集中思维又叫聚合思维，是指从所给予的信息中，利用已有的知识经验和传统的方法，产生符合逻辑的结论。也就是利用熟悉的规则解决问题。它是一种有方向、有条理、有范围的思维方式。其功能在于求同，在于寻求唯一正确的答案。

发散思维又叫求异思维、分散思维、辐射思维，是指人们沿不同的方向思考，重新组织眼前的信息和记忆信息中存储的内容，以探求多种答案的思维，或者说是

从给予的信息中产生众多的信息。其功能在于求异、创新，它没有唯一正确的答案。这种思维由于不依常规、寻求变异，因此它是创造性思维的主要成分，因为要创造就要与众不同，因此就要发散。通过发散思维可以提出多种新的假设、新的构想，有助于创造性的解决问题，这是一种打破旧条条旧框框的思维模式，具有更大的主动性和创造性。科学家的发明创造，艺术家的艺术创作，理论家的新观点、新见解等主要是发散思维的成果。

3. 根据思维有无创造性，分为再造性思维和创造性思维

再造性思维又叫常规性思维，指人们运用已获得的知识经验，按现成的方案和程序，用习惯的方法、固定的模式来解决问题的思维。

创造性思维是重新组织已有的知识经验，提出新的方案和程序，并创造出新的思维成果的思维活动。新颖性是其根本特征，它是人类思维的高级过程，是一切创造性活动的必要心理条件。

二、思维的形式

概念、判断和推理是人类思维的基本形式，是人类一切认知活动的基础。

（一）概念

概念是人脑反映客观事物的本质特征的思维形式。它是人类知识体系的组织要素，概念的存在与应用可以使人对复杂的现实世界作出简化的、概括的或分类的反映，所以人掌握了概念，可以使认识超越感知的范围，透过事物的表面，认识事物的本质。

概念是用语词来表达、巩固和记载的，概念和词是不可分离的。概念的形成是借助于词和句子实现的；词的意义不断充实扩大的过程也是概念不断扩大和加深的过程。同一个概念可以用不同的词来表达，同一个词也可以表达不同的概念。

（二）判断

判断是肯定或否定概念具有某一属性的一种思维形式。判断是在概念的基础上进行的，表现了概念之间的联系和关系，如“这是一块钻石”，“明天天气晴”，“这个工厂工人劳动积极性不高”，“此花不香”，“语言不是上层建筑”。任何判断都是我们对事物的认识，是对客观事物之间联系的反映。我们头脑中的任何思想、任何词句只要有内容，就一定包含着判断。思维过程要借助于判断去进行，思维的结果也是以判断的形式表现出来。

（三）推理

对于知识的发展及新知识的获得来讲，推理是一种有效的手段。人们利用推理可以从已知的知识推出新的知识。

1. 推理的含义

推理是由具体事物归纳出一般规律，或者根据已有的知识推出新的结论的思维

过程。推理由两个以上的判断组成的，反映了判断与判断之间的联系，是对某些判断进行分析综合，引出新的判断的过程，它明显体现了思维的间接性。

2. 推理的种类

推理的方式在传统上主要有演绎推理和归纳推理。

（1）演绎推理是由一般原理到特殊事例的推理。一般原理是普遍承认的，如定理、定律等。演绎推理最典型的是三段论推理。

（2）归纳推理是从许多具体事例中得出一般结论的过程。如金、银、铜、铁等都传热，得出所有金属都传热。由于观察时所抽的样本范围的不同，又有完全归纳与不完全归纳两种。完全归纳是指对两类事物全部观察之后所下的结论；不完全归纳是指只根据对部分样本观察之后所下的结论。

三、问题解决

问题解决是思维活动的方式之一，也是高级形式的学习活动，人们掌握概念规则的目的就是为了解决所面临的新问题。

（一）问题和问题解决的涵义

在日常生活中我们会遇到各种各样的问题，不管什么样的问题都有三个成分：一是给定，即一组给予的信息，它是关于问题解决的一系列描述；二是目标，关于构成问题结论的描述，即问题要求的或结尾的状态，问题解决就是要把问题的给出状态转化为目标状态；三是障碍，障碍是问题的根本特点，即给定状态和目标状态之间有某些需要克服的困难，在达到目标之前，可能会有一些错误和曲折，有许多中介步骤。

问题解决是由一定的情境所引起的，按一定的目标，应用各种认知活动、技能等，经过一系列的心理活动阶段，使问题得以解决的活动过程。

（二）问题解决的策略

美国心理学家西蒙提出人类解决问题有两种不同的策略：算法式和启发式。

1. 算法式

算法式策略是在问题空间随机搜索所有可能的解决问题的方法，直至选择一种有效的方法解决问题，它精确的指明解题的步骤。如果一个问题有算法，那么只要按照其规则进行操作，就能获得问题的解。如数学上大数的除法，只需要按照除法规则一步一步演算下去就可以得到问题的解。这种方法的优点是能保证问题的解决，但需要作大量的尝试，费时费力，尤其是当问题复杂且问题空间很大时人们很难依靠这种策略来解决问题。

2. 启发式

启发式策略是根据一定的经验，在问题空间内进行较少的搜索，以达到问题解决的一种方法。用这种策略解决问题速度快，省时省力，但是它虽然有助于问题解决，却不能保证问题解决，而且易出错。计算机解决问题时更多地使用算法式，人在解决问题时主要用启发式。常用的启发式策略有：

（1）手段—目的分析。手段—目的分析是把需要达到的总目标分成子目标，通过事先实现一系列的子目标，最终达到总目标。它的基本步骤是：①比较初始状态和目标状态之间的差距，提出第一个子目标，②找出实现第一个子目标的方法和操作，③实现第一个子目标，④找出新的子目标。如此循环往复，直到问题解决，如“河内塔”问题的解决。

（2）爬山法。爬山法类似于手段－目的分析法，它是采用一定的方法逐步降低初始状态和目标状态的距离，以达到问题的解决。问题解决者每走一步就要估计一下是否离目标更近了，就像登山一样。如果更近就要继续下去，这样会离目标越来越近，最终使问题得以解决。与手段－目的分析法的差别在于，为了达到某种目的，不得不暂时扩大目标状态和初始状态的差异。

专栏 3—3　河内塔的起源

它源自古印度神庙中的一段故事。传说在古老的印度，有一座神庙，在庙宇中放置了一块上面插有三根长木钉的木板，在其中的一根木钉上，从上至下被放置了 64 片直径由小至大的圆环形金属片。古印度教的天神指示他的僧侣们将 64 片的金属片移至三根木钉中的其中一根上。规定在每次的移动中，只能搬移一片金属片，并且金属片不论在哪一根木钉上，都是直径较小的被放在上层。直到有一天，僧侣们能将 64 片的金属片依规则从指定的木钉上全部移动至另一根木钉上，那么，世界末日即随之来到，万物都将到达极乐世界。

1929 年，纽约的 Knapp Electric 公司据此构想出品了一个新游戏——金字塔（Pyramid），三根木钉排成三角形，木钉上放置 8 片圆环形塑料片，盒内附有每一操作步骤的详细解答。

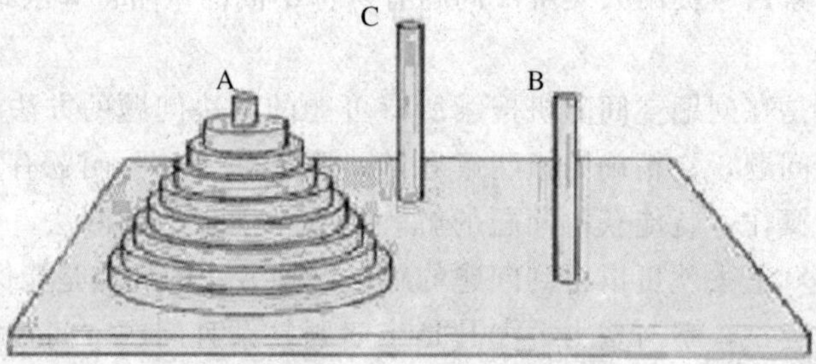

（3）倒溯法。手段－目的分析法是从初始状态到目标状态，作正向搜索；倒溯法与之相反，是从目标状态开始搜索，直至找到通往初始状态的通路和方法。这种方法对解决几何证明题是非常有效的。例如已知长方形 ABCD，求证两条对角线相

等（如图 3－2）。要证明 AD＝CB，从目标出发逆向推理，即首先要证明△ACD 全等于△BCD。要证明这两个三角形全等，就必须从这个子目标出发，搜索证明三角形全等的定理。

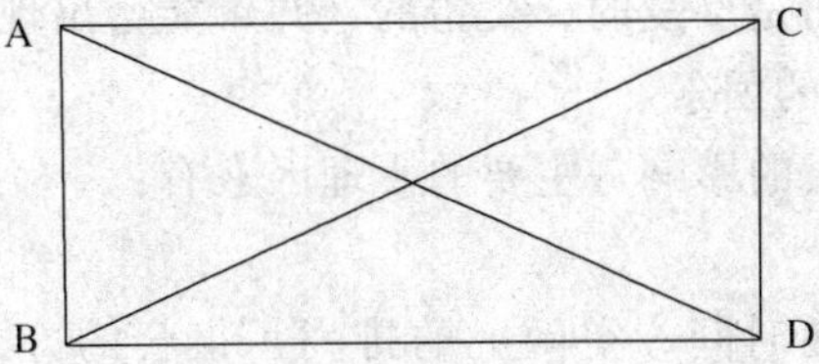

图 3－2　几何证明题

当从初始状态出发可以有多种走法，但只有一条路能到达目标状态时，这种方法较为可行。

（三）问题解决的阶段

我国心理学界一般倾向于把解决问题的思维过程分为发现问题、明确问题、提出假设和检验假设四个阶段。

1. 发现问题

问题解决是从发现问题开始的。问题只有在被发现的时候，才能引起人们解决问题的思维活动。问题本身是客观存在的，有的问题较为明显，容易被发现；有的问题则比较隐蔽，不易被人发现。有人善于提出问题，有人则对问题熟视无睹。研究表明，发现问题的能力是个体思维发展水平的重要标志。但能否发现和提出问题取决于三个条件：一是个人对活动的态度，二是个人的兴趣和求知欲，三是个人的知识经验。

2. 明确问题

明确问题就是认清问题的关键。只有认清问题的关键，思维活动才会有明确的目标，才能有条不紊地围绕问题的核心展开。要明确问题，就必须分析问题。分析问题就是要分析问题的要求和条件，找出它们之间的内在关系，把握问题的实质，确定解决问题的方向。

3. 提出假设

提出假设就是提出解决问题的可能途径、方法和策略。学生提出的解题设想，教师制定的教学计划，医生选定的治疗方案，在正式实施之前都具有假设的性质。提出假设是最具有创造性的阶段，也是解决问题的关键步骤。提出假设的数量和质量取决于两个条件：（1）个体思维的灵活性，（2）个体已有的知识经验。

4. 检验假设

检验假设就是通过一定的方法来确定假设是否合乎实际、是否符合科学原理。检验假设的方法有两种：（1）直接检验，即通过实践来检验，（2）间接检验，即通过推论来检验。

问题解决的上述阶段，在解决简单问题的时候可能并不明显，往往在发现问题的同时就明确了问题，在提出假设的时候就进行了推论性检验。但是，在解决比较复杂的问题时，特别是解决创造性问题时，它们是明显存在的。不过，它们的出现不是简单的、线式的，而是反复的、交错的，并可能会出现多次的反复循环。

（四）影响问题解决的因素

问题解决受许多因素的影响，主要的心理因素有：

1. 问题情境

问题情境是指问题在时间、空间上的排列、集合的方式，或语言组合的方式。一般来说刺激物的存在状态造成的知觉情境越简单，解决这一问题必需的各种条件越能鲜明地被感知到，与头脑中的认知结构越一致，问题也就越容易解决。

如内切圆的问题（见图 3－3），已知圆的半径为 2 厘米，求正方形的面积。在图 A 和图 B 中由于给出的半径所在的位置不同，导致问题的难易不同。所以在解决问题时要注意审视问题情境，突破问题情境的束缚。

2. 动机强度

人们对活动的态度、社会责任感、认知兴趣等，都可以成为发现问题和解决问题的动机，都会影响到问题解决的效果。动机强度不同，影响的大小也不同。心理学家耶基斯和多德森研究表明：动机太强或太弱都会降低问题解决的效果。动机太强使人心情过于紧张，不易发现解决问题的重要因素，动机太弱，则容易被无关刺激引到问题之外，只有中等强度的动机，人们的思维活动才具有较大的灵活性，才能较好的解决问题。这被称为耶基斯－多得森定律。

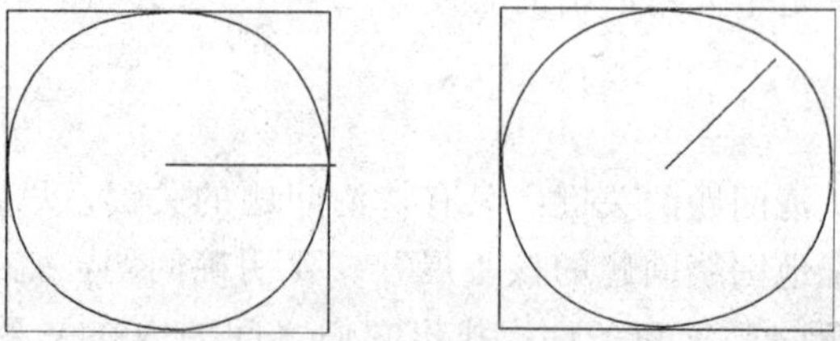

图 3－3　相同信息因位置差异而导致难易不同

3. 思维定势

思维定势又称为心向，它是由先前的心理操作形成的模式所引起的心理活动的准备状态，也就是人们在过去经验的影响下，解决问题时的倾向性。思维定势是一种反应的准备状态，它使人倾向于以一种特定的方式来进行认知反应。思维定势对问题解决既有积极作用又有消极作用，积极作用表现为使问题解决迅速、自动化，消极作用表现为使人思路变得狭窄。

心理学家卢钦斯的水罐实验是思维定势的经典实验，实验要求被试用三种容器量出定量的水（如表 3－1）。要求实验组 1～7 题都做，控制组只做 6、7 题。结果发现，实验组由于在前面的问题中找到了规律，即 D＝B－A－2C，到第 6、7 题也采用同样的方法，其实第 6、7 题还有更简单的方法，用 A－C 得到 D，只有 19％的被试没有受定势的影响，而控制组则不存在此影响。

表 3－1　　卢钦斯的水罐实验

题号	水罐容量			所求水量
	A	B	C	D
1	21	127	3	100
2	14	163	25	99
3	18	43	10	5
4	9	42	6	21
5	20	59	4	31
6	23	49	3	20
7	28	76	3	25

4．功能固着

人们把某种功能赋予某种物体的倾向称为功能固着，如盒子是装东西用的，钢笔是写字用的，床单是铺床用的等等。在解决问题中人们能否改变物体固有的功能以适应新的问题情境的需要，常常成为解决问题的关键。在功能固着的影响下，人们不易摆脱事物用途的固有观念，这直接影响到人们能否灵活的解决问题。

要克服功能固着，需要人们灵活机智的使用已有的工具和材料，使之服务于解决问题的目的，这称为功能变通。要具有变通的能力，一方面需要有丰富的知识，要熟悉物体的不同功能；另一方面要具有思维的灵活性。

5．知识经验

解决问题必须辨别问题，分析已知条件，这就涉及到有关的知识，只有依据一定的知识经验，才能为问题的解决确定方向，选择途径和方法。

心理学家一致认为，有效的问题解决是以丰富的某一问题领域的知识储存为基础的。不仅有丰富的陈述性知识——言语和信息，而且还有丰富的程序性知识——知道如何去做。不仅知识经验的数量影响问题解决，知识经验的质量也影响问题解决。对物理专家的研究表明他们总是围绕中心原理来组织知识，专家能很快找到所需要的模式解决一个特定的问题。

6．个性

从事解决问题的是现实中的、具有个性的人，因此个性的特点不可避免的影响问题解决的过程，一个勤奋、乐观、坚定、勇于探索的人，能够克服困难去解决许多疑难问题，而一个懒惰、怕难、无信心、遇事动摇不定的人往往使工作半途而废。另外，一个人的气质特点和能力会影响问题解决的效率和水平。

四、创造性思维

创造性思维是重新组织已有的知识经验，提出新的方案和程序，并创造出新的思维成果的思维活动。

（一）特点

创造性思维是人类高级的思维形式，是人类智慧最高级的表现，集中体现了各种思维的良好品质，它既具有一般思维的特点，又具有自己的独特性：

1. 独创性或新颖性

这是创造性思维最根本的特征。创造性思维贵在创新，它或者在思路上，或者在思维的结论上，具有独到之处，在一定范围内具有首创性、开拓性。具有创造性思维的人，对事物往往具有浓厚的兴趣，在实际活动中善于超出思维常规，对“完善”的事物、平稳有序发展的事物进行重新认识，以求新的发现。这种发现就是一种独创，一种新的见解、新的发明和新的突破。

2. 发散思维与集中思维的结合

创造性思维不是单一的思维模式，而是多种思维的统一和集合。首先它是发散思维和集中思维的结合。我们要解决某一创造性问题，先要进行发散思维，发散思维是思维的创造性的主要体现，它可以突破思维定势和功能固着的局限，重新组合已有的知识经验，找出许多新的可能的解决问题的方案；发散之后还要进行集中思维，通过比较分析，确定一种最佳方案。在创造性思维中，发散思维和集中思维都是非常重要的，二者缺一不可。

3. 逻辑思维与非逻辑思维的统一

非逻辑思维主要包括直觉思维、灵感等形式，这些思维形式常常显示出惊人的创造性。直觉思维是指不经过一步步地分析，而迅速地对问题答案作出合理猜测、设想或突然领悟的思维。它往往从整体出发，用猜测、跳跃、压缩思维过程的方式，直觉而迅速地领悟。

在创造性思维过程中，新的解决问题的思路、方案的产生往往带有突然性，这种突然产生新思路、新方案的状态，称为灵感。它常给人一种豁然开朗、妙思突发的体验，使百思不得其解的问题顿悟。灵感并不是什么神秘之物，它是对辛勤劳动的奖赏，它往往是在长期紧张思考之后的短暂松弛状态下出现的。

4. 思维与想象的有机统一

在创造性思维活动中，想象是一个重要的、不可分离的组成部分。在创造性思维过程中，要提出新构想，产生新成果，必须在现有资料的基础上，通过想象在头脑中先构成新事物的形象，再经过缜密的思考，并在实践中检验才能成功。创造性思维只有有想象的参与，才能从最高水平上对现有知识经验进行改造、组合，构筑出最完整、最理想的新形象。

（二）创造性思维的过程

创造性思维的过程是指在问题情境中，新的思想从萌发到形成的整个过程。美国心理学家沃拉斯在1926年提出的四阶段说最有代表性，他认为无论科学还是艺术创作大体都经过以下四个阶段：

1. 准备期

这是在创作活动前积累有关知识经验，搜集有关资料以及前人对此类问题的研究成果的时期。研究前人的经验不仅可以获得丰富的知识，而且能从中受到启发，从旧关系中发现新的关系、新的问题。例如，爱因斯坦的著名的《相对论》写作只用了五周的时间，但准备工作却花了7年之久。

这一阶段容易产生的问题是，解决问题者往往埋头于大量的事实资料、文献材料中而理不出头绪，找不到问题的特点，不能进入创造性活动的下一阶段。

2. 酝酿期

这是在积累一定的知识经验的基础上，人们对问题和资料进行深入探索和思考的时期，并试遍传统的办法无法解决或思路阻塞，这时可将问题搁置，不再进行有意识的思考而转向其他活动。这时似乎人的思路已中断，问题被搁置了，实际上仍在潜意识中断断续续地进行着。这段时间可能是短暂的也可能是漫长的，有时甚至延续好几年。一旦酝酿成熟，创造者会在其他活动中受到启发，产生意想不到的联系，从而产生新发现，使问题得到创造性的解决。

3. 豁朗期

这是新思想、新观念、新形象产生的时期。在这个时期创造者已抓住了问题的症结，经历了前面两个阶段的对问题周密的、长时间的思考，无意中受到偶然事物的触发而豁然开朗，这时表现为灵感和顿悟，所以又叫灵感期。灵感的产生往往是突如其来的，不能被清晰的控制住，甚至产生在半睡眠状态，例如橡胶硫化的方法是霍华德在梦中想到的，数学家笛卡尔的解析几何也来自于梦中的灵感。

4. 验证期

到豁朗期整个创造活动已见端倪，基本轮廓已相当清晰，为了使其更完美就要进行验证、修饰。验证期就是对新思想或新观念进行验证补充和修改，使其趋于完善的时期。可以采取逻辑推理的方式，也可以通过实验或活动求得事实上的结果。在这个过程中，可以对新产品、新思想反复修改、补充，使创造工作达到完美的地步。

五、想象

（一）想象的概念

人不仅能对直接感知的事物形成知觉形象和记忆表象，而且还能反映未曾感知过的事物，并在头脑中形成关于他们的形象，这就是想象。它是指人对头脑中已有的表象进行加工改造，创造新形象的过程。

想象是在已有表象的基础上形成的，也就是说已有表象是构成想象的原材料，离开了已有的表象不能有什么想象活动。但想象不是已有表象的再现，而是对已有表象加工改造、重新组合的结果，加工改造的方式有黏合、夸张、典型化、联想等。

黏合是把客观事物中从未结合过的属性、特征、部分结合在一起而形成新形象的过程。通过这种方式人们创造了许多童话、神话中的形象，如美人鱼、飞马、猪八戒、孙悟空等；夸张又称为强调，它是通过改变客观事物的正常特点或者突出某些特点而略去另一些特点在头脑中形成新形象。例如，千手佛、九头鸟等都是采用这种方式进行的组合；典型化是根据一类事物的共同特征创造新形象的过程，它是文学艺术创作的重要方式；联想是由一事物想到另一事物。想象联想不同于记忆联想，它的活动方向服从于创作时占优势的情绪、思想、意图，打破了日常联想的习惯，引起了新的形象。

通过想象获得的新形象可以是世界上现在就有但个体未曾感知过的；也可以是现在还没有以后会有的，如发明创造；还可以是世界上永远都不可能有的，总之它是全新的，但无论这种新形象怎样新颖怎样奇特，它都不能脱离客观现实。

（二）想象的种类

1. 根据想象有无目的，分为无意想象和有意想象

无意想象是没有预定目的和任务，不由自主产生的想象。它是当人们意识减弱时在某种外部刺激的作用下，不由自主的想象出某种事物的过程。例如当人们仰头看见天上的浮云，自然而然想象出的各种动物形象；睡眠时做的梦；精神病患者头脑中产生的幻觉等都是无意想象。

梦是无意想象的极端形式。它是人们在睡眠状态下，一种漫无目的的不由自主的奇异的想象，有时甚至是荒诞的、虚幻的情景和事物的组合。梦的内容尽管千奇百怪、扑朔迷离，但归根结底是对形形色色的物质世界变了形的反映。俗话讲“日有所思，夜有所梦”，谢切诺夫也说过“梦是平凡的印象不平凡的组合”。

有意想象是按一定目的自觉进行的想象。如科学家提出的各种想象模型，文学艺术家在头脑中构思的人物形象，都是有意想象的结晶。

2. 根据想象内容的新颖程度和形成方式的不同，分为再造想象、创造想象和幻想

再造想象是根据言语的描述或图样的示意在人脑中形成相应新形象的过程。如我们读鲁迅的《阿Q正传》，头脑中形成的阿Q的形象，建筑工人根据图纸建造大楼等都属于再造想象。再造想象有一定的创造性，但创造性水平较低。要产生再造想象需要具备两个条件，一是理解他人的言语描述和图样示意；二是头脑中具有丰富的表象储备。

创造想象是在创造活动中，根据一定的目的任务，在人脑中独立的创造出新形

象的心理过程。没有一种创造性的活动是不需要创造想象的，自然科学的探索离不开它，在艺术创造中，各种艺术形象更是创造的直接目的。

幻想是指向于未来并与个人的愿望相联系的想象。它是创造想象的特殊形式，但又与之不同。幻想不立即体现在人的实际生活中，而带有向往的性质，幻想的形象是人们希望所寄托的东西。幻想又分为理想和空想，当人们依据事物发展的客观规律想象未来时，这种想象叫理想。空想则是不符合事物发展的客观规律，不可能实现的想象。

第四节 思维规律在教学中的应用

思维规律在教学中的应用主要体现在概念掌握、问题解决能力的培养和创造性思维的培养等方面。

一、概念教学

专门的教学活动是学生形成各种科学概念的主要途径，通过教学活动所形成的概念主要是人们已经积累起来的现成的概念，所以又叫概念的掌握。学生掌握概念要受到许多因素的影响，教师帮助学生掌握概念时要注意以下问题：

（一）提供丰富的感性材料

感性材料是概念形成的基础，提供的感性材料越丰富，概念的形成就越准确。在教学中可通过使用直观教具，组织参观访问和实际操作等形式，向学生提供必要的感性材料。同时要充分利用学生前科学概念的积极作用，克服消极作用。当日常概念与科学概念一致时，日常概念的某些知识往往有助于科学概念的形成，否则就有消极作用。

（二）正确利用变式

变式是从不同的角度和方面组织材料，使概念的非本质属性发生变化，本质属性保持不变，以突出其本质属性。概念的关键特征越明显，学生掌握概念越容易，无关特征越多则掌握概念越难。变式可以帮助学生更准确的掌握概念，如教师在讲“果实”时，既要讲能吃的“果实”，如苹果、花生、西红柿等，又要讲不能吃的，如棉籽等，这样能帮助学生准确的掌握概念。运用变式不充分常常会出现两种错误，是扩大内涵缩小外延，二是缩小内涵扩大外延。

（三）及时下定义

这是概念掌握极其重要的步骤，它起着组织、整理和巩固思维成果的作用。下定义是用简明的语言表达概念的内涵，人们掌握了概念的定义不仅有利于理解概念的实质，也可以根据定义去辨别事物。在教学中给学生的定义要恰当，一方面能表述事物的内涵，另一方面要适合学生的接受能力和知识水平。

（四）形成概念体系

指导学生将已获得的概念组成体系，使学生的认识不断深化。概念之间存在着各种各样的关系，如相邻、相反、从属等，形成了概念体系可以从概念间的相互关系掌握概念，把握概念间的区别和联系，更准确的掌握其内涵。概念体系的形成还有助于知识的系统化，有助于知识的理解巩固和应用。在教学中要有意识的进行知识的归类，使学生的认识不断深化。

（五）将概念运用于实践

将概念运用于实践是认识从一般回到个别的过程，它可以加深对概念的理解，也可检验概念掌握的程度。运用概念可以表现在语言活动中，如举例说明概念、阐述概念的内涵，也可表现在处理实际问题的活动中，如做习题、实验以及解决日常生活、社会领域中的问题。在实际生活中概念往往也不是一次就可以形成的，需要人们经过反复的练习和应用，才会全面深刻的掌握。

二、问题解决能力的培养

（一）促进学生对特定领域知识的掌握

我们对学生问题解决能力的培养离不开学生已有的知识经验，这是问题解决的基础，没有相应的知识经验就谈不上问题的解决。对于特定学科领域问题的解决来讲，要求问题解决者需要具备相应的领域知识。因此教师要培养学生问题解决的能力，首先要促进学生对领域知识的掌握，不仅要教给学生一定数量的知识，还要重视学生合理知识结构的形成；既要重视陈述性知识的教学，也要重视程序性知识的教学；不仅使学生掌握学科的基本概念，还要使学生掌握学科的基本结构、基本原理。

（二）要培养学生主动提出问题和解决问题的内在动机

教师在课堂教学中应努力营造民主平等和谐的课堂氛围，激励学生能大胆质疑，乐于讨论，敢于提出问题。在课堂上对于大胆质疑、敢于提出问题的学生要给予更多的鼓励，让学生在课堂上能够敢想、敢说、敢做，充分发表自己的见解。教师在组织教学时，应通过设置各种与生活相关联的问题情境，创设各种具有启发性的问题，引导学生积极思维，激起学生要“弄懂”、“学会”、“应用”知识和技能的欲望。

（三）问题的难度要适当

教师要求学生解决的学科问题必须要有一定的难度，但难度必须适当。问题太难，学生经过努力也不能解答，就会失去信心；问题太容易，则起不到应有的作用；只有中等难度的问题，让学生“跳一跳，够得着”才能激发学生解决问题的欲望，才能引起其积极的思考。但实际教学中，每个学生的起点水平存在很大的差异，这就要求教师在培养学生能力时要将班级教学和个别辅导结合起来。

（四）加强元认知能力的培养

元认知是主体对自己认知活动的自我意识和自我调节。元认知理论认为，学习活动并不仅仅是对所学材料的识别、加工和理解的认知过程，同时也是一个对该过程进行积极地监控、调节的元认知过程。元认知不但直接参与了认知过程，而且制约着认知水平的发展与提高。因此学生问题解决能力的培养，不仅取决于学生自身所具备的知识基础、技能基础和教师的积极参与指导，而且还取决于在问题解决过程中主体对自身认知活动的有效调节和监控，只有将学习活动中的认知能力和元认知能力培养统一起来，问题解决能力才能获得更快发展。

三、创造性思维的培养

创造性思维在人类的创造性活动中起着重要的作用，在教育中培养训练学生的创造性思维，应抓好以下几个方面：

（一）激发好奇心与求知欲，培养学生的创造动机

好奇心是激励学生探究事物奥妙的一种内部动力，求知欲是学生对所面临的问题不满足于现成结论，积极地去思考探索，试图发现新问题，作出新解释的一种表现。激发好奇心和求知欲，使之成为创造的动机，这对培养和发展创造性思维十分必要。教师可以通过不断地给学生创设能激起新异感的学习情境、组织学生观察自然与社会并启发学生善于提出问题、教学中经常向学生提出一些熟悉而又要动脑筋才能解决的思考题、开展课堂讨论等形式或途径，来激发学生的好奇心和求知欲，从而培养其创造动机。

（二）培养学生的集中思维和发散思维

培养集中思维可以提高学生的抽象、概括、判断和推理的能力，让学生在掌握知识的同时，学到思维的规则和方法，逐渐提高集中思维能力。发散思维是创造性思维的最主要特点，应重点加以培养，可通过自由联想训练、一题多解等方式训练学生思维的流畅性、变通性和独创性。托兰斯通过研究提出了教师培养学生创造性思维的五点建议：(1) 尊重学生提出的任何幼稚甚至荒唐的问题；(2) 欣赏学生表示出的具有想象与创造性的观念；(3) 多夸奖学生提出的意见；(4) 避免对学生所做的事情给予肯定的价值判断；(5) 批评学生的意见时应解释理由。

（三）发展学生的想象力

想象力的培养训练，对学生的创造思维的发展具有十分重要的意义。一个学生缺乏高度发展的想象力就不可能从事任何创造活动。要发展学生的想象力首先要丰富学生的表象储备。表象越丰富，想象的思路就越开阔、内容就越深刻；反之，表象贫乏想象则狭窄、肤浅。教师在课堂教学中，可以广泛运用实物图片、幻灯以及电影、电视等现代化教学手段，丰富学生的表象储备；另一方面，要组织学生课外阅读文学作品、科幻小说、少年科技读物等，这些书籍对学生有很大的吸引力和感染力，能激发学生的求知欲，发展学生的想象力。其次要鼓励学生大胆想象，培养

想象习惯。教学中要运用启发式教学，开拓学生思路，引导学生想象。要鼓励学生敢于提出问题，敢于“异想天开”，敢于独立探索。

（四）创设有利于创造的环境，组织学生参加创造性活动

学生创造性思维的发展，总是与创造性活动相联系，因而为学生创设有利于创造的客观环境是十分重要的。从课堂环境来说，应该结合听说读写活动尽量为学生提供创造性思维的机会，例如创造性复述、质疑发问和互相答疑、小组讨论、课堂辩论、即席演讲、口头作文、作文互改和集体评改等。从课外环境来说，像科技小组、小记者活动、举办校园文学广播、开展语文智力竞赛等，也都是有利于学生创造性思维发展的好形式。从课堂到课外，如果能形成一个良好的创造环境，就会时时处处激起学生创造的兴趣，在丰富多样的创造活动中使学生的创造性思维得到发展。

同时还要为学生提供一个宽松的心理环境，创造学术上自由争鸣的气氛，有了宽松的学习环境，才会有自主学习，才会有创新意识和创新精神。

（五）培养学生创造性人格

研究发现创造性不仅受认知因素影响，而且与人格因素也有密切的关系，具有创造性思维的儿童，在个性特征上表现出兴趣广泛、喜欢思考新奇问题、自信心强、喜欢独立活动、不喜欢随大流等特点。再如，独立性、冲动性、幻想性、自制性、有恒性等都是创造型人才的共同人格特征。所以，应在教育教学活动中，注重培养学生的创造性人格特征。

[主要结论与应用]

1. 记忆是人脑对过去经历过的事物的反映。记忆的过程包括识记、保持和再现三个环节。识记效果受识记目的、活动性质、材料性质和特点、识记态度、方法等因素影响。保持是识记过的事物以一定的形式储存在人的头脑中，并得到巩固的过程。再现又分为再认和回忆两种形式。根据信息加工过程可把记忆分为三个系统：瞬时记忆、短时记忆和长时记忆，这三种记忆在信息编码、存储、容量等方面均存在差异。记忆过程中始终伴随着遗忘，遗忘进程呈现先快后慢的趋势。对遗忘的原因的解释主要有衰退说和干扰说。根据记忆规律组织复习时要注意复习要及时、要正确分配时间、反复识记和尝试回忆相结合、复习方法多样化。

2. 思维是人脑借助于言语、表象和动作实现的，对客观事物的本质和规律的概括的间接的反映。它具有概括性和间接性的特点。思维的形式有概念、判断和推理。问题解决是思维的重要方式，问题解决的策略有算法式和启发式，问题情境、动机、思维定势、功能固着、迁移、知识经验、个性等影响问题的解决。创造思维是重新组织已有的知识经验，提出新的方案和程序，并创造出新的思维成果的思维活动。它具有独特性和新颖性。想象是指人对头脑中已有的表象进行加工改造，创造新形

象的过程。思维规律在教学中的应用主要体现在概念教学、解决问题能力的培养和创造性思维的培养等方面。

[学术动态]

就问题解决研究而言，目前和今后的研究在范式、思路和内容上主要具有如下特点：

1. 在研究范式上信息加工理论与建构主义相整合。
2. 问题解决研究中的主客体相互作用思想日益凸显。
3. 在研究内容上以知识层次为重心。

[学业评价]

1. 什么是记忆？记忆分为哪些种类？
2. 感觉记忆、短时记忆、长时记忆的特点及其相互之间的关系是什么？
3. 什么是识记？影响识记的因素主要有哪些？
4. 遗忘规律是谁提出的？内容是什么？
5. 如何根据记忆的规律组织复习？
6. 教学中怎样根据记忆规律促进学生知识的巩固？
7. 什么是思维？思维的分类是怎样的？
8. 问题解决过程中可采用哪些策略？
9. 影响问题解决的主观因素有哪些？
10. 什么是创造性思维？它具有什么特征？
11. 什么是概念？教学中如何帮助学生掌握概念？
12. 教学活动中如何培养学生解决问题的能力？
13. 如何培养学生的创造性思维？

第四章 智力与创造力

[内容摘要]

智力作为基本的认知过程是学习以及有效解决问题的基础性、关键性因素。根据人的智力水平与结构特点安排教学，通过教育教学过程发展人的创造力是教育教学的重要目标。本将首先介绍智力与创造力的概念，然后介绍关于智力与创造力的理论，最后阐述如何根据智力水平与结构的差异实施学校教育以及为促进创造力而进行的教学。

[学习目标]

1. 把握智力与创造力的概念；
2. 了解智力与创造力的构成以及理论发展的趋势；
3. 能够依据有关理论设计出合理的、有助于发展学生智力与创造力的教学环境与教学方式。

[关键词]

智力　创造力

第一节　智力与创造力概述

一、智力

众所周知，智力代表着一个人的聪明程度，是一个人能否圆满完成各项任务的一个重要的基础条件。但是要给智力下一个能够使大家公认的定义并不容易。在心理学研究中，人们对智力的理解和界定存在着很大分歧，不过人们对智力实质的认识也存在一些共同之处，这是我们进一步讨论智力的基础。M·斯尼曼和S·罗斯曼通过对教育学和心理学领域的专家进行调查发现，尽管大家对智力的理解很不相同，但是大家基本认同的一点是：智力属于认知能力但不是认知能力的全部。它主要包括三种认知能力：(1) 处理观念、符号、关系、概念、原理等抽象对象的能力而不是处理具体事务的能力；(2) 学习能力，尤其是学习和运用涉及词或其他符号的抽象观念的能力；(3) 智力可以通过解决问题的过程及解决问题的结果表现出来。概括起来，可以认为智力是处理抽象观念和进行学习的认知能力。

关于智力本质的研究，心理测量学家和信息加工心理学家各有侧重。心理测量学家着重分析智力的结构特征，而信息加工心理学家着重探索智力行为发生的心理过程即信息加工过程。

对人的智力水平进行测量和评价的方法是智力测验。在智力测量历史上最早对智力进行测量并发展出一个广泛运用的心理测量工具的是法国的比奈，后来美国斯坦福大学的西蒙进行了改进，发展出斯坦福——比奈（Stanford－Binet）测验。此外，常用的量表还有韦克斯勒（Wechsler）智力测验量表（WAIS－R）、瑞文智力测验量表等。表示智力水平高低的指标是智商（intelligence quotient，简称 IQ）。

二、创造力

创造力（creativity），也译作创造性，源于拉丁文 creare 一词。Creare 意指创造、创建、生产和造就等。早在古希腊时期，亚里士多德就将“创造”定义为“产生前所未有的事物”，这一事物不仅包括精神领域，也包括物质世界。心理学中对于创造力一词一直没有统一的、精确的定义，不同心理学家对创造力一词的理解和使用存在很大的差异。有的强调创造的主观性，有的强调创造的目的性；有的侧重创造过程，有的侧重创造结果；有的从创造的认知风格出发，有的从创造的动机人格因素入手；有的采用几者兼顾的方式来界定创造力。

尽管心理学家们从不同的角度理解创造力，并给出了各种各样的定义。但是随着理论探讨和实验研究的深入，心理学家们对创造力概念的认识在近来出现逐渐趋同或更加接近的趋势。在 1997 年与 1999 年出版了两本总结了 20 世纪创造力研究成果的著作，一本是由兰柯（A. Runco，1997）主编的 Handbook of Creative Research，另一本是由斯腾伯格（R. J. Sternberg，1999）主编的 Handbook of Creativity。在这两本重要的著作中，心理学家们基本上将创造力界定为“一种产生既新颖又适用的产品的能力”①。也就是说，心理学家们在讨论创造力问题时大多数多会考虑两条标准：新颖性与适用性。

从创造的新颖性出发，我们说创造力必须是在某种程度上的“新”。“新”有两种形式，一种是在旧事物的基础上改良革新，如工厂的技术人员对传统的生产方法进行优劣分析，然后克服原有不足，增加新的优势，提高生产效率，这便是创新一所谓“推陈出新”。另外一种形式主要是不依赖于现成的旧有事物，通过创造产生出独特的新事物，例如，爱因斯坦坐在椅子上忽然想到人如果没有椅子的支持会发生什么现象，后来他通过思想实验提出了著名的相对论，这种新颖是“前所未有”的。

---

① Sternberg R. J.，et al.（eds），Handbook of Creativity，New York：Cambridge University Press，1999.

从适用性出发来看待创造力，我们说创造出来的产品必须是有用的。精神病人也会有许多正常人所无法得到的思想或想法，但是，由于毫无实用性，不能说是创造。适用可以有两种层次，一种是个人价值，一种是社会价值。所说的具有个人价值的创造力，指的是创造产品的作用是帮助个人解决问题，有利于个体自身的活动；具有社会价值的创造力则是，创造产品的作用可以是推动社会发展，对于人类的文明进步具有一定的历史意义。

一般说来，人们认为：创造力是人所特有的、是人与动物相区别的，同时也是每个人都具有的一种心理素质。

通常，人们用产生思想或观点的流畅性、变通性、新颖性来衡量一个人的创造力水平，最常用的创造力测量工具是托兰斯创造思维测验（TTCT）、威廉斯创造性人格测验等。有时研究者也采用专家评价、一致性评价技术等来评价一个人创造力的高低。

三、智力与创造力的关系

在创造力与智力的关系上，历史上人们曾经提出过各种各样的观点，可以概括为五点：(1) 创造力是智力的子集；(2) 智力是创造力的子集；(3) 创造力与智力有部分重叠；(4) 创造力与智力在本质上是完全相同的；(5) 创造力与智力根本是无关的两个概念。这两个概念之间的所有可能性都被提出来了。但是二者根本无关这一可能性是受到质疑最多的。智力是一种基本的认知过程，而创造力是包括认知过程在内的心理过程，因此认为二者有部分重叠这一观点是受到更多人认可的。

最有代表性的研究创造力与智力关系的研究有两个，一个是美国人格评估研究所对各个领域具有创造成就的人才的研究，一个是托兰斯对智力与创造力的关系进行了长期的测量与研究。他们的研究认为，第一，具有创造力的人的 IQ 值都高于平均水平，也就是说低 IQ 或仅仅达到 IQ 的平均值的人无法表现出高的创造性。但是高或低的标准是什么呢？一般来说是 IQ 值为 120，不同领域对这一阈值的认定是不同的，比如富有创造力的艺术家可能不需要很高的智力，但是获得诺贝尔物理学奖的科学家却需要它。第二，对 IQ 值在 120 以上的人而言，IQ 对创造力的作用不像 IQ 在 120 以下那样明显。即，当 IQ 在 120 以下时，创造力与智力之间存在高相关；而当 IQ 在 120 以上时二者只存在微弱相关甚至负相关，这种关系常被称为阈限理论。也就是说，高创造力常有高智力，但高智力并不一定有高创造力。第三，智力与创造力之间相关程度随研究的领域、测量智力与创造力所采用的方法与工具而变化。例如，智力在艺术与音乐创造中的作用不如在数学与科学创造中的作用巨大。

人们的研究发现，对于创造，特别是取得创造性的成就，智力是一个必要条件，此外努力工作（或称刻意练习）、热情与工作承诺也是重要条件。

第二节　智力理论

在讨论智力定义时已经提到过，对智力有许多不同解释，所谓智力理论就是指心理学家们对智力构成的系统解释。虽然大家都认为智力是一种认知能力，但是对智力的构成成分，却一直见仁见智。智力究竟是一种认知能力还是由多种认知能力构成的？这一问题对于我们如何衡量一个人的智力高低关系密切，如果智力由单一认知能力构成，我们只需看一个人在单一方面的能力发展如何，便可得知他的智力情况；如果智力由许多认知能力构成，我们便要衡量一个人的许多方面，然后综合得出结论。智力是先天遗传的还是后天塑造起来的？这一问题与教育关系密切，如果认定智力是遗传的，在教育上只能做较为消极的安排，顺乎自然地“因材施教”；如果认定后天因素也影响智力的高低，在教育上则可以设置有利的环境积极地发展智力。

一、心理测量取向的智力理论

采取心理测量的方法建立的智力理论，其特征是以智力测量为工具，经统计分析的方法求得各个测量因素之间的相关，与总体智力水平相关高者视为构成智力的因素，并进而确定智力的内涵。采取心理测量的方法建立的智力理论主要有以下三种。

（一）智力二因素论

智力二因素论最早由英国心理学家斯皮尔曼（C. Spearman，1863～1945）在1940年所倡议。这一理论认为，人类智力包含两个因素：一般因素和特殊因素。智力的一般因素表现在一般性的活动上，称为G因素（general factor）；智力的特殊因素其心理功能只表现在特殊的活动上，称为S因素（special factor）。人类智力的差异既表现在一般因素上，也表现在特殊因素上，二者有时都表现出较高的水平，有时差别还较大。例如，有的学生理科学习成绩优良，文科成绩也是优秀，就是二者一致的表现。有的学生一般学科成绩平平，而写作文却文采飞扬，妙语连珠，就是一般智力因素平常，但语言能力（特殊因素）出色。但是，斯皮尔曼认为，一般因素是智力的基础，先有一般因素，然后才有特殊因素。一般智力因素方面智力太低的人，不会有太高的特殊智力。又因为一般因素表现在生活活动的多方面，所以一般智力测验所测的多为一般方面的智力。

1963年，斯皮尔曼的弟子，美国心理学家卡特尔（R. Cattel）根据对智力测验结果的分析，将智力分成两类：流体智力与晶体智力。前者是受遗传影响较大的智力，通过对空间关系的认识、机械记忆、对事物的判断及反应的速度表现出来；后者是受后天学习影响较大的智力，通过语文词汇及数理知识表现出来。从二者发展的情形来看，流体智力从出生后一直发展，早年发展速度较快，到30岁左右流体智力发展达到顶峰，以后就迅速下降。晶体智力也是从出生后即获得发展，但是一开始的发展速度不如流体智力快，20岁以后一直维持相当的水平、按照卡特尔的解释，传统智力测验所测到的主要是流体智力，因此实施智力测验时，会发现智力随年龄的增长而下降的情形。其实，如果将晶体智力考虑在内，结果就不会如此。

美国心理学家桑代克不同意斯皮尔曼的二因素论，于1927年提出智力为多种特殊能力组合的理论。根据智力测验的结果，桑代克认为人类智力包括三种不同的能力，他分别称之为三种智力：(1) 抽象智力，代表个人运用符号（语言、数字等）从事思维推理的能力；(2) 机械智力，代表个人运用感官与肢体从事工具操作的能力；(3) 社会智力，代表个人在社会活动情境中与人相处的能力。

（二）智力群因素论

1938年，美国心理学家塞斯顿（L. Turston）根据自己进行实地测量的结果，提出智力无一般与特殊之分，而是一些基本心理能力的组合。他的这一理论被称为群因素论。群因素理论认为，人类智力由七种基本能力组成，它们是：(1) 语文理解，属理解语文涵义的能力；(2) 词语流畅，属语言迅速反应的能力；(3) 数字运算，属迅速正确运算的能力；(4) 空间关系，属方位辨别及空间关系判断的能力；(5) 联想记忆，属将两个事件相互联结的机械式记忆的能力；(6) 知觉速度，属凭知觉迅速判断事物异同的能力；(7) 一般推理，属根据经验作出归纳推理的能力。他还根据自己的发现的七种基本心理能力编制了智力测验，称为基本心理能力测验。

（三）智力结构理论

智力结构理论是美国心理学家吉尔福特（J. P. Guilfort）于1959年提出来的。吉尔福特批评了传统的智力理论只考虑了智力加工的结果，没有考虑智力加工的过程，因此提出了一种结合智力加工内容、过程和产品三个维度的智力结构理论。而这三个维度又分别包含五六个类别，其中的内容维度表示智力加工的信息类型，一共有5种信息类别，它们是：视觉、听觉、符号、语义与行为；心理加工过程的类别是：认知、记忆、发散加工、辐合加工和评价；产品是信息表征的形式，包括单元、门类、关系、系统、转换和蕴涵6种形式。每种形式的信息分别进行一种类型的心理操作，产生出一种形式的产品，整个智力结构模型可以预测出150（5 * 5 * 6 =150）个智力模块。例如，词语测验测量的是语义内容的认知单元，学习舞蹈动作需要的是行为系统的记忆。

二、多维取向的智力理论

近年来有些心理学家企图摆脱传统心理测量的取向，转而从广大的视野去建构智力理论。他们的共同特点是不采取在整个智力中分析构成成分的方法，只在探讨人类智力中究竟包含多少种不同的智力。因此我们将这种取向的理论称为多维取向的智力理论。

（一）多元智力理论

多元智力理论是由美国哈佛大学的心理学家加德纳（H. Gardner）提出来的。他认为人类的心理能力中至少应该包括以下七种不同的智力：

(1) 语文智力，指学习与使用语言文字的能力；

(2) 数理智力，指数学运算及逻辑思维推理的能力；

(3) 空间智力，指凭知觉辨别距离、判定方向的能力；

(4) 音乐智力，指对音律节奏的欣赏及表达的能力；

(5) 身体运动智力，指支配肢体以完成精密作业的能力；

(6) 社交智力，指与人交往且能和睦相处的能力；

(7) 自知智力，指认识自己并选择生活方向的能力。

从他所列的七种能力可以看出，他扩大了传统智力的观念，这一理论一经提出立即受到教育界的热烈欢迎，成为学校教育中因材施教、发挥学生个人特长、尊重和欣赏每一个学生的心理学依据。

（二）智力三元理论

美国著名认知心理学家斯腾伯格（R. Sternberg）提出智力应该包括三部分——成分、经验和情境，它们都代表成功适应的不同方面。

1. 成分智力（componential intelligence）

这是思维和问题解决所依赖的心理过程。斯腾博格认为，有三种成分对信息加工至关重要：(1) 知识获得成分，可以用于学习新的事实；(2) 操作成分，作为问题解决的策略和技巧；(3) 元认知成分，用于选择策略、监控认知过程以达到成功。高 IQ 的学生的元认知成分使得他们可以选择不同的策略解决特定的问题。这种选择上的不同可以说明为什么高 IQ 的学生有较高的问题解决能力。

2. 经验智力（experiential intelligence）

这是人们在两种极端的情况下处理问题的能力。例如，让我们假定让一组人在发生事故之后陷入困境，你会认为那个最快帮助人们回家的人很聪明。但在另一种情景下你会认为能够自动完成常规任务的人聪明。例如，如果一组人日复一日地重复同一种工作，你会对那些能够成功完成任务而且毫无怨言的人印象最为深刻。

3. 情境智力（contextual intelligence）

它反应在对日常事务的处理上。它包括对新的和不同环境的适应，选择合适的环境以及有效地改变环境以适应个体的需要。情境智力有时被人称作小聪明（street smart）或商业头脑（business sense）。研究就表明，没有很高 IQ 的人也可以具有较高的情境智力。

智力三元理论扩大了智力涵盖的范围，提示我们在学校教育与课堂教学上，应该扩大范围，让学生具有接触现实生活与吸收新经验的机会，从而培养其适应环境与创新经验的能力。

三、智力的遗传性与可塑性

在哲学心理学时代就有所谓天性与教养的争议，所争论的正是遗传与后天环境在人的发展中孰重孰轻的问题。这一问题体现在智力上就是智力在多大的程度上是由遗传决定的，为了回答这一问题，人们想到了研究智力在同一家族中是否相似的问题。为了回答这一问题，研究者需要将基因和环境的影响区分开来。一种方法是比较同卵双生子、异卵双生子和其他基因有重叠的亲戚的智力。表 4—1 显示了基因与个体 IQ 值的相关程度。

表 4—1　　智力与遗传的关系

被试的基因相同程度与生长环境	研究次数	相关系数
同卵双生子，从小生活在同一环境中	14	＋0.87
同卵双生子，从小生活在不同环境中	4	＋0.75
同胞兄弟姐妹，生活在同一环境中	36	＋0.55
同胞兄弟姐妹，生活在不同环境中	33	＋0.47
父母与子女之间	13	＋0.55
祖父母与孙子女之间	3	＋0.27
养父母与养子女之间	3	＋0.20
无血缘关系，自幼生活于同一环境中	5	＋0.24
无血缘关系，自幼生活于不同环境中	4	－0.01

（材料来源：张春兴，2002）

从表 4—1 可以看出两点：（1）人与人之间的血缘关系越近，智力的相关程度越高；同卵双生子的遗传相同，他们之间智力相关最高，这显示遗传是决定智力高低的重要因素；（2）无血缘关系而自幼生活在同一环境者，他们智力的高低也存有相当的相关程度，这显示后天环境也是影响智力的因素。

现代的建构主义为遗传与环境的关系提供了较为完善的解释。建构主义认为，遗传和环境之间在决定人的发展方面并非是各占若干比例或者简单相加的关系，而是一种动态关系，两个因素之间相互交织、相互渗透，动态的历史地相互影响。即有机体当前行为不仅受到当前环境及遗传特质的影响，而且还受遗传基因和过去环境因素相互作用的影响。良好的家庭与社会环境将有助于儿童的智力在遗传的基础上获得充分的发展；而在遗传与环境相互作用下获得的发展又成为进一步发展的基础。因此，创设丰富的教育与发展环境对每个人的发展是有利的。

第三节　创造力理论

创造力绝非一种单一能力，而是能力与其他方面的复合，这是人们在经历了半个多世纪的创造力研究之后取得的明确认识。人们逐渐放弃了那种创造力是由单一心理或生理因素决定的“单维创造论”，逐渐建构起创造力的系统观，使得当前创造力研究的“多维取向”（multidimensional approach）与“聚合模型”（confluence model）日益取代单维模型成为该领域研究的主导模型。这样的模型主要包括艾曼贝尔的创造力成分理论（Amabile，T. A.，1996），① 斯腾伯格的创造力三维模型和创造力投资理论（Sternberg，R. J.，1996）② 以及西克森特米哈伊（Csikszentmihalyi，1999）③ 的创造力系统模型。

一、创造力成分理论

创造力的成分理论是由美国社会心理学家艾曼贝尔提出来的。她认为，在以往的创造力研究中，只注意创造思维和创造的人格倾向，而忽略与创造有关的技能。针对这种缺陷，她提出了自己的创造力成分理论，认为创造力是由领域技能、创造的技能与工作动机三者构成的。

（一）领域技能

有关领域的技能可以看成是一套解决某个问题或从事某项特定工作的认知途径。它们是创造者在特定领域中进行创造活动的基础，决定着创造行为发生的方向。它包括三个方面的具体内容：（1）谙熟该领域的实际知识，如事实、原理、各种争论和学术思潮、范例、解决该领域问题的行动方案以及审美标准等；（2）具有为该领域所需要的专门技术，如实验技术、写作技巧或作曲能力等；（3）有关领域的特殊“天赋”，如文学天赋、音乐天赋以及数学天赋等。

艾曼贝尔认为，有关领域的技能的发展既依赖于先天的潜能，也有赖于后天的正式的和非正式的教育开发。具备了有关领域的技能，只是具备了从事相应领域活动的基础，还不能保证提供该领域中创造性的成果，提供创造性的成就还需要创造性技能。

（二）创造性技能

一个人是否具有创造性技能，决定着这个人的成就是否超过该领域以前的成果。它包括三个方面的技能：（1）有利于创造的认知风格，例如，能够轻松自如地理解复杂事物，打破背景束缚、长时间地保持选择反应的自由、详尽评价、广泛审视、

---

① Amabile，T. A. Creativity in Context. Westview Press，1996.

② Sternberg，R. J. & Lubart，T. I. Investing in Creativity. American Psychologist，1996，51：677－688.

③ Csikszentmihalyi，M. The implications of a systems perspective for the study of creativity. In R. J. Sternberg（ed.）Handbook of creativity（pp. 313－335）. New York：Cambridge University Press，1999.

精确回忆、摆脱行动方案和创造性地理解等；（2）启发产生新观念的知识，指的是那种能降低探索解决方法平均难度的任何原理或手段。例如，当所有尝试都失败时诉诸直觉，熟悉陌生的东西，应用类比解释异常，做概念玩耍，进行“心智体操”等；（3）有助于创造产生的工作风格，如长时间地集中注意力和努力、有正当理由时，放弃无新意的研究策略而暂时将棘手问题搁置一边的能力；不断正视困难，有顽强的意愿，从头到尾有大量的新思想产生。

除了创造性技能本身之外，还有一些与创造性技能息息相关的个性特征，如，自作主张、延迟奖赏、百折不挠、独立判断、容忍不同的解释、高度的自主性、没有性别偏见、愿意承担风险、高水平的自我的、旨在出人头地的工作。特别是独立行事、在思想上不屈从他人和不依赖于社会等个性特征，这些特征对创造力具有十分稳定的影响。

（三）工作动机

工作动机是激励人们达到创造性目标的主观原因。创造的工作动机包括以下几个方面的成分：（1）个人对工作的基本态度，即在特定条件下，它对自己从事工作理由的认识；（2）对自己从事工作的理解，总的来说，内部动机有助于创造力的形成和发展。屈从于压力会在人身上诱发各种与创造过程不相协调的动机，而摆脱外部强制将促进创造思维。同时，创造也不会在身心极为松弛并且毫无烦忧时自动涌现，尤其是放弃内心戒律和努力时，也会产生危害；因此，外部动机在内部动机不足时、在有助于技能的掌握时以及在提供一种肯定的信息时，是对创造也是有帮助的。

在组成创造力的三个成分中，有关领域的技能和创造性的技能决定一个人“能做什么”，而工作动机将决定着这个人“将做什么”。因而，工作动机是创造力的最重要构成因素。

二、创造力的三侧面模型

创造力的三侧面模型是斯腾伯格提出来的。斯腾伯格认为，以往创造力通常是根据产品是否有价值来确认的，这种定义显然不能涵括创造力是由哪些心理特征构成，而许多研究已经表明，创造力与智力、认知方式、人格等一些心理特征密切相关。因而，他提出创造力的三侧面模型。

这个理论认为，创造力是由既相互独立又相互联系的三个侧面组成。第一个侧面是创造力的智力侧面，而这个侧面又包括内部关联型智力、经验关联型智力和外部关联型智力三个方面。内部关联型智力是指与个体内部心理过程相联系的智力，包括智力的元成分、操作成分和知识获得成分；经验关联型智力是指与已有知识经验相联系的智力；外部关联型智力是指外界环境相联系的智力。第二个侧面是智力方式侧面。它实际是个体的一种习惯化、自觉的自我控制，常常使创造力的智力维度带有一定的倾向或风格。第三个侧面是创造力的人格维度，具体包括对模糊性的容忍、努力克服困难、内部动机、一定的冒险性、求知欲以及乐意为了获得知识去工作的个性特征。

任何创造力都是以上三个侧面共同作用的结果。由于三个侧面相互结合的程度、成分以及各侧面所起的作用等都是有所区别的，从而体现出创造力的复杂多样性，以及创造力的力度特征和深度特征。

三、创造力的系统理论

创造力的系统理论是西克森特米哈伊提出并逐步加以完善的。西克森特米哈伊(1999)认为，创造是在特定专业领域里的活动，是具有特定人格特点和人格整体性的人与外部环境互相作用的结果，这个外部环境包括专业（domain）和领域（field）两个方面。因而，个人（individual）、学科（domain）和领域（field）就成为创造系统的三个基本要素，对于创造性的产生与发挥作用都具有不可或缺的意义。

在这个系统中，创造任务的完成人是个体，是对自身所处文化的信息作出一定改变的人。他之所以能够作出这种改变与他自身认知的灵活性、动机或不同寻常的、令人鼓舞的经历有关。然而，西克森特米哈伊认为，考察个体新异性的机制只是冰山一角。

个体的创造力不是在真空中实现的，而总是以一定的学科及领域为依托。学科具有文化传递与创新参照两种作用。一方面，它将特定文化的活动规则和知识传递给个体，使之成为具有特定知识背景的人，并为个体的创造活动提供知识和信息的基础；另一方面，它还作为个体创造活动的背景而存在，个体产生的创新或创造性变化是针对该专业原有的知识状态而言的，在此，学科就成为创造新颖性的参照点与背景。

领域具有选择、评价、鼓励或刺激创造的作用。个体的创造必须受到社会的选择和评价，得到领域内行人士的认可才能推广和流传下来，成为真正的创造。否则，再好的观点也不会流传下来，不会成为真正意义上的创造，而是很快消失。经过专业领域的筛选和评价，进行创造活动的个体为所属学科带来的新变化融入了专业知识和规则体系之中，促进了学科的更新和发展，而个体的创造性也得到了领域内同行的认可，成为真正意义上的创造性成果。文化在某种意义上就是相互联系的学科系统。个体的学科兴趣、进入学科的机会及与业内人士的接触可以促使个体创造性的产生；而学科和领域对个体的“通透性”或接纳性也影响着个体创造性的发展与发挥。

该理论改变了创造力研究的基本问题，从“什么是创造力?”以及“创造力由什么构成?”转变为“哪里有创造力?”。不是将创造力视为特殊的产品或人物的特征，而是将它视为个体、学科与领域相互作用的结果。这一理论充分说明了学科与领域的作用，同时将文化的作用具体化为学科和领域对创造者的影响。使得人们对创造力的认识有了更加广阔的视角。

第四节　针对智力差异的教学与创造力的培养

一、智力差异与学校教学实践

智力差异可分为群体差异和个体差异。智力的群体差异是指不同群体之间的智力差异，它包括智力的性别差异、年龄差异、种族差异、阶层差异等等。智力的个体差异是指不同个体之间所表现出来的智力差异。我们平时所说的某人聪明，某人迟钝，某人擅长形象思维，这些都属于智力个体智力差异的范畴。智力的个体差异有多种形式，表现在智力的水平、结构和成熟早晚等不同的方面。

（一）智力的水平差异

理论上说，当人数达到足够多时，智力基本上呈正态分布，即普通智力或正常的人占的百分比很大，智力水平特别高或特别低的人所占的百分比很小。心理学家根据智力发展水平把儿童分为三个等级，即超常儿童、常态儿童和低常儿童。智力测验结果表明，如果用韦克斯勒智力量表进行测验，超常儿童和低常儿童各占儿童总人数的2％～3％，常态儿童占94％～96％。

（二）智力结构特征的差异

智力除了在总体水平上不同之外，主要是表现在每个人所擅长的方面不同。例如，有的人擅长文字表达，有的人擅长数理逻辑；有的人善于与文字、数字打交道，甚至具有较强的直觉，但是却不善于与人打交道；有的人善于抽象逻辑思维，有的人长于动手操作，另有一些人擅长音律或肢体运动等等。

（三）智力成熟早晚的差异

在智力发展方面，既有少年早慧也有大器晚成。智力的早熟主要表现在音乐、绘画、文学、数学等领域。例如，唐代的王勃10岁能赋，明代夏完淳9岁善诗文，莫扎特3岁发现三度音程，5岁谱曲，陈省身6岁能看懂艰深的数学著作。有一些人高超的智力到很晚的时候才表现出来，例如，齐白石到40岁才表现出卓越的绘画才能，达尔文50多岁写成《物种起源》，摩尔根发表基因遗传论已是60多岁了，可谓大器晚成。智力早慧不一定终有所成，例如古代的仲咏，当今的一些少年大学生；还有一些人既是早慧，又是智力的高超表现一直到终老（而且高寿）。歌德7岁能做诗，歌德不仅善绘画，对自然科学有广泛研究，尤其擅长文学，出版了著名的《少年维特之烦恼》，一直到去世前一年（终年83岁）写完不朽之作《浮士德》。他的作品跟荷马史诗、但丁的《神曲》和莎士比亚的《哈姆雷特》并列为欧洲文学的四大古典名著。

（四）面向智力差异的教学

研究表明，儿童的智力水平不仅影响学习的数量，而且也影响学习的质量。一般说来，智力水平高的学生形成学习定势的速度快，容易形成解决问题的策略，易于自行纠正错误和验证答案，较多地使用逻辑推理，因而他们对自己的学习结果持乐观态度，对学习更愿意付出努力，学习更有效，学习能更持久。智力水平低的学生则正好相反。这就要求我们在学校组织教学和选择教学方式、方法时应面向学生的智力差异，一方面适应他们智力水平与类型的差异进行教学，另一方面也要根据学生的发展潜力与智力发展结构特点，挖掘其智力潜力，建立学习信心，进而积极努力促进自身的智力发展。

面向智力差异的教学组织形式主要有两种：一种是同质分组，一种是留级和跳级。智力同质分组是指对年龄相同而智力水平和知识掌握程度不同的学生进行分组教学，以便于集中采用适应学生智力发展特点的教学方式、安排教学进度。例如重点学校与非重点学校、学校中的重点班与非重点班的划分即属于这种形式。这种形式有利于缩小班级内学生之间的差距，便于用统一的进度和方法教学，在一定程度上可以提高教学效率，尤其是使智力发展较快的学生能够获得充分的发展。但是它的缺陷也是明显的，即使低智力水平的学生自尊心受到伤害，同时也给智力发展较快的学生带来更大的学习压力，缩小了他们个人探索发展空间的机会和时间。另外，按照智力发的总体水平进行分类，其实也是忽视了智力结构成分的差异，为了弥补这一缺陷，有一种办法是根据学生某一学科知识的掌握程度分组，学校按学生的各科的成绩水平设计出几个不同的组，学生根据自己的不同情况进入某一个组，如果学习进步了就转入高一水平的组，如果不适应就转入低一水平的组进行学习，这种教学能够使智力表现方式不同、发展速度各异的学生体验到学习上的连续进步，由于不强调分级和升级而减少了压力，学生能够自由地按照自己的速度前进，每个学生都有体验成功的机会，因此这种教学形式有其优势，但是在执行过程种需要更加合理而周密的分组设计，也需要给学生细致的分组咨询和辅导。

适应智力水平与结构差异的办法还有就是常规教学班内采用灵活分组的教学形式，例如，为了便于分组指导，教师按学生的学习水平将全班学生临时分成若干组，根据各组学生实际，采用不同的方法和进度进行辅导，根据学生不同的接受水平调整教材的数量、难度和任务要求。还可以在不同智力水平学生混合编办的班级内，设计充分的活动让学生充分相互作用，让不同学习程度和智力水平的学生共同学习任务，通过合作学习使得每个学生都获得最大程度的进步。

在具体教学方式的选择上也可以精心选择以适应和面向学生的智力差异。在课堂教学的大多数时间内注意适应中等学生的学习进度，同时也要兼顾智力发展上有特殊需要的学生，尽量避免造成智力高水平的学生由于不能以高速度前进、求知欲不能获得满足而对学习失去兴趣；也要避免智力低水平的学生因跟不上学习进度、达不到教学要求、屡遭失败而丧失学习的信心，教学中可采取个别化的教学方式来解决这一问题，例如，掌握学习、个别化诊断教学、个人化教学系统、计算机辅助教学等。此外可采用，课外活动小组、兴趣探索小组等非全体课堂教学以外的方式兼顾具有不同特长、智力发展某一方面特别突出的学生发展特长，培养专业活动兴趣。

此外还要认识到，智力是影响学习效果的重要因素，但是除了智力因素外，学生的学习动机（包括兴趣与努力程度等）、学习特征（包括学习方法、学习等）、人格特征、家庭环境以及他们的人际关系状况等都会影响到学生的学习成绩与学习效果。根据学生智力发展水平与结构差异而采取的方法与措施也要兼顾到以上所列的各个方面。

二、创造力的培养

“为创造力而教”已经成为学校教育的重要培养目标之一。依据以上关于创造力的理论以及已有的关于创造力培养的研究成果，在以上问题解决能力培养措施的基础上，我们认为，培养学生的创造性应该从以下几个方面入手。

（一）创设有利环境

1. 保障学生心理的安全与自由

心理的安全与自由这两个概念是由罗杰斯于1959年提出来的。他认为，这是有利于人们进行创造性活动的两个基本条件。在一般情况下，具有高创造性的人常常会具有偏离文化常模的倾向，如果社会能够给予他们充分的容忍和有力的支持，那么这些具有高创造性的人就会感到心理的安全和自由，从而更好地发挥自身的创造力，对儿童来说也是如此。当具有创造性的儿童处于一个高度容忍与支持他们创造性活动的社会文化背景时，就不会感受到偏离常模的危机感，也就不必为自己的创造意识而设防。要做到这一点，就需要家庭、学校和社会三者共同的努力，创设一种良好的氛围和环境。无论是教师还是家长，都要注意识别儿童的创造性才能，支持他们用不同寻常的方式去理解事物，能容忍他们对于权威和专家的怀疑，并因势利导，运用一些能促进其创造性发展的特殊方法进行教育。

2. 为学生的学习留有余地

在教育教学活动中，要实现最佳的教学效果，就应该充分地调动学生学习的积极性，给他们留有充足的思考空间，以使学生在积极主动的活动中学的既快又准。那么如何切实实现这种“留有余地的学习”呢？这就要求教师要给学生提供更多自由发挥的空间，创设一种宽松的学习环境。具体体现在：给学生留出一定的时间让他们从事一些具有独创性的活动；在课程安排上，应注意为学生提供自由选择的机会；注重学生综合素质的培养，如抽象逻辑思维和具体形象思维的培养应该结合起来；鼓励首创性，允许并鼓励学生在自由探索的学习活动中提出自己独到的看法，并予以积极的引导。

3. 做有利于学生发挥创造性的教师

作为学生成长和发展的引路人，教师不仅肩负着传授知识、培养技能的责任，而且还是促进学生创造性发展的重要力量。在学生创造性的发展中，教师起着举足轻重的作用。

要培养学生的创造性，教师首先应具备一定的素质，即能够充分调动学生进行创造的欲望，并积极创设各种有利条件来指导、促进学生创造性的发展，同时还应注意开发自身的创造性。具体地讲，教师应注意以下几个问题：

（1）提供条件。教师应注意为学生提供其创造性发展所必需的环境和心理方面的条件，千方百计地促使学生的身体、情绪、动机、智力及人格等方面的全面发展。在此基础上，学生的创造性才能得以充分的发挥。

（2）教给学生必要的技能和技巧。任何创造性活动都是以一定的技能和技巧为依据的，因此创造性教育与技能、技巧的训练是分不开的。教师不仅要把有关活动的操作步骤和基本程序传授给学生，而且还要教会学生灵活地运用技能和技巧，即能将所学到的技能创造性地运用到有关活动中去。

（3）注重发散思维能力的培养。在授课时，教师应尽可能地为学生提供一个问题的多种解法，设疑问难，引导学生的发散思维，使其在紧张而有趣的积极思维活动中发展创造性。

（4）尊重学生与众不同的疑问。对于学生提出的一些非同寻常的看法和见解，教师应予以充分的关注和鼓励，尊重并引导其思考问题的方式和方法。

（5）注重开发自身的创造性。具有创造性的教师才能培养出具有创造性的学生。只有在开发自身创造性的活动中，教师才能切实体验和理解学生的创造性，并发现培养学生创造性的合适方法。

二、培养创造性人格

正如前面所提到的，创造性人格是创造性人才所不可或缺的重要组成部分。创造力仅仅为创造性的发展提供了潜在的可能性，只有当它与创造性的人格特征相结合时，才能使创造性的发展成为现实。培养学生的创造性人格，应该注意以下几个问题：

（一）保护好奇心

好奇心与创造性的发展是密切相关的。对科学家的调查研究也发现，好奇心既是发明创造的源泉，又是创造性活动赖以进行的重要动力。因此，保护儿童的好奇心，就能促使他们对创造性活动拥有浓厚的兴趣，从而促进其创造性活动的进行；相反，阻止和压抑他们的好奇心，就会使其探索活动受挫，从而不利于其创造性的发展。

（二）解除怕犯错误的恐惧心理

惧怕犯错误是阻碍独创性发挥的一个重要因素。儿童往往会因为怕犯错误而不去尝试，从而失去发展创造性的良机。因此，教师应该注意在用知识来武装学生的同时，解除他们怕犯错误的恐惧心理，鼓励学生大胆进行一些尝试和冒险。

（三）鼓励学生与有创造性的人接触

通过与有创造性的人接触，可以使学生产生模仿尝试的欲望，并由此在潜移默化中受到熏染。不管是面对面的直接接触，还是听故事、看录像等间接的接触，都可以增强学生的创造意识，这对发展学生的创造性来说是很重要的。同时，教师也应注意自身的榜样作用，通过不断开发自身的创造性来影响学生，使他们切实体验到创造性活动的魅力，如改进教案设计、不断探索新的授课风格、充实新的内容等，都不失为影响学生的有效途径。

（四）培养学生的恒心和毅力

创造性活动要求个体能够容忍长期得不到反馈或回报的模糊状态，这是需要毅力和恒心的。只有持之以恒，才能得到最终的满意结果。因此，恒心和毅力的培养和锻炼，也是创造性人才培养中一个非常重要的方面。教师应有意识地让学生去完成一些有一定难度、需要意志努力的任务，这样可以有效地提高学生的韧性和耐力。

三、设置创造性课程

设置专门的创造性课程，是促进学生创造性发展的一项重要措施。目前，美国等许多国家都十分重视这种课程的设置。下面仅举几例。

（一）发散思维训练课

由于发散思维在创造力的培养中具有独特的地位，因此在课程计划中设置专门的发散思维训练课已成为许多国家教育计划的一部分。就其内容来看，它主要包括：(1) 用途扩散，即让学生尽可能多地设想并说出某种物品的用途；(2) 结构扩散，即尽可能多地设想出利用某种结构的可能性，如在“0”上尽可能地加线以形成不同的物品，经过改造，可以将其转变为娃娃的脸、太阳、靶子、锣等；(3) 形态扩散，即尽可能多地设想某种形态的可能性，如列举出有关绿色的物品，诸如绿叶、绿灯、绿邮筒等等；(4) 方法扩散，即尽可能多地设想某种方法的可能性，如举出用“敲”的方法可以解决的问题，诸如敲门、敲锣、敲西瓜等等。

这些训练项目可以结合不同的学科教学来进行，如美术课、语文课、手工制作课等都可以被用来训练学生的发散思维能力。这样做还能体现出鲜明的学科特色，促进学生对学科知识的深入理解。比方说，在历史课上，让学生尽可能多地列举出中国历史上以少胜多的著名战例；在地理课上，让学生尽可能多地列举出世界著名的石油出产国；在数学课上，提倡学生一题多解；在语文课上，提倡学生自由联想组词等，这些都可以增强思维的灵活性和广阔性。既传授了知识，又培养了学生发散思维的能力，同时也能增强教学活动的趣味性。

（二）自我设计课

这是一种灵活性较强的训练课程，包括一般设计和重要设计两种方式。一般设计能在较短的时间内完成。比方说，让学生用一节课的时间来设计贺年卡、用一些废旧材料来制作小玩具等等，都可以使学生在自由探索的活动中，充分地发挥想象力和创造力。重要设计是根据一个具有一定社会价值的课题来进行的，需要教师的悉心指导和精心帮助。这种设计要考虑到学生的兴趣和现有的知识水平，并要注意从活动中激发学生创造的积极性。

（三）创造发明课

该课程是由美国教育家麦马克等人设计的。具体包括三个阶段：第一阶段旨在激发学生创造的积极性；第二阶段是使学生把自己当作发明家；第三个阶段就要使学生像一个发明家一样去动手从事创造活动。该课程注重从动机激发开始，循序渐进地促使学生创造力的发展，是一种较系统的课程设计。

四、发展创造性思维

创造性思维是创造性的核心要素。因此，使学生掌握创造性思维策略以发展其创造性思维能力，将有助于他们创造性的提高。具体的培养策略主要有：

（一）类比推理策略

所谓类比推理策略是根据两个对象间某些相同或相似之处，进而推断它们在其他方面也有可能相同或相似的一种思考方法。通过类比推理，往往能拓宽思路，使不熟悉的变为熟悉的。具体的类比推理方法有以下几种：

(1) 拟人类比：将创造对象拟人化。比方说计算机，它就是对人脑进行拟人类比的典范。

(2) 象征类比：用具体的实物来标志抽象的概念。这常体现在绘画、雕塑、音乐等艺术创造中。

(3) 仿生类比：模仿自然物的某些特征来创造新事物。像雷达、飞机等的发明都是这一类比形式的例证。

（二）对立思考策略

对立思考策略就是指从已有事物或问题的完全对立的角度来思考，以创造性地找到解决问题的方法。由于事物之间常常是互为因果和具有可逆性的，因此换个角度来看问题往往能使问题的解决产生突破性的进展。例如，人们在进行加、减、乘、除四则运算时，往往都是从最低位算起，然而速算专家史丰收却恰恰与此相反，他运用从高位算起的方法，不用任何计算工具，就能有效而迅速地得出答案，甚至常常比计算机算得还快。可见，从问题的对立面去思考问题，有时往往会产生创造性的成果。

（三）多路思维策略

多路思维策略也是发展创造性思维的重要方法，它要求思考者能从多个不同的角度开阔地面对问题，以期获得创造性的成果。运用多路思维策略的本质就在于突破日常经验中所形成的思维定势，以一种无偏见的眼光去看待每一条有利于问题解决的途径。比方说，在著名的"九点图"问题中，只有突破了思维定势，从不同的角度开阔地思考问题，才能使问题得到创造性的解决。

（四）综合运用多项思维机制

创造性思维的重要特征就在于通过多种不同思维机制的综合运用，以实现创造性的问题解决。这里所讲的思维机制，包括的内容非常广泛，有综合法、移植法、转换法、重组法、分合法、放大法、缩小法等等。通过对这些思维机制的灵活运用，就可以找到发展创造性的捷径。比方说，在"曹冲称象"的典故中，以石头的重量来估算大象的重量便是运用转换法的典范，基于古代帆船设计思想而制造出来的万吨巨轮则是移植法的典型范例，还有运用分合法发明创造出来的橡皮头铅笔，运用重组法设计出来的漂亮的时装等等都是进行创造性思维的成果。因此，在教学活动中，教师应注意教给学生综合运用多种思维机制的方法和步骤，以发展其创造性思维的能力。

[主要结论与应用]

1. 智力是处理抽象观念和进行学习的认知能力，它可以通过人们解决问题的能力表现出来，也可以通过精心选取的典型行为样本表现出来，人们将通过一定形式测量出来的智力水平称为智商，并用它来表示一个人的智力水平。

2. 创造力是人产生新颖而适用的产品或观点的心理品质的总和。一般地，人们用产生思想或观点的流畅性、变通性、独创性来衡量一个人的创造力水平，最常用的创造力测量工具是托兰斯创造思维测验（TTCT）、威廉斯创造性人格测验等。

3. 所谓智力理论就是指心理学家们对智力构成的系统解释。在智力理论发展的过程中形成了心理测量取向的智力理论和多维取向的智力理论。心理测量取向的智力理论包括二因素论、群因素论和智力结构理论；多维取向的智力理论包括加德纳的多元智力理论和斯腾博格的三元智力理论。

4. 在智力的遗传与环境的关系上，总体而言，先天遗传决定智力的框架，但不决定智力的全部，后天环境也影响智力的发展。良好的家庭与社会环境将有助于儿童的智力在遗传的基础上获得充分的发展；在后天环境中，早期环境的影响大于后期环境的影响，创设丰富的教育与发展环境对每个人的发展都是有利的。

5. 在教育教学中要适应智力发展的水平差异与结构差异采取相应的教学方式，以有效促进智力的发展；同时要在环境设计、教学环节、教学方法以及课程安排的各个方面采取措施促进学生创造力的发展。

[学术动态]

1. 情绪智力的概念近年来引起相当多学者的注意。在Salovey和Mayer的早期论文中，是根据情绪智力包含的能力来定义情绪智力的。他们的最初的定义之一是"监察自身和他人的感情和情绪的能力，区分情绪之间差别的能力，以及运用这种信息以指导个人思维和行动的能力"但是这一定义和其他早期的定义在有些地方含义不明确，在某种意义上仅仅论及对情绪的知觉和调节，忽略了对情绪的思维，显得单薄。在他们最近的一篇题为《什么是情绪智力?》的论文中提出以下修正后定义：情绪智力包含准确地觉察、评价和表达情绪的能力；接近（或产生）感情以促进思维的能力；理解情绪及情绪知识的能力；以及调节情绪以助情绪和智力的发展的能力。上述定义包括四大技能，依次由较基础的心理过程向较综合的心理过程，由低到高。如，最基础的是觉察和表达情绪的能力，最高层的是情绪反映和调节能力。这一概念的提出将带动一系列的相关研究，在智力研究的领域中占有一定地位。

2. 创造力的投资理论是斯腾伯格和他的助手洛巴特在分析以往创造力构成成分各理论的基础上提出来的。他们认为，以往各种创造力理论大多强调其中的某一方面，而忽视、排斥其他方面，因而都不是对创造力的完整的解释。为此，他们提出"创造力的投资理论"，试图对创造力作出较完整、较全面的解释。他们认为，人的创造力就像市场上的投资一样，是将人的能力和精力投入到新的、高质量的思想上面。投资讲究花最小的代价创造最高的利润，创造则是用现有的知识、才能创造出更多、更好的有价值的产品。尽管所有的人都想使自己作出创造性的贡献，却往往受到自身的环境方面的种种限制，未能如愿。创造是六种因素相互作用的结果，这六种因素是：智力、知识、思维风格、人格、动机与环境。斯腾伯格与洛巴特特别指出，创造力充分发挥作用的关键是这六种因素的投入与它们之间的凝聚方式。在一定程度上，低创造力的原因在于没有投入足够且合适的成分，这六种因素必须经有效聚合才能产生出高创造力来。

[学业评价]

1. "科恩伯格父子都能获得诺贝尔奖，说明遗传是人成功从事某一方面事业并获得成就的最重要因素。"这种说法的合理性与局限性在哪里?

2. 有人说"你看这个人干任何事情都是麻利快，由此可以判断这是一个聪明人。"用所学原理说说这种说法对不对?为什么?

3. 智力理论的基本取向有哪些?理论的发展与变化体现了智力理论发展具有哪些特点?

4. 创造力理论发展具有哪些特点?应如何再在教育教学中培养学生的创造力?

第五章 动机与情绪

[内容摘要]

中国近代大学者王国维曾说：人类与一般动物的区别有两点，一是要求取知识，二是有微妙的情感。“人非草木，孰能无情”。想必人人都体验过喜、怒、哀、乐等各种情绪。动机和情绪之间是相互影响的，两者之间具有非常复杂的关系。本章第一节首先介绍了动机的定义、动机产生的基本原因以及动机的种类，同时阐述了动机产生的各派理论。对这些方面知识的了解，有助于我们掌握激发动机的策略。第二节首先介绍了情绪的层面与维度、在此基础上探讨了情绪的表达与识别，接着讨论了情绪理论的演变。了解情绪的这些特点可以帮助我们有效地调适情绪，从而更好地改善自我。第三节专门探讨了情绪与健康的关系，介绍了青少年不良情绪的表现及原因，并且提出了自我放松训练、自我暗示、意象训练、气功等情绪自我调节方法。这些知识将有助于我们认识情绪对健康的重要性，掌握一些情绪调适的方法与技巧，能够更好地调节自己的情绪，充分发挥自己的能力，更好地适应生活。

[学习目标]

1. 能讲出心理学家关于动机及情绪的定义，记住情绪的层面与维度、情绪的表达与识别；
2. 能简要叙述四种动机理论和四种情绪理论；
3. 对情绪的生理机制有一定的了解；
4. 记住青少年情绪的特点，能简要叙述青少年不良情绪的表现；
5. 能举例说明情绪调适的方法。

[关键词]

动机　情绪　青少年　心理健康

第一节　动机

一、动机的概念

（一）动机的界定

为什么有人会冒着生命危险搭救他人？为什么有人会作出各种冒险的事情？为什么有人会废寝忘食地工作？回答人为什么这样行动，解释行为原因的心理学概念即“动机”。比如，当你感到饥饿时，你会做某些事情去获得食物：打开冰箱、去饭馆、或掏钱买个面包等，在这里，获取某种食物解除饥饿就是一种动机。

动机能激发行为并且指引行为朝向一个特定目标。各种生理性动机、心理性动机及社会性动机促使我们以不同的方式，做很多事情。心理学家常把动机定义为激发和维持个体进行活动，并导致该活动朝向某一目标的心理动力。

动机是无法直接观察到的，它是一种内部心理现象，人们只能从观察表面行为的变化来推测背后的动机。动机作为行为过程中的一个中介变量，在行为产生以前就已存在，并以隐蔽内在的方式支配着行为的方向和强度。比如我们经常看到的是动机所驱动的行为，如好朋友们经常在一起玩、学习，但友谊行为背后的交往动机却是无法直接观察到的。

（二）有关动机的几个概念

1. 驱力和诱因

动机有时被认为是一种推动行为的力量，而有时则被认为是拉动行为的力量。前者将动机视为“驱力”。比如，饥饿就是一种驱力，它推动个体的相关行动。而后者则将动机主要视为“诱因”，一种目标或者机体试图达到的目的。比如，为了得到食物、钱、赞赏等而诱发人的行为。

人们可以采用多种方法来激发动机。比如，受过训练的老鼠沿着正确的路线奔向存有食物的目标箱。如果我们想激励它，让它跑得更快些，可以通过两种途径：推与拉。所谓推即增加内驱力（用来推动行为的内部能量），比如：延长对老鼠食物剥夺的时间。所谓拉即增加诱因。增加目标箱里的食物数量与质量，会引诱老鼠跑得更快。

动机就是由驱力与诱因两种力量构成的。通常如果我们处于一种需要状态，就会激发一种驱力，驱力作为一种能量推动我们为得到能满足我们需要的事物而采取行动。其中有些事物对我们价值更大，更有诱惑力，为得到它们我们会干得更起劲。

动机即在自我调节的作用下，个体使自身的内在要求（如本能、需要、驱力）与行为的外在诱因（目标、奖惩等）相协调，从而形成激发、维持行为的动力因素。

动机以需要为基础，并在外界诱因下产生。自我调节在动机形成中起着重要作用，它使个体的内在要求与行为目标相协调，从而使这种内在要求获得动力和方向，行为目标和诱因也可通过这种调节转化为个体的内在激励因素。自我调节反映了个体内在要求与行为目标、诱因之间相互作用的内在机制。

2. 无意识动机

一般来说个体能说清楚自己大多数行为的动机，但对另一部分行为的动机，却没有明确地意识到。即自己的某些行为受无意识动机的激发。某些动机理论特别强调无意识动机的重要性，比如心理动力学理论。

二、动机的原因

产生动机的不同原因可分为四类：

1. 生物学因素

人类有些行为就像大多数动物的行为一样，是由生物需求如食物、水、温度调节等所驱使。

2. 认知因素

这是一种理性过程，人们常常按照自己想“这是可行的”，而且认为他人会作出反应而采取行动的。

3. 情绪因素

人们有些行为是受情绪因素驱使的，“感情用事”就是很好的证明。

4. 社会因素

人们在社会生活中对父母、兄弟、师长、朋友以及其他社会关系作出的反应就是动机的社会因素，他们对于人类行为每一方面都有明显影响。

三、动机的种类

人的需要是多种多样的，有自然的、生理的需要，也有社会和文化的需要。当某种需要没有得到满足时，相应的需要就会推动人们去寻找满足需要的对象，从而产生各种活动的动机。依据不同的标准，可以将动机划分为不同的种类。

（一）生理性动机与社会性动机

1. 生理性动机

生理性动机是由个体的生理需要所驱动而产生的动机。它以个体的生物学需要为基础，对维持个体的生存和发展有着极其重要的作用，如饥、渴、缺氧、母性、性欲、排泄、疼痛等，这些都是保证有机体生存和繁衍的最基本的生理性动机。生理性需要得到满足后，相应的生理性动机水平便趋于下降。20 世纪 20 年代，心理学家们曾用动物做一实验来验证不同驱力的相对强度。实验者设计了一种障碍箱，把有动机的老鼠和假定的动机物用电栅分开，老鼠必须忍受一定强度的电击才能通过栅栏以获取食物、水、性或子嗣。结果表明，母老鼠忍受的痛苦最多，越过栅栏的次数也最多，这就是母性动机最强有力的证据。在人类的身上，纯粹的生理性动机很少见，因为人不仅是自然的存在，更是社会的存在。如上述生理性动机中的母性动机，一方面它是天生遗传的一种动机，另一方面也受社会文化、道德规范的影响和约束。在人类社会中，养育子女被认为是父母的义务和责任。因此人类所表现出来的母性动机已不再是纯粹的生理性动机了。

2. 社会性动机

社会性动机是人类所特有的，它以人的社会文化需要为基础。人在成长的过程中要逐渐社会化，接受其所在社会文化的熏陶。为得到社会的认同，同时也满足自己的社会文化需要，就会产生各种社会性动机，如工作动机、交往动机、成就动机、成长动机等。社会性动机是由人的某些高级需要所产生的，所以，如果社会性动机长期得不到满足，虽然不会危及人的生命，但却有可能导致适应不良，出现某种心理障碍。如交往动机长期得不到满足，会使人倍觉孤独，并有可能进一步导致心理障碍。另外，在个体发展的过程中，高级需要出现得比较晚，因此，社会性动机也会比生理性动机出现得晚些。如成就动机要到个体成长到一定阶段才会出现。

（二）内在动机与外在动机

根据动机产生的源泉不同，可以将动机区分为内在动机与外在动机。

1．外在动机

外在动机是在外部刺激的作用下产生的，是为了获得某种奖励而产生的动机。如有些小学生为了得到老师和家长的喜欢或称赞而学习。如果没有奖励，他们的学习劲头就不足，即学习动机减弱甚至消失。在儿童动机发展的早期阶段，外在动机具有重要意义。儿童往往是先有外在动机，以后内在动机才逐渐发展起来。

2．内在动机

内在动机是由个体的内部需要所引起的动机。如学生认识到学习的意义，明确了学习对自己毕生发展的重要性，就会对学习产生浓厚的兴趣并积极主动地学习，这时他们的学习动机就转化成为内部动机了。一般来说，由内在动机支配下的行为更具有持久性。

内在动机与外在动机是可以相互转化的。适度的奖赏有利于巩固个体的内在动机，但过多的奖赏却有可能降低个体对事物本身的兴趣，降低其内在动机，这就是动机心理学中的德西效应。例如，一学生原本对学习充满兴趣，但其父母为督促他学习，不断地给予物质上的奖励，奖励多了，学生的学习目的可能就转向获取父母的奖赏，学习动机由内在动机变为外在动机。一旦这种外在奖励减少，其学习劲头就会减弱甚至消失。

（三）主导动机与从属动机

依据动机在行为中所起的作用不同，可将动机划分为主导动机和从属动机。

1．主导动机

人的行为十分复杂，这种复杂性的表现之一，便是某一行为可能是由多种动机所驱使的。推动行为的各种动机所起的作用各不相同，有的表现强烈而稳定，起主导作用。在行为的发生过程中，主导动机起的作用最大，支配着行为发生的方向和强度。

2．从属动机

在行为动机中，有的动机则处于辅助从属的地位，所起的作用偏弱，称为从属动机。

主导动机和从属动机在不同人身上或不同情况下会相互转化。在学习活动中会有多种动机并存，在众多动机中，有人把提升自己的能力作为学习的主导动机，而有人把获得赞赏、满足兴趣、成绩优异作为学习的主导动机。同一个人在不同的时期，其主导动机也会变化，如在竞赛前期，会把获得优异成绩作为主导动机，而提升自己可能转化为次要动机。

四、动机的功能

一般而言，动机具有以下几种功能：

（一）激活功能

动机会推动人们产生某种活动，使个体由静止状态转化为活动状态。在动机的驱使下个体会产生某种行为并维持一定的行为强度。例如，饥饿会促使个体作出觅食的活动。生理的需求产生的动机往往比较急迫，需要立即获得满足。

（二）指向功能

动机使个体进入活动状态之后，导引着个体的行为指向一定的方向。例如，在成就动机支配下的人会积极的学习，主动选择有挑战性的任务去做。动机不同，有机体行为的目标也不相同，这就是动机的方向性在起作用。例如，同样是努力学习，有些孩子是为了获得教师和家长的赞赏，并不十分在意是否真的掌握了知识。而有些孩子则是对所学的内容本身有浓厚的兴趣。由于动机的不同，导致了行为目标的差异性。

（三）调节与维持功能

动机会决定行为的强度，动机愈强烈，行为也随之愈强烈。动机也决定个体行为的久暂性，在没有达到目标之前，行为会一直存在。有时行为看似不存在了，但只要动机仍然存在，行为就不会完全避免，它只不过是以别的形式存在，如由外显行为改为内隐行为。

五、动机理论

心理学界比较有代表性的成形的动机理论有本能理论、驱力理论、匮乏与成长动机理论和认知理论等。

（一）本能理论

本能（instinct）是个体生而具有的、不学而能的先天性行为。如鸭子游水、老鼠打洞。本能是一种先天的生物力量，它预先确定有机体按照一定的方式活动。长久以来，动物行为之所以被归结于本能，是因为人们认为动物没有思想或者理智。

本能理论是最早被提出的动机理论。英国心理学家麦独孤是本能理论最积极的鼓吹者。他强调人们的一切思想和行动都是经由遗传得到的本能所引起的结果。这种本能是激发行为的根源，但通过学习和经验可以得到改造。麦独孤在其《社会心理学概论》(1908) 中提到以下本能：逃避、拒绝、好奇心、好斗、获取、自信、生殖、合群性、自卑、建设。他后来又扩展到18种本能，包括一些与身体特定需要有关的本能。他认为这些本能不仅为行为提供能量，而且提供行为的方向。因而他试图用这些本能的结合和变化来解释人类的一切行为。

精神分析理论也把行为归结于强大的先天力量。弗洛伊德认为两种基本能量决定了行为：一种是表现为性行为的生的本能，另一种是作为攻击行为基础的死的本能。生的本能是一种叫力比多的心理能量为动力的。生的本能是以保持个体和人类种族生存为目的的、生物性的和心理性的需要，比如饿、渴、性都是生的本能。死的本能是那些天生以破坏为目的的先天需要，最重要的是攻击。这些本能尽管是无意识的，却是动机强大的力量源泉。弗洛伊德认为我们每天的日常行为，都是简单地反映了藏在无意识中的动机。

现代心理学家承认本能是简单行为背后动因的一小部分，不足以用来解释人类复杂行为的原因。因此本能已不再是现代心理学动机研究的主题。

（二）驱力理论

驱力（drive）是一种来源于某种生物需要的唤醒状态。这些生物需要包括食物需要、水的需要、氧的需要或者避开痛苦的刺激。这种唤醒状态驱使有机体去追求各种需要的满足。通过做一些满足需要的事情，以减弱这种驱力。有时“需要”和“驱力”是可以互换的。但通常“需要”是指生理的剥夺状态，而驱力则是指由需要而产生的心理后果。需要和驱力是并存的，但并不是完全等值的。当需要强烈时，驱力不一定也强烈。一个饿得奄奄一息的有机体对食物的需要非常强烈，但是，它的身体却如此的虚弱，以至于获得食物的驱力反而减弱了。

虽然驱力和本能一样也是一个主观的概念。但是，它却比本能更能经得起实验研究的检验。美国心理学家赫尔（C. L. Hull，1884～1952）认为机体的需要产生驱力；驱力激起机体的行为。驱力是一种中间变量，其量值可以根据剥夺时间的长短和引起行为的强度和能量消耗等，从经验上加以确定，比如，一个长时间没有进食的动物会比一个刚刚进食的动物更迅速地跑向食物。但是他认为，剥夺的持续时间是一个相当不完善的指标，比如一只被禁食72小时的老鼠显然对食物的需求要大于被禁食12小时的老鼠，但其用以寻求食物的能量却会大大下降。因而研究者可以把驱力与剥夺时间的长短、学习的速度、完成习得动作的速度和效率，以及一般活动水平等变量结合起来进行实验研究。

驱力概念的基础是体内平衡原理，即身体维持恒定内部状态的倾向。当机体出现任何生理的不平衡状态时，就会产生某种需要，驱力被激活，推动个体行动去恢复平衡；当生理状态恢复平衡时，驱力将降低。心理学家扩展了体内平衡原理，认为任何生理的和心理不平衡都将激发旨在恢复平衡的行为。

（三）成长动机理论

美国人本主义心理学家马斯洛将人的动机分为匮乏动机和成长动机。匮乏动机是指个体试图恢复自己生理和心理平衡状态的动机，在需要得到满足之后便趋于消失。而成长动机则不然，成长动机是被高级需要所驱使的动机，是指个体试图超过他以往成就的动机。在这种动机的驱使下，人们愿意承受不确定性、紧张乃至痛苦，以使自身的潜能得以实现。

马斯洛的动机理论建立在需要层次理论上，他将需要分为不同的五种层次：生理的需要、安全的需要、尊重的需要、爱与归属的需要、求知的需要和自我实现需要。他认为所有的人都有一个从低级到高级的需要层次。马斯洛认为，这些需要都是天生的，从最基本的生理需要到最高级的社会需要，构成了一个需要等级，在不同的情境下激励和引导着个体的行为。在需要层次中，层次越低，力量越强大。当低级需要未得到满足时，这些需要便成为支配个体的主导性动机。然而，一旦较低层次的需要得到满足，较高一层的需要便会占据主导地位，支配个体的行为。一个终日饥寒交迫的人最渴求的一定是一间温暖的房子和一些可口的食物，而当他的温饱问题解决了之后，安全和归属的需要便会占据他生活的全部，他会寻求一种被爱的感觉，也可能会努力去寻求一个可以接纳他的团体，并努力成为其中的一员。但这种需求层次的等级也不是绝对的，有时人也会在低级需要尚未得到满足之前，去寻求高级需要（如自我实现）的满足。例如一个家境极为贫困的学生可能也会非常刻苦地学习。

（四）认知理论

认知理论强调对生活目标和生活意义的主动选择对个人行为的重要影响，认为认知活动决定了人所要达到的行为目标和实现过程，即思想是行为的发动者和决定者。比如你可以主动地决定这学期你将花多少时间用于学习，你将怎样勤奋练习成为一个优秀的小提琴手，你将如何严格遵守你的节食计划或者锻炼计划等等。

认知理论主要通过心理加工（认知、意识）来解释人们日常生活中某些复杂的行为动机。认知理论非常强调认知控制。一般来说，假如你能够意识到你的行为的动机和情绪，并且你试图改变你的思想，最终你就能控制你的行为。认知心理学家认为通过一定的指导让人意识到自己的思想模式，他们就会控制自己的智能，最终将能控制其生活中的外显行为，从而改变其不适应行为。在解释动机时，认知心理学家认为唤醒是在认知控制之下的，通过内在指导和自我控制技术，人能通过改变他们的思想和期望来改变行为和体验。人们常常疑惑为什么对有些人来说是令人愉快的、乐此不疲的活动，对他人而言则是不得不完成的工作？认知心理学有关内在动机与外在动机的研究或许可以回答这些问题。

1. 内在动机与外在动机

增强动机的最好办法是增强诱因，但若处理不好可能会适得其反。有研究表明，提供报酬给正在积极行动的个体，会导致其参与感的下降和降低对这项工作本身的兴趣（McGraw & Fiala，1982）。有人（Lepper&Greene）称这种现象为“报酬掩盖代价”（the hidden cost of reward）。有时人们做事并不是为了明显的有形的报酬，而是出于内在动机、自我激发，即这些事情本身引起人们兴趣、令人愉快，做这些事情本身就是一种奖励。比如，儿童游戏、成人猜谜、解难题、旅游、冒险等活动。人作出如此行为有两点理由：一是追求刺激；二是追求一种成就感、完善感和对环境的控制感。如果人们为了获取某种有形的报酬而去做某事，则是受了外界诱惑，是由于外在动机在起作用。比如，儿童喜欢玩过家家，猜谜，在画书上填色或到处涂鸦等，就是出于内在动机。比如，让原本喜欢涂鸦的孩子，每天画完多少张画，就会得到金钱或物质的奖励。你就会看到孩子如何渐渐地丧失了对绘画的兴趣，将绘画当成了苦差事或谋生的手段。

爱德华·德西（Edward Deci，1975）对此做了有趣的研究。他让两组大学生解四个难题。对第一组说他们每解决一道难题，就可以得到1元钱。而对第二组则只说让他们解题。这样，两组人做题行为就受到不同动机的激发，第一组是受到金钱的外来激发，第二组则是为了解题受到的内在激发。在实验期间，有一段时间让他们自由活动，可以干他们愿意干的事情，也可以解题（但不会有奖励）。结果发现，外在动机组去继续解题的人比内在动机组明显要少。说明当动机的外部来源不存在时，受外在动机激励的人就较少自觉的行为。另一个实验中，用表扬代替金钱做报酬，结果就没有产生上述现象。表扬一组被试题目做得好、做得快。在自由活动期间，他们表现出愿意解更多难题的高度内在动机。可见表扬所起作用迥然有别于金钱，因为表扬包含着对被试能力和自我决定的肯定，在完成后又使人感到自己能力出众而洋洋得意，难怪会有人乐此不疲。

2. 动机的自我效能理论

社会学习理论的创始人班杜拉，从社会学习的角度，在1982年提出自我效能理论，用以解释在特殊情境下动机产生的原因。所谓自我效能理论（self—efficacy theory）是指个人在目标追求中面临一项特殊工作时，对该特殊工作动机的强弱，将决定于个人对其自我效能的评估。自我效能与自信有关，但并不相同。自信是个人对自己所作所为有信心，是指个人处理一般事务时的一种积极态度。自我效能是根据自己以往的经验，对某一特定工作，经过多次成败的磨炼以后，确认自己对处理该项工作具有高度的效能。因此某人在面临一项具有挑战性的工作时（比如，体育比赛），影响其接受与否以及接受后能否全力以赴的动机有两个因素：一是了解工作的性质（比如比赛对手的强弱），二是根据经验衡量自己的实力。自我效能就是个人对其某方面工作能力的自我评估，自认为在网球方面有较高效能者，未必认为在足球方面有何效能。按照班杜拉的自我效能理论，个体行为后面的动机，就是个体在面临一种情境时的内在认知过程。对挑战性的情境，敢于冒险一试者，是那些自认为具有较高的自我效能的人。正确的自我效能建立在正确的自我评估之上，而正确的自我评估取决于以下四种因素：(1) 直接经验：在多次同类工作中的成败磨炼，获得知己知彼的直接经验；(2) 间接经验：经过观察学习与替代学习，获得推论而来的间接经验；(3) 书本知识：通过阅读某方面工作的专业书以及手册、说明书、图解等，获得精深的专门知识；(4) 体能训练：经过适当的体能训练，可对自己的身体状况能否适应艰巨工作获得清楚的了解。

班杜拉的动机自我效能论，比较适用于解释具有挑战性行为的动机。曾有学者对戒烟者研究发现：戒烟看似容易，但是能够坚持长期的戒烟行为却非常困难。戒烟成败的关键因素完全取决于当事人的自我效能。只有他自己认定确有戒烟的能力，他才能达到戒烟的目的（Tiffany，1986）。

第二节　情绪

一、情绪的概述

“人非草木，孰能无情?”这里的“情”，是就狭义的爱情而言的。其实，各种情绪，例如喜悦、愤怒、悲哀、恐惧、苦恼、烦闷、赞叹等等，人人都有过切身的体验。情绪不同于认知。感知、记忆、思维等认知活动是反映事物或事物的属性及其联系和关系。情绪不是反映活动，情绪是人对反映内容的一种特殊态度，它具有独特的主观体验、外部表现和生理变化。

情绪（emotion）是人受到情景刺激，经过是否符合自己需要的判断后，而产生的行为变化、生理变化和对事物或事件态度的主观体验。情绪是人对反映内容的一种特殊的态度，它具有独特的主观体验、外部表现并且总是伴有植物性神经系统的生理反应。

（一）情绪的层面

情绪的构成包括三种层面。众多的情绪研究者们大都从三个方面来考察和定义情绪：在认知层面上的主观体验，在生理层面上的生理唤醒，在表达层面上的外部行为。当情绪产生时，这三种层面共同活动，构成一个完整的情绪体验过程。

1. 主观体验

情绪的主观体验是人的一种自我觉察，即大脑的一种感受状态。人有许多主观感受，如喜怒哀乐爱惧恨等。人们对不同事物的态度会产生不同的感受。人对自己、对他人、对事物都会产生一定的态度，如对朋友遭遇的同情，对凶暴敌人的仇恨，事业成功的欢乐，考试失败的悲伤。这些主观体验只有个人内心才能真正感受到或意识到，如我知道“我很高兴”，我意识到“我很痛苦”，我感受到“我很内疚”等等。

2. 生理唤醒

人在情绪反应时，常常会伴随着一定的生理唤醒。如激动时血压升高；愤怒时浑身发抖；紧张时心跳加快；害羞时满脸通红。脉搏加快、肌肉紧张、血压升高及血流加快等生理指数，是一种内部的生理反应过程，常常是伴随不同情绪产生的。

3. 外部行为

在情绪产生时，人们还会出现一些外部反应过程，这一过程也是情绪的表达过程。如人悲伤时会痛哭流涕，激动时会手舞足蹈，高兴时会开怀大笑。情绪所伴随出现的这些相应的身体姿态和面部表情，就是情绪的外部行为。它经常成为人们判断和推测情绪的外部指标。但由于人类心理的复杂性，有时人们的外部行为会出现与主观体验不一致的现象。比如在一大群人面前演讲时，明明心里非常紧张，还要作出镇定自若的样子。主观体验、生理唤醒和外部行为作为情绪的三个组成部分，在评定情绪时缺一不可，只有三者同时活动，同时存在，才能构成一个完整的情绪体验过程。

除了情绪的概念外，在心理学中还经常使用情感（feeling）这一概念。情感就是情的感受方面，即情绪过程的主观体验（情绪体验）。通常情绪这一概念是指情的各个方面：它的主观体验、行为表现和生理机制等。因此，情绪这个概念可以既用于人类也用于动物，情感这个概念只用于人类，特别是在描述人的高级社会性情感时我们会使用情感这一概念。

在心理学中还有感情（affection）这一术语。感情，通常是用来表示情绪、情感这一类心理现象的笼统称谓。它既包含与生理需要相联系的低级情绪，也包含与社会需要相联系的高级情绪情感。这个概念在日常用语中常见。

（二）情绪的维度

情绪具有两极性，它可以划分为不同的维度。

1. 强度

情绪体验可以在强度上有不同等级的变化，由弱到强。比如喜，可以从适意、愉快到欢乐、大喜、狂喜。哀，可以从伤感到难过、悲伤、哀痛、惨痛。怒，可以从轻微的不满、生气、激愤到大怒、暴怒。惧，可以从害怕、惧怕、恐惧到惊骇。情绪的强度越大，整个自我情绪卷入的程度也越深。

2. 紧张度

在紧张度方面，情绪体验的变化是很大的。紧张的情绪体验通常是在活动的紧要关头、最有决定性意义的时刻。在考试、演讲、运动比赛之前，人们都可以体验到这种紧张情绪。关键时刻过去之后，则可以体验到轻松和紧张的解除。

3. 快感度

快感度是指情绪体验在快乐或不快乐的程度上差异。悲伤、羞耻、恐惧、悔恨等有明显不快乐的感受；而欢喜、骄傲、满意则有十分明显的快乐感受。还有一些情绪在快感度上应摆在什么位置，显得十分模糊，如怜悯、惊奇，既不是明显的快乐，也不是明显的不快乐。

4. 复杂度

各种情感的复杂程度很不一样。同时，情感的成分十分复杂，我们甚至很难用言语来描述它到底是一种什么样的体验。有时我们的情绪是单纯的。一般认为人类有四种基本的原始情绪，即喜悦、愤怒、悲哀和恐惧，此外还有珍爱、惊奇、厌恶、羞耻、骄傲、压抑、嫉妒等等。细分的话，人类有数百种情绪。

（三）情绪状态

情绪状态是在产生情绪时不同程度的体验。根据情绪发生的强度、速度、紧张度和持续性的不同可将情绪状态分为心境、激情和应激。

1. 心境

心境是一种比较微弱而持久存在的具有渲染性的情绪状态。它具有弥漫性的特点，往往影响着人的整个精神状态，并且在一段时间内，使周围的事物染上同样的情绪色彩。俗语说“人逢喜事精神爽”。人遇到喜事以后，愉快的心情会持续很长一段时间，在他看来仿佛周围的一切事物都染上了快乐的色彩。而心境抑郁时正好相反，所看到的一切都带有忧伤的色彩。一般来说，心境持续的时间较长，从几个小时到几周、几个月或者更长时间，主要是取决于心境的各种刺激的特点与每个人的个性差异。

心境不同于其他情绪状态的显著特点是：它不具有特定的对象性，即不针对任何特定事物，使人的一切体验和活动都染上这一色彩。心境产生看似没有明显的原因，其实细究起来总是事出有因，有时是激烈情绪之后的余波，有时则是生活中大大小小的事件的积累，有些则是个人的个性所致，甚至气候、环境、色彩等等也能影响人的心境。积极的心境使人精神振奋、乐观向上；消极的心境则使人萎靡不振、悲观颓废。

2. 激情

激情是一种剧烈的、短暂的、爆发式的情绪状态，如狂喜、绝望、暴怒等。如果说情绪是心理的波浪，那么激情就是暴风骤雨。在激情爆发时，常常会伴有明显的外部表现，如咬牙切齿、面红耳赤、顿足捶胸、拍案叫骂等。有时候甚至会出现痉挛性的动作或者言语混乱。激情的发生主要是由生活中具有重要意义的事件引起的。此外，过度的抑制和兴奋，或者相互对立的意向或愿望的冲突也容易引起激情的状态。激情有积极与消极之分，积极的激情合成为激发人正确行动的巨大动力；而消极的激情常常对机体活动具有抑制的作用，或者引起过分的冲动，作出不适当的行为。

3. 应激

应激是指在出乎意料的情况下所引起的情绪状态。例如，人们遇到突然发生的火灾、水灾、地震等自然灾害时，刹那间人的身心都会处于高度紧张状态之中。此时的情绪体验，就是应激状态。

在应激状态中，要求人们迅速地判断情况，瞬间作出选择，同时还会引起机体一系列的明显的生理变化。比如心跳、血压、呼吸、腺体活动以及紧张度等都会发生变化。适当的应激状态，使人处于警觉状态之中，并通过神经内分泌系统的调节，使内脏器官、肌肉、骨骼系统的生理、生化过程加强，并促使机体能量的释放，提高活动效能。而过度地或者长期地处于应激状态之中，会过多地消耗掉身体的能量，以致引发疾病和导致死亡。

人在应激状态时，一般会出现两种不同的表现：一种是情急生智，沉着镇定；另一种是手足无措，呆若木鸡。有些人甚至会发生临时性的休克等症状。在应激状态下人们会出现何种行为反应是与每个人的个性特征、知识经验以及意志品质等密切相关的。

（四）情绪的生理机制

1. 情绪的生理反应

当处于情绪状态时，体内由植物性神经系统支配的内脏器官和内分泌活动会发生变化。例如，愤怒时血压上升；恐惧时，呼吸和脉搏加快，胃的活动会暂停活动，消化液也停止分泌，甚至发冷汗，汗腺分泌发生变化等。大多数伴随情绪而发生的生理变化，是由植物性神经系统支配的。植物性神经系统分交感神经系统和副交感神经系统。这两个系统共同支配着同一个器官，但起着拮抗的作用。

许淑莲等（1979）研究过入针麻手术室时的情绪状态和某些心理、生理机能的联系，发现情绪状态和脉搏容积波、呼吸波、皮肤电位三指标综合波动情况有很显著相关，即紧张者波动较大；情绪状态较紧张者入手术室血浆皮质激素增加较多，进针前情绪紧张者在针刺诱导时血中儿茶酚胺升高，而镇静者则多数针后降低；儿茶酚胺针后增高与否又与针麻效果有关，增高者效果大多较差。

运用专门的多道生理记录仪可以记录伴随情绪的多种生理变化。多道记录仪实质上是一种“情绪检验器”，测量与情绪状态相联系的某些生理指标。现实中人们经常将这类仪器称为“测谎仪”。它用于测谎是因为人在说谎时往往感到内疚和焦虑，从而导致心率、血压、呼吸和皮电反应等的变化。这样，就可以用多道记录仪进行情绪检测。该项工作在司法、军事等应用领域有着广泛的发展前景。

2. 情绪的脑机制

情绪是脑的机能。现代情绪生理学的研究表明，脑的许多部位在情绪诸成分中起着不同的作用。

（1）下丘脑与情绪。业已发现，许多种动机和情绪行为的中枢在下丘脑。一般认为个体的“摄食中枢”、“厌食中枢”和“饮水中枢”，都在下丘脑，这些中枢的兴奋都与情绪反应有关。此外，有人（Hess & Brugger，1943）用尖端埋藏在下丘脑内的电极对未麻醉的动物进行逐点刺激发现，动物有两类行为反应：其一斗争像发怒的模式（怒吼和发嘶嘶声、耳朵后倒、竖毛及其他交感神经的反应）；其二逃避像恐惧的模式（扩瞳、眼射来射去、头左右转动、最后逃走）。当刺激去大脑动物的下丘脑时，动物也出现愤怒和恐惧行为。因此，下丘脑被认为有支配愤怒和恐惧的中枢。

（2）边缘系统和情绪。边缘系统包括边缘皮质（眶额区、扣带回、海马回和梨状区）以及与它们有联系的主要结构，如视前区、中隔、杏仁核和附近区域。刺激边缘系统不同部位所引起的情绪反应是很复杂的。可以表现为愉快反应，也可以表现为愤怒反应；可以表现为血压升高或降低，呼吸加快或变慢，胃肠运动加强或减弱，瞳孔扩大或缩小等。用埋藏电极刺激边缘系统的某些部位（如中隔区和下丘脑）可产生"奖赏感觉"，动物有强烈的"自我刺激"行为；而刺激其他邻近部位时可产生"惩罚感觉"，动物有躲避行为。因此，边缘系统和下丘脑的这些部位被称为"快乐中枢"和"痛苦中枢"（Olds，1954）。边缘系统中的杏仁核在调节情绪行为中起着重要的作用。巴德和芒卡斯尔（Bard & Mountcastle，1948）发现，高位去皮质而保留下丘脑动物的怒反应，实际上是由于失去杏仁核的调节作用之故。他们发现，切除新皮质而保留杏仁核的猫不引起怒反应，保持安静状态，如果去皮质猫切除杏仁核，则安静状态消失了。由此推论杏仁核似乎起着漏斗的作用，通过它面对负责愤怒反应的下丘脑施加抑制影响。

（3）大脑皮质和情绪。去大脑动物的情绪反应是盲目的，无目标的。正常动物的情绪反应必须有大脑皮质参与。研究表明，边缘系统也是处于大脑皮质的神经回路控制之下的。因此，情绪的脑机制可以概括如下：对情绪刺激的认知在大脑皮质的相应区域产生，然后将冲动传给下丘脑和边缘系统，导致植物性神经系统的生理反应并产生某种特殊类型的情绪行为；同时，对自己情绪状态的认知（感受）也就在大脑皮质中产生了。大脑皮质在情绪情感中起着重要作用。有研究（Ross & Mesulam，1979）发现，左半球言语中枢相对称的右半球相应区域受损伤的病人能够理智地说话，却缺乏言语的情绪色彩，说话时就像受计算机支配似的。这似乎说明言语的内容和结构是由左半球加工，而言语的情绪色彩是由右半球控制的。另有一项个案研究（Ross，1981）发现，右脑皮质前部受损伤的病人不能用面部姿势和语声变化来表达情绪，但能理解他人的表情。相反，右脑皮质后部受损伤的病人能表达情绪却不能识别他人的表情。这两部分都受损伤的病人则既不能表达也不能识别情绪。说明情绪识别和情绪表达在大脑皮质上可能有相应的机能定位。

总之，情绪的生理机制是十分复杂的，它是大脑皮质和皮质下部位协同活动的结果。皮质下部位在情绪行为中起着重要作用，而情绪认知、情绪体验、情绪控制，则是大脑皮质的功能。大脑皮质在人的情感中起着主导作用。

二、情绪的表达与识别

（一）情绪表现

情绪表现也称表情动作、表情，是指情绪在有机体身上的外显行为。

表情是情绪表达的一种方式，也是人们交往的一种手段。人们除了言语交往之外，还有非言语交往，如表情。在人类交往过程中，言语与表情经常是相互配合的。同是一句话，配以不同的表情，会使人产生完全不同的理解。言外之意、弦外之音就更多地依赖于表情的作用。而且，表情比言语更能显示情绪的真实性。有时人们能够运用言语来掩饰和否定其情绪体验，但是表情则往往掩饰不住内心的体验。情绪作为一种内心体验，一旦产生，通常会伴随相应的非言语行为，如面部表情和身体姿势等。一些心理学家在研究人类交往活动中的信息表达时发现，表情起到了重要的作用。

表情包括情绪在面部、身体姿势和言语上的表现，分别称为：面部表情、身段表情和言语表情。表情，特别是面部表情，是人际交往的一种重要工具。情绪表现是情绪研究的一个重要方面。

1. 面部表情

面部表情是由面部肌肉和腺体变化来表现情绪的，是由眉、眼、鼻、嘴的不同组合构成的。如眉开眼笑、怒目而视、愁眉苦脸、面红耳赤、泪流满面等。面部表情，是最直接、最丰富和最有效的表达一个人情绪的手段。达尔文在《人和动物的表情》一书中，指出人类情绪表达是从其他动物的类似表达进化而来的。我们表达情绪的许多原始方式是具有某种生存价值的遗传模式。人类的表情最初具有重要的适应意义。如：生气时紧皱眉头，是为了减少阳光进入眼睛，看清对面的敌人好与之搏斗。达尔文在比较了世界上不同种族、不同文化人们的表情以后来论证自己的观点。有些相互间隔离的不同文化虽然发展了不同的语言，但是他们在表达相同情绪时的表情是相同的，这说明某些表情是遗传的，即在表达快乐、愤怒、厌恶、恐惧等基本情绪的面部表情方面，各民族差异不大。例如，笑都是颧肌收缩提起两个嘴角、双眉展开，其含义勿需注释。

心理学家们经过研究发现，有七种表情是世界上各民族的人都能认出的，它们是快乐、惊讶、生气、厌恶、害怕、悲伤和轻视。研究者发现，不同文化背景的人们都能精确辨认这七种基本表情，5 岁的孩子在辨认表情的精确度上便等同于成人了。面部表情识别的研究还发现，最容易辨认的表情是快乐、痛苦，较难辨认的是恐惧、悲哀，最难辨认的是怀疑、怜悯。一般来说，情绪成分越复杂，表情越难辨认。

基本情绪的表现具有先天遗传性，但是，它们的具体表露却受到后天学习的影响，受到社会文化的制约，特别是复杂表情的表露更是如此。比如，先天性盲人的面部表情就比较呆板。随着人的成长，社会文化作用对情绪表现的影响日益明显。

人们意识到自己的情绪表现能被别人识别，而情绪表现又具有一定的社会价值。因此，人就学会了在什么情况下表示何种表情。有时人们会力图掩饰自己的真正情绪，有时甚至故意表现出和内心情绪不一致的表情，有时则力图夸大或修饰自己的表情。这些现象称为情绪的“表露规则”。尽管伴随特定情绪的面部肌肉表情运动模式是由生理决定的，但是，这种运动显然受“表露规则”的控制，受社会文化的制约。比如非常小的婴儿的面部表情是没有性别差异的。但是随着年龄的增长这种差异开始逐渐出现。有研究表明，女孩儿的表情比男孩儿的表情更丰富、更容易被辨认，这可能是性别角色化所致。情绪的表现也明显地受到不同社会文化的影响。比如与西方人相比，东方人更少在别人面前表露不良情绪，往往以礼貌的微笑掩饰真实的情绪。这是因为东方文化不鼓励在公众场合下公开表露自己的情绪所致。

2. 身段表情

身段表情是由人的身体姿态、动作变化来表达情绪。如：欢乐时手舞足蹈；悔恨时捶胸顿足；沮丧时垂头丧气等。身段表情有时不像面部表情那样容易识别，掩饰情绪方面也不如面部表情。观察身体姿势比观察面部表情更能够判断出他人真实的情绪。所以，经验丰富的社交者往往会从对方细微的身体动作来判断出其真实情绪。这在各种谈判和交际场合非常必要。研究表明，面部是情绪信息的最好传达者，腿和脚是最坏的传达者，手和手臂介于两者之间。而在掩饰真实情绪方面，顺序正好相反。这可能是因为人们在日常生活中更多地注意和学习面部表情的控制，而对腿和脚的运动控制很少注意的缘故。

身段表情不具有跨文化性，并受不同文化的影响。研究表明，手势表情是通过学习获得的。在不同的文化中，同一手势所代表的含义可能截然不同。如竖起大拇指在许多文化中是表示夸奖的意思，但在希腊却有侮辱他人的意思。手势表情具有丰富的内涵，但隐蔽性也最小。弗洛伊德曾描述过手势表情：凡人皆无法隐瞒私情，尽管他的嘴可以保持缄默，但他的手指却会多嘴多舌。

3. 言语表情

情绪发生时在说话的语音、语调、节奏、速度等方面的表现。如：语速缓慢、言语间断等；愤怒时声音高尖、颤抖，有时沙哑等。同样的一句话，用不同的语调去说，可以表达完全不同于字面的意思。

总之，面部表情、身段姿态和语调变化成为情绪的有效表达方式，它们经常相互配合，更加准确或复杂地表达不同的情绪。

（二）情绪识别

当我们与别人相互交往时，我们总是不断表达自己的情绪，同时也在观察并解释对方作出的表情。在人际交往中情绪的表达与识别是人们传递信息的重要手段。情绪识别并不是针对表情本身的，而是针对着它背后的意义。比如别人或皱眉（面部表情)，或捶胸顿足（身段表情)，或说话尖锐、短促、声音嘶哑（言语表情)，我们见到这种种表情后就会尝试着去解释潜藏在它背后的情绪是什么。

情绪识别是一种复杂的认知过程，包含观察、分析、判断、推理等复杂的心理过程。情绪识别的准确度也受多种因素的影响，一般来说，快乐和愤怒最容易识别，而恐惧、哀痛、厌恶的识别较困难。

面部表情识别如果能和身段表情结合起来，非常有利于准确地判断情绪状态。识别身段表情，其中双手的表情很重要。在日常生活中即使我们看不清一个人的面孔，但只要能看清他的身体动作也能够了解其情绪状态。流行于欧洲国家的哑剧，演员的面部或涂上白粉或戴上面具，不可能更多地运用面部表情，但人们根据其姿势动作仍然能够理解演员所表达的情绪。所有舞蹈的语言，严格来说就是身段表情动作。我们欣赏舞蹈，实际上就是根据演员的身段表情来理解剧中人物的喜怒。

成年人的情绪表现是可以随意调节的，可以加强它也可以抑制它，情绪可以在没有表情的情况下产生，表情也可以在没有情绪体验的情况下出现。比如对并不喜欢的事物，你可以满脸堆笑；对真正让你生气的事情，又可以装作心平气和。

在人际交往中情绪不但可以被识别而且是可以相通的，人们彼此间情感的相通，即情感上的相互作用和相互影响，称为感情移入或移情。当我们知觉到别人有某种情感体验时，可以分享他的情感。这是对别人情感产生情绪性反应。在欣赏文艺作品时，常常可以发生移情现象。

三、情绪理论

古代文人墨客、圣贤哲人都曾经关注过“情绪”及其作用，以后为神经生理学家、心理学家所重视。我国古代思想家曾有过许多论述。例如，“性之好、恶、喜、怒、哀、乐谓之情”；“性者，天之就也；情者，性之质也”（荀子)，把情看作是性的表现形式。“情，波也；心，流也；性，水也”（关尹子)；“性之有动者谓之情。性之有喜怒犹水之有波浪”（程颐)；“性是未动，情是已动，心包含已动未动”（朱熹)，都把情绪情感看作性或心的波动状态。

在心理学上，几乎所有心理学派别都很重视情绪的研究，并以自己的理论观点来解释情绪。构造心理学把感觉和情感作为心的基本元素，机能主义把情绪定义为“机体再调整”，行为主义把情绪看作“遗传的模式反应”，而精神分析学派则把注意力集中在本能和焦虑问题上。由于情绪问题的复杂性以及研究者的观点和方法上的不同，现代心理学家对情绪的解释是多种多样的。在此，我们介绍几个较有影响的理论和当前的某些研究动态。

（一）詹姆士—兰格的机体知觉即是情绪的理论

美国心理学家詹姆士（James，1884）和丹麦生理学家兰格（Lange，1885）认为情绪就是对机体变化的知觉。詹姆士说：“常识告诉我们，我们失去财产，觉得难过并哭泣；我们碰上一只熊，觉得害怕而逃跑；我们受到一个敌手的污辱，觉得发怒而打起来。这里我们要为之辩护的假设是：这样的序列是不正确的，这一心理状态不是直接由另一状态引起的，在两者之间生理表现必须首先介入。更合理的说法是：我们觉得难过是因为我们哭泣；发怒是因为我们打人；害怕是因为我们发抖。而并不是因为我们难过、发怒或害怕，所以才哭、打人或发抖。没有随着知觉的生理状态，则知觉便纯粹是认知性的，是苍白无彩色的，缺少情绪温度的。于是，我们或许会看到熊而决定最好是逃跑，受了侮辱而认为去打击对手是对的，但我们却并不真正觉得害怕或发怒？”（James，1890，pp375～376）。兰格认为，“血管运动的混乱，血管宽度的改变，以及与此同时各个器官中血液量的改变，乃是激情的真正的最初的原因。”他认为，随意神经支配加强和血管扩张的结果，就产生愉快；而随意神经支配减弱，血管收缩和气管肌肉痉挛的结果，就产生恐惧。兰格说：“假如把恐惧的人的身体的症状除掉，让他的脉搏平稳，眼光坚定，脸色正常，动作迅速而稳定，语气强有力，思想清晰，那么，他的恐惧还剩下什么呢？”在兰格看来，情绪就是对机体状态变化的意识。

（二）坎农—博德的丘脑情绪理论

对詹姆士—兰格理论的主要批评来自坎农。他的主要批评是：（1）“内脏是相对不敏感的器官”，其反馈很差，仅依靠内部器官的反馈我们不可能区分所体验到的多种情绪；（2）“在非常不同的情绪状态下会出现相同的内脏变化”；（3）“人为地引起某种强烈情绪的典型内脏变化，并不产生相应的情绪”；（4）“内脏变化太慢，因此不能成为情绪体验的来源”，因为情绪变化毕竟是爆发性的；（5）“使内脏完全脱离中枢神经系统并不改变情绪行为。”

在批评詹姆士理论的同时，坎农和博德（Bard，1927）提出了一个新的情绪理论。他们认为，植物性神经系统的生理反应无助于情绪的发生，认为情绪的产生是大脑皮质解除丘脑抑制的功能，即激发情绪的刺激由丘脑进行加工，同时把信息输送到大脑及机体的其他部分。输送到大脑皮质的信息产生情绪体验；输送到内脏和骨骼肌的信息激活生理反应。身体变化和情绪体验是同时发生的，而情绪感觉是由大脑皮质和植物性神经系统共同激起的结果。

坎农—博德的情绪理论强调大脑皮质解除丘脑抑制的机制，其意义在于把詹姆士—兰格对情绪的外周性研究推向对情绪中枢机制的研究。后来奥尔兹也确实发现下丘脑有所谓“快乐中枢”和“痛苦中枢”。但坎农—博德的情绪理论也是不完善的。如前所述，虽然外周性生理反应不是情绪的唯一来源，但内脏反应和行为反应确实在一定程度上决定着我们的情绪体验。坎农—博德完全否定外周生理反应在情绪产生中的作用，是不正确的。此外，坎农过分强调丘脑在情绪中的作用，而忽视大脑皮质对情绪的作用，也是不正确的。

（三）沙赫特的激活归因情绪理论

沙赫特对詹姆士—兰格的理论和坎农—博德的理论采取折中的观点。他既同意詹姆士的观点（情绪体验来自对身体反应的反馈信息），也同意坎农的观点（这种反馈的差异不大，不足以产生细微的不同情绪）。他认为，情绪既来自生理反应的反馈，也来自对导致这些反应情境的认知评价。因此，认知解释起两次作用：第一次是当人知觉到导致内脏反应的情境时，第二次是当人接受到这些反应的反馈时把它标记为一种特定的情绪。沙赫特认为，脑可能以几种方式解释同一生理反馈模式，给以不同的标记。生理唤醒本来是一种未分化的模式，正是认知过程才将它标记为一种特定的情绪。标记过程取决于归因，即对事件原因的鉴别。人们对同一生理唤醒可以作出不同的归因，产生不同的情绪，这取决于可能得到的有关情境的信息。

不少实验支持沙赫特的观点，生理反应和对这种反应的标记都在情绪中起作用。下面是有关实验对沙赫特的三个理论假设的检验：其一，沙赫特理论推想，如果降低或消除生理反应，那么情绪体验也随之降低或消失。如前所述，关于脊髓损伤部位与情绪体验关系的研究（Hohman，1966），是支持该假设的；其二，沙赫特理论推想，如果把情绪唤醒归因于非情绪的原因，那么情绪体验就应该降低。这一假设也得到实验的支持。在一系列研究（Schachter & Singer，1962）中，向被试注射食盐水，但告诉他们这种注射会导致心率和血压升高，产生颤抖等反应。然后让被试处于一种情绪情境（如愤怒）中。结果表明，接受注射的被试比未注射的被试所报告的情绪体验更不强烈。这可解释为这一欺骗导致被试把生理唤醒归因于注射，而不是自身的情绪；其三，沙赫特理论推想，如果人为地导致唤醒（如用药物）并且有一种情境能够合理地解释这种唤醒的原因，那么人就会体验到情绪。根据同样的逻辑，人为导致的生理反应如果可以解释为某种激发情境所致，那么人对这种情境的情绪反应就会加剧。沙赫特和辛格自己的研究便证实了这一假说。但是也有实验重复沙赫特和辛格的研究而没有复制出他们的结果的（Rogers & Deckner，1975；Marshall，1976）。

（四）阿诺德—拉扎鲁斯的认知评价情绪理论

阿诺德（Arnold，1950）强调认知评价在情绪中的作用，认为我们总是直接地、自动地并且几乎是不由自主地评价着遇到的任何事物；情绪就是一种朝向评价为好（喜欢）的东西或离开评价为坏（不喜欢）的东西的感受倾向。她认为，评价补充着知觉并产生去做某种事情的倾向，任何评价都带有感情体验的成分。其中，记忆是评价的基础。任何新的事物都是按照过去的体验来进行评价的，想象是评价的重要环节。在开始行动之前，当前的情境和有关的感情记忆使我们推测未来。整个评价的复杂过程几乎是在瞬间发生的。

拉扎鲁斯（Lazarus，1968）进一步把阿诺德的评价扩展为评价、再评价过程：这一过程包括筛选信息、评价以及应付冲动、交替活动、身体反应的反馈、对活动后果的知觉等成分。他建议对个人所处情境的评价也包括对可能采取什么行动的评价。只要事物被评价为与个人生活的重要方面有联系，他就会有情绪体验。每一种情绪均包括生理的、行为的和认知的三种成分。它们在每种特定的情绪中各自起着不同的作用，而又相互作用、互为因果。这三种成分的不同组合便构成各种具体情绪模式的特定标志。拉扎鲁斯还强调，个性心理结构（如信仰、态度、人格特征等）是认知因素的一个决定性条件。他认为，文化对情绪的影响有四种方式：通过对情绪刺激的理解；文化直接影响表情；通过确定的社会关系和判断；通过高度礼仪化的行为，如在丧礼上的悲哀。强调了文化因素对情绪的作用是复杂的。

阿诺德—拉扎鲁斯的认知评价情绪理论，既承认情绪的生物因素、具有进化适应的价值，也承认情绪受社会文化情境的制约、受个体经验和人格特征的制约，而这一切又随时发生在对任何事物的认知评价中。这种理论把现象学的研究、认知理论和情绪生理学的研究结合起来考虑。应当说，这是较为合理的，有助于推进情绪和认知关系的研究。

由于情绪这种心理现象的复杂性，心理学家对它的理论解释是多种多样的。早期的心理学家从自己学派的观点出发来解释情绪，把它纳入自己的理论体系之中，如本节开头介绍中所提到的。后来，心理学家从不同的角度对情绪进行研究，于是就出现了从情绪的各个侧面如情绪行为、情绪生理、情绪认知以及情绪表现和情绪识别等方面提出了种种理论解释。当代情绪理论研究的总趋势是，心理学家力图将各种研究成果加以综合，形成一个完整的情绪概念，并将情绪看成是个人心理结构的重要组成部分。例如，伊泽德（Izard，1977）认为，情绪这一概念必须包括情绪体验、脑和神经系统的活动以及面部表情三个方面；他把个性区分为六个子系统；情绪是个性结构中的一个重要子系统，并认为情绪对个性整合提供动机作用。这一研究方向，应引起我们的注意。此外，情绪与认知关系的文献，近几年来与日俱增。例如布克（Buek，1985）研究了认知和情绪的相互作用，提出了“启动模型”；鲍尔及其同事研究了心境与认知系统相互作用的各个方面，提出了“情绪网络模型”等等。这些动向也是值得注意的。

第三节　情绪与青少年心理健康

一、青少年的情绪特征

青少年正处在人生成长过程中波动性最大的阶段。他们虽然在生理上趋向成熟，但心理发展还比较幼稚，因而容易受到社会上各种各样思潮的影响，而产生种种矛盾心理和冲突，使得青少年的情绪情感生活具有自己的特点。具体表现在以下几个方面：

（一）丰富性与波动性

情绪的丰富性是指随着自我意识的不断发展，其情绪活动呈现出异样的丰富多彩和不断增强的趋势，如自尊、自卑、自负等。情绪的波动性是指与成年人相比，青少年和大学生在学习、生活、交往中的一些小事件，较易引起情绪的波动。青年人对刺激情境变化的敏感性是情绪不稳定的主要原因。

（二）强烈性与冲动性

强烈性与冲动性是青少年情绪活动的又一特点。主要表现在对某一种情绪体验特别强烈，富于激情。他们的情绪来的快平息的也快，带有明显的两极性。

（三）延续性和心境化

不少青少年情绪一旦被激发出来，即使刺激已经消失，还可能转化为“心境”，变成一种持久的情绪状态。许多不良情绪，如抑郁、焦虑、自卑等都具有这种心境化的特点。

（四）情绪的想像性

青少年的情绪常常会有一种非理性的表现，他们常会陷入某种主观想像的夸大的忧虑之中而难以自拔。

（五）可控性

总体来说，通过学习和训练，可以不断提高反省自身弱点和控制自己情绪变化的能力。有理智的青少年在面对不良的情绪波动时，应能够主动地寻找引起情绪变化的原因，并积极地调节自己的情绪状态，避免情绪波动造成的不良影响。

二、青少年不良情绪的表现

青少年的不良情绪情感或情绪障碍主要有以下几种表现：

（一）自卑

自卑是个体由于某种原因（生理的或心理的缺陷，或其他原因）而产生的对自我认识的一种消极的情绪体验，表现为对自己能力或品质评价过低，怀疑自己，看不起自己，担心自己失去他人尊重的心理状态。

青少年自卑主要表现在如下几个方面：第一对自己评价过低。这是自卑的实质。例如，某个学生认为自己的外貌、身高以及学习、交往能力明显不如他人，而缺乏自信心。一个人自我评价过低是自卑，自我评价过高是自负，只有积极合理的（科学真实的）自我评价才是自信、自尊。而自尊自信是一个人最重要的心理品质，是人生能否有所作为的根本条件。第二有泛化性的特点。泛化性的特点是指青少年由于某种原因造成的自卑情绪容易泛化到其他方面去。例如一位男同学，他认为标准男子的身材应是上半部宽，下半部窄，腿长，这才体现男子的体形美。而自己长的肩较窄，臀部较大，腿又短些，由于自己的身材不好引起自卑，并认为同学看不起他，使他感到自己的言谈举止及社交能力均不如别人，这就是不合理的泛化。第三具有敏感性与掩饰性。青少年往往对自己的不足和别人的评价过于敏感，他们喜欢从他人的言行中“寻找、发现”对己不利的评价；由于担心被人知道，对自己的缺陷和过失常常加以掩饰或否认，表现出较强的虚荣心。

自卑情绪的产生有外在的和内在的两种原因。从内在的心理过程看，自卑是人的自我意识发展不健康和自我评价不合理的结果。随着自我意识的发展，青少年日益关注自己的外貌、能力、自我价值、个性品质等各个方面，以及别人对自己的评价。自我意识的发展也促使青少年的自我概念中出现了理想的自我与现实的自我。由于理想与现实的差异较大，这两个自我的符合程度往往较低。也就是说，许多学生对现实自我的评价往往不能满足理想自我的标准，因此产生消极的自我评价和自卑的情绪体验。要克服自卑感，首先要正确分析产生自卑的原因和内在的心理过程，然后通过建立合理的积极的自我评价来消除自卑情结。心理学研究表明，成功者与失意者之间的主要差异并不在智力上，而在自我评价上。

（二）焦虑

焦虑是一种复杂的综合性的负性情绪，是人们在生活中预感到一些可怕的、可能造成危险的或者需要付出努力和代价的事物将要来临，而又感到自己对此无法采取有效措施加以预防和解决，因此在心理产生紧张期待的心情，表现出忧虑和不安，担心和恐慌。简言之，当人对一件事情情况不明，感到没有把握，无能为力，而产生担心紧张的情绪就是焦虑。

引起青少年焦虑情绪的原因主要有以下几个方面。第一因为生活不适应而产生焦虑。包括对生活环境、生活方式、生活习惯的不适应，这在大学新生中是比较常见的情况。第二因为学习不适应而产生焦虑。如不适应学习特点、学习方式和方法，不会有效地利用图书馆、阅览室、实验室等，使一些同学对学习和前途感到忧虑不安，陷入焦虑状态之中。第三考试焦虑。这在学生中是比较常见的焦虑表现。是由于担心考试失败或渴望得到更高的考分而产生的一种忧虑、紧张的心理状态。第四因为过分关注身体健康状况而产生焦虑。高强度的脑力劳动有可能使人产生疲倦、注意力不集中、健忘、失眠等症状。对于那些过分关注自己健康状况的青少年，此时便可能产生焦虑情绪。怎样克服呢？主要是合理用脑，所谓“文武之道，一张一弛”，就是要合理安排时间，注意劳逸结合，增加体育锻炼，不要过分关注自己的身体状况。因为过分关注自我容易产生不良的自我暗示作用，使身体的不适感加重，从而加重焦虑情绪。

（三）抑郁

抑郁情绪就是感到压抑和忧愁的情绪，是一种感到自己无力应付外界压力而产生的消极情绪，常常伴有厌恶、痛苦、羞愧和自卑等情绪体验，是青少年中常见的不良情绪。抑郁情绪人人都曾体验过，对大多数人来说它的出现是短时的，时过境迁很快消失。但也有少数人可能长期处于抑郁状态而导致抑郁症。

抑郁情绪的主要表现是：情绪低落、思维迟缓、自卑自责；郁郁寡欢、闷闷不乐，干什么都没精神；不愿社交，回避熟人，对生活没信心、没兴趣，并伴有食欲减退、失眠等情况。长期抑郁会严重伤害人的身心健康，使人无法有效地学习、工作和生活。

抑郁情绪产生的原因，主要是遇到了这样或那样不顺心、不顺利的负性生活事件而引起的，比如学习成绩落后、失恋、人际关系紧张等。但关键是一些大学生对这些负性事件不能正确认识，以及对自我价值的不合理评价而造成的。所以要克服抑郁情绪，必须正确认识生活中的负性事件，合理地积极地评价自我，学会自我疏导、自我排遣消极情绪，始终保持自信和自尊。

（四）恐惧

这里所说的恐惧是指病态的恐惧，即对常人一般不害怕的事物或情景感到恐惧，或者恐惧体验过于强烈，持续时间太久，远远超出常人的反应范围。常见的青少年恐惧症主要是“社交恐惧”，也就是青少年在人际交往时，害怕见生人，特别是人多的场合或有异性在场的情况下，产生紧张、焦虑、出汗，以致手足无措、语无伦次的情绪反应，从而形成令人尴尬的场面。患有社交恐惧症的青少年往往表现出明显的焦虑和回避行为。这些学生可以通过系统脱敏等方法来克服和消除自身的各种恐惧反应。

（五）发怒

青少年正处在热情高涨、激情澎湃的时期，有时候情绪情感激发起来难以控制。容易发火是年轻人中常见的一种不良激情。有的同学因为一句不顺耳的话，一件不顺心的事，就激动的暴跳如雷，或出口伤人，或挥拳相向。盛怒之后却后悔不已。正如古希腊学者毕达哥拉斯所言：“愤怒以愚蠢开始，以后悔告终。”

发怒是当客观事物与人的主观愿望相悖时产生的强烈情绪反应。发怒对人的身心健康有明显的伤害作用。当人发怒时，心跳加速、心律紊乱，严重的可导致心跳骤停，甚至猝死；由于发怒而导致心悸、失眠、高血压、胃溃疡以至心脏病的不在少数。此外发怒会降低人的理智水平、阻塞人的正常思维、导致损物伤人，甚至违法犯罪。

古希腊哲学家亚里士多德说过：“任何人都可能发火，这不难。但要做到为正当的目的、以适宜的方式、对适当的对象、适时适度地发火，这可不易。”这些话很值得我们品味。

三、情绪对青少年身心健康的影响

情绪对青少年身心健康的影响是多方面的。首先是对生理健康的影响。良好的心情可以直接作用于人的脑垂体，保持身体内分泌功能的平衡，从而使全身各系统、各器官的功能更加健康和协调。所以，巴甫洛夫曾讲：忧愁、顾虑和悲观可以使人得病；而积极、愉快、坚强的意志和乐观的情绪可以战胜疾病，更可以使人健康长寿。马克思也说过："一种美好的心情，比十服良药更能解除生理上的疲惫和痛苦。"其次是对心理健康的影响。情绪情感与青少年的心理发展、潜能开发、学习工作效率及生活质量等都有密切的关系。乐观开朗的人往往乐于行动，有兴趣学习、工作和实践，愿意与人交往；稳定健康的情绪有助于开拓思路、集中注意力、激发创造性，使人对生活充满信心。所以说，健康的心理是年轻人成才的重要保证，是人生成功与幸福的基础。从这个意义上讲，谁能把握自己的心理状态，谁就能把握自己的命运。相反，不良情绪对青少年身心健康有很大危害。所谓不良情绪可以归纳为过度的情绪反应与持久的消极情绪。

过度的情绪反应是指因为一些生活事件而引起的情绪反应过于强烈，如狂喜、暴怒、悲痛欲绝、惊恐万状等；也包括因为一点小事而有过强的情绪波动，如怒不可遏或激动不已；另外，有些人情绪反应过于迟钝，对任何事情都无动于衷、冷漠无情，这也是不正常的情绪状态。

持久的消极情绪是指在引起悲伤、忧愁、恐惧、愤怒等负性情绪的因素消失以后，仍然长时间沉溺在消极状态中不能自拔。

据《中国教育报》报道，有关部门曾在全国范围内对12.6万名大学生进行抽样心理健康状况调查，结果显示有20.3%的大学生存在心理疾病。主要表现为恐怖、焦虑、自卑、抑郁和强迫症等。在各高校的退学学生当中，有近一半的直接原因属于心理问题。特别是近年来，一些触目惊心的"校园事件"接连发生，使人们认识到大学生心理健康问题的严重性。因此加强青少年情绪方面的心理健康教育有着重大意义。

四、情绪调适

情绪情感状态的调适对身心健康影响很大。青少年只有保持良好的情绪情感，协调的心理功能，才能保证顺利完成学业。在情绪情感的培养、锻炼中，要使情绪紧张适度、表现适当、体现乐观的生活态度和幽默感。

（一）情绪健康的标准

一般来说，情绪的目的性适当、反应适度、正性作用即建设性的积极的作用强，是情绪健康总的标准。对青少年来说，情绪健康的具体表现是：情绪基调是积极乐观的，愉快稳定的；对自己的不良情绪具有调节控制的能力；情绪反应适度，不过强也不过弱；高级的社会性情感得到良好的发展，爱祖国爱人民、有理想有抱负。

（二）情绪的控制与调适

为了保持健康的情绪，青少年应该学会对情绪进行自我调适。情绪的调适在于学会保持愉快的心情，维护良好的心境；学会克制、约束不良情绪的表达。为此青少年应注意以下几点。

第一，不对自己过分苛求，把奋斗目标确定在自己力所能及的范围内。应该认识到，任何人的能力都有一定的限度，都有优势和劣势两个方面。因此每个人都应对自己的能力作出客观的评估，要充分“认识你自己”，要能够正确回答“我是谁”这个基本问题。在充分了解自己的优势与劣势、长处与短处的基础上，确立适合自己的恰当的追求目标，然后努力去实现它。一个人在人生奋斗中应该保持一种良好的心理状态，做到既尽力同时又量力，既积极同时又放松，应该既有适当的高目标，但又没有高目标造成的过重的压力。因为心理压力过大并不利于完成高目标。自信、轻松，同时兴奋，这种心理状态最好。

第二，在生活中对他人的期望值不要太高，以避免产生不良情绪和失望感。在生活中人与人之间是需要相互关心和帮助的，但不能凡事都依靠别人，指望别人，不能对他人抱有过高的期望。不管做什么事情，首先应当依靠自己的力量，其次才是考虑他人帮助的可能性。如果对别人要求过多、期望值过高，当别人难以做到时，就容易使自己失望，产生抱怨情绪，即使自己心里失衡，又会恶化人际关系。同学们要注意提高自己的移情能力，学会敏锐地感知他人的情绪和需求，使自己能更聪明地处理人际关系。

第三，多找朋友倾诉，以疏通宣泄积郁的情绪。找老师、同学、朋友倾诉积郁的情绪，是进行情绪调节的好办法。这样，一方面可以使不良情绪得到发泄，另一方面在你倾诉烦恼的过程中，可以得到更多的情感支持和理解，并能获得认识问题和解决问题的新启示、新思路，增强自己克服困难的勇气。

第四，使情绪升华。这是一种比较高级的情绪宣泄方法，就是把情绪波动激起的能量引导到提升自己、发展自己的方面去。例如，把因考试失利而产生的不良情绪升华为激励自己努力学习的动力；把对自己外貌的不满意升华为全面发展自己、增长才干、增长知识方面来；把由于失恋而产生的不良情绪升华为更加刻苦地学习，以自己的博学多才去寻求真正的爱情。

第五，学会去爱。建立良好而真诚的人际关系，是非常重要的心理保健途径。和谐的人际关系可以增强理解、信任与自信，减轻心理上的不适感，保持心理平衡。培养健康的心理需要丰富的营养，最重要的营养就是爱。爱，包括十分丰富的内涵，除男女爱情之外，诸如关怀、安慰、眷恋、惦念、鼓励、帮助、支持、理解等等，都可归为爱的范畴。每个大学生都需要被人爱，同时也应该爱周围每个人。去关心他人、理解他人、帮助他人，能逐渐养成自己博爱而宽广的胸怀，从而可以大大增强自己生活、学习、工作的信心和力量，最大限度地减小自己出现心理失衡和心理危机感的可能性。所以，你去关爱别人，也就关爱了自己。

[主要结论与应用]

1. 从心理学的角度看，动机是激发和维持个体进行活动，并导致该活动朝向某一目标的心理动力。具有激活功能、指向功能、调节与维持功能等三个基本功能。数百年来，不同流派的心理学家提出了各自的动机理论，主要包括本能理论、驱力理论、匮乏与成长动机理论和认知理论，分别从各自的理论假设出发，从本能、需要、驱力、认知、意识等角度对动机进行了阐述。

2. 情绪是人受到情景刺激时，经过是否符合自己需要的判断后，而产生的行为变化、生理变化和对事务态度的主观体验。情绪是人对反映内容的一种特殊的态度，它具有独特的主观体验、外部表现并且总是伴有植物性神经系统的生理反应；可以划分为强度、紧张度、快感度、复杂度等不同的维度；分为心境、激情和应激等三种情绪状态；情绪在面部、身体姿势和言语上均有表现，分别称为：面部表情、身段表情和言语表情；在人际交往中，情绪的表达与识别是人们传递信息的重要手段。情绪的理论大致有詹姆士—兰格的机体知觉即是情绪理论、坎农—博德的丘脑情绪理论、沙赫特的激活归因情绪理论、阿诺德—拉扎鲁斯的认知评价情绪理论等四种理论。

3. 动机与情绪是人类心理与行为的基础，也是个体身心健康的重要心理基础。青少年处于敏感时期，此阶段易出现一些心理问题，例如焦虑、抑郁、恐惧、发怒等，甚至可出现比较严重的精神与心理疾病。因此，我们详细讲述了青少年期常见的情绪特征以及心理问题，并且针对青少年的身心发展特点，提出了几种情绪调适的方法。

[学术动态]

1. 心理学家彼得里（Herbert L. Petri）近年来明确提出了动机的进化原理。他认为，有机体（包括人和动物）动机的存在是为了推动生命的延续，推动行为的动机与所有生物所共有的更基本的过程——通过生殖保存遗传信息——相联系。

2. 心理学家曼德勒（Mandler）认为，认知在情绪中起着核心的作用，同时还强调了表情行为，这使得情绪控制成为当代情绪心理学研究的一个重要部分。

3. 在目前学习与工作等压力加大的情形下，如何充分了解动机与情绪的新特点，从而适当调适自身的身心健康，是动机与情绪心理研究的重要课题。

[学业评价]

1. 什么是动机？动机的原因有哪些？
2. 说出你认为较好的描述了动机的一种动机理论，并详细介绍该理论。
3. 什么是情绪？有哪几种情绪状态？
4. 情绪的生理机制是什么？
5. 说出你认为较好的描述了情绪的一种动机理论，并详细介绍该理论。
6. 青少年具有什么样的情绪特点？青少年不良情绪的表现是什么？

第六章 人格

[内容摘要]

在学习个体心理的认知和情意两大领域之后，我们将走进个体心理的第三个重要领域——人格。“人格”是众多学科共同研究的课题，因着眼点和侧重点各有千秋，学者和世人对其理解、界定和使用可谓千差万别、人言人殊。“人格”作为哲学、美学、管理学、医学、文学、艺术、宗教、历史、人类学、法学、社会学、心理学、伦理学、生理学、教育学皆着力研讨的对象，其内涵非常宽泛而外延又极难把握。所以，personality 成了英文中最抽象而又歧义最多的一个词。古往今来，许多仁人贤哲或学者名流都曾从各自的视角来探索人格构成与表现、人格产生与发展、人格培养与提升、人格适应与矫正等方面的规律和机制。本章第一节首先介绍了人格的定义及其基本特性（整体性、稳定性、独特性和社会性），同时还介绍了人格的构成要素，如气质、性格、自我、认知方式，对这些方面的了解能帮助我们更好地了解人与人之间的共同点与差异性。然后概述了六种主要的人格理论，并简要介绍了几种有代表性的人格评鉴手段。第二节则在介绍两种人格发展理论的基础上探讨了青少年四个主要的人格特点，接着讨论了青少年人格发展的决定因素，了解这些因素有助于我们对人格特征进行有效的解释与调整，进而更好的改善与塑造自我。有关青少年发展方面的具体内容将在下一章进行详细讲述。第三节探寻了人格与健康的关系，列举了青少年常见的人格问题与人格障碍，并提出了人格塑造与人格障碍的心理治疗方法，这些知识将有助于我们认识到人格对健康的重要作用，掌握一些调控的技巧，更好地适应生活。

[学习目标]

1. 能讲出心理学家对人格定义的看法，记住人格的四个特征以及人格的结构成分及其各自的含义，能简要叙述六种主要的人格理论，对常用的人格测评技术有一定的了解；

2. 熟悉两种主要的人格发展理论，记住青少年四个主要的人格特点以及影响青少年人格发展的因素；

3. 能简要叙述青少年常见的人格问题与人格障碍，并能举例说明人格塑造与人格障碍心理治疗的方法。

[关键词]

人格概述　青少年　人格发展　人格障碍　人格塑造

第一节　人格概述

一、人格及其特征

在心理学中，人格是探讨完整个体与个体差异的领域。到目前为止，由于心理学家各自对人格的理解及研究重点不同，因而对人格的看法有很大差异。

（一）什么是人格

人格一词，由日本学者译自英文“personality”，后直接引入中国。它源于拉丁文“persona”，后者的本义是指面具。所谓面具，就是演戏时应剧情的需要所画的脸谱，它表现剧中人物的角色和身份。例如，我国京剧中就有大花脸、小花脸等各种脸谱，表现各种性格和角色。把面具指义为人格，实际上包含着两层意思：一是指个人在生活舞台上表演出的各种行为，即表现于外给人印象的特点或公开的自我；二是指个人蕴藏于内、外部未露的特点，即被遮蔽起来的真实的自我。因此，从词源上讲，人格也就是我国古代学者所说的“蕴蓄于中，行诸于外”。①

由于人格内涵的丰富性，心理学家关于人格的定义有多种界说。奥尔波特（Allport，1937）最早对人格的定义做过综述，考察并列举出约50多种不同的人格定义，并对这些定义进行了归类，其中心理学领域中的定义可以分为6种：（1）罗列式定义，这类定义把一个人所有的特质的总和称为人格，其实质是把特质不分大小，一律相加；（2）综合性定义，强调人格是人各方面特征所组成的一个整体；（3）等级性定义，这类定义将人的各方面的特征分为不同的等级层次，其最高层次的特征对其他特征具有统合的作用；（4）适应性定义，这类定义强调人格的功能在于适应社会；（5）区别性定义，这类定义强调人格是一个人独有的特征；（6）本质性定义，此类定义认为人格不仅是人与人之间的不同，而且更是个体具有代表性的典型特征。② 迄今为止，没有一个人格的定义是为学者们一致认可的。当代心理学一般认为，人格是支持个人生活的认知、情感和行为的复杂的身心组织，它既包含了人先天的基因因素，同时也包含了人后天的生活经验。

（二）人格的特征

尽管学者们对人格的定义有着不同的看法，但对于人格特点的理解却有着基本

① 黄希庭著：《人格心理学》，浙江教育出版社2002年版，第5页。

② 郭永玉著：《人格心理学——人性及其差异的研究》，中国社会科学出版社2005年版，第3页。

接近的观点，认为人格具有整体性、稳定性、独特性及社会性等四个基本特性。

人格的整体性是指人格虽然有多种成分和特质，但是它的任何一个方面都不是孤立的，都与其他方面密切联系。人格中的任何因素的改变都会引起其他因素的改变。一个人从自信到自卑的改变，会引起情绪、认知和行为等方方面面的变化，我们感受到的不仅仅是自信心的改变，而是整个人的改变。人格是一个有机组织，人的任何行为都是整个人的活动，是个人整体机能的实现。正像汽车那样，它要顺利运行，各部分必须协调一致朝着一定的目标，作为一个整体运行。

人格的稳定性是指人的思想感情和行为具有跨时间的连续性和跨情境的一致性。所谓跨时间性是指一个现在比较幽默的人，我们可以猜想他过去也很幽默，也可以预测他将来也会很幽默风趣。所谓跨情境性，是指人在不同的情境中的行为往往是相当一致的。一个喜欢交往的人在工作单位与很多人交往密切，在业余学习班能很快认识很多人，在健身俱乐部也有许多朋友，甚至在完全由陌生人组成的旅行团里也能很快与大家混熟。当然，情境不同，人的行为也可能不同，一个爱说话的人面对自己不熟悉的话题而且又有权威人士在场时，他可能很少讲话，但在平时或多数情境下，他通常比别人的话多。

人格的独特性是指每个人都是独一无二的个体。世界上没有两片相同的树叶，更没有两个完全相同的人。即使同卵双生子，遗传基因相同，但由于不同的人际作用、不同的经历，人格也会有所差异，尽管他们的相似程度可能很高。除同卵双生子以外的每个人的基因都不完全相同，而每个人所处的环境也是千差万别的，每个人与环境发生交互作用的方式也不同，因此，每个人都是独特的。独特性与共同性的关系即共性与个性的关系，共性寓于个性之中，个性又不同程度地体现着共性。每个人都是不同的，但每个人又都是人。一方面，人心不同，各如其面；另一方面，人同此心，心同此理。

人格的社会性是指社会化把人这样的动物变成社会的成员，人格是社会的人所特有的。所谓社会化是指个人在与他人交往中掌握社会经验和行为规范，获得自我的过程。人类的婴儿不同于其他动物的幼崽，具有一种与生俱来的对社会生活的需要和适应此种社会生活的能力。如学会使用语言，用概念进行思维，将学得的经验加以抽象、沟通和传递的能力。社会化与个人所处的文化传统、社会制度、种族、民族、阶级地位、家庭有密切的关系。通过社会化，个人获得了从装饰习惯到价值观和自我概念等人格特征。人格既是社会化的对象，也是社会化的结果。

二、人格结构

人格是一个复杂的结构系统，它包括许多成分，其中主要包括气质、性格、自我、认知风格等方面。

（一）气质

气质是人格结构中比较稳定、与遗传素质密切相关的成分，也就是我们平时所说的脾气、秉性。它是一个人心理过程的速度、稳定性（如知觉的速度、思维的灵活程度、注意集中时间的长短）、强度（如情绪的强弱、意志努力的程度）以及心理活动的指向性（如倾向于外部世界还是内心世界）等动力方面的特点的总和。

心理学把气质分为四种类型，其典型特征分别为：(1) 胆汁质：直率热情，精力旺盛，脾气急躁，情绪兴奋性高，容易冲动，反应迅速，心境变化剧烈，具有外倾性；(2) 多血质：活泼好动，反应灵敏，乐于交往，注意力易转移，兴趣和情绪多变，缺乏持久力，具有外倾性；(3) 黏液质：安静、稳重、沉着，反应缓慢，沉默寡言，三思而后行，情绪不容易外露，注意力稳定而较难转移，善于忍耐，偏向内倾型；(4) 抑郁质：情绪体验深刻，行动迟缓，具有较高的感受性，善于觉察他人不易注意的细节，富于幻想，胆小孤僻，具有内倾性。现实生活中，属于典型的气质类型的人不多，大多数人是混合型。

（二）性格

性格是一个人在现实生活中形成的对现实比较稳固的态度以及与之相适应的习惯化了的行为方式，如诚实、善良、热情、害羞、忧郁、自私、奸诈等都是对一个人性格特征的描述。性格是人格结构中表现最明显，也是最重要的心理特征，是区别一个人与众不同的、明显的和主要的心理品质。

性格表现了一个人的品德，受人的价值观、人生观、世界观的影响，如有的人大公无私，有的人自私自利。这些具有道德评价含义的人格差异，我们称之为性格差异。性格主要是在社会生活中逐渐形成的，同时也受个体生物学因素的影响。研究发现，脑损伤或脑病变会在一定程度上改变人的性格。

在一类人身上所共有的某些性格特征的独特组合称之为性格类型。常见的性格分类有如下几种：(1) 机能类型说：即根据理智、情绪、意志三者中哪一个在性格结构中占优势而把性格分为情绪型（情绪体验深刻，举止受情绪左右）、意志型（行为目标明确，意志坚强）和理智型（以理智来衡量一切并支配行动）；(2) 向性说：即根据个体心理活动倾向于内部还是外部，把性格分为内向型和外向型。内向者沉郁、安静、处事谨慎、优柔寡断、富有想象、动作缓慢、应变能力较弱、不善社交，外向者开朗、善交际、感情外露、不拘小节、独立性强、易适应环境、易轻信；(3) 独立一顺从说：即按独立性的程度将性格分为独立型与依从型。前者善于发现问题和解决问题，紧急情况下沉着镇静，易发挥自己的作用，喜欢把自己的意见强加于人，后者独立性差、易受暗示、有依赖心、紧急情况下易惊惶失措。

（三）自我

自我是人格中的内控系统或自控系统，具有自我认知、自我体验和自我控制三个子系统，其作用是对人格的各种成分进行调控，保证人格的完整、统一与和谐。

1. 自我认知

自我认知是对自己的观察和理解，包括自我观察和自我评价。自我观察是指对自己的感知、思想和意向等方面的觉察；自我评价是指对自己的想法、期望、行为及人格特征的判断与评估，这是自我调节的重要条件。如果一个人不能正确地认识自我，只看到自己的不足，觉得处处不如别人，就会产生自卑感，丧失信心，做事畏缩不前……相反，如果一个人过高地估计自己，也会骄傲自大、盲目乐观，导致工作的失误。因此，恰当地认识自我，实事求是地评价自己，是自我调节和人格完善的重要前提。

2. 自我体验

自我体验是伴随自我认识而产生的情绪体验，主要回答"我是否满意自己或接纳自己"的问题。当个体对现实自我持肯定评价时，就会产生积极的情绪体验，感到自尊、自信、自豪，同时也欣然地接纳自己。如果个体对现实自我持否定评价或评价较低，则会产生消极的情绪体验，如自我谴责、自我埋怨，从而感到不安、焦虑及自卑。

3. 自我控制

自我控制是自我意识对行为的调节，是实现自我意识调节的最后环节。如一个人意识到体质对自己的重要性，会激发起锻炼身体的动机，在行为上则表现为热爱体育活动。自我控制包括自我监控、自我激励、自我教育等成分。

（四）认知方式

认知方式，又称认知风格，是指个体在知觉、记忆、思维和解决问题等认知活动中加工和组织信息时所表现出的独特而稳定的风格。常见的认知方式主要有三种：

1. 场依存型与场独立型

这是美国心理学家威特金（Witkin，1940）等提出来的一种认知方式。"场"指问题的空间。场依存型是指当个体面对一个作为认知目标的问题时，较多甚至完全依赖于该问题空间中的其他一些线索，从这些线索中搜索信息。场独立型是指当个体面对一个作为认知目标的问题时，很少甚至不依赖于该问题空间中的其他一些线索，而是根据认知目标本身的结构来搜索信息。

2. 冲动型与沉思型

卡根（Gagan et al.，1964）等人区分了冲动与沉思型认知风格的差异。冲动型是指当个体处于不明情境中时，倾向于用自己想到的第一个答案来回答问题，其特点是反应快，但精确性差。沉思型是指当个体处于不明情境中时，倾向于仔细考虑所观察到的现象及所面临的问题，在行动前致力于把问题考虑清楚，其特点是反应慢，但精确性高。

3. 辐合型与发散型

据美国的吉尔福德（J. P. Guilford，1967）研究，辐合型认知方式是指个体在解决问题的过程中常表现出辐合思维的特征，表现为搜集或综合信息与知识运用逻辑规律，缩小解答范围，直至找到唯一正确的答案。而发散型认知方式则是指个体在解决问题过程中常表现出来发散思维的特征，表现为个体的思维沿着许多不同的方向扩展，使观念发散到各个有关方面，最终产生多种可能的答案而不是唯一正确的答案，因而容易产生有创见的新颖观念。

三、重要的人格理论

人格是一种异常复杂的心理结构，长期以来，心理学家经过一系列的研究，提出了许多不同的人格结构理论。但是到目前为止，还没有任何一种人格理论被大家普遍认可，这表明了人的心理和行为的高度复杂性。心理学家是如何描述人格的呢？下面简要介绍几种重要的人格理论。

（一）精神分析人格论

在所有的人格理论中，影响最深远的当属20世纪初由奥地利心理学家和精神病学家弗洛伊德创立的精神分析理论，他在人格领域内进行了大量开拓性的研究，并获得了丰硕的成果。后起的新精神分析学派，批判地吸收了弗洛伊德的人格理论，着重从社会文化的角度考察人格的形成和发展。弗洛伊德强调的是人格中不可克服的矛盾，对人性的发展持悲观态度；而新精神分析学派则强调人性中积极向上、追求完美或优越的本性，对人性的发展持乐观态度。主要代表人物有弗洛姆、埃里克森等。

专栏6—1

精神分析论创始人弗洛伊德（Sigmund Freud，1856～1939），1856年生于摩拉维亚（现属捷克）。1881年获得医学博士学位以后，即私人开业治疗精神疾病。1896年正式提出精神分析的观念，1909年应邀去美国讲学。1938年因逃避纳粹迫害，举家亡命伦敦，次年去世。

弗洛伊德

在弗洛伊德思想发展的早期，他把地形学的概念和方法运用于心理学，将人的心理活动及其构造划分为潜意识、前意识和意识三个部分，广义的潜意识可以涵括前意识。在弗洛伊德看来，人的心理犹如大海中漂浮的冰山，露出水面的一小部分是意识，隐没在水面之下的大部分则是潜意识，潜意识是意识的基础，不仅个人的行为动机，而且整个人类的活动和文明的发展，都可以在潜意识中找到根源。在弗洛伊德思想发展的后期，通过与不同学派和观点之间的长期论争，他已经不再满足于早期运用心理地形学的观点去描述心理活动的不同层次或不同水平之间的联系，通过逐步修正和发展自己的学说，弗洛伊德开始侧重于心理活动的动力系统并建立起一种新的人格结构模式。

弗洛伊德认为，完整的人格结构由三大系统组成，即本我、自我和超我。对一个心智健全的人而言，这三大系统是和谐统一的整体，它们的密切配合使人能够卓有成效地展开与外界环境的各种交往，以满足人的基本需要和欲望，实现人的崇高理想与目的。反之，如果人格的三大系统难以协调、相互冲突，人就会处于失常状态，内外交困，活动效率也随之降低，甚至危及到人的生存和发展。

本我位于人格结构的最底层，靠遗传获得，是人格结构中内在的东西，并有一种精神表达的本能。本我通过冲动性行为和形成意象得以表现，它追求快乐原则。在本我和外部世界之间的精神领域就是自我，它是在本我的基础上分化发展起来的，是在幼儿时期通过父母的训练和在与外界打交道的过程中形成的，是人格结构中的“行政管理机构”，是现实化了的本我，一方面，它接受本我趋乐避苦的要求，力图实现本我的意图，另一方面，它必须正视外部现实世界的条件，区分主观心理世界与客观现实世界，从而能动地支配人在现实世界的活动，它追求现实原则。超我是道德化了的自我，是从自我中分化和发展起来的，是人格结构中专管道德的司法部门，它以“自我理想”和“良心”为尺度，它追求理想原则。

本我、自我和超我有重要区别而又紧密联系。从区别看，本我代表遗传因素，是人的一种生物本能；自我主要是由个人经验和社会环境所决定，也就是偶然的、同时代的事件所决定的；超我则代表外部世界的理想，本质上是从他人身上和社会中继承下来的，是父母及父母的替代者的影响。从联系上看，自我和超我是在本我基础上发展起来的衍生物，同时，自我是人格结构的中枢系统，是人们行为和动机的控制器和调节器，它不停地周旋于本我、现实环境和超我三者之间，平衡和协调它们的关系，承受着来自各方面的压力和挑战，最大限度地避免自我的焦虑和解体。从自我中分化出来的超我是社会文化传统的卫道士和道德规范的仲裁者，将自己的好恶强加给自我。

弗洛伊德认为，人格结构不是一种静态的能量系统，而是一种动态的能量系统，它一旦形成，便处于不断的运动、变化与发展之中。人格的形成和发展的根本动力来自心理能量，心理能量来自本能，即人的欲望与冲动。本我是心理能量的储藏库。它通过反射活动和愿望满足来释放能量。在本我释放能量的过程中会遇到自我和超我的阻力，如果本能冲破阻力，自我的理性活动过程便遭受破坏，如果冲破受挫，本我的能量就转化为自我和超我活动的原动力。弗洛伊德认为，无论是个体的成长发育，还是整个人类认识的发展，都是自我逐渐征服本我、打破本我“自恋”状态的过程。正是由于自我对心理能量的充分而有效的约束和控制，形成新的对象性发泄作用，使人们能够将满足本能之外的能量用来发展人的心理过程，使能量从本我的非理性心理过程转化为理性心理过程。超我的自我理想和良心具有奖励和惩罚机制，它把能量投入到对理想的能量发泄作用上。概括地说，心理能量通过求同机制由本我进入自我、再进入超我，心理能量同样遵循能量守恒与转换定律，它在人格的不同分布状态中决定着一个人行为活动的本质。

本我只有能量发泄作用，而自我和超我同时具有能量发泄作用和反能量发泄作用。能量发泄作用与反能量发泄作用之间的矛盾，使人内心产生焦虑。焦虑是一种痛苦的情绪体验，它起到一种类似警告信号的作用。弗洛伊德认为，焦虑可以分为三类：现实性焦虑、神经性焦虑和道德性焦虑，它们分别是自我对环境、本我和超我的一种恐惧。

弗洛伊德认为，人格的变化发展是在人们努力缓解和消除挫折、冲突、痛苦和焦虑等心理过程中，通过一些顺应和克服心理障碍的方法使人格的作用保持连续性与规律性，并最终形成个人的独特人格。这些方法主要是：求同作用、移置作用与升华作用等。弗洛伊德认为，本能的升华是人类文明的重要来源。除了用上述肯定现实的方法来消除心理紧张外，人们还可以采用否认现实的方法来减轻焦虑，这就是自我的防御机制，它包括压抑机制、投射机制和反向机制等。

（二）人本主义人格论

人本主义心理学是20世纪50～60年代在美国发展起来的。人本主义理论认为，个体具有自我导向和自我抉择的潜力，因而强调个人的主观经验。人本主义反对将人的心理低俗化、动物化的倾向，故被称为心理学中的第三思潮。主要代表人物有马斯洛、罗杰斯、罗洛·梅等。

1. 马斯洛的自我实现论

马斯洛的人格理论的核心是“自我实现”，他认为，人类有五种基本需要，按从低到高的排列顺序依次为生理的需要、安全的需要、爱与归属的需要、尊重的需要、自我实现的需要。人在成长的过程中，不仅需要低级的需要的满足，而且更需要高级需要的满足。马斯洛认为，人性本善，人格的发展就是去实现人的本质、发挥人的潜能，走向自我实现。马斯洛这样定义自我实现：如果想要获得最终的平静，一个音乐家必须作曲，一个画家必须画画，一个诗人必须写诗。一个人能是什么，他就必须是什么。[①] 自我实现的人有以下人格特征：

（1）比一般人能更有效的知觉现实，并更能适意地在现实中生活；

（2）对自己、他人以及客观现实有高度的接纳，不对自己的缺点自责、不安，不对他人和环境吹毛求疵；

（3）有自发性、率真；

（4）以问题为中心，专注于任务、职责和使命；

---

① 艾森克：《心理学——一条整合的途径》，华东师范大学出版社2000年版，第438页。

(5) 有超然独立的性格，对感兴趣的问题能沉思默想；

(6) 高度的自主性，始终保持对自己的真诚；

(7) 能欣赏生活，对普通事物保持新鲜感；

(8) 具有高峰体验；

(9) 爱人类并具有帮助人类的真诚愿望；

(10) 对朋友和亲人忠实、亲密、充满爱意；

(11) 民主的性格结构，能平等地待人；

(12) 有强烈的道德感和善恶判断能力；

(13) 具有哲理的、善意的幽默感；

(14) 富有创造，勇于创新，不墨守成规；

(15) 抗拒文化适应，对自己所属的文化中的矛盾和不公平采取批判态度。

2. 罗杰斯的自我理论

罗杰斯认为，刚出生的婴儿并没有自我的概念，随着他（她）与他人、环境的相互作用，他（她）开始慢慢地把自己与非自己区分开来。当最初的自我概念形成之后，人的自我实现趋向开始激活，在自我实现这股动力的驱动下，儿童在环境中进行各种尝试活动并获得大量的经验。通过机体自动的估价过程，有些经验会使他感到满足、愉快，有些却相反，满足愉快的经验会使儿童寻求保持、再现，不满足、不愉快的经验会使儿童尽力回避。在孩子寻求积极的经验中，有一种是受到他人的关怀而产生的体验，还有一种是受到他人尊重而产生的体验，不幸的是儿童这种受关怀尊重需要的满足完全取决于他人，他人（包括父母）是根据儿童的行为是否符合其价值标准、行为标准来决定是否给予关怀和尊重，所以说他人的关怀与尊重是有条件的，这些条件体现着父母和社会的价值观。罗杰斯称这种条件为价值条件，儿童不断通过自己的行为体验到这些价值条件，会不自觉地将这些本属于父母或他人的价值观念内化，变成自我结构的一部分，渐渐地儿童被迫放弃按自身机体估价过程去评价经验，变成用自我中内化了的社会的价值规范去评价经验，这样儿童的自我和经验之间就发生了异化，当经验与自我之间存在冲突时，个体就会预感到自我受到威胁，因而产生焦虑。预感到经验与自我不一致时，个体会运用防御机制（歪曲、否认、选择性知觉）来对经验进行加工，使之在意识水平上达到与自我相一致。如果防御成功，个体就不会出现适应障碍，若防御失败就会出现心理适应障碍。

罗杰斯的以人为中心的治疗目标是将原本不属于自己的那些经内化而成的自我部分去除掉，找回属于他自己的思想情感和行为模式，用罗杰斯的话说就是“变回自己”或“从面具后面走出来”，只有这样的人才能充分发挥个人的潜能。人本主义的实质就是让人领悟自己的本性，不再倚重外来的价值观念，让人重新信赖、依靠机体估价过程来处理经验，消除外界环境通过内化而强加给他的价值观，让人可以自由表达自己的思想和感情，由自己的意志来决定自己的行为，掌握自己的命运，修复被破坏的自我实现潜力，促进人格的健康发展。

（三）特质理论

人格的特质理论是由美国心理学家奥尔波特创立的，其代表人物有奥尔波特、卡特尔、艾森克等。奥尔波特认为，一个人之所以在不同的场合会表现出相同和相似的行为特点，这可能是某种内在的人格特质在起作用。所谓特质是指具有使许多刺激机能等值，并发动等值形式的适应和表现行为的神经生理结构。它反映了一个人跨时间、跨情境的行为模式上的一致性。人们虽然不能直接看到特质，但却能从一个人的行为活动中获得特质存在的验证。奥尔波特认为，特质是动力性的，是行为的基础和原因，它会驱使个体主动地去寻找刺激情境。

奥尔波特把特质分为个人特质和共同特质两类。个人特质是个人所独有的，它决定了一个人心理与行为的独特性。共同特质是群体所共有的，它在一定程度上反映了遗传与历史经验积累及其强化后的心理机能。奥尔波特根据个人特质在个人行为中渗透性范围的大小，又进一步将个人特质区分为首要特质、中心特质和次要特质。首要特质是一个人的一切行动都受其影响的特质，它渗透于这个人全部活动的所有方面；中心特质是一个人具有一般意义的倾向，其渗透性差一些，但也有相当的概括性，是人格结构中的主要构成因素；次要特质是不受人注目的一致性和一般性都较少的那些人格特质，其渗透性极小，与习惯和态度有关，情境性、突发性较强。

卡特尔认为人格特质是人格建筑的砖石。人格特质不仅是人格的结构单元，而且是人格分析和人格测量的单元。卡特尔认为，人格由许多种特质构成，主要有以下几种：(1) 个别特质和共同特质——每个人所具有的特质为个别特质，一个群体中所有成员都具有的特质为共同特质。共同特质在个别人身上的强度和情况是不同的，而且这些特质的强度也随着时间的不同而有所不同。(2) 表面特质和根源特质——表面特质是可以直接从外部行为中观察到的特质；根源特质是隐藏在表面特质的背后并制约表面特质的特征，是个体行为的最终原因。表面特质是根源特质的表现，随环境的变化而呈现出多样性。根源特质却相当稳定，其数量也是有限的。卡特尔仔细地探索了自陈量表、生活记录和客观测验的数据，并在此基础上用因素分析的方法从众多的表面特质中确定了 16 种根源特质，据此编制了 16 种人格因素调查表（16PF）。

表 6—1　　　　卡特尔的 16 种人格特质

	人格因素	高分含义	低分含义
A	乐群性	外向、热情、乐群	缄默、孤独、冷淡
B	聪慧性	聪敏、富有才识	迟钝、知识面窄
C	稳定性	情绪稳定	情绪激动
E	恃强性	好强、固执	谦虚、顺从

续表

	人格因素	高分含义	低分含义
F	兴奋性	轻松兴奋、随遇而安	严肃、审慎、冷静、寡言
G	有恒性	有恒负责、做事尽职	苟且敷衍、优柔寡断
H	敢为性	冒险敢为、少有顾虑	畏怯退缩、缺乏信心
I	敏感性	敏感、感情用事	理智、注重实际
L	怀疑性	怀疑、刚愎、固执己见	信赖随和、易与人相处、轻信
M	幻想性	幻想的、狂妄任性	现实、合乎成规
N	世故性	精明强干、世故	坦白、直率、天真
O	忧虑性	忧虑抑郁、烦恼	自忧安详、沉着、自信
Q1	激进性	自由的、批评激进	保守、尊重传统
Q2	独立性	自立自强、当机立断	依赖、随群附和、从众
Q3	自律性	知己知彼、自律严谨	矛盾冲突、不顾大体
Q4	紧张性	紧张困扰、激动挣扎	心平气和、闲散宁静

卡特尔认为每个人身上都具备这16种特质，只是在不同的人身上的表现有程度上的差异。所以，他认为人格差异主要表现在量的差异上，可以对人格进行量化分析。

（四）认知理论

人格的认知理论是一种最年轻的人格理论。这一理论的特点是强调人把感知内容转换为有组织的现实认识的过程，强调个体参与构造自身的人格。

乔治·凯利在20世纪50年代中期提出了较有影响的人格认知理论，称为个人构念理论。这一理论突出强调人对自身主观世界的主动的认知性的构造。凯利指出，人不是环境的牺牲品。环境事件本身虽不可改变，但人可以自由地选择如何对它进行解释。人总是不断地以不同的方法重新构造（认识）自己的过去（反省历史），定义自己的现实问题（检验现实），预测未来的环境。

凯利认为，所有的人都像科学家一样通过创立能使自己准确地预期未来的理论，力求减少不确定性，使自己的生活明朗化。人为了预期事物所采取的主要方法就是个人构念。所谓个人构念就是个人对世界的看法、解释和赋予意义的过程。它并不是简单的标签，仅仅用来给观察到的行为做标记，它还指引人们在巡视环境时应去了解哪些方面，并影响人们对这些方面的反应。

凯利认为，一套个人构念组合起来就构成一个人的观念系统，这个系统决定着他如何去思想、体验、行动和认知新情境。换言之，整个系统就是人的人格。构念系统完全是个体性的，每个人都有独特的构念系统，内容不同，数量不同，构念之间相互联系的方式以及复杂性均不同。因此，要想理解人，就必须努力以对方的方式看世界，以对方的构念系统而不是以自己的构念系统为基础。

（五）社会学习理论

社会学习理论是20世纪60年代兴起的一种理论。它的创始人是美国新行为主义心理学家阿伯特·班杜拉。班杜拉不同意环境决定论者认为的外界刺激是行为的决定因素的观点，相反，他认为人的认知能力、对行动结果的预期直接影响人的行为表现。他把强化视为个体对环境认知的一种信息，即强化物的出现等于告诉个体行为后果将带给他的是惩罚或奖赏，人们正是根据这种信息的预期决定自己的行为反应的。同时，班杜拉还认为人类的学习大多发生于社会情境中，并提出了观察学习的概念，认为学习是人格形成的决定因素。

所谓观察学习是指人们仅仅通过观察别人（榜样）的行为就能学会某些行为，又称替代学习、模仿学习。人格也是通过这种主动的观察学习与模仿而形成的。人们会主动观察或模仿示范者的行为方式及人格特质，若示范者受到社会的赞许，而后自己因模仿受到社会的称赞，则人们就会习得该人格特质或行为方式；反之，若受到社会批评和指责，则不会习得该人格特质或行为方式。但是，观察学习是一个复杂的行为过程，并不是所有的观察者都能获得示范者的行为模式，这与示范者的性格特征和观察者的性格特征有关。班杜拉在提出他的社会学习的人格理论时，强调自我调整和认知过程，通过认知机制的发展，人们不仅能对自己的生活进行某种控制，而且还能制定未来的计划和目标。

社会学习理论引起了各方面的广泛关注，因为它关于人与环境交互作用和自我调整的观点将强化、认知、人的信念和价值体系等因素联系起来考虑人的行为发展和变化，对人格或行为倾向的解释有重要而独特之处。

（六）“大五”和“大七”人格理论

卡特尔人格因素测验在某种程度上引发了“一场静悄悄的革命”（Goldberg，1992），人格心理学家们继续用卡特尔的方法对人格特质进行进一步的分析，使人格结构的研究取得了突破性的进展。越来越多的资料证明，人格由五个基本维度构成，心理学家们称这五个人格基本维度为“大五因素模型”（the big five factors model）。[①] 尽管不同的心理学家对这些特质的命名不同，其实际内容大同小异，考斯塔和麦克雷（Costa & McCrae，1985）提出的“OCEAN”观点最具代表性，即开放性（Openness）、尽责性（Conscientiousness）、外向性（Extraversion）、随和性（Agreeableness）和神经质（Neuroticism），这些英文单词的首字母恰好形成“海

① 黄希庭著：《人格心理学》，浙江教育出版社2002年版，第34页。

洋”一词。[1] 开放性是指对经验持开放、探求态度，而不仅仅是一种人际意义上的开放。尽责性则是指我们如何控制自己、如何自律。外向性的一端是极端外向，另一端为极端内向。在随和性上得分高的人是乐于助人、可信赖和富有同情心的，得分低的人多抱有敌意、为人多疑。神经质维度依据人们情绪的稳定性和调节情况而将其置于一个连续统一体的某处。

关于人格五因素模式的结构，依然存在一些不同的意见。有些因素分析的研究发现，并不是所有的结果都与五因素的结构相吻合。研究者有时会发现有三个或四个因素，有时候又会发现多达七个因素。艾森克（H. Eysenck）曾提出一个包含三个主要因素的人格模式（神经质、外倾性和精神质），并据此编制了著名的艾森克人格问卷（EPQ），流传甚广。这种令人困惑的结果使得有些心理学家将其称之为“大五加减二”（Briggs，1989）。大多数研究发现，五因素并不包括像“独特”或“不道德”之类评价性的特质。当把这些评价性的词语也包含进去作因素分析时，有些研究者发现还有另外两个因素，他们有时把这种新的因素结构称为“大七”。[2] 这七个人格维度分别是正价（positive valence，PVAL）、负价（negative valence，NVAL）、负情绪性（negative emotionality，NEM）、正情绪性（positive emotionality，PEM）、因袭性（conventionality，CONV）、适意性（agreeableness，AGR）和可靠性（dependability，DEP）。其中前两个是新的人格维度，后五个与“大五”模型大致有一一对应的关系。

对于“大五”或“大七”的争论还在继续，但它们的实践价值的确得到了证实。比如，调查者发现，在“尽责性”上所得的分数能够相当好地预测代理商所售出产品的数量（Barrick，Mount，& Strauss，1993）；在“随和性”上得高分者是应聘过程中强有力的竞争者（Tett，1991），他们在办公室颇有人缘，富有合作精神。当然，应该承认，这些人格特征只是影响个体工作表现的诸多重要变量的一部分，而不是全部。

这些不同的人格理论流派，很难说哪个流派更好，更有意义。应该说各个流派都解释了人格的一个侧面，这有助于我们对人格进行完整全面的领悟和把握。精神分析论挖掘人的潜意识动机，探索了心理疾病的病理机制以及免于心理疾病的方法；人本论则向我们呈现出健康生活的状态和途径，促使我们去探索生命的价值，实现人与人之间的平等和关爱，进而走向自我实现的高峰；特质论帮助我们描述人，即初步认识一个人的特征；学习论揭示了环境是如何塑造人的；认知论则指出人的内在判断和评价会使不同的人在同样的环境中具有不同的感受，作出不同的反应；“大五”和“大七”沿着特质论的方向获得了人格结构的一些新的发现。因此，这些理

① 全国十二所重点师范大学联合编写：《心理学基础》，教育科学出版社2002年版，第171页。
② Burger著，陈会昌等译：《人格心理学》，中国轻工业出版社2000年版，第133页。

论各有各的贡献，一种理论的作用是另一种理论不能替代的。未来也许会有更完整的理论，但这种理论一定要涵括现存的所有理论的成就。

四、人格测评

从字面上说，人格测评应该包括两个方面，即“测”与“评”。常用的术语，如测验、测量、评鉴、评估都应包括在内。一般而言，测验是指用标准化的工具获得广泛的人格资料，测量表示对具体行为或行为片断的记录，评鉴是指收集有关个人的各种资料。这些术语的使用是与心理学家对人格的探讨途径相联系的。临床心理学家喜欢使用评鉴这个术语，而实验室的研究者则喜欢用测量。下面简要介绍几种常见的人格测验和人格评鉴手段。

（一）人格测验

1. 自陈问卷

自陈问卷的测验量表多采用客观测验的形式，设计出一系列陈述句或问题，要被试本人对自己的人格特质予以评价。一般有三种形式：一是是非式，即对问题回答“是”或“否”；二是二择一式，即在两个相反的问题中选择其一；三是等级式，即把问题分成不同等级回答。由于自陈量表所测量的主要是人格特质，所以既可以测量单一的人格特质，也可以测量多个人格特质，其理论依据是特质论。

（1）明尼苏达多相人格测验（MMPI）。明尼苏达多相人格测验是现今国内外最流行的人格测验之一。此量表是由美国明尼苏达大学教授哈萨威（Hathaway，1942）和麦克金里（Mckinley）编制的，适用于16岁以上、具有小学文化水平以上的群体。该量表共有566个题目，内容包括健康状态、情绪反应、社会态度、心身症状、家庭婚姻问题等26类题目，可鉴别强迫症、偏执狂、精神分裂症、抑郁性精神病等。MMPI包括10个临床量表：疑病症、抑郁、癔病、精神变态、性变态、妄想狂、精神衰弱、精神分裂症、轻躁狂、社会内向。所有题目均采用“是、否、不一定”来回答，例如，“我相信有人反对我”、“我相当缺乏自信”、“有时我真想骂街”。

MMPI测验所重视的是被试的主观感受，而不是客观事实。MMPI不但可以做临床上的诊断依据，也可以用来评定正常人的人格。

（2）爱德华个人兴趣量表（EPPS）。爱德华个人兴趣量表由美国心理学家爱德华（Edwards，1953）编制，以美国心理学家莫瑞（Murray，1938）所列举的人类15种需要为基础。全量表共有225个题目，构成15个分量表，即：成就需要、顺从需要、秩序需要、表现需要、自主需要、亲和需要、自省需要、求助需要、变通需要、坚毅需要、性爱需要、攻击需要。每个题目通常包括两个以“我”为开头的陈述句，用“强迫选择法”，要求被试从两者中按照自己的喜好选择出其中的一个。例如：

①A. 我喜欢结交朋友。

B. 当我有难时，我希望朋友帮助我。

②A. 在长辈和上级面前，我会感到胆怯。

B. 我喜欢用别人不太懂其意义的字词。

EPPS的主要功能是通过被试对题目的反应，评定他在15种需要上相对于一般人的强弱程度，然后绘出人格剖面图，一个人15项人格的定位状况，便一目了然了。

(3) 卡特尔16种人格因素测量表（16PF）。该测验是美国伊利诺州立大学教授卡特尔于20世纪50年代编制的，适用于具有阅读能力的青年、成年及老年人。卡特尔根据自己研究所确定的16种人格根源特质在某些情况下可能产生的表现，编制成16组题目。每组包括10～13个题目，共187题，每题有三种选择方案，分别记0分、1分、2分。例如：

①万不得已时，我才参加社会活动，否则我设法回避：

A. 是的（记0分）　　B. 不一定（记1分）　　C. 不是的（记2分）

②我有能力应付各种困难：

A. 是的　　B. 不一定　　C. 不是的

卡特尔16种人格因素测验已在德、法、意、日等国进行了修订。20世纪60年代美籍华人学者刘永和博士在卡特尔的赞助下，与伊利诺州立大学人格及能力研究所梅尔瑞博士合作进行了修订，于1970年发表了中文修订本，并作出港台地区常模。后来，辽宁省教科所对16PF又做了简单的修订。

2. 投射测验

投射测验是在测验时向被试提供无确定含义的刺激，让被试任加解释，使自己的动机、态度、情感以及性格等在不知不觉中反映出来，然后分析、推断其人格特征。投射测验的理论依据是弗洛伊德的精神分析理论。国内外常用的投射测验主要有：

(1) 主题统觉测验。主题统觉测验是由美国心理学家莫瑞（H. A. Murray，1938）编制的。这种测验的性质与看图说故事的形式相似。全套测验由30张模棱两可的图片构成，另有一张空白图片。图片分为9类：公用图片、女孩专用图片、男孩专用图片、男孩女孩公用图片、男孩男子公用图片、女孩女子公用图片、男子专用图片、女子专用图片和男子女子公用图片。测验时，每次给被试一张图片，让他根据所看到的内容编出一

图6－1　主题统觉测验的图片之一

（资料来源：Smith，1998.）

个故事。故事的内容不加限制，但必须符合以下四点：图中发生了什么事情；为什么会出现这种情境；图中的人正在想些什么；故事的结局会怎样。被试在编故事时，会把自己隐藏的或压抑的动机、欲望以及矛盾投射在故事中。通过对故事的分析，可以鉴定出被试的人格特征。如图 6－1。

（2）罗夏墨迹测验。罗夏墨迹测验是由瑞士精神病学家罗夏（H. Rorschach）于 1921 年设计的。测验工具的编制是先在一张纸中间滴上墨迹，然后把纸对折，用力压下，便形成对称的但形状不同的图形，如图 6－1。该测验共包括 10 张不同的墨迹图片，其中 5 张为浓淡不同的黑白图，2 张为红与黑，3 张为集中颜色混合的图。测验时每次按顺序给被试呈现一张，同时问被试："你看到了什么?"、"这可能是什么东西?"、"这使你想到了什么?" 等。测验时被试可以转动图片，从不同角度去看。此测验属于个别测验。

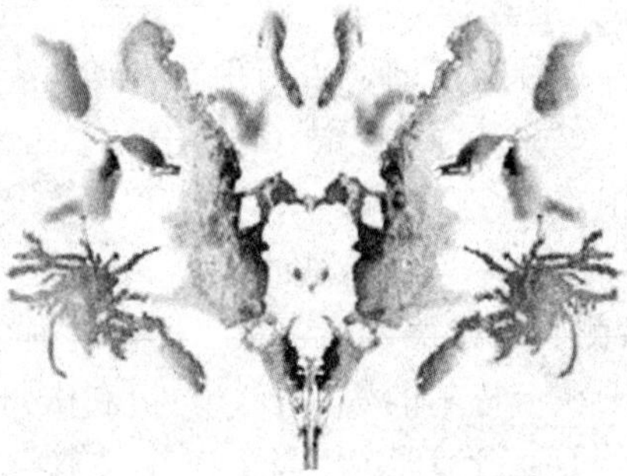

图 6－1　罗夏墨迹测验的图片之一

（资料来源：Smith，1998.）

（二）人格评鉴

1．晤谈法

晤谈法是访员和来访者面对面交谈、收集资料的一种方法。当调查的内容比较敏感、调查对象有顾虑时，采用晤谈的方式有助于来访者解除顾虑。另外，当调查的内容比较深入，很难用文字表达清楚时，或者对被调查者进行书面调查有困难时，也可采用此种方法。晤谈法的优点：(1) 晤谈法可以在短时间内，广泛而且系统地收集到所需要来访者的尽可能详尽的口头材料；(2) 通过晤谈，初步建立起与来访者的良好的合作关系；(3) 访谈法可以使交谈按照了解的问题随时发问，可以获得更多的信息。但它也有明显的缺点：(1) 在晤谈中，交谈的内容可能有夸大、缩小、文饰、隐瞒等成分，因此其效果未必好；(2) 晤谈法所费的时间与精力也较多，对访员的素质与技巧也有较高的要求。

晤谈有多种形式，主要可分为三种：结构式访谈、非结构式访谈和半结构式访谈。结构式访谈是按所需资料的要求，以较为固定的方式或定向的标准程序，编制出访谈的提纲和问卷，向来访者依次提出问题，让其按要求作出回答。非结构式访谈是不按事先设计的固定结构和程序进行，而以自由交谈方式进行。半结构式访谈是介于标准化访谈与非标准化访谈之间的访谈方式，其特点是事先准备好各类问题，又不完全拘泥于某种固定方式与顺序。许多访谈都采用这种形式。这种形式集前两种方式之长，避其所短，可以取得较好的效果，但要运用的得心应手，其难度也是较大的。

2. 情境测验法

情境测验法是主试在某些情境下观察被试的行为反应，然后了解其人格特征的测验方法。情境测验的理论依据是社会学习理论。

(1) 情境压力测验。情境压力测验是特别设计一种情境，使被试产生并面临情绪上的压力，然后由主试观察、记录被试是如何反应的，从而了解他的人格特征。如无领袖团体测验：在情境中安置几个互不相识的人，给他们一项任务，这项任务必须由他们合力来完成，如果在规定的时间内没有顺利地完成任务，那么每个人都会受到惩罚。被试在这种压力情境下，可能会使其中的某个人主动站出来带领大家完成任务，并得到其他人的支持与合作，由此可得知某人可能具有领袖特质。

(2) 性格教育测验。性格教育测验是在学校情境中测验学生人格特征的方法。如在一次考试结束后，可以将每个试卷复印一份，再发给学生并附上标准答案，要他们自己评卷打分，最后收回试卷，两份对照，就可测量出学生“诚实”的程度，进而了解过去教育的绩效与有待改进的方向。情境测验法可用于教育评价、人事甄选等领域。

第二节 人格发展

一、青少年人格发展

(一) 人格发展阶段

人格发展是指个体自出生至死亡的整个生命过程中人格特征的表现，随着年龄和习得经验增加逐渐改变的过程。人格发展很久以来就是心理学关注的主要问题。人格发展的理论有助于我们认识人格的稳定性，也可以帮助我们认识人格的可变性，包括哪些方面在发生变化以及是如何发生变化的。阶段问题是人格发展理论的重要方面，它关心的问题是：对所有个体而言，不同年龄段的人格是否有本质的差异？这种差异是什么？同时，各阶段间的关系是什么？心理学家们基于不同的理论假设和标准，提出了许多人格发展阶段理论，其中著名的有弗洛伊德的心理性欲阶段论、埃里克森的心理社会阶段论以及沙利文的基于人际关系特点的发展时期论等。

发展的阶段理论有三个明确的特征。第一，发展是由一系列连贯的但又有质的差别的阶段组成。每一个阶段都可以用不同的特征来描述，各个阶段的行为之间会发生显著的变化，特征有质的区别。第二，每一个阶段都在一定的时期出现，这一时期通常有一个范围，有的人开始早而有的人开始晚，但通常总会有一个预期发生的阶段。例如有的男孩或女孩出现第二性征比其他人早一些，有些比其他人迟一些，但对所有的男孩女孩来说，第二性征存在一个预期出现的时间段。第三，各阶段出现的顺序或进程是固定的。每一阶段有其特定的特征，它在前一阶段的基础上发展起来，又为下一阶段打下基础。①

一些阶段论者还认为，如果预定的发展没有在相应的年龄范围发生，在以后的发展阶段就很难完善，就是说人的发展存在着关键期（critical periods）。动物行为学家 Konrad Lorenz（1903～1989）认为，特定发展时期的特定经验是至关重要的。在个体成长中的某一时期，其成熟程度恰好适合某种行为的发展，甚至终生无法弥补。而后这一术语逐渐被一个新的概念——敏感期（sensitive periods）所取代，它仍然强调有机体在特定的发展时期对特定环境是特别敏感的，但同时也指出，这种影响未必是持久的、不可改变、不可逆转的。②

（二）不同的理论观点

1. 弗洛伊德的心理性欲发展阶段理论

最著名也是争议最大的人格发展阶段理论是弗洛伊德的心理性欲发展阶段理论。弗洛伊德认为，人格发展是沿着从人出生到成人所经历的若干先后有序的阶段而前进的。每一阶段的划分是以性感区的转移为依据的，他认为，人格的发展，主要是本能或驱力（力比多）的发展，本能的根源在于身体的紧张状态，多集中在身体的某些部位，称为性感区（erogenous zone）。性感区在发展的早期是不断变化的，首先是口腔，其次是肛门，然后是生殖器，据此他将人格发展分为五个时期，即口唇期、肛门期、性器期、潜伏期和生殖期。每个时期都有与性有关的特殊的矛盾冲突，人格的差异与个人早期发展中性冲突解决的方式有关。如果某一时期的矛盾没有顺利解决，性的需求没有满足或过度满足，人格的发展就会停滞，这种现象叫做固着（fixation），即人的生理年龄虽然在增加，人格却没有相应的成长，即使到了成年，心理上还停留于儿童水平。

弗洛伊德把人格的发展阶段命名为心理性欲阶段（或心理发展期）（psychosexual stages），以便强调性本能活动在人格形成中的重要性。他认为，性本能在出生前就已存在，出生后立刻开始活动。

2. 埃里克森的心理社会发展阶段理论

作为自我心理学（ego psychology）创始人之一的埃里克森（Erik Homburger Erikson，1902～1994）接受了弗洛伊德的人格结构理论，承认了人格结构的形成源

① ［美］詹姆斯·卢格著：《人生发展心理学》，学林出版社 1996 年版，第 191～193 页。

② 郭永玉著：《人格心理学——人性及其差异的研究》，中国社会科学出版社 2005 年版，第 253 页。

于力比多，以及人格发展具有阶段性的特点。与此同时，他又开辟了新的视角，从生物、心理和社会环境的各个方面考查自我的发展，提出了一个以自我为核心的人格发展理论。在弗洛伊德看来，自我只是“本我的雇佣”，它没有自己的需要。但埃里克森却赋予自我以特征和需要。他认为，自我以为本我服务为出发点，但在为本我服务的过程中发展出它自身的各种功能。例如，自我能够组织个人的生活，保证个体生理环境和社会环境的和谐一致等。埃里克森关于人生八个阶段的描述，其实就是阐述自我如何获得和丧失力量的发展变化过程。

埃里克森认为，人格的发展包括有机体成熟、自我成长和社会关系三个不可分割的过程，经受着内外部的一切冲突，其发展按渐成的固定顺序分为八个阶段。人生发展的每一个阶段都有一定的任务，这些任务都是由两极对立的冲突组成的。如果冲突圆满解决，自我的力量就会壮大，进而促进人格的发展；如果冲突未能很好地解决，自我的力量就会被削弱，就会对人格的发展造成消极的影响。个体的发展是一个连续的整体，每一个阶段都受到前一个阶段所发生情况的影响。前一段任务的成功完成，就会增加后一阶段任务完成的可能性；而如果任务完成受挫，则会降低后一阶段任务完成的可能性。所谓成功的解决只是在这种解决中成功的成分占优势，反之亦然。虽然八个阶段产生的时间是由生物基础决定的，但与某一特定阶段相联系的任务能否成功地完成则是由自我成长和社会环境决定的。基于此，埃里克森把人生八个阶段称为心理社会发展阶段以区别于弗洛伊德的心理性欲阶段。

二、影响青少年人格发展的因素

青少年的人格是怎样形成的？这使我们想到一个古老而又争论不休的问题：先天遗传与后天环境的关系与作用。人格的形成仍离不开这一问题。心理学家们会说：人格是在遗传和环境的交互作用下形成的。

（一）生物遗传因素

人格的形成离不开个体的遗传生物基础。个体的神经系统（特别是脑）的特性、体内的生化物质是人格形成的基础；身体外貌对人格形成也有一定影响。

1. 遗传因素的影响

对人类而言，不管我们遗传什么，其遗传都是共同的，这些使我们与众不同的遗传都是通过基因（genes）起作用的。我们遗传了23对染色体，每一对都来自我们的亲生父母。这些染色体中，每一对都含有两万个基因。基因被认为是沿特定的路线指导蛋白质分子合成的信息源。正是基因中包含的信息指导着有机体的生理发展。也正是这一信息指导着有机体从受精卵到胎儿，到一个完全形成的初生儿，一个有着第二性征的青少年的过程。

目前，探索遗传对环境的影响的主要途径就是特质中心研究，即测量人格特质，并用数量遗传学（quantitative genetics）方法来分解遗传和环境所起的作用。遗传力是数量遗传学中的一个重要概念。所谓遗传力（herilability）是用来测量一个群体内某种遗传原因（相对环境影响而言）引起的变异在表现型变异中所占的比重。例如，在孪生子研究中估计遗传力，通常是根据同卵双生和异卵双生间的相关差而作出的。美国和欧洲的大量研究表明，被试在人格量表上得分相关的平均值，同卵双生在0.26到0.60之间，均值为0.48；而异卵双生在0.00到0.37之间，均值为0.24，这说明同卵双生子比异卵双生子在人格特征上有更高的遗传力。有人（Atkinson，et al.，1983）甚至报道过，一对同卵双生子出生后被分开抚养，从未见过面，到了40多岁重聚时，竟然两人穿着极相似，发型相似，职业、嗜好也相似。[①]

遗传对人格的作用，是一个有重要理论意义和实践意义的复杂问题，目前还难以得出明确的结论。根据现有的研究，我们对遗传的作用一些看法是：（1）遗传是人格不可缺少的影响因素；（2）遗传对人格的作用随人格特质的不同而异。像气质和智力之类特征，遗传影响大，而像价值观、信念等特征，遗传影响小；（3）人格发展是遗传与环境交互作用的结果。

2.生理因素的影响

身体生理因素是人格形成和发展的必要条件。身体器官的构造和机能、身体的外表都直接或间接地影响着人格的形成和定型。

（1）脑与人格。大脑是人的心理和行为的主要物质基础。一个人的人格和行为，无论多么复杂，都是脑工作的产物。巴甫洛夫学派认为，神经系统的类型特点是人格的生物学基础。人格特征与个体的大脑皮层细胞群配置特点以及细胞层结构的个体特点有关。这些特点既影响个体的高级神经活动特点，也影响个体的气质、性格和能力的特点。艾森克（Eysenck，1967）发现外倾者的大脑皮质的觉醒水平较低，而比内倾者的大脑皮质的觉醒水平较高，并认为这是造成内外倾的人格差异的主要基础。

（2）生化物质与人格。一个人的人格特征还会受到体内的生化物质的影响。例如甲状腺分泌甲状腺素亢进，会导致神经系统兴奋性增高，表现为易紧张、失眠、烦躁、多言、情绪不稳定；而甲状腺素分泌缺乏则导致智力减退、记忆力下降、联想和言语活动的减少、嗜睡、性欲减退。有研究表明，精神分裂症是由于神经介质多巴胺分泌过量导致，某种治疗精神分裂症的有效药可以降低多巴胺的分泌；而过低的多巴胺的分泌量则会引起帕金森氏综合症（或震颤麻痹），其特征是严重的肌肉颤抖和行动失调等。接受多巴胺治疗的精神分裂症患者也常出现帕金森氏综合症的副作用。但是，人体内的生化物质什么时候会直接导致某种人格特征呢？这还需要进行进一步的研究。

（3）身体外貌与人格。我国古人早就对身体外貌与人格特征的联系做过推测。

---

① 黄希庭、郑涌等著：《个性品质的形成——理论与探索》，新华出版社2004年版，第23页。

例如，《内经》中就对身体外形与人格特征的联系做过描述，书中详细描述了木、火、土、金、水五种类型的人的人格特点。德国精神病学家克雷奇默尔（Kretschmer，1925）和美国心理学家谢尔顿等（Sheldon&Stevens，1942）也曾把人的体形与人格特征联系起来。不过现在看来，这些猜测是缺乏科学依据的。肤色、脸形、身高、体重等身体外貌的特点，具有社会适应意义，有的符合文化的社会价值，有的则不符合，并经常受到人们的品评，因而也会影响一个人的人格。尤其是青少年往往非常在乎自己的外在形象，如何看待社会对自己身体外貌的评价对其人格形成有重要影响。

（二）外在环境因素

青少年人格的形成和表现离不开个体生存的环境，因为个体心理的发展都是在一定的外在环境下进行的。离开了外在环境，个体的发展也就无从谈起。

1. 家庭

家庭是一个微型的社会结构，能够为个体心理在整个生命周期的发展提供一个社会环境（Hess，1995）。家庭的各种因素，例如家庭结构的类型（如残缺家庭、寄养家庭等）、家庭的气氛、父母的教养方式、家庭子女的多少等都会对青少年人格的发展起着重要的影响作用。例如，一项对精神分裂症患者的家庭沟通方式的研究结果表明，与正常家庭相比较，患者的家庭成员之间在交谈方式上较少彼此感应并且缺乏人际感受性；成员之间不愿意倾听对方的话语，很少有信息交往。在有退缩性的青少年家庭中发现成员间较无法预测彼此在一个测试情境中的反应（Goldstein&Rodnick，1975）。

相比儿童时期，青少年在塑造人格时的主要任务是结束对父母的依赖关系。在西方文化中，十几岁的孩子为了定义自我，常常要找一个行为的榜样。尤其是在同伴之中寻找模特儿。但这并不是说父母被忽视了。有研究指出，虽然调整得很好的孩子在诸如服装风格和音乐爱好等事情上会去寻求同伴的指导，但在涉及教育和职业选择等重大问题上，青少年仍然把父母和亲属看成可靠的榜样。

2. 同伴与学校

进入青春期以后，由于青少年迅猛发展的受人尊敬、友谊和交往的需要迅速增加，个体开始疏远成人而热衷于同伴交往，对同伴倾注了越来越多的感情，同时萌生了与异性交往的强烈欲望，男女生之间的接触显著增多。同伴已成为影响青少年人格发展的重要因素。首先，青少年与同伴的交往对其情绪情感的健康发展尤为重要，不仅可满足其社交希望，而且是获得社会支持、安全感、亲密感的重要源泉。安娜·弗洛伊德（A. Freud）认为，同伴背景是家庭之外相对安全的释放攻击、性冲动的场所，高质量的积极同伴关系是情绪情感健康发展的需要。其次，青少年通过与同伴群体的交往而发展其认知和社交技能。皮亚杰认为只有在平等互惠的同伴关系中，个体才得以检验自己的思想、体验冲突以及协调不同的社会观点。这些同伴互动经历促进了青少年社会认知能力的发展，在引发折中主义和平等互惠的观念中也起着重要作用。此外，他还特别强调了同伴间的讨论和争论对道德判断能力发展的必要性。最后，同伴交往具有文化传递、行为发展的功能。群体社会化理论认为，人类文化传递模式是一个群体间的过程，是从父母群体传递到同伴群体进而经由同伴群体传至个体的过程。青少年在扬弃成人文化和创造自己新文化的同时，形成了自己的群体文化，并逐代传递。

学校又是青少年生活的一个重要场所。在青少年期，个体的大部分时间都是在学校中度过的。学校不仅是向青少年传授文化知识的地方，同时也对青少年人格的发展产生重要的影响。许多研究者指出，对于青少年来说，直接影响其成就和心理发展的因素就是学校和班级风气。良好的校风、班风促使学生形成勤奋好学、追求上进和自觉遵守纪律等人格特征；不好的校风、班风会使学生形成懒散、无组织、无纪律等特性。另外，教师对青少年人格的形成也会产生潜移默化的作用。有威信的教师，学生言听计从，他的高尚品格，渊博的知识，强烈的事业心和责任感，富于同情心，谦虚简朴等，都会对学生产生深刻的影响。没有威信，缺乏责任心的老师，学生不愿意接受其教育，但他的消极性格，如粗暴、偏心、神经质等，可能对学生产生自暴自弃、不求上进等不良影响。

3. 社会文化

每个人都处在特定的社会文化环境中，文化对人格的影响极为重要。小到一个地区的风俗习惯，大到一个民族的宗教信仰，文化的影响无处不在。由于个体主义文化强调个人的需要和成就，强调个人的自由和权利（如北欧和美国），因而生长在这种文化中的人倾向于把自己看作是独立、自主和独特的人；相反，生活在集体主义文化中的人则倾向于将自己归属于一个较大的群体，如家庭或宗教，这里的人们（如亚洲和非洲）对合作的兴趣胜于对竞争的兴趣，他们将集体的利益看成高于一切。

青少年易于接受新事物，寻求刺激，情绪冲动，行为盲目，好奇心强，在认知、思维、行为以及人格形成过程中特别容易受到流行文化的影响。例如，当今社会，青少年接触网络较多，因而，网络对青少年社会化和人格发展的影响尤为深刻。网络中的巨量信息具有高度流动性和虚拟性，使得信息交流和沟通等活动超出了传统范畴。尽管网络中大量快捷的信息使人类实现了信息共享，克服交流和沟通的时间和地域的限制，但同时也可能给个体的社会化带来许多负面影响。网络创造了一种虚拟空间，用人机互动代替了面对面的交流和沟通，使得人际关系日趋淡薄。在网络空间里，一切都比现实自由，很容易使青少年放任自己而不关心现实世界，最后会使自己脱离社会。许多青少年网络成瘾的例证便说明了这个问题。

第三节　人格塑造

一、人格与健康

人格与健康已成为当今时代的一个重要话题。科技的进步改变了我们的生活方式，延长了人们的寿命，形成了都市化的社会，同时也给我们的生活带来了更多的风险和不确定性。人格是人的心理与行为的基础，也是一个人身心健康的重要心理基础。心理学的研究也揭示出许多心理问题都与不良人格有密切关系，这些不良人格严重影响了个体的工作、人际关系、社会活动以及进一步的发展和自我完善等，并由此产生了心理上的困扰和障碍。而具备某些人格特征（如坚强、乐观、高自我效能感、控制感等）的人能够很好的应对挫折，并能成功抵御疾病，研究者将这些人称为具有“自我治愈”人格的人。下面我们来看一下“自我治愈”人格的人能够应用哪些人格资源来促进自身的健康。

（一）人格资源与健康

1. 控制感

长期以来心理学家认为控制感是人类的一个基本内在动机。这种动机表现在人类希望能够通过自己的行为预知和改变环境，希望行为能够产生自己渴望得到的结果。控制感与客观控制是两个不同的概念。控制感为个体对自身能否控制事件发展的主观感觉；客观控制是个体的实际控制能力。大量研究表明，控制感比客观控制能更好的预测身心机能。两位心理学家兰格（Langer）和罗丁（Rodin）做过的一项阿登屋研究表明，控制感是人类最基本的需求，也是人类应对环境的重要人格资源，控制感通常与一系列的积极结果联系在一起，还可以提高个体的主观幸福感与工作绩效，拥有控制感对人的健康状况乃至寿命都有很大的影响。

2. 自我效能感

所谓自我效能就是对能力的知觉，相信自己拥有个人技能和工作能力，使我们在特定的情境中正确而成功地行动。班杜拉于1977年提出了自我效能的概念，在20世纪80年代，自我效能感理论得到了丰富和发展，也得到了大量实证研究的支持。许多研究证明，强大的自我效能感与良好的健康状况，较高的成就水平以及更多的社会支持有关。当个体具有较高的自我效能感时，往往觉得自己有能力控制外界的事物，有能力去应对压力，所以他们也会较多的采取积极的应对方式，而较低的自我效能感往往将事件评价为不可控的，自己没有能力去应对，因而他们会较多采用消极的应对方式去应对。研究已经证实了许多自我效能感与具体的健康结果之间的关系，例如手术恢复过程中，高自我效能感的患者往往比低效能感的患者能够更好的控制疼痛；由于高自我效能感的心血管疾病患者对自己的身体和心脏的机能有较高期待，他们的心血管功能的恢复也随之提高。

3．乐观的归因方式

按照社会心理学的归因理论，人经常对自己的成功和失败进行归因。所谓归因是指对事物原因的归结。美国著名教育心理学家、社会心理学家韦纳（B. Weiner）认为归因由三个维度组成：控制点（内部对外部）、稳定性（稳定对变化）和普遍性（普遍对特殊）。具有乐观解释方式的人倾向于将消极事件归因于外部的、变化的和特殊的因素（如，这次我没考好是因为考试题目太难了），而将积极事件归因于内部的、稳定的和普遍的因素（如，这次获得成功是因为我的努力，如果坚持下去，一定能再获佳绩）。具有乐观解释方式的人可以控制自己的生活并采取健康的行为，长此以往会对健康起到积极影响。大量的研究表明，乐观的归因与健康呈正相关，与疾病呈负相关。例如西格尔等人研究了老年人的解释方式与免疫反应的关系，研究发现悲观的解释方式与较差的免疫功能相关。

（二）压力与健康

压力的存在是因人而异的，人格特征在调节压力对健康的影响中扮演着重要的角色，人格被认为通过增强或减弱压力的生理表现影响了健康。面对同样的事件，有人可能觉得有压力而寝食难安，有人却觉得没压力随遇而安。各人对压力的承受能力也是不同的，当两人处于同等压力之下时，承受能力强的个体会将逆境视为磨炼自己的时机并以此来激励自己勇攀高峰，而承受能力弱的则在压力之下难以喘息其心理和生理会出现不良变化。由于个体之间的差异以及每个人对压力的标准和衡量尺度不同，他们应对压力的方式和应对能力也存在显著的差别，那么过重的压力对不同人的危害程度是不同的。个体的内在因素就像一个过滤系统，将压力“过滤”，如果过滤系统良好，那么过滤的过程就会很有效率，也即产生了消解作用。下面我们来看一下压力是怎样通过个体差异这个中介变量产生作用的（见图6－2）。

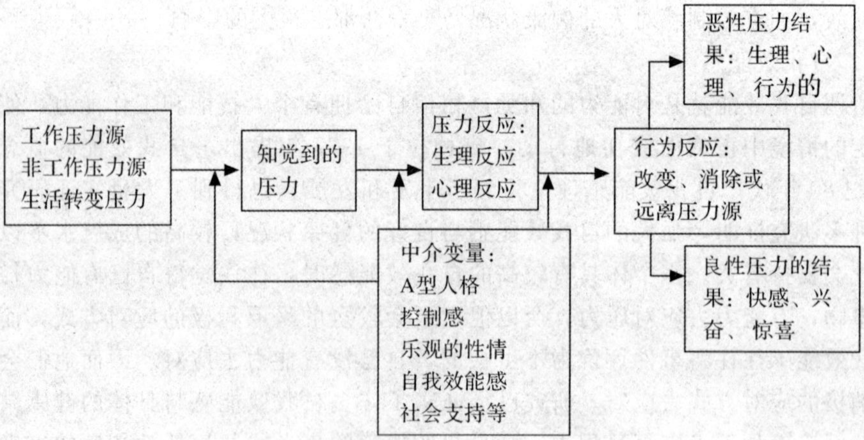

图6－2　压力作用模型

该模型综合考虑了压力的整个作用过程，将压力过程中涉及到的压力源、压力反应、压力结果、压力产生作用的中介变量整理到了压力作用的各个阶段，说明了各个变量的产生影响的位置及影响。将压力源分为工作压力源、非工作压力源与生活转变压力源（可用本章的社会再适应评定量表评定）；内在人格特征如控制感作为中介变量影响到个体对现实压力源的感受，经过个体“内在的滤镜”（中介变量）现实压力转变为个体知觉到的压力；个体调动身体各部位如提高心率、加快呼吸、紧绷肌肉及提高血糖等为抵抗压力源做好准备，并引起一定的心理反应，其间个体人格特征也产生影响，例如面对同样的压力感A型行为类型的人比B型行为类型的人生理反应更强烈；面对体验到的压力个体会采取战斗或者逃跑的应对压力行为策略，自我效能感高的个体压力感低更易采取面对问题的解决策略；最终压力应对会出现两种结果：恶性与良性的压力结果。从以上的模型中我们可以觉出个体人格差异在工作压力中扮演相当重要的角色。

（三）人格类型与健康

伴随着社会的发展与变化，我们每个人都形成了独特的行为模式，即人格类型。人格类型对心理健康有着非常明显的影响，是社会心理因素中造成心理障碍或精神失常的一个重要因素。这是因为人们总是依其人格特征来体验各种致病性因素，并建立对紧张刺激的反应方式。因而一些特殊的人格类型往往成为导致某种心理障碍或精神病的内在原因之一。这就是为什么同样的致病因素作用于不同人格类型的人，可以出现非常不同的后果，而同样的疾病发生在不同人格类型的人身上，其病情表现、病程长短和恢复结果又非常不同。

1. A型行为与冠心病

20世纪50年代，梅耶（Meyer）、福瑞德曼（Friedman）和罗森曼（Ray Rosenman）报告了从古代就一直存在的问题：有一种类型的人格特质与某些疾病是否存在着相关。他们确定了两种行为模式：A型行为和B型行为。这两种名称是指行为类型，与血型没有关系。

A型行为模式（type A behavior pattern）：是一种复杂的行为和情绪模式，包括极端好胜，好争辩，说话带有挑衅性，好冲动富有攻击性，急躁缺乏耐心，做事快，走路快，说话快，有时间急迫感和富有竞争性。他们对自己的要求高，很难使自己处于放松状态，很容易受到压力的侵袭。

B型行为模式（type B behavior pattern）：表现为安宁，松弛，随遇而安，顺从，沉默，声音低，节奏慢等。与A型行为相反具有较少的敌意和竞争性等。并不是说B型行为的人是工作不积极的，而是指他们是会安排时间和调解工作和生活关系的人。

从20世纪70年代，心理学家开始研究A型人格和B型人格在行为上的差别，最有成效的结果便是找到了A型人格的三种最主要的特点（Glass，1977）。第一，

A型者更具竞争性，更能为成功而努力奋斗。例如，A型者在对待成就性工作时比B型者更努力，而且他们可以不顾外界的压力（比如最后期限等）。第二，A型者有时间紧迫感，他们认为时间是宝贵的，不能浪费。A型者可能已经急切地投入了工作，而B型者却仍在拖沓（Gastorf& Strube，1982）。第三，A型者在对待挫折情境时更容易产生敌意和攻击性。

表6—2　　行为模式问卷

1. 在谈话中你是否过分强调一些词，却对句子中最后的几个词一带而过？
2. 你行动、吃饭、走路的速度是不是总是很快？
3. 当事情的进展速度不能如你所愿时，你是不是会变得生气和不耐烦？
4. 你是否经常在同一时间干几件事？
5. 你是否经常把话题转到你所感兴趣的问题上来？
6. 当你休息时，你是否有点负罪感？
7. 你是否经常不注意环境中的新事物？
8. 你是否更关心结果而不是过程？
9. 你是否经常在很短的时间内安排很多的事情？
10. 你是否发现你和喜欢赶时间的人在暗地里竞争？
11. 在交谈时，你是否喜欢用一些有感染力的手势，比如为了强调某一个问题而紧握拳头或敲桌子？
12. 你是否认为行动迅速是成功的关键？
13. 在日常生活中，你是否经常用数字给你的成就打分，比如卖出货物的数量等等。

如果对一半以上问题的回答是“是”，那你就可以划入“A型行为模式”者的行列了。

早期的研究发现，A型人格者冠心病的发病率比B型人格高出一倍，甚至将吸烟等其他危险因素都计算在内时仍然如此。A型行为模式本身成为心脏病的一个明确的危险因素，它与吸烟、高血压或胆固醇的作用相当。后来的不少研究支持了A型行为模式与冠心病的发生有关。现在的研究者认为A型行为模式不是一个统一的整体，而是一个多维度的结构，其中某些因素在A型行为模式与冠心病的关系中扮演着比其他因素更重要的角色。在把A型行为模式作为预测冠心病的指标时应找出其中的有害元素而把有利于健康的因素排除于A型行为模式之外。例如，一项很有说服力的研究证明，A型行为中的时间紧迫感在心脏病的成因中扮演着重要而且独立的角色（Wright，1988）。近期研究集中于A型行为中破坏性最大的那些因素，人格特质中表现出来的最危险的因素——“敌意”。敌意性高的人不仅有暴力倾向，而且有的人还专横霸道。甚至他们对每个人可能经历的日常小挫折和不方便都会有过激反应。他们对极其微小的烦恼都会表现出对抗、暴怒、粗鲁、乖戾、批评和不合作。有几项研究表明，测量得到的敌意性分数可以很好地预测冠心病。更重要的是，用不着测量全面的A型行为模式，只是测量敌意性就可预测哪些人的健康会有问题。

2. C型人格与癌症

关于人格可以导致癌症的论述，最早可以追溯到古希腊的盖伦，他在当时就指出，忧郁的妇女比乐观的妇女更有可能患上乳腺癌。我国医书《外科正宗》也认为，乳腺癌是“忧愁郁结，精想在心，所愿不遂，肝脾进气，以致经络阻塞，积聚成结”。目前，研究者对癌症倾向性人格的描述比对A型人格的描述更加参差不一。大量的研究将几种相当不同类型的心理因素作为预测癌症表现的指标。尽管多数的结论证据还不足，而且研究本身在方法论上也存在不少问题，但是研究者们将这些研究结果结合起来考察，形成了一个总的描述癌症倾向性的人格特质和应对方式，被称为C型人格或C型行为模式（Morris& Greer，1980）。

C型人格的行为模式及其应对方式正好与A型人格相反，其主要特点是不表现出愤怒，将愤怒藏在心里并加以控制，在行为上表现出与别人过分合作，原谅一些不该原谅的行为，生活和工作中没有主意和目标，不确定性多，对别人过分有耐心，尽量回避各种冲突，不表现负面情绪（特别是愤怒），屈从于权威等。虽然这些看法还没有获得直接的、充足的证据，但关于愤怒的压抑、抑郁与癌症的发生、恶化和预后不良有联系的报告却相当多。此类研究多是回溯式的，只有艾森克等人做过前瞻性研究，即在确诊癌症之前便将被试的心理社会资料收集起来，然后考察有关心理社会因素与癌症发病率的关系，结果发现了癌症倾向人格①。

不良的行为模式也是可以控制的，一项以矫正A型行为模式的研究已获得巨大的成功，有1000多名至少有过一次心脏病发作的病人参加了此项研究。研究者帮助这些人改变其A型行为模式。例如，为了降减他们的时间紧迫感，要求他们练习排队（A型行为者认为这是一种极具刺激性的情境），并借此机会考虑那些在正常情况下他们没有时间去想的事或观察别人的谈话；学习在不对别人发脾气的情况下表达自己的意见；改变某些具体的行为方式（如不打断别人的话，不匆匆忙忙地吃饭或说话）；重新评估一些基本信念（如成功取决于工作数量）以及设法使家庭和工作环境不那么充满压力（如减少不必要的社交次数）。此项研究历时四年半，结果发现实验组的病人心脏病复发率几乎只有那些没有学过如何改变生活方式的对照组的一半。这说明生活方式是可以改变的，而改变了不良行为模式会促进心身健康。

二、青少年常见的人格问题与人格障碍

（一）常见的人格问题

① 黄希庭著：《人格心理学》，浙江教育出版社2002年版，第626～627页。

人格问题是指介于正常人与人格障碍之间的一种人格状态，可以说是人格发展过程中存在的一些不良倾向。青少年是儿童向成年发展的过渡时期，有人将这一时期称为“危险期”或“惊涛骇浪期”，这一时期，青少年生理成熟造成的成人感与其心理发育的滞后形成了一对尖锐的矛盾。埃里克森（Erickson）提出，这一时期存在独立与依赖、自信与自卑、交往与孤独、顺从与抗拒和自我同一性等方面的矛盾，上述矛盾造成的冲突造成了个体认知和行为的失调，青少年期正处于人格发展的关键阶段，人格的发展很容易受到认知一行为失调的影响，从而产生了一系列的人格问题，包括自卑、懒惰、拖拉、鲁莽、悲观、孤僻、抑郁、冷漠、虚荣、焦虑、嫉妒、自我中心、脆弱、敌对等。

（二）常见的人格障碍

严格的讲，每个人在人格方面都不是完美的，几乎所有的人在其人格的某些方面都存在着或多或少的问题，但这并不属于人格障碍。正常人格、人格问题和人格障碍是具有不同层次的连续体。但如果一个人的思维和行为方式给自己和他人带来了明显的不便，他/她又无力改变这一现实，并且感到非常痛苦，我们是否就能认为这个人就有“人格障碍”呢？美国精神病学会于2000年6月出版的《精神障碍诊断和统计手册》即DSM－IV－TR将人格障碍定义为“关于内在经历和行为的某种持久模式，它明显违背了个体所处文化的预期，是弥散的、不容易改变的，开始于青春期或成年早期，在长时间内是稳定的，会引起忧虑或削弱。”① 人格障碍的表现十分复杂，各个类型之间既有共性，又有差异。共性表现在人格障碍的定义中的四个方面：人格的某些方面偏离正常，形成一定的行为模式；这一稳定的行为模式偏离了特定的文化背景和一般认知方式；通常于童年或青少年起病，持续到成年逐渐明显；人格障碍持续时间较长，给患者及其家人带来很大的痛苦。除了上述一般特性之外，还可以根据各种人格障碍的行为表现进一步分类，DSM－IV（《精神障碍诊断和统计手册》）将人格障碍分为三大组：古怪性/怪僻性人格障碍、戏剧性/情绪性人格障碍、焦虑性/恐惧性人格障碍，共10个类型。

1. 古怪性/怪僻性人格障碍

这一组三类人格障碍的共同的特点是：古怪，经常怀疑他人，很难与人建立稳固的人际关系，社会适应困难。

偏执型人格障碍：这类人格障碍的显著特点是固执、敏感和猜疑。患者总是毫无根据的怀疑别人，并不断的搜索支持他们猜疑的证据，这种猜疑妨碍了对人对事的正确的认知，因此这类人通常非常紧张，易嫉妒，好胜心强，自尊心强，好夸大事实，有攻击性，看问题主观片面，不能承担责任，倾向于将过失归罪于别人。偏

① ［美］劳伦·B.阿洛伊、约翰·H.雷斯金德、玛格丽特·J.玛诺斯著，汤镇宇、丘鹤飞、杨茜译：《变态心理学》，上海社会科学院出版社2005年版，第424页。

执型人格障碍患者常常在年龄较大时发病，尤其是在重大生活实践受挫后，男性的患病率高于女性，其中精神分裂症患者的亲属的患病率高于总人口的患病率。由于偏执性人格障碍的患者认为问题不是出在自己身上，而是由别人引起的，因此，他们很少求助于治疗师。即使他出现在治疗办公室，也很难建立起信任的治疗关系。

图 6—4　人格障碍的分类

分裂型人格障碍：这类人格障碍患者在行为和穿着上非常古怪奇异。他们相信自己有一些特异功能，会说自己能预测未来，有心灵感应，能读懂他人的思想等等，他们还常常报告一些奇幻的感知体验，例如感觉已经去世的父母在房间里等。分裂型人格障碍患者在男性中更为常见，受到遗传因素的影响，并与精神分裂症之间存在基因上的联系（Roitman ct al.，1997）。

分裂样人格障碍：与分裂型人格障碍不同的是分裂样人格障碍患者通常是极端内向的。分裂样人格障碍患者性格明显内向孤独被动，情感冷漠，与社会和家庭疏远，没有朋友，对任何事情都没有兴趣。有较多的白日梦和幻想，但是并未丧失认识现实的能力。患者中男性略多于女性，一些研究表明，如果父母患有精神分裂症，子女就更容易患分裂样人格障碍。

2. 戏剧性/情绪性人格障碍

这一人格障碍组的共同特点是常常表现出不适当的或极端的变化无常的行为，试图通过行为引起他人的注意。这组人格患者非常自我中心，很难遵从社会规范。

反社会型人格障碍：这种人格障碍是对社会影响最为严重的类型，是目前心理学家和精神病学家最为重视的研究最多的人格障碍类型。反社会型人格障碍患者最明显的行为特征是行为不符合社会规范，持一种对他人的掠夺性态度，漠视并侵犯他人的权利。主要表现是：从童年起便存在逃学、撒谎、偷窃、伤害他人等行为障碍；成年后脾气暴躁、冷酷无情、缺乏责任感，违法乱纪后缺乏内疚、毫无悔改之心；极端自私与自我中心，自我评价过高，对挫折的耐受力差，失败则推诿于客观条件或理由为自己开脱。这种人格障碍是可以得到最可靠诊断的一种，男性患者高于女性，常见于在贫困、不稳定的家庭中长大的个体。

边缘型人格障碍：这类人格障碍患者最主要的表现是人际关系、行为、情绪和自我意向的不稳定。莫瑞（Morey）认为这类人格障碍具有四个最显著的特点：难以建立稳固的自我同一性，患者的自我感不稳定，非常依赖与他人的关系来获取对自己的认同感，因此，当亲密关系破裂时，他们往往难以承受；不信任，他们在依赖他人的同时不信任他人，并且认为别人会抛弃或伤害自己；冲动的和自我毁灭性行为，这类患者的行为常常是冲动的、不可预测的，有自杀、药物滥用、危险性行为倾向；难以控制愤怒和其他情绪，他们的情绪很不稳定，可能在短时间内由愤怒变为极度的抑郁。研究发现，早期的创伤，特别是性虐待和身体虐待可能是该人格障碍发病的心理成因。

表演型人格障碍：这类人格障碍患者常常外表迷人、性格外向、喜欢用过分做作、过分夸张戏剧性的动作吸引别人的注意，但是，他们容易给人一种肤浅、没有真情实感和装腔作势的印象。与他人交往时感情用事，受暗示性强。自我中心，在人际交往中只考虑自己的需求，当他们不被别人注意时，会表现出不快。在人际关系受挫折或应激情况下，较易产生自伤或自杀行为，但自伤行为一般程度较轻，带有表演性。此类人格障碍患者中，女性患者人数较多。

自恋型人格障碍：过分自高自大，对自己的才能夸大其词。对别人的评价过分敏感，希望受人特别关注，渴望持久的赞美，对批评的反应是愤怒、羞愧或感到耻辱。认为自己在某些方面是与众不同的，期待着他人对自己特殊的照顾，同时又伴随着阵发性的自卑。对无限的成功、权力、荣誉、美丽或理想爱情有非分的幻想。缺乏同情心，有很强的嫉妒心。自恋型人格障碍者通常在童年时期受到过多的关注和无原则的赞赏，同时又太少承担责任，太少受到批评与挫折。

3. 焦虑性/恐惧性人格障碍

这组人格障碍的共同特征是高水平的担忧和神经过敏，与戏剧性/情绪性人格障碍不同，该组患者存在一种抑制情感以及对道德规范过度关注的倾向。

回避型人格障碍：这一种人格障碍患者最大的特点是对人回避、行为退缩、心理敏感、自卑，具有非常低的自尊，因此面对挑战时多采取回避的态度。很容易因他人的批评受到伤害，所以他们害怕参加社交活动，担心自己的言行不当被人讥笑，这使得他们的交往范围十分有限，对少数好朋友或亲人极端依赖。然而回避型人格障碍患者不与人交往并不是出于自己的本愿。想与人来往，又怕被拒绝、嫌弃；想得到别人的关心与体贴，又因害羞而不敢亲近。

依赖型人格障碍：这类人格障碍的显著特征是由于害怕被抛弃而过度依赖别人，要求他人（如父母或配偶）为自己生活的大多数主要方面承担责任，过分服从他人的意志，难以表示不同意别人的意见。独处时感到自己无助或无能，沉湎于被遗忘的恐惧之中，不断要求别人对此提出保证，当与他人的亲密关系结束时，有被毁灭和无助的体验。这种障碍可能受父母的教养方式（过度保护或过度专制）的影响，女性患者多于男性。

强迫型人格障碍：这类人格障碍的显著特点是患者自信不足，行为谨小慎微，做事循规蹈矩，缺少灵活性，有完美主义倾向，认为必须将事情做到恰到好处。个人内心深处具有不安全感导致行为优柔寡断，在进行一项活动之前需要作出周详的计划并反复核对，常常因此延误时间，降低工作效率。强迫型人格障碍与强迫症最大的区别在于前者是弥散性的表现在多项活动中，并不针对特定事件。男性患病率是女性的两倍。

三、人格塑造与人格障碍的心理治疗

人格的形成是一个动态发展的过程，受到生物学因素和家庭、学校及社会各方面环境的影响。人格的发展经历幼儿期、少年期、青年期、中年期和老年期几个阶段，是一个不断发展和完善的过程，由量变到质变的过程。人格健康既表现为内部的协调，也表现为人格内外的平衡，这种协调与平衡是相对的、动态的。青少年期是人格的形成及再造期，我们必须抓住这个有利时机，采取各种有效的手段，促进青少年自我的完善，提高青少年的心理素质、文化素质和道德修养，最终不断提高青少年的人格层次。

（一）青少年人格塑造

1. 全面系统地开展人格健康教育，关注青少年的人格健康

促进青少年健康人格塑造，首先必须普及人格健康知识。我们在生活中经常听到或目睹到一些因为心理障碍导致的悲剧，仔细分析一下，如果当事人能够多了解一些心理卫生知识，或者在他们有困难的时候能有人给他们进行必要的、适时的指导和帮助的话，这些悲剧大部分都是可以避免的。因此，只有通过系统的接受教育，青少年才能全面深入地了解人格，确立起健康人格的概念，才能有意识的朝着健康人格的目标努力；只有通过全面地开展人格健康教育，才能吸引大众的参与，在全社会内形成一种关注人格健康塑造健康人格的氛围；只有通过普及人格健康知识，受到人格问题困扰的青少年才能及时地了解自己，以便调整自身回到正常的人格发展轨道上来。

2. 扩大人文社会科学知识领域，加强青少年的人文修养

青少年在加强专业知识学习的同时，还应该扩大自己的人文社会科学知识，加强人文修养，即要注重人格的全面发展，避免片面化。人文精神是一种普遍的人类自我关怀，表现为对人的尊严、价值、命运的维护、追求和关切，对人类遗留下来的各种精神文化现象的高度珍视，对一种全面发展的理想人格的肯定和塑造，而人文社会科学是集中表现人文精神的知识教育体系，它关注的是人类价值和精神表现。

学习人文社会科学知识、增长智慧的过程也是人格优化的过程，正如培根所说："读史使人明智、读诗使人灵秀、数学使人周密、科学使人深刻、伦理学使人庄重、逻辑修辞使人善解，凡有所学，皆成性格"。① 人文精神强调一切从人出发、一切以人为归宿的精神，高度重视人的价值和尊严，因此，加强人文社会科学知识的学习有利于青少年塑造健全的人格。

3．课堂教学与校园文化活动相结合，拓宽青少年人格教育渠道

大部分的青少年的主要活动场所是在学校中，因此学校的人格健康教育是塑造青少年健康人格非常重要的一环。在学校里开展青少年人格健康教育的方法和途径不能仅仅局限于心理辅导和咨询工作，而是要以课堂教学、校园文化活动为主要渠道和基本环节，形成课内与课外、教育与指导、咨询与自助紧密结合的人格健康教育的网络和体系。

人格健康教育必须与课堂教学相结合，一方面，在课堂传授内容方面，教师可以适时地挖掘一些人格教育的内容，通过相关知识的传授帮助青少年树立正确的人生观、世界观和价值观，增强青少年辨别是非、善恶、美丑的能力，引导他们最求真、善、美的优良个性品质。另一方面，授之以鱼，不如授之以渔。教师在传授知识的同时，尤其要注重开发学生的各种能力，如创新能力、自学能力、表达能力、人际交往能力、独立思维能力等等。

校园文化是指以学生为主体、以课外文化活动为内容、以校园为空间、以校园精神为主要特征的一种群体文化。② 一方面，校园文化活动满足了青少年归属和交往的需要，增加了与他人合作交流的机会，通过与他人的交流，可以看到别人的长处，自己的不足，从他人那里获得理解、支持和肯定。另一方面，校园文化活动为青少年提供了一个全面展现其才能的空间。校园文化建设格调清新、先进高雅，有利于引导青少年形成丰富多彩的兴趣，通过这种潜移默化的文化氛围，有利于增强青少年的自信心，缓解单调繁重的学习生活造成的心理压力。

4．传统人格与现代人格教育并行，健全青少年人格教育内容

中国传统文化以注重天人合一、知行统一，强调和为贵、道德教化、整体至上、人伦道德为基本特征，中华民族自五千年的历史积淀中形成了重理想、重道德、重气节的伟大的民族精神，铸就了协作性、整体性、内向性和锁闭性的中国传统人格。这种民族精神和传统人格是中华民族生生不息的强大的精神支柱，为人类文明进步作出了不可磨灭的贡献。但任何一种文化都有两面性，在文化哺育下的人格也存在精华和糟粕的一面。除了具备传统的优秀的中华民族特质之外，当代中国人的人格至少还应该具有以下五种人格特质：自主性、竞争性、效益性、开放性和法制性。③

① 董广杰主编：《大学生心理健康教育与应用》，中国纺织出版社 2004 年版，第 355 页。

②③ 张晔、秦华伟著：《人格理论与塑造》，国防工业出版社 2006 年版，第 278、299 页。

这五种人格就是在新的时代背景下合乎市场经济要求的现代人格。我们需要将传统人格与现代人格相结合，修正和去除传统人格系统中落后的人格特质，吸收和借鉴符合时代要求现代人格特质。

（二）几种主要的人格障碍心理治疗方法

心理治疗是治疗者按照心理学的有关理论，采用言语、行为或一些辅助手段（如仪器等）来治疗患者认知、情感或行为方面的障碍。[①] 就像是对人格的本质存在不同的看法一样，不同的人格理论都发展了自己的治疗方法，这些方法来源于该理论关于人格的阐释。人格障碍的心理治疗方法包括：精神分析疗法、行为疗法、认知疗法和存在一人本主义疗法四种主要的治疗方法。

1. 精神分析疗法

由弗洛伊德创立的精神分析疗法是心理治疗中最常用的一种治疗方法。弗洛伊德认为，人格的健康取决于人格结构中本我、自我和超我的和谐一致，以及个人与其外部世界的协调。如果个体无力解决本我、自我和超我三者之间的产生的冲突，则可能导致产生人格障碍，精神分析疗法的目的是重建个体心灵内部的和谐。心理治疗师的目的就是帮助患者将被压抑的想法带到意识层面上来，让患者了解潜意识的伪装和真实涵义，是充分发挥自我的力量。精神分析疗法最典型的具体治疗技术有：自由联想法、梦境分析法、移情分析法、回思术等等。精神分析技术对于以焦虑为基础的人格障碍有较好的疗效。这种治疗技术的最大特点是有利于病人自我控制能力的培养；局限是费时费力费钱。

2. 行为疗法

行为疗法是行为主义学派主要运用条件作用原理和强化原理治疗心理疾病和障碍的技术。它认为异常行为与正常行为一样，都是通过学习获得的，人的行为习惯既可以通过学习获得，同样也可以通过学习而改变或消失，因此患者的任务是学习如何适应其周围的环境。具体的行为治疗技术主要包括系统脱敏疗法、满灌疗法、厌恶疗法、阳性强化疗法、阴性强化疗法、内爆疗法、生物反馈疗法、放松疗法等。行为疗法对以行为为基础的人格障碍如强迫型人格障碍有较好的疗效。

3. 认知疗法

认知理论认为，我们的思想、情绪和行为都是有内在的图式来组织的，而人格障碍是图式中歪曲或夸张的产物。认知疗法的重点放在改变患者的不良认知上，即治疗师将改变信念、态度和习惯的思维模式看作治疗的关键，从而矫正不良行为的心理治疗方法，在认知疗法中，患者的理性思维能力或潜力对于取得治疗效果非常重要。把认知心理学直接应用于临床的创始人之一是艾利斯（Alice），他创立的理性情绪疗法。认知疗法主要采用认知重建、心理应付、问题解决等技术进行心理辅

① 常若松主编：《健康人格论》，辽宁人民出版社2004年版，第405页。

导和治疗。认知疗法可用于治疗焦虑症、强迫症、恐惧症及有妄想倾向的人。

4. 个人中心疗法

又称患者中心疗法，是由美国心理学家罗杰斯建立的，这一疗法强调人的本性自身是一切心理治疗的出发点。相信只要为患者创设一个适当的心理环境和气氛，他们就能充分发挥自身的内在潜能，进行自我调整，消除心理障碍，最终达到心理健康。在治疗过程中，来访者与治疗师的关系是最重要的因素。个人中心治疗的主要技术是：理解的技术、坦诚交流的技术和积极关注的技术。

另外，除了上述几种心理治疗的手段之外，治疗人格障碍的方法还有生物医学治疗。生物医学治疗包括神经外科手术和药物治疗。与心理治疗相比，吃药、打针、电休克等生物医学治疗对于冲动行为、情绪低落和焦虑等心理问题的治疗效果更立竿见影，但大多精神药物只能临时缓解患者出现的个别症状，不能从根本上改变患者的人格模式。

[主要结论与应用]

1. 众多学科从各自的视角探索过人格。而心理学则试图通过人格的研究解释个别差异，描述完整的人。从心理学的角度讲，人格是支持个人生活的认知、情感和行为的复杂的身心组织，具有整体性、稳定性、独特性及社会性等四个基本特性，主要包括气质、性格、自我、认知风格等方面。长期以来，不同流派的心理学家提出了各自的人格理论，主要包括精神分析人格论、人本主义人格论、特质理论（含“大五”和“大七”）、认知理论和社会学习理论，它们基于自己的基本理论假设，从人格结构、人格动力、人格发展、人格适应等几个角度对人格进行了全景式的阐释。

2. 人格发展是指个体自出生至死亡的整个生命过程中人格特征的表现，随着年龄和习得经验增加逐渐改变的过程。在关于人格发展阶段的理论中，弗洛伊德的心理性欲阶段论、埃里克森的心理社会阶段论影响较大。青少年期是人格发展的关键期，由于在青少年期个体的身心发生了巨大的变化，这一个阶段的人格发展也呈现出其独有的特点：半幼稚半成熟；确立自我同一性；注重同伴关系；反抗与逆反。青少年人格的发展受到生物遗传因素、外在环境因素以及交互作用的影响。

3. 人格是心理与行为的基础，也是个体身心健康的重要心理基础。具备坚强、乐观、高自我效能感、高控制感等人格特征，对个体的健康具有积极的影响。人格特征在压力与健康的关系中是一个重要的中介变量，具备不同的人格特征的个体感知与应对压力的方式不同。个体独特的行为模式似乎与某些疾病存在着相关，例如A型行为模式与冠心病、C型人格与癌症。青少年期的人格发展很容易受到认知—行为失调的影响，因此，此阶段易出现一些心理问题，甚至为人格障碍的出现埋下了隐患，因此，我们详细讲述了青少年期常见的几种人格问题与人格障碍，针对青少年的身心发展特点，提出了几种人格塑造与人格障碍的心理治疗的方法。

[学术动态]

积极人格论

在2004年美国汤姆逊（Thomson）出版社出版的《现代心理学史》（A history of modern psychology）第八版的前言中，美国心理学史家舒尔兹（Shultz，D. P.）称积极心理学是当代心理学的两大最新进展之一（Shultz，2004，p. xvii）。积极心理学对人格的研究，是以反思和批判传统心理学关于人格研究中所存在的问题来进行的。积极心理学认为传统的人格心理学研究都存在两个方面的问题，一是过分强调了人格的独特性而忽视了人格的共同性；二是传统的人格心理学有着消极的特性，即过分关注了问题人格，从精神分析人格理论到现在比较流行的特质人格理论，它们的最终归属点都无一例外地落实到了对问题的分析和研究上。

积极心理学主要是在个体水平上对人格进行了研究，其人格理论主张主要有以下三个突出的观点：

1. 提倡研究积极人格特质

人格心理学相信在每一个人的内心深处，都存在着两股抗争的力量。一股力量是消极的，另一股力量是积极的。这两股力量谁都可能战胜对方，关键是看每一个个体自身到底在给哪一股力量不断注入新的能量，在给哪一股力量创造更适宜的生存心理环境。

积极心理学强调人格心理学必须研究人内心所存在的积极力量，只有人所固有的积极力量得到培育和增长，人性的消极方面才能被消除或抑制。积极心理学倡导研究积极人格并不意味着人格心理学就是要忽视或放弃对人格问题的研究，它只不过是强调人格心理学要成为一种平衡的人格心理学，要在既研究消除各种人格问题的同时，致力于研究助长良好人格的积极方面。

2. 强调人格形成过程中各因素的交互作用

积极心理学在人格研究中虽然不忽视先天生理因素的影响，但更强调后天社会文化环境对人格的影响。在个体的生理机制、外部行为和社会环境三者的交互作用中，积极心理学强调人格首先是一种外在的社会活动，然后在一定的生理机制的作用下而内化为个体的一种稳定的心理品质。

3. 强调人的能力及潜力在人格形成过程中的作用

积极心理学强调人在发展过程中的主动性，认为人格的形成和发展是个体主动建构的过程，个体可以通过发展其良好的行为和良好的社会环境来建构或改善他的人格。人格心理学在研究人的各种心理问题时也应研究人的积极力量，也就是研究影响人积极人格的成长因素。

积极心理学把增进个体的积极体验和培养个体的自尊作为培养个体积极人格的

最主要途径。总的来说，积极心理学对积极人格的研究还处于初级阶段，但它对人格的解读却为当代人格心理学研究提供了一种新方向，也许这才是积极心理学关于积极人格研究的真正力量所在。

[学业评价]

1. 什么是人格？人格具有哪些特征？
2. 说出你认为较好的描述了人格的一种人格理论，并详细介绍该理论。
3. 主要有哪些人格测评技术？
4. 简要分析青少年的人格发展处于什么阶段。
5. 青少年具有什么样的人格特点？为什么会形成这些人格特点？
6. 在青少年期，你自己或同学有没有遭遇过某些人格问题，如果有，当时是怎样解决的？学习了本章知识后，对以前的解决办法有什么评价？
7. 介绍一种主要的人格障碍，设计一套合适的治疗方法，并分析其理论基础。

第七章 青少年心理发展

[内容摘要]

心理学研究揭示了心理活动和现象的各个方面，如本书前几章介绍的知觉、记忆、思维和动机等。发展心理学是心理学的重要分支学科，研究人类心理毕生发展的规律和年龄特征。人类个体的发展，在经历了婴幼儿期、童年期后，进入了青少年期。青少年时期是人生发展的黄金时期，在人生心理发展的过程中起着举足轻重的作用。大学生朋友们如果能够了解人生发展各个时期的心理特点、关键任务和容易出现的主要问题，在思考自己和人生问题时，在面对成长的烦恼和痛苦时，在遇到困难和挫折时，就会根据自身心理的特点，结合发展心理学的研究发现，坦然面对并顺利解决有关问题。本章旨在从心理发展的角度出发，介绍青少年时期心理活动的特点和规律，帮助大学生朋友们认识自身容易出现的心理问题。本章第一节介绍了人生发展的阶段划分、青少年期的心理特点和青少年发展的家庭社会背景等。第二节介绍了青少年认知发展的特点和青少年的社会认知能力。第三节介绍了青少年的社会性发展，包括自我的发展、同伴关系与亲密感。第四节简要介绍了青少年几种常见的问题行为，并且分析了有关的成因。学习本章可以帮助读者了解青少年阶段心理发展的特点，以便更好地自我设计和生涯规划。

[学习目标]

1. 了解人生发展的各个阶段，记住青少年期的心理特点；
2. 能够理解家庭和社会环境在青少年发展中的作用；
3. 知道青少年认知发展的阶段特点和青少年社会认知能力表现；
4. 能够记住青少年自我发展的特点、青少年的同伴关系与友谊；
5. 能够列举青少年经常出现的诸多问题行为，并尝试分析其成因。

[关键词]

青少年　心理发展　认知发展　社会性发展

第一节　人生发展与青少年期

人生发展是个体在一生中随着年龄的增长而经历的一系列具有顺序性的变化，

这些变化表现在生理、心理和社会等方面。个体从一个受精卵开始直到生命的终止，其一生都处于不断的发展变化之中。因此，发展并不单纯指个体新机能的出现、获得，或者已有机能的成长、增强或成熟，发展也包括个体生理与心理机能的下降、衰退和丧失。个体心理的发展既具有连续性，又存在着阶段性。根据个体生物、认知和社会性发展的水平与状况，可以把人一生的发展历程划分为三个大的时期——童年期、青少年期和成年期，每一个分期又包括若干更小的发展阶段。

一、人生发展的阶段

（一）童年期

童年期是个体心理的发生与成长期，也是个体心理发展最快的一个时期。它是指个体从生命开始到十一二岁这一阶段。童年期包括胎儿期、婴儿期、童年早期或幼儿期和童年中晚期。

1. 胎儿期

胎儿期是指从受孕到出生这一发展阶段。这是个体快速成长的一个时期。在九个月左右的时间里，个体从一个受精卵发育成为一个拥有大脑和行为潜能的完整的有机体。

2. 婴儿期

婴儿期是指个体从出生到2～3岁这一发展阶段。这一阶段是个体心理与行为的发生和初步发展的时期。

这一时期儿童发展的成就主要表现在感知运动、语言和思维的萌芽三个方面。

在感知运动方面，儿童从完全没有随意运动逐步发展到能主动用手操纵物体，并在1岁以后逐渐获得独立行走的能力。

婴儿期是儿童言语发生与初步发展的时期。1岁以后，儿童逐渐开始能够听懂他人的言语并开始与他人进行口头言语交流。2～3岁儿童的口头言语飞速发展，此阶段为儿童口头言语发展的关键期。

随着儿童感知能力的迅速发展，记忆与注意能力的不断提高，直观动作思维和表象能力开始出现。在感知、语言、思维等方面发展的基础上，儿童的社会学习能力也开始发展起来，他们开始能够进行一些简单的模仿学习。另外，个体约自6个月起，开始出现怯生现象和对照看者的分离焦虑，这标志着依恋关系的开始。依恋关系是儿童社会性发展的开端。在婴儿期儿童逐渐与成人形成一种稳定的依恋关系。与此同时，儿童与同伴之间的社会性相互作用也开始出现并迅速增加。

3. 童年早期

童年早期是指婴儿期结束到6岁这一阶段，这是儿童正式进入学校以前的一个阶段，又称学前期或幼儿期。这一时期儿童的主导活动是游戏，游戏活动为儿童提供了认识世界和积累知识经验的机会，同时也促进了儿童的社会交往或社会互动。

在认知方面，幼儿开始获得表象思维的能力，能够凭借内化的事物表象对经验范围内的事物进行思考。此时期儿童只能从一个方面或维度来看待事物，在认识上存在明显的“中心化”倾向。在自我——他人关系的认识上，幼儿只知道自己的观点，而不能认识或采择他人的观点，表现出明显的“自我中心主义”。

此外，幼儿期也是儿童口头言语发展的重要时期，三四岁以后，儿童不仅能听懂他人的言语，而且开始能够进行连贯的言语表达。儿童的自理能力在这一时期也开始发展起来，他们逐渐学会照顾自己。

4. 童年中晚期

童年中晚期一般是指 6 岁到十一二岁这一阶段。又称小学阶段或学龄初期。这一阶段儿童进入小学接受正式的学校教育。通过教育，儿童开始掌握一些基础的读写和算术能力。在心理方面，儿童的认知特别是思维能力快速发展起来，其思维形式逐步地由具体形象思维向抽象逻辑思维过渡，但这一时期，儿童的思维仍具有明显的形象性，处于具体运算水平。小学阶段，儿童与同伴的社会交往、社会互动日益增多，各种社会性品质迅速发展起来。

（二）青少年期

1. 青少年期的界定

在发展心理学中，青少年期起止年龄的界定一直是一个存在分歧的问题。采用的界定标准不同，所确定的青少年期的起止年龄也就不会完全一致。表 7－1 中介绍了青少年期起止的不同标志。

我国发展心理学界一般把青少年期界定为十一二岁至十七八岁这一发展阶段，相当于中学教育阶段（林崇德，2002）。其中十一二岁至十四五岁这一阶段称为少年期，又称青春期；十四五岁至十七八岁称为青年初期。而西方大多数发展心理学家对青少年期的界定更为宽泛一些，认为青少年期是指从青春发育期开始直至完成大学学业这一发展阶段，即十一二岁至二十一二岁，这大致相当于人生整个发展历程中的第二个十年。

表 7－1　　青少年期起止时间的标志

标志	开始时间	终止时间
生物学的	青春期的到来	生殖能力的获得
情绪的	与父母疏远的开始	独立的同一感的获得
认知的	高级推理能力的出现	高级推理能力的牢固
人际关系的	人际交往的兴趣从父母转向同伴	获得与同伴亲密交往的能力，体验到亲密感

续表

标志	开始时间	终止时间
社会的	开始接受相应的训练，为从事成年人的工作、承担家庭与公民角色等做准备	完全拥有成人的地位和特权
教育的	进入初级中学	完成正式教育
法律的	少年地位的获得	法定成年地位的获得
时序年龄的	达到社会所确定的青少年期开始的年龄（如 13 岁）	达到社会所规定的成年期开始的年龄（如 20 岁）
文化的	进入向成年过渡的仪式化的训练阶段	成人仪式的结束

（资料来源：张文新，2002）

2. 青少年期的亚阶段划分

青少年时期并不是一个同质性的发展阶段，在这一阶段的不同年龄，青少年的心理发展水平、特点以及发展的社会背景都会存在明显的差异。同时，个体在青少年期的不同阶段所面临的任务与发展主题也不尽相同。例如，初中阶段的青少年与大学阶段的青少年相比，不论是在认知（如思维）能力的发展上，还是在自我、价值观以及情绪与情感等方面都会表现出明显不同的特点。因此，青少年心理学家通常将青少年期进一步划分成三个亚阶段（Steinberg，1999）：(1) 青少年早期（11～14 岁），大致相当于初中教育阶段；(2) 青少年中期（15～18 岁），大致相当于高中教育阶段；(3) 青少年晚期（18～21 岁），大致相当于大学教育阶段。

（三）成年期

经由青少年期的发展，个体进入成年期。然而，在现代社会中个体从青少年到成年的过渡通常不是一蹴而就的。

1. 成年期开始的标志

正如青少年期的终止年龄或标志存在分歧一样，以什么作为成年期开始的标志也是一个非常复杂的问题。当前，大多数发展心理学家把个体获得某种稳定工作的时间以及与此相关的经济上的独立作为进入成年期的一个最重要的标志（Santrock，2001）。一方面由于个体所受教育程度不同，结束学校教育的时间不同，因此他们进入成年期的时间也存在差别。另一方面，由于不同国家和地区之间经济和社会发展的水平不同，青少年能够接受的学校教育的程度不同，个体进入成人期的时间自然会存在国家间或地区间的差别。以中国的情形为例，2002 年，全国高中阶段教育的毛入学率为 42.8%，高等教育的毛入学率仅为 15%。换言之，一半以上的 14 岁青少年不能接受高中教育而直接进入社会，而那些 15%有机会接受高等教育的青少年则至早要到20岁以后才能够进入成人世界。因此个体离开青少年期而进入成年期的标准的确定并非如此简单或明确。

虽然个体经济的独立与拥有稳定的工作相联系，但是个体获得工作并不总是意味着其经济上的独立。美国学者的研究发现，在当今美国，那些刚刚试着经济上自立的青年人越来越多地回到家中与父母一起生活。这种情况在中国同样十分普遍。

近期的一些研究发现（Scheer & Unger，1994），除了稳定工作的获得或经济的独立之外，还存在其他一些因素可以被看作是个体进入成年期的标志。例如，一些被调查者认为，能否对自己负责任和独立地进行决策是判断一个人是否进入成年期的重要标志。70％的大学生认为，作为成年人，意味着对自己的行为后果负责，对自己的信念和价值观作出选择，建立起与父母平等的成人关系。而在另一项研究中，希尔（Scheer，1996）发现，人们认为社会地位因素（经济地位和完成学业）和认知因素（负责任和进行独立决策）都是成年人地位的标志。

由此可见，青少年期终止和成年期开始的时间不单纯是一个时序年龄的问题。较为准确的说法应该是，青少年期何时开始是由生物变化决定的，但这一阶段何时结束则主要是由文化决定的。

2．成年期发展的三个阶段

发展心理学家通常把成年期划分为三个阶段：成年早期、成年中期和成年晚期。成年早期（early adulthood）即青年期，一般始于20岁左右而持续到30岁左右。这一时期是个体获得经济和个人独立的时期，职业发展成为个体这一时期最为关注的发展主题。在个人事务方面，这一时期则是选择配偶、成家立业，开始家庭生活的一个时期。成年中期（middle adulthood）大致是指35～45岁到55～65岁这一发展阶段或生命历程。青少年的父母一般处于这一时期，这一发展阶段不仅对于父母是一个特别重要的阶段，而且也影响到青少年子女的发展。因为这时他们的父母即将进入或者已经进入中年期。在中年这一发展阶段，个体心理出现一些明显的特点：（1）重视向下一代传递价值观；（2）开始关注自己的身体；（3）对生命意义的反省增多。个体在60岁后开始进入人生发展的最后一个阶段——成年晚期（late adulthood）。成年晚期是人生中一个重要的适应与调整时期。个体要适应健康状况的下降、退休、收入减少以及社会角色的转变等一系列问题。

二、青少年心理的特点

青少年阶段是个体从童年向成年的过渡期，也是个体身心发展的剧变期。这一时期，个体在生物方面、认知发展和社会性发展方面都经历着重大而深刻的变化。过渡性是青少年期心理发展的最根本的特点。与其他阶段相比，青少年期个体的发展具有三大特点：青春期的开始、高级思维能力的出现和向新的社会角色的过渡（Hill，1983）。上述三个方面实际上就是青少年期心理发展的过渡性特点的基本内涵

(Steinberg，1999)。

（一）生物过渡

个体一生经历两个生长发育的高峰期，其一是从受精卵开始发育至一岁左右；其二出现在10～20岁之间，即青少年期。个体在这一时期要经历一系列的生物变化，包括身高和体重的迅速增加、体形和面部的逐渐成人化、第二性征的出现、循环系统和呼吸系统的发育成熟等。生理上的成熟导致青少年成人感的产生。但是，青少年生理发展水平与其心理成熟水平会形成很大的落差，往往会造成其心理上的成人感和幼稚性并存的矛盾，从而使青少年期特别是青少年早期的个体的心理具有明显的不平衡性和矛盾性。

青少年的生理变化会以直接和间接的方式对其心理发展和社会关系产生重要而广泛的影响。一般来说，青少年的心理变化通常不是由生理变化单独引发的，而是生理变化与社会文化环境相互作用影响的结果。

1. 生理变化对心理发展的直接影响

生理变化对心理发展的直接影响是指身体的生理变化直接导致了青少年的心理变化，如体内激素变化对青少年心理与行为的影响。对男性来说，青春期睾丸激素的增加直接导致了男青少年性驱力和性活动的增强（Halpern，Udry，& Suchindran，1996）。对女性的研究也发现，月经周期的第22天，随着雌性激素和黄体酮的含量大大增加，大约有40%的女性体验到更为强烈的抑郁、焦虑、烦躁、自尊心下降、疲倦和头痛等（海德，1987）。还有研究者发现，那些与同龄人相比体内激素水平较高的青少年表现了较多的消极情感和过剩的精力（Brooks－Gunn & Warren，1989）。激素具有激活效应，对青少年更具唤起和兴奋作用，从而影响青少年的情绪与行为。

2. 生理变化对青少年心理发展的间接影响

青春期的生理变化对青少年心理发展的间接影响，主要是通过个人、社会对这种身体变化的评价和态度发生作用的。例如，青少年关于身体外表的自我期望及他人的期望会影响到他们的自我形象等。青春期身体变化对青少年的影响并不在于变化本身，而在于青少年对这些变化的意义和重要性的解释，在于青少年对他人反应的理解，以及对这些变化是否符合社会文化模式的认识。

青春期的到来会给青少年及其周围相关的人带来新的适应问题。首先青少年身体的快速生长发育和体形的变化会破坏儿童原有的自我形象，建立并适应全新的自我形象是青少年面临的一个挑战。其次在社会关系方面，伴随着成人感的产生，青少年强烈的要求周围人把自己作为大人来对待，而不再像孩提时期完全接受父母的权威。再次在情感联系上，青少年开始逐渐疏远父母而与同伴建立起亲密感。同时社会也开始把青少年作为一个成人来对待，从而对他们提出了不同于儿童期的要求和期望。这样，伴随着青春期的到来，青少年原来与父母之间原有的交往方式被打破，如何建立新的亲子互动模式，不仅对于青少年自身，而且同时对父母、教师等与之互动的人，都是一个新的任务与挑战。

（二）认知过渡

认知发展是心理发展的一个极其重要的方面，同时它还是个体情感、道德、人际交往、社会行为等其他领域发展的基础和前提。青少年时期是个体认知发展的一个重要转折时期，这一时期个体的认知不管在内容方面还是形式方面都发生了质的变化。

1. 思维与认知发展

皮亚杰根据认知结构的不同，把个体的认知发展划分为感知运动阶段（零至一岁半和二岁）、前运算阶段（二岁至六七岁）、具体运算阶段（七八岁至十一二岁）和形式运算阶段（十一二岁至十五六岁）四个阶段。皮亚杰认为，形式运算（formal operational stage）是具体运算之后认知发展的更高水平。个体的思维从具体运算过渡到形式运算，标志着智慧发展到了一个较为成熟的阶段，在此之后的发展仅是经验和知识的增加，思维方式不再有质的变化。

青少年正处于形式运算阶段，他们对自然世界、自我、人际关系和社会本质的思维方式的变化源于形式运算认知结构的建立。与具体运算阶段儿童相比，青少年的思维具有明显不同的特点。

首先，青少年的可能性思维使他们能运用假设检验去解决问题，提高了问题解决的速度和效率。青少年期个体的思维不仅仅局限于具体的认知客体和情境，他们能够脱离问题的具体内容或特定情节来解决问题，进入了形式运算思维阶段。在寻找问题的解决方法和途径时，青少年会考虑解决问题的方法“可能是什么”。和儿童相比，青少年能够对假设情境和问题在心理上进行建构重组，认识到逻辑上合理的解决问题的可能方法和途径（Sprinthall & Collins，1995）。

其次，青少年能够有计划和预见性地解决问题。与儿童相比，青少年的思维和推理更具抽象性、预测性和灵活性。青少年开始认识到事物的多样性和事物存在的多种可能性，不再受限于其所见所闻的感性认识和直接经验。

最后，青少年除把具体情境和环境作为思维对象以外，还开始实际思考自己和他人的思维，把抽象的思想意识作为思维对象，也就是对思维的思维即元思维。青少年具有了元思维的能力，他们运用更多的时间反思自己将要解决问题的思想观念和表象，即青少年具有了自我反省的能力。元思维能力的产生和发展提高了个体思维的监控技能，保证了个体解决问题的计划性和预见性。

2. 社会认知发展

青少年认知发展的过渡性不仅表现在思维方面，同时还体现在社会认知方面。在人际理解中，青少年达到了相互的观点采择水平，这意味着他们在人际互动中，不仅能够从对方的角度看问题，理解对方的观点和对问题的看法，而且能够站在第三方的角度看问题。处于青少年中晚期的个体能够达到社会和习俗系统的观点采择水平，到这一时期青少年能够认识到个体对于某一问题的看法或观点要受其所处的群体或社会系统的影响，他们能够跨越互动情景的限制，透过人们生活于其中的社会文化环境来认识和理解他人的观点和行为方式。这标志着他们的社会认知能力已接近或达到成年人的水平。但是另一方面，青少年在自我/他人关系上又存在着新形式的自我中心的局限，常常认为别人也像他们自己一样关注自己，过分强调个人的独特性。

（三）社会过渡

青少年阶段也是个体社会角色和社会地位的转折期，从这一时期开始，社会不再把他们看作是儿童，而是开始把他们当作成人来看待。从儿童期直到成年期，影响个体社会过渡的具体因素在各个社会之间可能会存在一定的差异，但是所有社会都承认青少年阶段个体社会地位的变化。因此，许多理论家指出，与其说青少年期的生理或认知变化决定着青少年的本质特征，毋宁说社会对他们的定义产生了更大的影响。

一般来说，青少年阶段个体社会地位的变化主要表现在以下几个方面：人际地位的变化、政治地位的变化、经济地位的变化、法律地位的变化。在青少年期，日益增长的成人感导致了青少年与父母及其他成人关系的变化，同时，青少年的同伴关系在此时期也发生了一定的变化。这些人际关系的变化不仅提高了青少年在家庭中的地位，而且也会使他们产生新的人际责任，例如，照顾家庭中的幼小成员，并力图给他们作出榜样。

伴随着成人地位的获得，青少年往往被允许较为广泛地参加一些集体性决策。例如，在我国，18 岁的青少年就具有选举权和被选举权。成人地位的获得通常也伴随着一些经济责任和利益的出现。

在许多社会中，只有成人才能够拥有自己的财产，并保持对自己的收入的控制权。在大多数社会中，只有获得成人地位以后，个体才能允许参加多种多样的成人活动。例如，在美国，赌博、买酒和驾驶是个体在达到成年人的法律年龄之后才能够进行的活动。同时，一旦被赋予成年人的角色，个体就要遵守一系列新的法律，因为社会的法律机构对成年人和未成年人是区分对待的。

正如个体的生理成熟和认知的变化一样，个体社会角色和社会地位的过渡对于青少年的心理发展具有重要意义。例如，对于个体的同一性来说，成人地位的获得可以改变一位年轻女性的自我概念，更能够使她具有一种成人感，并且使她更为认真地考虑将来的工作角色和家庭角色。第一次工作、第一次进行成人的选举等新的活动和机会都能够促使个体的自我评价发生改变。成人角色的过渡也导致了个体责任心的增强，出现了独立性，并开始追求自由。这同时对个体自主的发展也能够产生一定影响。青少年期社会定义的变化随之影响到了个体的人际关系和人际行为，并且进入成人期对于个体的成就领域也具有重要的隐含意义。

三、青少年发展的家庭和社会环境

认识青少年的发展，不仅需要了解青春期的生物变化以及这些变化对青少年心理发展的影响，同时还必须了解青少年这些变化发生的背景，因为个体心理的发展都是在一定的社会环境中进行的。当代青少年发展理论家曾深刻地指出“青少年期心理的发展是这一时期个体生物的、认知的和社会的三种基本的发展变化与这些发展变化发生的社会背景之间交互作用的产物”（Sternberg，1999）。

当代发展心理学强调在发展的真实生态环境中研究儿童青少年的发展，强调研究个体在“环境中的发展”或者说“发展的生态学”的重要意义。“生态”（ecology）在这里是指有机体或个人正在经历着的，或者与个体有着直接或间接联系的环境。美国心理学家布朗芬布伦纳（U. Bronfenbrenner，1979）提出了人类发展的生态模型，认为个体发展的社会生态环境是由相互联系的四个系统组成的，即微系统、中间系统、外系统和宏系统（见图 7—1）。其中，“微系统”（microsystem）是对个体有着直接影响的环境，影响个体发展的微系统主要包括家庭、同伴和学校等。心理学研究中大部分关于环境与个体发展的研究是在微系统这一水平上进行的。“中间系统”（mesosystem）指微系统之间的联系与相互影响。例如，家庭环境质量可能会影响到儿童在学校中的自信心和同伴关系。“外层系统”（exosystem）是中间系统之外影响个体发展的那部分生态环境。它是指那些个体并非直接参与但却对个人有着影响的环境。例如，父母的工作环境会影响他们在家中的行为，并因此影响到父母的抚养质量。因此，尽管儿童青少年并没有直接参与父母的工作环境，但却间接地受到这些环境的影响。影响个体发展的最外层系统称为“宏系统”（macrosystem），它是指个体所处的社会或亚文化中的社会机构的组织和起作用的主导意识形态。

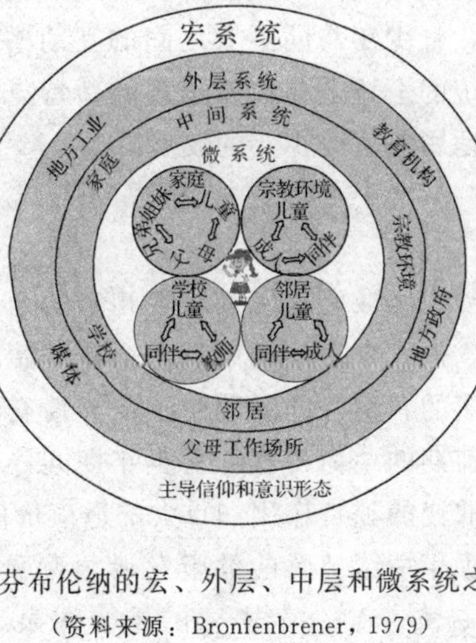

图 7—1　布朗芬布伦纳的宏、外层、中层和微系统之间的嵌套模型

（资料来源：Bronfenbrener，1979）

在布朗芬布伦纳看来，人类个体发展的过程在一定意义上就是一种连续不断地在日益复杂的水平上认识和建构其生态环境的过程。个体首先接触的是父母和其他家庭成员，然后进入幼儿园或学校环境，最后进入到广阔的社会中。布朗芬布伦纳认为，生态环境的变化或者“生态过渡”（ecological transition），如上学、找工作、结婚等，在个体发展中具有特殊的重要意义。在这些特殊的时刻，个体由于面临挑战，必须学会适应，发展因此而发生。因此，布朗芬布伦纳认为，观察一个人如何应对生态的变化是理解发展如何产生的最好方法。

随着个体由童年期迈入青少年期，其发展的生态环境、青少年与不同生态的关系及相互作用方式与童年期相比都产生了明显的变化。在微系统水平上，家庭、同伴和学校依旧是青少年发展的最重要、最直接的社会背景，但这一时期这些系统的功能以及个体与这些系统之间的相互作用呈现出一些新的特点。

（一）家庭

家庭是由家庭全体成员及成员间的互动关系组成的一个动态系统。该系统又由许多子系统组成，如夫妻系统、亲子系统等。家庭系统与其子系统之间以及家庭各子系统之间存在着双向的影响过程。一方面，家庭的情感氛围、父母的教养态度和方式会影响个体的发展；另一方面，个体的发展水平又反作用于父母的教养方式，影响着家庭的情感氛围。

与童年期相比，青少年发展过程中的家庭功能以及家庭各子系统之间的关系发生了明显的变化。

首先，家庭的功能方面，家庭对青少年发展的支持和指导功能变得更为显著和重要，而教养、保护、社会化功能退居其次。其次，亲子关系的性质发生重要变化，突出表现为由童年期以父母为中心的单边主义向平等与民主的双边主义过渡。再次，青少年自主要求增强，对父母权威的接受性降低，赋予父母权威的合法性下降，亲子之间的冲突增加。最后，青少年与同龄人之间的互动增多，亲子之间的互动相对减少。青少年时期家庭系统的上述变化以及出现的新特点，一方面是个体心理发展的结果，另一方面又深刻地影响着青少年的发展。

（二）同伴与学校

1. 同伴关系

同伴关系主要是指同龄人间或心理发展水平相当的个体间在交往过程中建立和发展起来的一种人际关系。进入青少年期以后，个体开始疏远成人而热衷于同伴交往，对同伴倾注了越来越多的感情，同时萌生了与异性交往的强烈欲望，男女生之间的接触显著增多。相对前期的生命历程，青少年期同伴影响的作用大大增强，同伴关系对其发展具有无以取代的独特作用和重大的适应价值。

首先，同伴关系对青少年情绪情感的健康发展尤为重要，不仅可满足其社交需要，而且是获得社会支持、安全感、亲密感的重要源泉。安娜（Anna Freud）认为，同伴背景是家庭之外相对安全的释放攻击、性冲动的场所，高质量的积极同伴关系是情绪情感健康发展的需要。另一位精神分析取向的理论家（Blos，1967）指出，青少年期最重要的任务是“个体化（individualization）”，在这一过程中个体会重新建构与父母的关系，走向自主，由此必然产生焦虑、恐惧、自卑等消极情感体验而青少年正是依赖支持性的同伴关系来寻求慰藉的。

其次，同伴关系具有认知发展功能。皮亚杰认为只有在平等互惠的同伴关系中，个体才得以检验自己的思想、体验冲突以及协商不同社会观点。这些同伴互动经历促进了儿童社会认知能力的发展，在引发折中主义和平等互惠的观念中也起着重要作用。此外，他还特别强调了同伴间的讨论和争论对道德判断能力发展的必要性。

最后，同伴关系具有文化传递、行为发展功能。群体社会化理论认为，人类文化的传递模式是一个群体间的过程，是从父母群体传递到同伴群体进而经由同伴群体传至个体的过程。儿童在扬弃成人文化和创造自己新文化的同时，形成了自己的群体文化，并逐代传递。因此，青少年期积极的同伴关系是制约其发展的一个重要背景因素。

2. 学校

学校是青少年生活的又一个重要场所。在青少年期，个体的大部分时间都是在学校中度过的。学校不仅是向青少年传授文化知识的地方，同时也为青少年提供了良好的社会交往条件。许多研究者指出，对于青少年来说，直接影响其成就和心理发展的因素就是学校和班级风气。学校文化和风气与学生的行为和成就有着紧密的联系，而学校的规模、教师的年龄以及办学指导思想会在很大程度上影响着一个学校的文化和风气，因为这些因素影响着学校中的教师的授课质量、师生关系、同伴关系、学习风气等。在课堂中，教师与学生的互动方式、教师对学生的标准和期望对青少年的发展具有重要影响。许多研究发现，温暖、高标准和适度控制等这些在家庭中能够促进青少年心理发展的因素在课堂中同样起很大的作用。总之，能否度过一个成功而温馨的学校生活可能会对青少年的一生都具有重要影响。

第二节 青少年的认知发展

随着生理和脑发育的第二个加速期的到来，青少年的思维和认知水平也发生了质的飞跃。突出的表现是，与儿童相比青少年能够形成假设并对其进行逻辑推埋和逆向思考。当然，除了认知能力的提高，伴随着自我意识的增强，青少年个体的社会交往不断扩大，社会行为逐渐增多，社会认知稳步发展。青少年的认知发展主要体现在基础认知和社会认知的发展这两个方面。

一、青少年认知发展的特点

在青少年时期，个体的认知能力有了巨大的进步，最突出的表现是思维水平的提高。青少年的思维中虽然仍有形象思维的成分，但是抽象逻辑思维已经占主导地位。他们除了能够进行假设——演绎推理以外，还能够在现实性和可能性之间进行较灵活的可逆性推理。此外，青少年的元认知能力也大大增强，能够更好地监控自己的思维活动。

（一）青少年的思维发展特点

在青少年期，个体逐渐把形式和内容区分开来，出现了形式运算思维。形式运算思维是一种要求系统地解决问题的思维类型，而且在解决问题时，要考虑到所有的可能性。皮亚杰等利用“天平”实验、钟摆实验和化学混色实验来研究形式运算阶段青少年的思维。研究发现，与儿童相比，青少年的思维具有多样性、可逆性，能够提出假设，逐一验证，显现出较高的“归纳－推理”能力。基廷从青少年思考问题的内容和情境出发来考察思维过程，认为青少年思维还具有以下特点：概括能力更强；不再那么绝对化，更多的相对辩证地看待事物；另外，青少年开始更多地思考思维过程。

瑞吉尔（Riegel，1973）提出的“辩证思维”是皮亚杰认知发展四阶段理论的一个扩展。他认为，辩证思维是认知发展的一个独立分支。个体可以从皮亚杰的四个认知发展阶段的任意一个阶段直接发展为与之相应的辩证运算模式，达到辩证思维阶段。青少年阶段的辩证思维是一种辩证逻辑思维。国内对在校青少年的研究表明，他们的辩证逻辑思维的发展趋势是：初中一年级学生已经开始掌握辩证逻辑思维的各种形式，但水平较低；初中三年级学生的辩证思维迅速发展；高中生的辩证逻辑思维已占据优势地位（林崇德，1995）。

（二）青少年的信息加工特点

信息加工理论从信息加工的速度和元认知的发展等方面来描述青少年认知发展的特点。信息加工速度是决定个体信息加工能力的最重要因素之一。加工速度越快，在同一时间内可操作的信息就越多，工作记忆中就会同时有更多的信息处于活跃状态。随着年龄的增长，任务的加工速度逐渐提高。这种加工速度上的发展变化反映出一个成熟而坚固的神经系统的稳定变化。另外，良好的知识基础会影响信息加工速度，知识基础越丰富，信息处理的速度就越快。

青少年认知能力的发展还突出的表现在元认知的发展上。元认知（meta－cognition）是对认知的认知，是“以各种认知活动的某一方面作为其对象或对其加以调节的知识或认知活动”（Flavell，2001）。元认知不仅包含个体对认知的认知，而且包含个体怎样支配自己的认知，即元认知由元认知知识和元认知监控组成。在下文中，我们将重点介绍青少年在记忆、理解等方面的元认知发展。

1. 青少年元记忆的发展

首先，青少年元记忆知识更加丰富。个体逐渐获得了大量关于记忆任务、记忆策略和记忆者主体特征对记忆效果的影响等方面的知识，尤其是有关记忆策略的知识在这一时期有了快速增长。其次，青少年元记忆监控能力随着年龄增长而不断增长。在低年级小学生的记忆监控比较简单和外显，需要依靠尝试回忆来估计学习的程度或进行 FOK（feeling of knowing）判断，而且他们还不能根据预测结果调整自己的学习策略和重新分配学习时间；小学高年级学生已开始依靠直觉意识进行监控判断，但还不能有效地依此进行记忆控制；到了中学，特别是大学阶段，青少年监控性判断的精确性虽然比小学阶段有所下降，但这恰恰说明他们能够依靠直觉意识快速地进行监控判断，并且能够自觉而迅速地从 FOK 判断中获得学习结果的自我反馈、有意识地组织学习材料和分配学习时间，形成新的学习计划，他们的记忆监控能力的发展已经基本完成。

2. 青少年元理解能力的发展

元理解是指认知主体对自身的阅读理解活动及其有关的各种主客观因素的认知、监控和调节（陈英和，1996）。元理解包括元理解知识和元理解监控两个方面。研究发现，随着年龄的增长，个体的元理解知识不断丰富，元理解监控能力也得到发展。到青少年期，个体的元理解能力已经发展到一个较高的水平。

二、青少年社会认知能力

社会认知（social cognition）是能促进同种个体间行为应答的信息加工过程，是一种有益于复杂多变的社会行为的高级认知过程。随着年龄的增长，在社会互动的作用下，青少年的社会认知能力有了新的发展，具体体现在以下方面：

（一）青少年的自我中心主义

经历了儿童阶段的自我中心和去自我中心以后，青少年个体在人际认知中又会表现出一种新形式的自我中心主义。青少年的自我中心主义实际上是指青少年高度的自我意识，主要体现在：（1）过分关注自我；（2）拥有个体独特感（personal uniqueness）。青少年过分重视自己的见解与洞察力，却没有想到别人也有他们自己独特的、与众不同的理论和观点。尽管青少年也会认识到他人的思想，但他们还不清楚别人所关注的对象与自己所关注的对象不同这一事实（Elkind，1967）。

阿尔金德（Elkind，1976）将青少年的自我中心主义分为两种社会思维类型——假想的听众（imaginary audience）和个人童话（personal fable）。前者是指注意获得行为（attention－getting behavior）——希望被他人注意、觉察，希望自己“在舞台上”，青少年认为周围许多人都在注意他们的思想、感觉和行为。个人童话是青少年自我中心中关于个人独特性的认识。青少年专注于他们自己的思想，关注假想听众的重要性，从而形成个体的独特感和个体永久性（permanence）。这使得青少年常常感到没有人了解他们的真正感受。

（二）青少年的观点采择能力

观点采择（perspective－taking）是个体“区分自己与他人的观点以及发现这些不同的观点之间的关系的能力”（Selman，1980）。观点采择在个体整个社会认知发展中处于核心地位。其实质是个体在认识自我/他人关系上能够脱离自我中心，能站在别人的角度上看待事物。个体首先要区分自己与他人的观点，然后对他人的观点作出准确的推测，这才是真正采择了他人的观点。

十岁左右的儿童能以第二人的观点进行角色选择，但是不明白不同个体的观点是如何产生联系的；到了青少年早期阶段，个体进入了相互的观点采择阶段，他们能够以第三方身份看待问题，同时能够明白一个人的观点和行为是如何影响另一个人的，即能看到人际间的互动以及互动对彼此的影响。个体的社会认知达到这一水平，其人际关系的应对方式自然也不同于过去。例如，与父母意见发生分歧后，他很可能会考虑到父母、社会在这一问题上的看法，从而减少冲突与反抗。在青少年中晚期，观点采择进入一个更高的阶段，即社会和习俗系统的观点采择阶段。在此阶段，青少年开始能够理解个体在某一问题上的看法和观点是受多种因素影响的，其中社会群体中主要的观点对个体的看法和观点有重要影响。

（三）青少年理解他人心理的能力——内隐人格理论

“心理理论”（theory of mind）是理解自己和他人的愿望、信念、意图等心理状态并据此推测他人行为。儿童早期的心理理论是以信念或欲望心理学为特征的。进入青少年阶段，个体对心理的认识更加丰富，突出的表现为青少年内隐人格理论的发展。内隐人格理论是指个体对人的基本特性持有的基本认知图式或朴素理论。该领域研究的焦点是个体何时将某一特质理解为一种有组织的、持久的、具有某种心理状态（如乐于助人）的倾向，以及这种理解在个体身上的发展。

儿童中期的个体已经能够运用特质词来描述他人，但不能将不同的特性进行整合。而青少年则能够将特性看作是某种关于他人的有组织的综合写照。研究表明，青少年的内隐人格理论主要有三个方面与儿童不同（Santrock，2002）：首先，青少年更倾向于把当前信息和以前的信息结合起来进行考虑；但儿童往往仅凭借当前资料作出判断。其次，青少年更易看到个性的情境性和可变性，而儿童通常把个性看作一成不变的。第三，在描绘他人的个性时，青少年不像儿童那样仅注意个体的表面特征，相反他们更有可能探索个性中更深一层的、复杂的、甚至隐蔽的原因。青少年对他人个性中出现的似乎相互矛盾的特质和不同深度的特征敏感。利用有关外表与事实的心理理论知识，青少年能够认识到某人可能“显得”这样，但实际“深层的”是那样。

（四）青少年对权威和社会规则的认知

权威（authority）是使人信从的力量或威望，或在某种范围里最有地位的人或事。权威对社会控制具有重要的意义。规则（rules）是规定出来的、供大家共同遵守的制度或章程。社会规则对人的行为具有指导和调节作用。对权威和社会规则的认知状况对个体的行为与社会适应具有重要作用。

达蒙（Damon，1977）采用道德两难故事法研究了权威认知的发展。儿童对权威认知的发展经历了从无条件的盲目服从到基于交换或互惠原则的服从，然后到服从与具体情境相应的“相对”权威这样几个阶段。但由于社会文化条件对不同群体影响的不同，研究结果可能受“群组效应”的干扰，因而权威认知随年龄发展的趋势未必具有跨文化的普遍性。

在社会规则的认知方面，随着个体观念的变化，青少年对道德和社会习俗的观念也发生了变化。在童年期，青少年认为道德是绝对的，道德规则来自于父母和教师的权威，是非判断的依据是具体的规则。然而在青少年阶段，道德的强制性受到了质疑，因为青少年开始明白道德规则是主观的、是可以改变的。到青少年晚期，个体的道德推理建立在公正、平等的基础上，即道德规则超越了具体的情景，可用于大量的两难情境中（Kohlberg，1976）。个体对社会习俗的认知也遵循了同样的顺序（Turiel，1978）。

第三节 青少年的社会性发展

随着生物过渡的身体发育，青少年的智力和思维有了飞跃发展。同时青少年的个性和社会性方面也面临着新的主题。社会性发展是个体融入社会成为一分子，学会怎样生活、怎样工作、怎样爱别人和接受别人爱的过程。其中，自我的发展，同伴关系、友谊与亲密感的建立等成为青少年期心理发展的主要任务和目标。

一、自我的发展

（一）自我在青少年发展中的重要意义

青少年期的一切问题既是以自我为核心而展开的，又是以解决好自我这个问题为目的的（林崇德，1995）。青少年期是自我发展的关键期和转折期。

首先，是因为在这一时期青少年的生理和心理都发生了重大变化。在生理方面，青少年身体上的突然而剧烈的变化使他们将认识的对象重新指向了自我，这在很大程度上改变着青少年的自我概念及其人际关系；并且，经历青春期的身体变化本身可能会促使青少年的自我形象产生波动及对他（她）到底是谁进行重新评价（Bulcroft，1991）。在心理发展方面，青少年早期认知能力的增强改变了他们思考问题的方式、价值观以及人际关系，并且也使青少年能够以新的方式来思考和认识他们自身。在青少年期，个体认知能力最为显著的发展就是——能够系统地考虑假设的和未来的事件。也正是基于此，青少年期个体所考虑的典型问题是“我将来会成为什么样的人?”

其次，在青少年期所出现的自我同一性的变化包含着个体第一次对自我感觉进行实质性的重新组织和重新建构。虽然同一性的一些重要变化确实发生在童年期，但是青少年期对这些变化则具有更多的自我意识。这是因为青少年已经具有了充分理解这些重要变化的认知基础，他们能够强烈地感知到这些变化（Steinberg，1999）。

再次，青少年期社会角色的变化使青少年需要面临一系列以前没有涉及过的新的发展任务。青少年期是需要对工作、婚姻和未来作出重要决定的时期。面对这些自我社会定位的重大决断，青少年很容易会考虑到“我是谁”以及“我将到哪里去”的问题，并且对这些问题的考虑也是非常必要的。这些问题的顺利解决一方面依靠个体的自我同一性水平，另一方面也会在很大程度上促进个体自我同一性的发展。

由此可以看出，青少年期个体在生理、心理以及社会角色上的同时性变化决定了自我的发展必然要经历一次实质性的重新组织和建构，这也充分体现了青少年期自我发展的重要性。

埃里克森指出，个体的生理特征、独特的心理需要、兴趣和防御以及个体所处的文化环境是影响自我同一性形成的三种因素，并且他进一步指出了这三种因素的交互作用对自我发展的重要性（Erikson，1968）。个体的生理特征，如性别、外貌以及身体的能力和局限为个体提供了“身体自我”的感受，健康的自我要求个体根据相应的身体变化来改变自我认识；自我的心理因素，如个体独特的情感、兴趣、需要以及心理防御等，使个体产生了具有跨时间、跨情境一致性的“我”的感受；个体的社会文化环境为个体提供了表达与识别生理、心理需要以及兴趣的机会。因此，面对生理上的巨大变化，青少年初期的个体开始对此进行思考并赋予其意义；他们也会接受许多与自我同一性相联系的文化或角色信息，这些信息可以使他们更好地理解成年期（Paikoff & Brooks－Gunn，1990）。同时，我们也必须要认识到，青少年经历生理变化的时间也正是个体从小学转入中学的时期。这样，个体在发展的不同领域中所经历的多重转换会为自我同一性的发展带来一定的困难，并且会在一定程度上导致自我同一性的综合调整。正如埃里克森所认为的，最佳的自我同一性的发展包括在较大的社会环境中发现自己的社会角色和微环境，从而与个体的生理、心理能力与兴趣进行良好的“吻合”。当个体的生理、心理和社会环境发生变化时，自我同一性的再形成也将会持续在人的整个生命全程中。

（二）青少年自我的特殊性

青少年由对外部世界的注意转向了内部世界，开始将注意力集中到发现自我、关心自我的存在上来。这是青少年期自我发展的最主要的特色。在儿童期，个体是在与外部世界发生联系的过程中认识自我存在的。到了青少年期，个体开始注意到自己的内部世界中还存在着“本来的”、“本质的”自我，开始将注意力转移到自己的内部世界。自我意识和内省成了青少年期的两种思想模式。而且，青少年可能认为其他人也像他们一样注意自己，从而导致了某种程度上的自我中心化。青少年对内部世界的注意并不意味着他们不去注意外部世界或者对外部世界的注意减弱了。与儿童期不同，青少年期个体对外部世界的注意和关心是建立在以探求自我为核心内容的基础之上的注意和关心。青少年会更广泛地关注社会，从而获得更多、更深刻的社会知识来促进其内在自我意识的发展和形成。

青少年的自我存在矛盾性。青少年的自我在分化的同时也带来了自我的矛盾性。首先，理想我和现实我的区分为青少年带来了矛盾和困惑。一般来说，理想我总是高于现实我，理想我与现实我之间的适度差距会成为自我完善的动力，从而促进青少年的发展。但是，当青少年发现现实我与理想我差距很大时，他们往往会陷入矛盾和痛苦之中。其次，个体我和社会我的区分也使青少年的自我出现了矛盾。研究发现，青少年期的自我评价与别人评价之间存在差距，但是差距的大小往往因评价内容的不同而不同，其中对性格特征（包括道德）的评价差距最大。

青少年时期也是个体的自主性（autonomy）快速发展的一个时期。青少年自主的发展不仅本身构成了自我系统发展的一个重要维度，是青少年期个体心理社会发展的一个重要成就，而且对青少年的社会关系特别是亲子互动也产生了深刻影响。近年来有关研究发现，进入青少年期以后，个体自主的要求随年龄增长而不断增强。青少年的自主要求对亲子冲突具有一定的预测作用，那些具有较高自主期望的青少年更容易与父母发生分歧和冲突。青少年期自我系统的其他方面，如自尊和自我概念以及自我调控也都会发生深刻的变化，出现一些值得关注的新特点。

二、同伴关系与亲密感

（一）同伴关系在青少年发展中的重要作用

在青少年期，同伴取代了家人、老师而成为青少年心理发展的重要人物。具体来说，同伴关系的重要作用主要体现在：

（1）置身同伴团体，青少年有着不同的角色经历，同伴能够为其提供各种类型的榜样模式和丰富的信息反馈，这极大地促进了青少年自我同一性的建构。

（2）同伴经历对青少年自主性的发展有着重要影响。同伴给予青少年越来越多地从同伴处获得社会支持的机会，使得他们有更多的机会自主作出决定。此外，同伴团体为青少年提供了一个没有成人监控的环境，使他们可以自由实践习得的社会能力，获得强化。

（3）青少年期个体指向同伴的亲密情感显著增多，因此同伴团体在青少年性别行为社会化、亲密男女关系的建立中发挥着重要作用；同时这一时期的同伴关系模式为成人期的社会关系提供了一个基础的框架。

（4）同伴还是青少年未来成就发展的影响源。尽管同伴在青少年的长期教育、职业规划中的作用不及父母或老师，但他们是个体日常学校行为和情感的重要影响因素，这些影响涉及到个体的学习态度、努力程度以及日常表现等多方面的情况。

早期的同伴关系不良将导致儿童青少年短期或长期的社会适应困难。良好的同伴关系有利于青少年社会价值的获得、社会能力的发展、学业的顺利完成以及认知、情感、个性的健康发展；而同伴关系不良则可能导致学校适应困难，甚至会对成人以后的社会适应造成消极影响。

（二）同伴团体

所谓同伴团体，是一个特定的社会－心理团体，是指在社会化过程中尚未成熟的个体联合而成的团体，在年龄上没有绝对严格的限制。

同龄青少年在相同的社会历史条件下成长，有着共同的心理感受和倾向，他们彼此理解，容易沟通思想、交流情感；青少年具有合群性，强烈渴望归属于特定群体，而且他们情感丰富，彼此容易产生情绪共鸣；面对发展中的矛盾、困惑和压力，他们需要彼此交流释解，确定自我——所以，青少年中普遍存在着友伴群。

青少年的同伴团体在性质和结构上发生了变化。具体表现在以下方面：

随着青少年年龄的增长，团体逐渐有了一定的组织形式，例如成员的地位有所分化，并有了团体聚会等。前青少年期主要是单一性别的同伴团体形式。歌德曼（Gottmanet al，1985）研究表明，在7岁以前，儿童对同性和异性伙伴的选择是同等的，但过了7岁以后，男女孩对同性游戏伙伴的选择均多于异性，直到青少年期，异性之间的友谊才开始重新萌芽。

同时，同伴团体的结构也发生了变化，即性别的混合。邓菲（Dunphy，1963）的研究发现，青少年初期，个体的活动大都围绕单一性别的友伴群，青少年还没有涉入更广泛的社会活动，只是与有限的几个朋友进行日常的交谈、游戏。随着个体发展，异性之间开始了交往，但这种交往不是在紧密友伴群内部，而是在更大的群体背景下。群体范围内两性均参与的互动促进了异性关系的发展，从而使异性关系逐渐发展到友伴群内部。这时，友伴群的结构发生了彻底的变化，即性别混合。发展进一步深入，到青少年期末，男女关系发展到一对一的朋友之间，最终出现男女之间的恋慕。同时，群体这一组织松散，宽泛的团体结构开始瓦解，友伴群内部相互间的密切联系也逐渐减少，取而代之的是二元男女关系。不过，友伴群内部的联系仍然维持在特定水平上，并一直延续至成人生活中。

塞尔曼（Selman，1982）曾提出青少年同伴关系的两阶段模式：从小组内部同性的亲密友谊关系发展到二元亲密男女关系。其进展是从较大的初级小组形式（即群体）的交往发展到较小的更为亲密的第二级小组形式（友伴群）的同伴关系。这一模式与上述邓菲的描述在本质上是一致的：在整个由同性同伴关系向异性同伴关系的转变过渡中，关系相对紧密的小团体（友伴群/次级同伴小组）起到一个重要的中介作用。最初的男女两性接触大多是以小团体的形式出现的，这使异性之间的关系有了一个逐渐适应和被易化的形成过程。

（三）青少年的友谊

作为一种特殊类型的同伴关系和依恋关系，友谊带有更多的感情色彩，意味着更加忠诚、坦率而无需顾虑是否应充当社会所接受的角色。因此，在青少年这一特殊的过渡时期，具有支持性的特殊的一对一的友谊关系对个体发展有着重要的特殊意义。

1. 青少年期友谊的特殊性

沙利文（Sullivan，1953）认为作为社会性个体的人有一系列基本的社会需要，包括安全依恋、游戏陪伴、社会接纳、亲密以及异性联系等。这些需要能否适时得以满足决定着个体的心理健康发展水平。青少年期，朋友逐渐成为满足上述需要的重要来源，与朋友的互动经历决定着个体的心理发展状况。青少年早期，个体亲密感的需求日益强烈，促使他们寻求关系亲密的朋友。他特别强调青年初期友谊对于个体最初的真诚的爱的体验的重要性，青少年愿意与亲密的朋友分享个人的秘密，拥有值得信赖的亲密朋友能够增强信任感、接纳感和相互理解感。而且成为他人的知己可以有机会为他人提供帮助和支持，体验自我价值。因此，若青少年在这一时刻没有发展起亲密的、具有支持性的友谊关系，他们会体验到孤独感，并可能降低自我价值感。

诸多研究证实了沙利文的上述观点。相对儿童期，青少年与朋友有更多的亲密互动（如分享秘密等）。青少年更多地从朋友处寻求支持陪伴，更多地依靠他们获得价值肯定和亲密感。

青少年初期友谊关系的亲密性、重要性显著增强，这必然促使青少年掌握更为复杂的社会技能，促进其社会能力的发展。友谊关系是一种"互惠均衡的亲密关系模式"——儿童期，好朋友就是与之共同活动的游戏伙伴，因此儿童只需要懂得如何与他人合作游戏以及如何顺利加入到活动中去；而青少年的友谊关系更为亲密，这需要个体具备更强的社会能力，如何进行恰当的自我表露、如何为朋友提供情感慰藉和支持、如何有效协调与朋友的分歧等。这些能力势必需要青少年发展更复杂的观点采择、移情以及社会问题解决等技能。青少年友谊关系中的亲密体验还是以后确立男女恋慕关系的基础。

友谊关系还是青少年获取社会支持和可靠同盟的重要来源。亲密的朋友是青少年建构自我同一性的伙伴。沙利文指出，青少年大都处于寻求自我的迷惘之中，亲密朋友彼此坦陈表露这一过程中体验的焦虑，可以使他们意识到青春期焦虑的普遍性，从而能够坦然面对。朋友还能够给青少年以情感慰藉，帮助他们出谋划策，从而顺利解决一些社会问题（如紧张的亲子关系或男女关系中的困惑等）。青少年朋友间的亲密联系还可在一定程度上缓解同伴团体关系的不良影响，缓和后来出现的行为问题。

歌德曼等（Gottman & Parker，1987）总结了青少年这一特定时期友谊关系的六大发展功能。陪伴：青少年朋友间有很多相似性，他们有更多的共处时间，愿意协作活动；放松：青少年与朋友度过快乐的时刻；工具性支持：青少年从朋友处获知大量的信息、资源和援助等；自我意象的支持：来自朋友的鼓励、慰藉、反馈有助于青少年保持积极的自我意象，获得自我同一性；社会比较：青少年通过与朋友的比较可以确定自己在同伴中的地位、明确行为的适当性；亲密：友谊关系是一种充满深情的、彼此信赖的友好关系，友谊双方可以自由表露自我，彼此分享秘密。

2. 青少年友谊发展的性别差异

性别差异和性别角色在友谊选择中起着重要作用。女孩对亲密友谊的需要比男孩早一年半到两年。根据杜万等（Douvan& Adelson，1966）对14～16岁男女青少年的研究发现，男女青少年在对朋友的需要方面有很大的不同。女孩已经有了对朋友的期望，而男孩在集体活动中很少出现过度敏感和移情表现。女孩好朋友之间比男孩好朋友之间更愿意分享彼此的秘密，互相倾吐心声，这在青少年时期尤其普遍。女孩在描述好朋友时，更多地强调亲密的交谈和彼此的忠诚，她们的友谊标准更细腻，更充满心理动机。青少年期女生在友谊关系上表现出更多的依恋色彩和相互的依赖性。女生更倾向于维持特定的人际关系，有更强的爱和关怀的冲动，易动感情，同时也更害怕失去爱并为此焦虑。一旦受挫折，更强烈地希望来自重要他人的支持和关怀。这些性别差异的原因可能是，女孩更多地注重人际关系，而男孩则主要对活动和成就感兴趣，他们认为感情的直白有违于男性气质。但弗尔曼等（Buhrmester & Furman，1987）则认为，上述的性别差异只是流于形式，而非实质内容上的。他们发现在男孩子的友谊关系中，对需求的敏感性以及自我价值的确认是通过实际的行动表现获得的，而女孩则更多地通过直白思想、情感等方式。男孩通常不能够像女孩那样清楚地认识到友谊的实质和意义，这一研究结果支持了上述结论。

3. 青少年期异性关系的出现

沙利文（Sullivan，1953）认为青少年中后期重要的发展任务是建立与异性同伴的亲密关系。青少年期，个体社会关系网络中涉及到了各种形式的异性关系，青少年异性之间的接触显著增多。有研究发现，6～8年级，青少年异性朋友的数目显著增加，部分男女青少年还发展了恋慕关系。尽管单一性别的同伴关系在青少年的社会网络中仍然占据着相当的地位，但随着年龄的增长，异性关系的重要作用日益增加。

如前所述，邓菲（Dunphy，1963）曾提出了青少年同伴关系由同性友伴群到异性友伴群再到男女恋慕关系的发展模式，由此我们可知青少年的异性关系具有以下不同的形式：同伴团体内的异性互动、异性友谊关系、异性恋慕关系。青少年在群体异性互动的经验基础上逐渐发展了友谊、恋慕等二元异性亲密关系。过去的研究中，研究者大都没有区分上述两种不同的男女青少年间的亲密关系，或是仅仅将重心置于异性恋慕关系之上。有关青少年异性关系迅速发展的原因，主要的解释也都集中于性意识的萌发促使青少年对异性产生了巨大的兴趣，由此建立了一对一的亲密联系。我们需要明确，这些异性关系在性质上并不是同一的，它们有着不同的发展过程和发展功能。

青少年最初的异性交往发生在大范围的群体背景下，群体范围内两性均参与的互动促进了男女关系的发展，使异性关系逐渐发展到友伴群内部。青少年中期，男女混合的友伴群形成，男女关系逐渐密切，并发展到一对一的朋友，最终出现男女之间的恋慕。一般而言，在浪漫的男女恋慕关系发生前，个体就已经获得与异性互动、相处的体验，但这些异性经验大多是通过团体活动获得的，其次是异性友谊关系，因此这时的男女恋慕关系往往是肤浅的。

群体背景下的男女互动对个体的心理健康发展有着积极的影响。异性友谊关系不但具有友谊关系的特定发展功能，还有助于青少年对异性的深入了解，从而为成人期的异性互动提供一个基础模式。

（四）亲密感

亲密性是青少年友谊的特点之一，青少年将亲密性看作友谊关系的核心。友谊关系的亲密性有诸多不同的界定，广义而言，包括任何增进关系密切程度的事情。但大多数研究将其定义为彼此袒露想法、分享秘密。

青少年初期，个体对友谊的认识开始涉及亲密感、忠诚、相似的态度和价值观念等方面。他们比儿童能够更加深刻地理解亲密、忠诚等抽象概念，对他人的认知判断也更为复杂、准确，更多地涉及内部心理维度，不再仅仅受制于具体表象。沙利文（Sullivan，1953）也曾指出，青少年对亲密感有日益强烈的需求，因此将其视为友谊的重要内容。许多研究表明，亲密感作为界定友谊关系的重要依据，其重要性在青少年初、中期持续增长（Berndt & Petty，1990）。此外，青少年朋友在友谊关系中也有更多的亲密表现。迪亚茨等（Diaz & Berndt，1982）考察了儿童青少年对最好朋友的亲密性体验：4、8年级的被试在不涉及亲密性的维度（如“知道朋友的电话号码”“记着朋友的生日”）没有显著差异，但在涉及到亲密性的一些维度上（如“知道自己的朋友会为什么事情担心”“知道朋友会为什么事情而感到自豪”），8年级被试对朋友的了解显著多于4年级（Sharabany，Gershoni & Hoffman，1981）。由此表明，青少年期的友谊更具情感性。青少年对亲密朋友还有着更为敏感的反应性，这也是友谊关系亲密性发展的重要指标。在儿童期，朋友之间的互助、分享行为远不及一般友伴，这或许是因为朋友之间比一般友伴之间存在着更多的竞争。大约到4年级，个体对待朋友和一般友伴的态度没有差异；但到8年级，个体对朋友较对一般友伴更为慷慨和友好（Berndt，1982）。在青少年期，个体力图帮助朋友解决各种私人问题，他们能够更深刻地体会朋友的感受，积极地给予帮助，并彼此袒露秘密。

相似性是儿童、青少年期促使友谊关系发展的心理因素。相互一致是青少年选择朋友的重要原则——年龄、性别、社会经济地位、种族等诸多方面一定程度上的一致性。除了上述一些表面特征，青少年更为注重彼此一致的兴趣、态度、价值观、个性特征等。青少年有强烈的认识自我、肯定自我的愿望，他们认识到自己的内部品质往往需要借助于别人的评价和验证，因此兴趣爱好相同、性格气质接近、志向抱负一致，这些都是促使青少年彼此吸引的力量。

亲密感，特别是与同伴的亲密感是青少年期个体心理社会发展的一个重要方面，历来为青少年发展理论家所重视。埃里克森在其人格发展的阶段理论中指出，获得亲密感、避免孤独感是青年早期个体心理发展主要任务。沙利文认为，处于不同发展阶段的个体有不同的人际交往需求。如婴儿有与人沟通和被照顾的要求，童年早期有参与成人活动的需求，童年中期有交友和同伴接受的需求，青春期前期有获得亲密感的需求，青少年期有性接触和与异性同伴建立亲密关系的需求，而青少年晚期有融入成人社会的需求。沙利文认为，在人生第二个十年中亲密感构成了个体最为重要的社会性需要。当这种需求得到满足时，青少年就会有安全感，反之就会导致焦虑感的产生。

亲密感（intimacy）实际上是指人与人之间的一种情感依恋。其外在表现是人与人之间建立起了亲密关系。这种关系包括但不局限于异性之间，同性之间也有亲密感。人与人之间的亲密关系具有三个典型特征：（1）关心对方；（2）自愿向对方敞开心扉，吐露有关自己的一些隐私和敏感性的话题；（3）有共同的兴趣爱好、共同的活动。亲密关系对各个年龄段的人来讲都是非常重要的。研究表明，在儿童期没有朋友会引发很多的心理和社会问题（Hartup，1992）；在成年期，得到他人情感支持的人很少会出现心理失调（Myers，Lindentthat，& Pepper，1975）。

第四节　青少年的问题行为

青少年阶段被称之为“危机期”或“惊涛骇浪期”。青少年期是儿童向成年发展的过渡阶段，歌德的作品《少年维特的烦恼》生动地描述了这一时期的某些心理特点。青少年阶段的心理发展表现出矛盾性的特点，心理上感知的成人感与现实的幼稚性经常产生冲突，造成了个体认知－行为的失调，从而产生了一系列的社会心理问题，如暴力、滥用毒品、看色情作品、少年犯罪、少女怀孕、网络成瘾和学习无目标等。然而，也不能把“青春期就等于问题期”。青少年自身的心理健康和行为问题的调适成为人生发展的重要问题。当今社会经济飞速发展，青少年面临着更多的挑战、困惑和迷茫，更容易出现心理障碍和问题行为等。

一、青少年常见的几种问题行为

（一）青少年的反社会行为

不少学者对青少年的违法行为进行了研究。戈尔德（Gold）曾对美国青少年违法行为的状况进行了调查，发现超过80%的青少年承认曾经违法犯罪。柯切勒（Kirchler）等人发现，相当一部分的意大利青少年承认有“小的犯罪行为”。在新西兰超过90%的男青少年承认在18岁以前曾从事过违法行为。

犯罪记录有明显的性别差异。研究表明，男孩比女孩更可能成为罪犯。在美国，17至18岁青少年罪犯中男性是女性的4.7倍；在英国，17到21岁的犯罪青少年中，男性是女性的7.2倍。而且有关研究表明，暴力犯罪逮捕率的男女性别差异是8比1。

（二）青少年的吸烟、吸毒行为

我国卫生部组织的抽样调查发现，初、高中男生吸烟的比例分别达到34%和45%；在我国3.5亿吸烟者中，青少年吸烟者有500多万。梅家模等人研究发现，江西省中学生曾经吸烟者已达到30%左右。方晓义等人研究表明，北京市中小学中的吸烟者约占20%。也有研究表明，与联合国组织的1986年在北京进行的类似研究相比较，在将近5年的时间里，北京市中小学生的吸烟人数有了较大增长。男生增长了2倍多（从18%增长到38%），女生吸烟人数增长更快，接近40倍（0.4%增长到14%）。

青少年的吸烟行为还表现出明显的年龄或年级发展趋势。有关研究发现，从小学六年级、初二到高一，吸烟率依次增长，分别为10%、23%和27%。其中经常吸烟者的比例增长更为明显，从小六的4%增加到高一的32%。

青少年开始接触香烟的年龄越来越呈低龄化趋势，而且青少年的吸烟行为还直接关系到其成人期及以后的吸烟行为。大约有50%的年轻人不到12岁就吸过烟，约有70%的青少年都有过吸烟的经历，而且有30%的青少年比较经常地吸烟。弋达德（Goddard，1989）的研究也发现，英国11岁的儿童中分别有17%的男孩和12%的女孩开始吸烟，在青少年时期有17%的男孩和12%的女孩成为经常吸烟者。而我国卫生部的调查表明，75%的成人吸烟者是在15～24岁开始吸烟的，女性15岁以上吸烟率为7.04%。青少年平均吸烟率为20%。的确，青春期的吸烟行为要比使用酒精或大麻产生更多长期的有害健康的后果，可能因为是一种更易成瘾的药物，能使人一直持续到成年期。

青少年的吸毒现象已经出现，并应切实引起多方面的关注。2003年底上海市登记在册的吸毒者约1.7万，已占全市实有人员的1‰，吸毒人群趋向低龄，35岁以下青少年吸毒人数占到吸毒者总数的57%。国内已有专家从青少年吸烟和吸毒方面进行系统地研究和报告。

（三）网络成瘾

网络成瘾是指个体无节制地使用互联网，出现影响生活、学习和工作，损害身心健康等情况（高文斌，2006）。网络成瘾的判定标准常用的有三个：一是连续一个月以上每天上网玩游戏4～6个小时，严重影响了工作和学习；二是认为上网能得到快乐；三是不上网就会出现躯体症状，如头痛、出汗、烦躁不安等，但一坐到电脑面前，这些症状就立刻消失。

2005年11月22日上午，中国青少年网络协会在京发布我国首个有关青少年网瘾问题的调查报告《中国青少年网瘾数据报告（2005）》，调查显示，全国青少年网瘾比例达13.2%。并由此引发了一系列问题：学业成绩下降、暴力事件、因网恋而怀孕或者自杀等等。一份针对北京市4所正规高校的调查表明，一所招生规模在5000人左右的大学每年约有50人左右退学，其中80%的退学大学生都和网络成瘾有关，主要表现为长时间沉湎网络导致旷课或者所"挂"科目过多。

专栏7—1 什么是网络成瘾？

网络成瘾症（IAD）也称病理性网络使用（PIU），是一种冲动性地过度使用网络，并因此导致明显的社会、心理功能损害的现象。关于网络成瘾的诊断目前国际上还没有统一的标准，但专家通常认为符合以下标准中的4条或4条以上，就可诊断为网络成瘾：（1）上网已经占据了你的身心；（2）只有不断增加上网的时间和投入程度才能感到满足，从而使得上网的时间比预定时间长；（3）无法控制上网的冲动；（4）每当不能上网时，会感到烦躁不安或情绪低落；（5）将上网作为解脱痛苦的唯一办法；（6）对家人或亲友隐瞒迷恋网络的程度；（7）因为迷恋网络而面临失学、失业或失去朋友的危险；（8）在投入大量金钱、时间和精力时有所后悔，但第二天却仍然忍不住还要上网；（9）因为长时间迷恋网络导致睡眠节律紊乱（如昼夜颠倒）、倦怠、颤抖、视力减退、头痛、头晕、食欲不振等躯体症状。

据最新统计，我国网民超过一亿，其中青少年网民占80%，而网络成瘾的青少年高达250万人，14岁～24岁是网瘾发病最高的时期，占整个网瘾青少年的90%。青少年的网络成瘾主要表现为以下3种类型：（1）网络性成瘾，这类网络成瘾者主要活动是下载、观看色情作品；（2）网络关系成瘾，这类网络成瘾者主要通过网上聊天形成网友关系，并把这类关系看得比现实的亲友、家庭关系更重；（3）网络游戏成瘾，这类网络成瘾者把大量的时间、精力和钱财花在游戏中，并从游戏中获得成就感。

网络成瘾不仅会影响青少年的学业，引发情绪障碍、社会适应困难、人格异常，而且可能导致网络受骗、违法犯罪等更严重的问题。据报道，济南在押的1500名少年犯中，70%是"网瘾"造成的，北京更是有90%的青少年犯罪案与"网瘾"有关。可见，网络成瘾不仅仅是心理问题、医学问题，还是社会问题，教育问题，需要学校、家长、社会的共同关注。

（四）青少年的自杀行为

根据沃尔科（C. E. Walker）1978年的资料表明，自杀是15～24岁青少年中最重要的死因之一。根据美国最新的调查，有5％～10％的美国青少年自杀未遂，大约30％的青少年有过自杀的念头。自杀是青少年中继车祸之后的第二位死亡原因，而且一些车祸本身也是一种自杀行为。在我国，自杀者中15～24岁的青少年占50％～70％左右，自杀的平均年龄仅为22.5岁（王登峰，1999）。

专栏7—2　关注青少年自杀现象

近40年来青少年自杀有逐步攀升的趋势。据卫生部门在2003年9月10日"预防自杀日"公布的数字显示：我国每年约有28.7万人自杀死亡，除此之外还有约200万自杀未遂者。中国年平均自杀率为23/10万（国际年平均自杀率仅为10/10万），国际上将自杀率大于20/10万的国家称为"高自杀率国家"。据WHO统计，中国青年自杀率较高，据认为仅次于斯里兰卡居世界第二；而中国青年女性的自杀率之高为世界之冠。中国心理卫生协会提供的研究数据显示："自杀"已经成为15～34岁人群的首位死亡原因，其中15～24岁占自杀总人数的26.64％（1987～1989年）；引人注目的是，5～14岁的少年儿童自杀占自杀总人数的1.02％（1988年），自杀有低龄化趋势。而大学生自杀近两年有愈演愈烈的趋势。据有关资料显示，2002年中国内地报道大学生自杀事件是27起，19人死亡。2004年这一数据是68起，48人死亡；2005年116起，83人死亡，数字之多，上升速度之快令人触目惊心。

导致青少年自杀的原因很多，而且从不同心理发展阶段看，青少年自杀原因也不同。小学生自杀的原因一般比较简单，比如被父母训斥、责骂，被同学欺负；初中生因学习问题、家庭关系、考试、校内问题而自杀；高中生因朋友关系、对前途担忧、高考压力、学校不适应等原因自杀；大学生自杀的原因多是个人的烦恼、学业压力、异性关系、求职择业等。但大多数的自杀都与心理问题有关。有关资料显示，青少年自杀案例中60％是抑郁和精神分裂症造成的。关注青少年心理健康，预防自杀是当前和未来一个十分重要而迫切的教育问题和社会问题。加强对青少年的心理健康教育，树立珍爱生命的意识，建立成熟完善的危机干预系统是预防青少年自杀的有效途径。

一项长达7年的对505名企图自杀的儿童和青少年的研究表明，自杀行为的发生场所依次为家里（约73％），公共场所（12％），学校（7％）和朋友家中（5％）。87％的企图自杀者在实施自杀时附近一般有人，大多情况下是父母在场。这一事实表明父母是最容易辨别和阻止自杀行为的人。大多自杀行为出现在冬季，一般在下午或傍晚。而且研究表明，只有1%的人真正想自杀成功，自杀多选用比较容易获救的方式。由此看见，大多数青少年并不想以自杀来结束自己的生命，只是向外界求助和呼吁无望而被迫采取的一种消极行为。

二、青少年问题行为的成因分析

青少年的问题行为并不完全是由环境塑造的，同时也受到自身发展的影响，而自身的发展又受到别人反应的制约。在早期出现的个人气质与性格方面的个别差异更多取决于生理活动的基本参数，而个人复杂的心理功能的分化，只能通过与社会环境的相互作用产生。因此，涉及青少年的问题行为成因，更可能取决于遗传基因、环境因素的交互影响。

（一）家庭因素

研究表明，大多数的青少年犯罪者都是男生，而且相当一部分父母离异或来自贫困家庭。青少年罪犯的家庭更可能使用体罚式的管教方式。早在1959年，班杜拉（A. Bandura）和沃尔特斯（R. H. Walters）就通过研究发现，青少年犯罪人的父母经常使用嘲笑和体罚等方式。一项大规模的研究发现，惯犯通常来自组织失调的家庭，他们的父母多采用敌对的态度，表现出不适当行为或采取忽视态度，对孩子使用不科学的对待方式，不能逐渐地向孩子灌输正确的行为标准和自我监控的心理基础（Coughlin & Vuchinich，1996）。而青少年累犯也认为，他们的家庭缺乏凝聚力，缺乏感情表达，家庭缺乏成就和娱乐，亲子冲突多，父母信任低，其结果是青少年学会使用反社会行为满足其需要。

青春期以前的青少年犯罪趋向于在家庭内部蔓延，许多早年就产生违法行为的青少年的同胞兄妹也往往有同样的行为问题。特别是当家庭规模比较大（有4个或更多子女的家庭）时，儿童有更多的机会把他们的同胞兄弟姐妹作为社会学习的榜样和来源。另一方面，青少年的反社会行为会导致父母对他们采取更加不积极的对待方式，促使他们与其他具有反社会行为的孩子交往，攻击性高的孩子就这样陷入了恶性循环。

父母由于忙于工作和生计而忽略了与子女的情感沟通，是导致许多青少年网络成瘾的主要原因之一。研究发现网络成瘾的青少年中，75%以上有“父亲功能”不足甚至缺失的现象，如单亲（母亲）家庭、幼年父亲不在身边、家长过于繁忙无暇顾及子女、父亲在子女教育中很少参与等（高文斌，2006）。

（二）同伴因素

青少年时期父母的影响逐渐让位于同伴的影响，同伴的支持成为青少年问题行为的重要决定因素。研究表明，许多青少年问题行为是在群体情景下产生的，青少年受到同伴的压力而作出趋同于群体的行为。

攻击性青少年大都有先前同伴关系不良的经历。同伴群体通过同伴赞许的塑造、强化机制促进青少年犯罪行为的获得及维持。因此，青少年犯罪的结果在一定程度上依赖于越轨同伴对强化来源的控制。许多研究也表明，青少年犯罪人观察自己喜欢的同伴的反社会行为，这些同伴为其类似行为的发生提供了社会支持。对网络成瘾的青少年进行的调查发现，这些青少年多属独生子女，且由于城镇居民以楼房式独门独户的家居结构为主，在某种程度上不利于身为独生子女的中学生与同龄伙伴交流。在现实生活中缺少情感交流的青少年，便会在网络中寻找可归依的群体，迷恋于网上的互动生活。从而导致网络成瘾。第一次尝试吸毒的青少年也多是在同伴的怂恿之下，抱着"试一试"的态度进行的。

（三）个性特征因素

除了家庭和同伴等外在影响因素外，还有一些潜在的、特有的个性特征决定青少年问题行为的产生。

攻击行为的青少年大部分约在8岁时就有了关于暴力和攻击行为的历史。儿童早期出现的特定的反社会人格特征可以预测青少年及其以后的犯罪行为。犯罪的青少年更容易冲动，比同伴更易产生多动症，或者是注意力不集中、多动或认知失调。犯罪青少年与正常青少年在认知和道德发展方面存在差异，他们在标准化的智力测验中较其同伴得分要低。网络成瘾的青少年在注意功能、情绪识别和自主神经功能上均发生了变化，表现为对网络上的某些内容特别敏感，而对现实生活中的事物漠不关心。多数自杀青少年的个性特征较敏感、易受暗示和抑郁。

[主要结论与应用]

1. 人生发展是指个体在一生中随着年龄的增长而经历的一系列具有顺序性的变化，这些变化表现在生理、心理和社会等方面。个体心理的发展既具有连续性，又存在着阶段性。根据个体生物、认知和社会性发展的水平与状况，可以把人一生的发展历程划分为三个大的时期——童年期、青少年期和成年期，每一个分期又包括若干更小的发展阶段。青少年阶段是个体从童年向成年的过渡期，也是个体身心发展的剧变期。这一时期，个体在生物方面、认知发展和社会性发展方面都经历着重大而深刻的变化。过渡性是青少年期心理发展的最根本的特点。与其他阶段相比，青少年期个体的发展具有三大特点：青春期的开始、高级思维能力的出现和向新的社会角色的过渡。

2. 青少年的思维和认知水平在青春期发生了质的飞跃。突出的表现是，与儿童相比青少年能够形成假设并对其进行逻辑推理和逆向思考。青少年的认知发展主要体现在基础认知和社会认知的发展这两个方面。青少年的思维中虽然仍有形象思维的成分，但是抽象逻辑思维已经占主导地位。他们除了能够进行假设——演绎推理以外，还能够在现实性和可能性之间进行较灵活的可逆性推理。此外，青少年的元认知能力也大大增强，能够更好地监控自己的思维活动。除了认知能力的提高，伴随着自我意识的增强，青少年个体的社会交往不断扩大，社会行为逐渐增多，社会认知稳步发展。社会认知是能促进同种个体间行为应答的信息加工过程，是一种有益于复杂多变的社会行为的高级认知过程。随着年龄的增长，在社会互动的作用下，青少年的社会认知能力有了新的发展，具体体现在青少年的自我中心主义、观点采择和理解他人心理以及对权威和社会规划的认知等。

3. 社会性发展是个体融入社会成为一分子，学会怎样生活、怎样工作、怎样爱别人和接受别人爱的过程。其中，自我的发展，同伴关系、友谊与亲密感的建立、心理行为问题的调适等成为青少年期心理发展的主要任务和目标。青少年期是自我发展的关键期和转折期。在青少年期，同伴取代了家人、老师而成为青少年心理发展的重要他人。塞尔曼（Selman，1982）曾提出青少年同伴关系的两阶段模式：从小组内部同性的亲密友谊关系发展到二元亲密男女关系。亲密性是青少年友谊的特点之一，青少年将亲密性看作友谊关系的核心。

4. 青少年常见的问题行为有反社会行为、吸烟吸毒、网络成瘾和自杀等，其成因来自家庭、同伴、社会和个性特征因素等多个方面。

[学术动态]

青少年智力发展的特点

随着年龄的增长，青少年的智力呈现出一定的变化规律和模式。对智力的发展变化，不同的智力测验学家有不同的观点：贝利发现，从生命初始到十二三岁前，智力的发展与年龄的增长几乎等速，以后上升速度逐渐减慢，到25岁时达到顶峰，26～36岁保持稳定不变，36岁之后出现下降（如图7—2）。卡特尔运用因素分析的

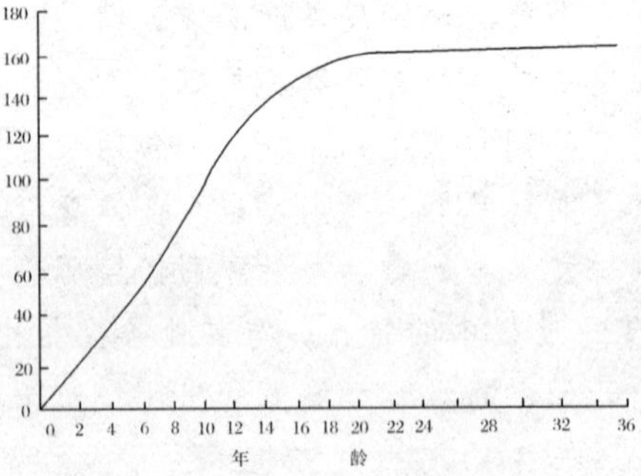

图7—2 智力成长曲线

（资料来源：刘金花，1999）

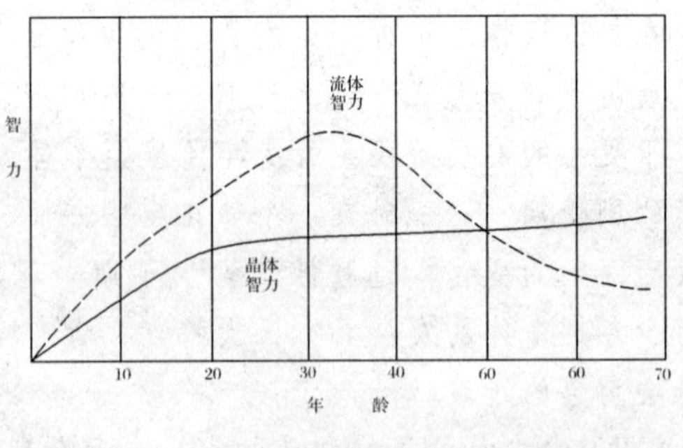

图7—3 流体智力和晶体智力随年龄的变化

（资料来源：张春兴，1994）

方法把智力分为两种不同的形态。分别为流体智力（fluid intelligence）和晶体智力（crystallized intelligence）。前者以个体的神经生理素质为基础，随神经系统的成熟而发展。这种智力在青春期之前都在快速发展，一般在20岁以后发展达到顶峰，此

后发展速度放缓，30岁以后出现下降。后者是指运用已有知识与习得技能去吸收新知识或解决问题的能力。它以习得的知识经验为基础，但发展慢于流体智力，但不因年龄的增长而下降，青春期之后仍在上升，老年期也保持较高水平，甚至因为知识的积累还会出现增长。总之，晶体智力在人的一生中呈随年龄增长而升高的趋势。流体智力和晶体智力在个体一生中的发展模式见图7—3。

[学业评价]

1. 人生发展划分为哪几个阶段？具体是如何划分的？
2. 青少年时期的心理特点主要是什么？
3. 家庭在青少年发展中起着什么作用？
4. 青少年认知和思维发展出现了什么特点？
5. 什么是社会性发展？以自己为例，说明人是如何进行社会性发展的。
6. 青少年中常见的问题行为主要有哪些？结合你所遇到的某个人的具体实例讨论其成因。

第八章 学习心理

[内容摘要]

学习是人类的基本功能。比起其他生物来，人生来就是一个灵活的学习者、主动获取知识和技能的行动者。同时，学习也改变了人的心理与行为，推动了人类个体和种系的发展，从而使人成为万物之灵。学习问题的研究是心理学中最核心、最发达，也是最具魅力的领域之一，对学习的心理机制的揭示有助于利用学习规律提高学习与教学的效率。本章主要探讨学生学习的一般规律及有效促进。第一节首先介绍了学习的定义及分类，然后重点介绍了心理学不同流派的学习理论及学习理论的新进展。第二节在分析学习迁移现象、介绍关于迁移的传统及现代理论的基础上探讨了怎样“为迁移而教”。第三节介绍了学习策略的特点、结构，并在此基础上提出了培养高效学习者的方法。第四节首先分析了理解个别差异的意义、学生个别差异的表现，然后重点介绍了学生在认知风格、学习风格及性别方面的差异，最后探讨了学校教育中的因材施教问题。

[学习目标]

1. 能说出对学习概念的理解，比较各种学习分类观的异同，记住行为主义、认知主义和建构主义学习理论的基本观点；

2. 举一个例子说明学习中的迁移现象并确认它属于何种类型的迁移，能用一种迁移理论解释这一现象，并描述学习迁移的影响因素；

3. 举一个例子说明在学习中怎样使用学习策略，列举出主要的学习策略并结合自己的学习经验谈谈将来你会怎样帮助你的学生掌握有效的学习策略；

4. 分析自己的认知风格、学习风格特点；

5. 谈谈你对因材施教的理解。

[关键词]

学习　学习理论　学习迁移　学习策略　个别差异

第一节　学习概述

一、学习的含义

(一) 什么是学习

在日常生活中，学习是一个使用频率相当高的词汇，可以说是众所周知。但对学习进行科学的界定却并非易事，长期以来，心理学中对学习有种种界说。目前较为广泛接受的定义是：学习是个体在经验的基础上引起的相对持久的心理结构或外显行为的变化。我们可以从以下方面来把握学习的定义：

首先，学习必须使个体产生某种变化。学习引起的变化有时直接见诸行为，如当我们能够开车或使用微机键盘打字时，学习便已经发生了。当然学习引起的变化也未必直接见诸行为，有时候，我们获得了一般性的态度，比如对心理学产生了兴趣，或掌握了几何课程中的某些原理。这些内部心理结构（知识、技能、态度等）的变化可能会在日后的活动中表现出来。

其次，学习引起的变化是基于经验的过程。学习只有通过经验才能发生，这里的经验主要指体验和经历，即个体与环境的复杂的相互作用过程。因疲劳、药物等因素或个体年龄增长而出现的自然成熟及大脑发育所带来的变化不属于学习的范畴。

再次，学习引起的变化相对一致、持久。一旦学会了某种行为，行为或行为潜能的变化就会在不同场合表现出相对一致性。这样，一旦你学会了骑自行车，你将总能这样做。值得注意的是，一致、持久的变化并非总是永久性变化。

最后，学习是一个广义的概念，它既包括人类的学习，也包括动物的学习。

(二) 学习的意义

1. 学习是个体生存的必要手段

学习是人和动物与环境保持平衡、维持生存和发展所必需的条件，也是有机体适应其生存环境的重要机制。动物要在后天环境中求得生存和延续种群，首先要依靠先天遗传的本能行为，但这种先天本能只能适应相对固定或变化较小而缓慢的外界环境。动物和人为了生存下去，还必须通过学习获得个体经验。这种后天习得的行为经验可适应相对迅速的变化，与先天本能相比，其意义显然要重要得多。

然而，人与动物的学习有本质不同，学习对其生活的作用和重要性的程度也有天壤之别。动物习得的行为很少，获得的速度也很慢，学习对其生活的作用是很小的。人类行为的绝大部分是后天习得的，学习的能力以及学习在人类个体生活中的作用也就必然是最大的。人能够成为万物之灵，靠的是学习。1972 年联合国教科文组织国际教育发展委员会发表了著名的研究报告，题为《学会生存》，把学习同生存直接联系在一起，可见学习对人类生存的重要性。

2. 学习可以促进人的生理成熟与心理发展

随着年龄的增长，人的生理和心理会逐渐成熟。但成熟并不是完全脱离环境和学习影响的纯自然过程。近二三十年以来，许多心理学家的实验研究发现，动物，尤其是初生动物的环境丰富程度，可以影响动物感官的发育和成熟，也会影响大脑的重量、结构和化学成分，从而影响智慧的发展。一些控制环境变量的研究与早期教育的实验也在一定程度上表明了学习对人类发育与生理成熟的影响。人的心理发展更离不开通过学习获得各种知识经验，并用于调节行为，从而实现与客观环境的相互作用。

二、几种重要的学习分类

学习现象是非常复杂的，涉及到不同的学习对象、内容及形式等，也就有了各种不同类型的学习。为了准确分析学习的过程及条件，把握学习的内在规律，从而有效地促进学习，心理学家从不同角度对学习现象进行了分类，下面我们简单地介绍几种观点。

（一）根据学习的内容分类

我国学者（冯忠良等）根据教育系统中所传递经验的内容不同，将学习分为知识的学习、技能的学习（包括心智技能学习与操作技能学习）与社会规范的学习三类。

（二）根据学习的目标分类

布鲁姆（B. S. Bloom）以教育目标和教育任务为出发点，把教育目标分为认知、情感和动作技能三大领域，认知领域的学习由低到高又分为六个层次：（1）知识，对知识的简单回忆。（2）领会，把握材料的意义。（3）运用，把习得的概念和规则应用于新的情景。（4）分析，区别和了解事物的内部联系。（5）综合，把思想重新综合为一种新的完整的思想，产生新的结构。（6）评价，根据内部的证据或外部的标准作出判断。

（三）根据学习的结果分类

加涅（R. M. Gagne）根据学生通过学习所获得的结果或形成的能力的不同，把学习分为五种类型，分别是：（1）智力技能。利用符号与环境相互作用的能力，即学习“怎么做”的一些知识。如应用一些原理、法则去解答习题。（2）认知策略。内部组织起来的用于调节学习者自己内部注意、学习、记忆与思维过程的技能。也就是学习者用来“管理”其学习过程的方式，如怎样集中注意力、如何准确地记住要点、如何采取有效的步骤解决问题等，诸如此类的调节控制过程都是通过认知策略来完成的。（3）言语信息。学习大量的名称、事实、事件的特性以及有组织的观念等，即学习“是什么”、“怎么样”的一些知识。（4）运动技能。是由有组织的、协调而统一的肌肉动作构成的活动。从穿衣、写字、走路这些较简单的活动到操纵车床、飞机等器械的复杂的活动，都包含着运动技能。当各种动作被组织起来并构成一种连贯的、协调的、有明确时间性的完整动作时，即可视为形成了运动技能。该技能是在不断练习的基础上形成的。（5）态度。影响个人选择行动的内部状态。它影响着个体对某种事物、人物及事件所采取的行为。个体可以通过各种方法来形成态度，比如通过某种特殊事件、通过模仿或其他亲身经历来形成态度。

（四）根据学习的方式和性质分类

奥苏伯尔（D. P. Ausubel）从两个维度对认知领域的学习进行了分类。根据学习发生的方式，学习可以分为接受学习与发现学习；根据学习材料与学习者原有知识经验的关系，学习可以分为意义学习与机械学习。这两类学习的关系非常密切。

接受学习是指所学习的内容是以某种定论或确定的形式，通过传授者的传授和接受者的主动构建而实现的学习。发现学习则是指在缺乏经验传授的条件下，个体自己去独立发现创造而构建起一定经验结构的过程。

意义学习是指学习者利用原有经验来进行新的学习，理解新信息。机械学习即在缺乏某种先前经验的情况下，靠死记硬背来进行的学习。

奥苏伯尔认为，以上两个维度互不依赖，彼此独立。并且，每一维度都存在许多过渡形式的学习。其具体组合见图 8－1 所示。

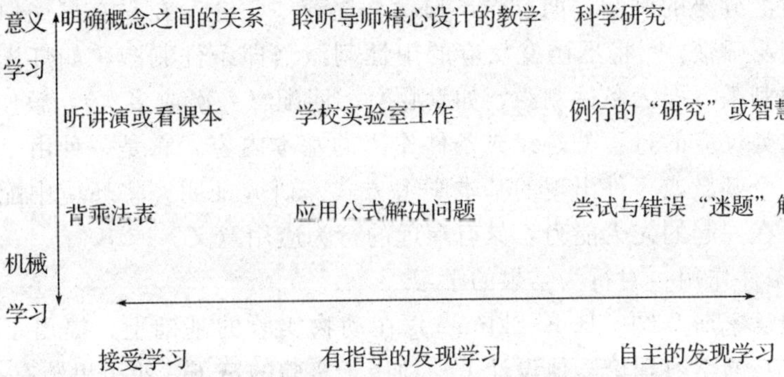

图 8－1　奥苏伯尔的学习分类

（五）根据学习的意识性分类

根据学习的发生和学习结果的获得是否具有意识性，现代认知心理学把学习分为内隐学习和外显学习两大类。内隐学习是指无意识地获得刺激环境复杂知识的过程，学习的结果通常以个人经验的方式存在着，难以用文字、语言、图像等形式表达清楚；外显学习则是有意识的、需要付出努力并采取一定策略来完成的学习，外显学习的材料是能在个体间以一种系统的方法加以传递的客观有形的知识，通常以语言、文字、图像等结构化的形式存储。在第二语言学习的研究中，内隐学习的作用已经得到了研究者的充分肯定。

三、学习理论概略

学习理论的研究是心理学中最核心、最发达，也是最具魅力的领域之一。在过去的20世纪，人们对学习的看法发生了几次重大的变化，每一次变化都对教学理念和实践产生了重要影响。20世纪上半叶，行为主义学习理论占据主导地位，60年代后，认知主义的观点逐渐取代了行为主义，同时，人本主义学习论也登上了心理学的舞台，而到了20世纪末，建构主义成为学习理论发展的新方向。

（一）行为主义的学习理论

行为主义学习理论对学习的解释强调可观察的行为，认为一切学习都是通过条件作用，在刺激（S）和反应（R）之间建立联结的过程，强化在联结的建立中起着重要作用。行为主义学习理论家们试图发现适合于所有动物（包括人类）的行为学习原理。

1. 经典条件作用：学习可预期的信号

俄国生理学家巴甫洛夫（I. P. Pavlov）在研究消化现象时，观察了狗的唾液分泌，即对食物的一种反应特征。他的实验方法是，把食物出示给狗，并测量其唾液分泌。在这一过程中，他发现如果伴随食物的呈现反复给一个中性刺激，即一个并不自动引起唾液分泌的刺激，如灯光，狗就会逐渐“学会”在只有灯光但没有食物的情况下也分泌唾液。① 将不诱发反应的中性刺激（即条件刺激，如灯光）与一个能诱发反应的刺激（即无条件刺激，如食物）相匹配（一次或多次），致使中性刺激最终能诱发同类反应的过程就是经典条件作用的基本内容。它是一种由一个刺激或事件预示另一个刺激或事件出现的基本学习方式。研究证明，将环境中配对出现的事件迅速联系在一起的先天能力，具有深远的行为应用意义。②

2. 操作条件作用：对行为结果的学习

美国心理学家斯金纳（B. F. Skinner）在动物实验的基础上，提出了以操作性条件作用为核心的学习理论。他设计了一种用于实验的箱子，箱子里装有一个杠杆，杠杆和一个自动给食设施相连接，在自动给食设施下面有一食槽，只要按压杠杆，杠杆受力，就会自动滚出一粒食丸，这便是著名的“斯金纳箱”。实验中，斯金纳把一饥饿的白鼠放进箱子，白鼠就会在箱子里到处乱蹿乱跳，在这期间，白鼠偶然地触动了杠杆，这时就会得到一粒食物。吃到食物以后，白鼠又会重复前面的行为，几次以后，白鼠就会主动地去按压杠杆，直到吃饱为止。斯金纳认为，学习的实质就是一种反应概率上的变化。

斯金纳把行为分成两类：一类是应答性行为，这是由已知的刺激引起的反应，

---

① 陈琦、刘儒德主编：《当代教育心理学》，北京师范大学出版社1997年版，第65页。

② ［美］理查德·格里格、菲利普·津巴多著，王垒、王甦等译：《心理学与生活》，人民邮电出版社2003年版，第162页。

如用针刺一下手，手就会马上缩回；另一类是操作性行为，是有机体自身发出的反应，与任何已知刺激物无关，如走路、读书、写字等。斯金纳认为，人类的大多数行为是操作行为，操作性条件作用形成的过程就是学习的过程。操作条件作用的基本原理是：个体在某种情境下作出某种反应，如果之后伴随着一种强化物，那这种反应在类似情境中发生的概率就会增加。所以，强化是形成操作性条件作用的重要手段。强化物分为两种：一种是正强化物，它是指跟随在一个操作反应之后，并能提高这个反应概率的刺激物；另一种是负强化物，它是指操作反应之后，如果从情境中排除一个刺激，由此能够加强某一操作反应的概率。强化时，可以使用一个原则：普雷马克原理，即用高频活动作为低频活动的强化物。或者说用学生喜爱的活动去强化学生对不喜欢活动的参与。如果一个儿童喜爱看电视而不喜欢阅读，可以允许他完成阅读之后去看一会儿电视。

斯金纳很注意把自己的理论和实践结合起来，他的理论应用对象最有影响的是程序教学，而且他的强化理论也常用来解决临床心理学和行为矫正等问题。

3. 观察学习：对他人的模仿

观察学习是指通过对他人行为及其强化性结果的观察而获得某些新反应的学习过程。人类观察学习的一个经典演示发生在当代心理学家班杜拉（A. Bandura）的实验室里。在看过一个成人榜样对一个大型塑料玩偶进行拳打脚踢之后，实验组儿童比未见过攻击榜样的控制组儿童表现出了更高频率的攻击性行为。毫无疑问，我们今天的许多行为是通过观察榜样而习得的。我们周围的世界中存在着很多潜在的学习榜样，那些与学习者自身相似的或被认为是优秀的、热门的人物最容易成为青少年竞相模仿的榜样。

（二）认知主义的学习理论

与行为主义者不同，认知倾向的心理学家重在研究学习者处理环境刺激的内部过程和机制，而不是外显的刺激与反应。他们一般强调，学习是内在心理结构的形成、丰富或改组的过程。认知学习理论从其诞生至今，其间发生了许多变化，提出了各种不同观点，我们主要介绍近期的认知学习理论。

1. 认知结构学习理论

认知结构学习理论的提出者是著名教育学家与心理学家布鲁纳（J. S. Bruner），他强调儿童的认知发展，提倡发现学习法，其学习观点主要表现在以下几方面：

（1）学习的实质在于主动地形成认知结构或表征系统。在布鲁纳看来，认知结构即表征系统，是指信息在头脑中的表现与记载方式。儿童的认知发展依次经历动作表征、映像表征与符号表征三个阶段，但它们并不是相互取代的关系，每个成人都在使用这三种表征方式来理解或表达外在事物、事件。

（2）学习包含三个几乎是同时发生的过程：信息的获得、信息的转换及其评价。这说明学生不是被动的接受者，而是主动的信息加工者。通过上述过程，学生建立更完善、更系统的认知结构。

（3）学习的核心内容应是各门学科的基本结构。学科的基本结构是指学科的基本概念、基本原理以及学习该学科的基本态度和方法，比如物理学中的杠杆原理、实验方法，代数中的交换律、分配律和结合律等。布鲁纳认为，学习一门学科的关键是理解、掌握那些核心的、基本的概念、原理、态度和方法，抓住它们之间的意义联系，并将其他的知识点与这些基本结构逻辑地联系起来，形成一个有联系的整体。

（4）最佳的学习方式是发现学习。布鲁纳认为，发现并不只限于那种寻求人类尚未知晓的事物的行为，而且还包括用自己的头脑亲自获得知识的一切形式。对学生来说，了解、掌握一般的原理、原则固然重要，但尤其重要的是形成发现的态度和方法。发现学习活动可以沿着认知表征方式的发展顺序来展开，把动作表征、映像表征和符号表征这三种不同的经验形式有机地结合起来。

2. 认知同化学习理论

这一理论的提出者是奥苏伯尔，他更关注学校课堂情境中学生的学习规律，认为学生的学习主要是一种有意义的接受学习。他的主要观点有：

（1）学生的学习是一种有意义的学习。有意义的学习即新知识与学生原有知识经验之间能够产生实质性的联系。有意义学习的发生需具备三个条件：学习材料具有逻辑意义；学生要具有有意义学习的倾向；学习者认知结构中必须具有适当的知识，以便与新知识进行联系。

（2）学生的学习是接受学习。这与布鲁纳所提倡的发现学习的观点相反。奥苏伯尔认为，学生的学习是通过教师的传授来接受事物意义的过程，是一种有意义的接受。

（3）有意义的接受学习是通过同化过程实现的。这里的同化是指新旧知识之间的相互作用、相互影响，即把新信息纳入到原有的认知结构中去，用原有的知识来解释新知识，或者以新知识充实、改组原有的认知结构。

3. 信息加工学习理论

该理论的提出者加涅被公认为是将行为主义学习论与认知主义学习论相结合的代表。他从两大理论中汲取合理的成分，并且在20世纪70年代之后，引进现代信息论的观点和方法，对学习的过程及条件作了深入探讨。

（1）学习的信息加工模式。这一模型主要包括三个部分：信息的储存及认知加工、动机系统和自我监控系统。首先，学习者从环境中接受刺激，刺激推动感受器，并转变为神经信息。这个信息进入感觉登记，这是非常短暂的记忆贮存。被感觉登记的信息很快进入短时记忆，信息在这里可以持续二三十秒钟。当信息从短时记忆进入长时记忆时，信息发生了关键性的转变，即要经过编码过程。所谓编码，就是用各种方式把信息组织起来。信息是经编码形式储存在长时记忆中的，当需要使用信息时，需要经过检索提取信息。被提取出来的信息可以直接通向反应发生器，从而产生反应；也可以再回到短时记忆，对该信息的合理性作进一步的考虑，结果可能是进一步寻找信息，也可能是通过反应发生器作出反应。在信息加工学习模式中，还包含着预期事项与执行控制。前者是指学生期望达到的目标，即学习的动机。正是因为学生对学习有某种期望，教师给予的反馈才会有强化作用。执行控制即加涅学习分类中的认知策略，这一过程决定哪些信息从感觉登记进入短时记忆，如何进行编码、采用何种提取策略等。

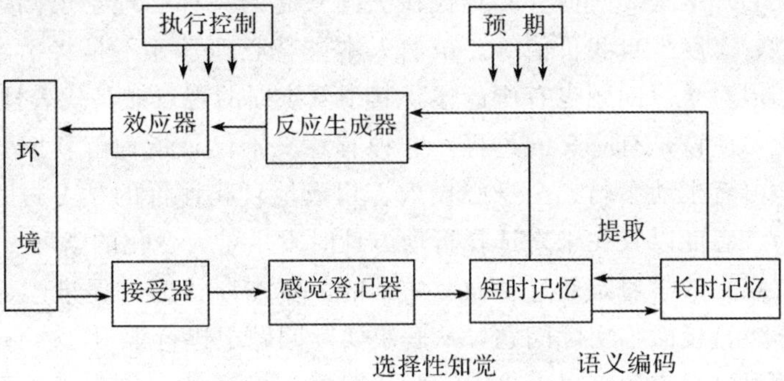

图 8－2　加涅的信息加工学习模式

（2）学习阶段及教学设计。从以上模式可以看出，学习过程是信息的接受和使用的过程，是学习主体和环境之间相互作用的结果。学习过程是由一系列事件构成

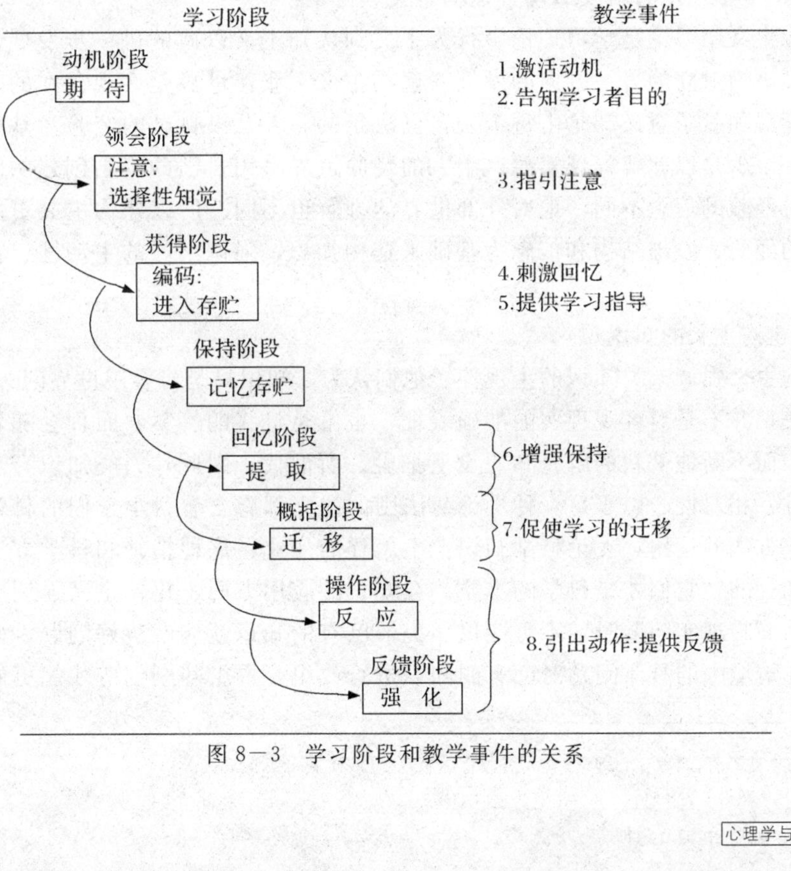

图 8－3　学习阶段和教学事件的关系

的，加涅认为，每一个学习动作可以分解成八个阶段，如图 8－3 所示。示意图的左边是学习的阶段，其中方框上面是该阶段的名称，里面是该阶段内部的主要学习过程，而右边则是教学事件。这样，学生内部的学习过程一环接一环，形成一个链锁；与此相应的学习阶段把这些内部过程与构成教学的外部事件联系起来。①

（三）人本主义的学习理论

人本主义心理学是 20 世纪 60 年代在美国兴起的一种心理学思潮，它主张应该关注人的情感、态度、自我价值等。虽然人本主义心理学并不是将学习作为它的主要研究内容，但对学习问题也有所论述，其中罗杰斯的观点最具代表性。他认为：

第一，学习应该是有意义的过程。这种有意义不仅是指理解新旧知识之间的联系，更是指学习者主动参与、全身心投入、积极地自我评价的学习过程。这是一种使个体的行为、态度以及在未来选择行动方针时发生重大变化的学习。

第二，有意义的学习是通过“做”中学的。罗杰斯认为，促进学习的最有效的方式就是让学生直接面临实际问题，从解决实际问题中进行学习。

第三，学习过程应始终以人为本。学生是学习活动的主体，必须重视学习者的意愿、情感、价值观等，应坚信学习者可以自己教育自己，发展自己的潜能，最终达到自我实现。为此，应形成良好的师生交往关系，创设情感融洽的学习情境。

（四）学习理论的新发展——建构主义理论

建构主义学习论是学习理论中行为主义到认知主义以后的进一步发展，即向与客观主义更为对立的另一方向的发展。建构主义主张，世界是客观存在的，但对于世界的理解和赋予意义却是由每个人自己决定的。人是以自己的经验为基础来建构现实的，至少是以此解释现实的，个人的经验世界是用自己的头脑创建的。人的经验以及对经验的信念不同，他对外部世界的理解也不同。所以建构主义更关注如何以原有的经验、心理结构和信念为基础来建构知识，强调学习的主动性、社会性和情境性。

1. 建构主义的知识观

建构主义强调人类知识的主观性。他们认为，知识只是对客观世界的一种解释、一种假设，并不是对客观现实的准确表征，也不是最终的答案，而且会随着人类认识的进步而不断地被新的解释和假设所推翻、所取代。因此，人类知识有着高度的不确定性、相对性。由于每一种理论与法则的建立都隐含着科学家们的科学探索精神和科学方法的运用，无论科学知识发生怎样的变化，这种精神和科学方法的运用是始终如一的，它们才是科学的本质。在知识的应用方面，建构主义强调应用的情境性，人面临现实问题时，不可能仅靠提取已有的知识就能解决好问题，而是需要针对具体情境中的具体问题对已有的知识进行改组、重组甚至创造才能更好地解决

① 冯忠良等著：《教育心理学》，人民教育出版社 2000 年版，第 147 页。

问题。知识的高度主观性和情境性决定了学习是终生的活动，只有不断地更新自己的知识才能够立于知识的前沿，才能立于不败之地。

2. 建构主义的学习观

建构主义认为，知识的意义不是简单地由外部信息决定的，而是在学习过程中，通过新旧知识经验间反复的、双向的相互作用过程建构获得的。因此，学习不可能像行为主义所描述的是一个简单的S－R的过程，也不是一个简单的信息积累、信息加工的过程。每一个学习者，都是在自己原有的经验系统的基础上对新信息进行编码，建构自己对信息意义的理解。而且原有的知识经验由于和新信息的相互作用其本身也会发生调整和改变。所以，每个人过去形成的经验系统是不同的，对不同的信息就会有自己不同的理解。即使对于相同的信息每个人也会形成各自不同的意义建构。这样就可以解释，为什么同样一堂课，班级中学生的收获是不一样的。

3. 建构主义的学生观

“以学习者为中心”是建构主义鲜明的学生观。建构主义认为，学生是信息意义的主动建构者，“学习是建构内在的心理表征的过程，学习者并不是把知识从外界搬到记忆中，而是以已有的经验为基础，通过与外界的相互作用来建构新的理解”。学生在学习知识时并不是一个经验的无产者，在日常生活中，在过去的学习中他们已经获得了丰富的知识经验，这些知识经验有些是科学的、准确的，有些则可能是日常的、感性的，但不管怎么说，这些都是学生掌握新的知识经验、建构新的意义的必要基础，学生正是在这些知识经验的基础上，通过新旧知识经验之间反复地、双向地相互作用过程中建构起新的意义，实现新旧知识的综合和概括，形成新的假设和推论，并在应用中加深对知识的理解，最终充实和改造自己的知识经验。

4. 建构主义的教师观

建构主义认为教师是学生学习的帮助者、合作者。学习并非知识由教师到学生的简单转移或传递，而是在师生共同的活动中，教师通过提供帮助和支持，使学生从原有的知识经验中“生长”出新的知识经验。教师要引导学生对自己的学习进行自我管理、自我负责，通过创设良好的、情境性的、多样化的学习情境，鼓励学生通过实验，独立探究、讨论、合作等方式进行学习，组织学生与不同领域的专家或实际工作者进行广泛交流，为学生的探索、意义建构提供有力的社会支持。

诞生于20世纪80年代后期的建构主义，是对传统认识论的一场革命性挑战。作为其学习理论的基本假设，建构主义对知识的实质、对学习者的经验世界提出了一系列不同于传统认识论的看法。它所提倡的自主学习、探究学习、合作学习及支架式教学、随机通达教学等新颖的学习与教学形式正为全世界的教育改革注入新的活力。

第二节　学习迁移

一、学习迁移概述

（一）学习迁移的定义

学习是一个连续的过程，任何一种学习都会受到学习者已获得的知识经验、技能或者态度等的影响。比如加法学习影响着乘法的学习，而乘法的学习反过来也影响着对加法的重新理解；数学学习中审题技能的掌握会促进其他学科的审题技能的学习；儿童在家庭中养成的整洁的行为习惯也会在学校中表现出来；学习骑自行车也影响着学习骑三轮车。这种已获得的知识、技能、方法或态度对学习新内容和解决新问题所产生的影响就是学习迁移。

迁移使人习得的经验得以概括化、系统化，形成一种稳定的整合的心理结构，从而更好地调节人的行为，并能动地作用于客观世界。学生的学习目的不仅是把知识、经验储存在大脑之中，更重要的是将所学的知识经验应用于实际情境中，解决现实生活中的各种问题。

（二）学习迁移的分类

学习迁移现象是多种多样的，不同的研究者从不同的角度对迁移进行了分类：

1. 正迁移与负迁移

这是根据迁移的影响效果所划分的两种类型。正迁移指一种学习对另一种学习起到积极的促进作用。如平面几何的学习可以促进立体几何的学习；阅读技能的掌握可以促进写作技能的形成和发展；棒球选手打高尔夫球，也会打出专业级水平等。正迁移表现在个体对于新学习或解决某一问题具有积极的心理准备状态，从事某一活动所需的时间或练习次数减少，学习效率提高。负迁移指两种学习之间的相互干扰、阻碍。如初学英语的中国人往往把“我认为他不会游泳”翻译成“I think he can not swim.”（正确答案：I don’t think he can swim.）这是由于已掌握的汉语语法干扰了英语语法的学习与运用。负迁移经常表现在产生僵化的思维定势，缺乏灵活性、变通性，使某种学习难以顺利进行，学习效率低下。

2. 顺向迁移与逆向迁移

根据迁移的时间顺序，可以把迁移分为顺向迁移与逆向迁移。顺向迁移是指已进行的的学习影响着后来的学习，通常所谈论的大部分迁移都属于此类迁移。逆向迁移指后面的学习影响着前面学习所形成的经验结构，使原有的经验结构发生一定的变化，如得到充实、修正、重组或重构等。

3. 横向迁移与纵向迁移

横向迁移是指处于同一抽象和概括水平的经验之间的相互影响。学习内容之间的逻辑关系是并列的，如直角、钝角、锐角、平角等概念之间的关系是并列的，都处于同一抽象和概括层次，各种概念的学习之间的相互影响即为水平迁移。纵向迁移指处于不同抽象、概括水平的经验之间的相互影响。纵向迁移表现在两个方面，一是自下而上的迁移，二是自上而下的迁移。前者指下位的较低层次的经验影响着上位的较高层次的经验的学习，如对具体事例的理解有助于相关概念和原理的掌握。后者指上位的较高层次的经验影响着下位的较低层次的经验的学习，如“角”这一概念的掌握对“直角”、“锐角”等概念的学习有一定的影响。

4. 一般迁移与特殊迁移

这是根据迁移内容的不同所进行的划分。一般迁移是将一种学习中习得的一般原理、方法、策略和态度等迁移到另一种学习中去。例如，学习了金属的热胀冷缩原理后，很容易掌握各种具体金属的一般特征。学生学到的越是基本概念，则该概念对新问题的适用性越宽广，迁移的范围也越普遍。特殊迁移指一种学习中习得的具体的、特殊的经验直接迁移到另一种学习中去，或经过某种要素的重新组合迁移到新情境中去。动作技能的迁移大都属于特殊性迁移。例如，毛笔字写得很好的人，一般来说，他的钢笔字也不差；在“乒乓球运动”的学习中，推挡动作的学习可以直接迁移到左推右攻这种组合的动作学习中去。

二、学习迁移的理论

心理学家历来都重视研究学习迁移问题，试图揭示学习迁移现象的本质及规律。在不同的实验与研究的基础上，形成了各种迁移理论。

(一) 早期迁移理论

1. 形式训练说

迁移理论中最早的学说是形式训练说。这一理论以官能心理学为基础，认为人的心理是由若干不同的官能组成的，如记忆、注意、推理、意志等，各种官能可以像肌肉一样通过练习增强力量并在以后的各种活动中自动发挥效用。形式训练说强调把训练和改进“心”的各种官能作为教学的重要目标，因此学习的内容并不重要，重要的是所学对象的难度及其训练价值。而且，学习要收到最大的迁移效果，就应该经历一个“痛苦”的过程。

2. 相同要素说

在一系列知觉方面的实验基础上，桑代克（E. Thorndike）等人在20世纪初提出了迁移的相同要素说。该学说认为，只有当学习情境和迁移情境有相同要素（相同的刺激与反应联结）时，一种学习才能影响到另一种学习，即产生迁移。

3. 概括化理论

贾德（G. H. Judd）以水中打靶的实验说明，概括化的原理和经验是迁移得以产生的关键。对原理学习得越透彻，对新情境的适应性就越强，迁移就越好。而且，概括化不是一个自动的过程，它与教学方法有密切的关系。

4. 关系理论

格式塔心理学家提出的关系理论重视学习情境中对原理原则之间关系的顿悟在迁移中的重要作用。他们认为，习得的经验能否迁移，并不取决于是否存在共同要素，也不取决于对原理的孤立的掌握，而是取决于学习者能否理解要素间形成的整体关系，能否理解原理与实际情境之间的关系。

5. 学习定势说

学习定势说的提出者是美国心理学家哈洛（H. F. Harlow）。他在实验中发现，当以由易到难的次序安排学习任务时，被试能较容易解决这些问题。也就是说，在这种情境中学习者学会了如何学习，形成了学习定势。① 所谓学习定势，就是学习者在以往的学习中形成的愿望、态度、知识经验、思维方式等构成的某种心理准备状态。它使后继的学习活动具有一定的倾向性，有利于同类或相似课题的学习及问题解决。

（二）当代迁移理论

当代迁移理论主要来自认知心理学及建构主义心理学。在过去的二十年中，随着认知心理学研究的不断深入，知识分类的思想已基本上被广大研究者所认同和接受。针对特殊类型的知识，认知心理学家也探讨了有关迁移问题。上个世纪九十年代以来，建构主义学习理论在东西方渐趋流行，同时也出现了以建构主义为基础的新的学习迁移观。

1. 知识分类基础上的学习迁移观

“知识”是心理学中的一个核心概念。目前心理学家大多同意将知识分为两大类：陈述性知识和程序性知识。前者用于回答世界“是什么”、“怎么样”的问题；后者解决“怎么办”、“如何做”的问题。程序性知识又被分为两个亚类：一类通过练习，其运用可以达到相对自动化的程度，很少或不需要受意识控制，称为“技能”；另一类一般受意识控制，其运用很难达到自动化程度，称为“认知策略”。上述三种知识无论是在知识的表征、获得，还是在知识的提取和应用上都存在一定差别。针对以上不同知识类型，心理学家分别提出了三种学习的迁移理论。

（1）认知结构迁移理论。认知结构迁移理论是奥苏伯尔根据有意义言语学习理论发展而来的。该理论较好地解释了陈述性知识的学习和迁移。所谓认知结构就是学生头脑中的知识结构，是学习者在某一特殊知识领域内的观念的内容和组织。奥苏伯尔认为学生在学习新知识时，原有认知结构中有关观念在内容和组织方面的特征，主要包括可利用性、可辨别性和稳固性会影响新知识的学习。根据认知结构迁移理论，“为迁移而教”实际上是塑造学生良好的认知结构问题。

---

① 陈琦、刘儒德主编：《当代教育心理学》，北京师范大学出版社 1997 年版，第 112 页。

（2）产生式迁移理论。产生式迁移理论是辛格莱与安德森等针对技能的迁移提出的，其基本思想是：前后两项技能学习产生迁移的原因是两项技能之间产生式的重叠，重叠越多，迁移量越大。所谓产生式就是有关条件和行动的规则，简称 C—A 规则。产生式的相同或相似是迁移产生的条件。

（3）元认知迁移理论。现代心理学的研究日益重视认知策略和元认知在学习和问题解决中的作用和影响。元认知迁移理论认为，认知策略的成功迁移是指问题解决者能够根据新问题的要求，选择已获得的适用于新问题的特殊或一般技能，并能在解决新问题时监控它们的应用。要使认知策略在多种情境中产生迁移，一个重要的条件是学习者的元认知水平，即个体对自己的认知过程和结果的意识与控制水平。具有较高元认知能力的学习者能主动地掌握、监控和调节自己的认知过程，在学习及问题解决过程中有效地选择和使用认知策略，提高工作效率。

2. 建构主义的学习迁移观

在建构主义看来，任何知识都具有一定的内涵、逻辑外延（潜在应用范围）和心理外延（主观上的应用范围），知识的内涵决定它潜在的逻辑应用范围。但是，对于一个学习者来说，知识的潜在应用范围只有一部分是可能被实现的，这就是学习者主观上的应用范围。所谓学习迁移，实际上就是知识在新条件下的重新建构，这种建构同时涉及知识的意义与应用范围两个不可分割的方面。知识的意义要通过知识的应用来理解，知识的应用范围总是与一定的情境联系在一起，越是在多样化的情境中应用知识，知识的逻辑外延就越多地变为心理外延，从而学习者对知识的理解就越深刻，也就越能灵活地应用知识。为了促进学生在新条件下应用知识的能力，建构主义者强调教学时要让学生在各种实际情境中从多种角度反复应用知识。这样，学习迁移就变成了在新条件下对知识的进一步学习、对知识的深化理解以及对知识的心理应用范围的扩充，学习迁移的机制实质上等同于学习的机制。①

三、影响学习迁移的因素

综合有关理论可以看出，学习迁移的过程及效果会受多种因素的影响，其中既有学习者主观方面的因素，也有学习材料等客观方面的因素。

（一）影响学习迁移的主观因素

1. 智力水平

智力对迁移的质和量都有重要作用。智力水平较高的人更善于通过概括、分析和推理掌握学习内容中蕴含的一般原理和规则，发现两种学习情境之间的相同要素及其关系，在新的问题情境中灵活运用已有的知识经验和学习策略。

---

① 刘儒德：《论建构主义学习迁移观》，北京师范大学学报（人文社会科学版）2001 年第 4 期，106～111。

2. 原有经验的组织性及可利用性

知识经验的组织性一方面体现在其抽象、概括性方面，另一方面表现在经验的丰富性方面。经验的概括水平越高，它所适用的范围就越大，迁移的可能性也就越大。同时，许多实验和事实也证明，正迁移的发生往往随着练习中所提供的具体事例的数量的增加而增加。① 这说明，具体而丰富的经验对于迁移的产生也是非常必要的。

另外，要产生迁移，原有的经验结构必须能够被有效地激活、提取。有些学习者在面对新的问题情境时，不是没有知识经验加以利用，而是原有经验处于惰性状态，在有提示的情况下，才能意识到自己已经掌握了解决问题的方法。

3. 学习的定势

由于定势使个体在认识方面和外显的行为方面以一种特定的方式进行反应，使个体在思维和活动方向的选择方面有一定的倾向性，因此，定势在迁移的过程中有一定的作用。但定势的作用是双重的，当先前学习与后面学习是同类课题时，定势会成为正迁移的心理背景，但当两类学习需要灵活变通时，定势则往往成为负迁移的心理背景。

4. 元认知水平

所谓元认知，就是个体以自己认知过程的活动为对象的认知。元认知对整个学习过程起着监控和调节的作用，尤其是监视和指导着策略的选择和使用。限于元认知水平的发展，往往要到小学高年级以后，学生才能够有意识地利用适宜的策略完成类型相同或相似的学习任务，提高学习的效率。

（二）影响学习迁移的客观因素

1. 学习任务情境的相似性

两种学习任务情境之间的相似性，包括在学习内容、学习条件、学习目标与学习过程等方面是否具有影响迁移发生的共同要素。

2. 教学方法

教师在教学时是否有意识地引导学生发现不同知识之间的共同点，启发学生将习得的原理和技能应用于新的情境，指导学生监控自己的学习对迁移的发生有重要影响。

3. 练习

如果学生在学习基本概念和原理的同时给予充分的练习时间及多样化的练习情境，可以使他们对知识的掌握牢固而清晰，在熟能生巧的基础上产生迁移。

四、学习迁移的有效促进

在“为迁移而教”、“教会学生学习”等理念日益成为教育主题的今天，教师在充分理解迁移的发生规律及影响因素的基础上，应结合教学实际，积极创造条件，

① 冯忠良等著：《教育心理学》，人民教育出版社 2000 年版，第 276 页。

促进学生的学习迁移。

（一）合理编排教学内容

教材内容的选择及编排直接影响学生认知结构形成的特点。为使学生形成知识间的丰富联系，建立良好的认知结构，教材内容首先应该体现这种知识结构，使教材内容结构化、一体化、网络化。[①] 结构化是指教材内容的各构成要素具有科学、合理的逻辑联系，能体现出事物的各种内在关系，如上下、并列、交叉等关系。一体化是指教材的各构成要素能整合成为具有内在联系的整体。网络化是一体化的引申，指教材各要素之间上下左右、纵横交叉联系要沟通，要突出各种基本经验的联结点、联结线，这既有助于了解学生原来学习中存在的断裂带及断裂点，也有助于预测以后的发展带、发展点，为迁移的产生提供直接的支撑。

（二）合理处理教学程序

教学程序是使有效的教材发挥功效的直接环节。合理安排教学程序应从宏观、微观两个方面加以考虑：宏观方面指对学习的先后顺序的整体安排，教学中应将基本的知识、技能和态度作为主干结构，并依此进行教学；微观上应合理组织、安排每一堂课的教学内容、顺序，依据从已知到未知、从简单到复杂、从具体到抽象等顺序来沟通新旧经验，同时要注意各堂课所授内容之间的衔接，将前后知识加以沟通和融会贯通。

（三）教授学习方法，引导学生学会学习

学习方法是促进有效学习的一些手段、措施和技巧，它本身就包含了有效迁移的信息，可以在后续的学习中产生比较广泛的一般性迁移。由于大部分学生，尤其是小学生还不能自发地产生一些有效的学习方法，因此需要教师加强学习方法的指导与教授，如理解知识的方法、复习巩固的方法等。授之以鱼，不如授之以渔，学生掌握了有效的学习方法，即“学会了学习”，能从根本上提高迁移能力。

（四）提高学生的元认知水平

元认知迁移理论的提出启示我们：认知策略在学习和问题解决中发挥着重要作用，而能否成功运用认和策略又取决于个体的元认知水平，因此教学不能囿于仅仅传授给学生具体的陈述性知识和程序性知识，还必须加强元认知的培养，以使学生能够真正掌握知识，获得自主学习的能力。教师在实际教学中要有意识地向学生传授一些元认知策略，使学生掌握策略的使用条件，并要求学生对策略使用的成败进行自我评价，将有助于学生学会如何学习。

（五）培养思维的灵活性，克服定势的消极作用

由于学习定势可以使人在环境不变时用已掌握的方法迅速解决问题，但也可能使人的头脑变得僵化呆板，在情境发生变化时缺乏灵活性。因此，在安排学习课题

---

① 冯忠良著：《结构化与定向化教学心理学原理》，北京师范大学出版社 1998 年版，第 416 页。

时，要把同一性和变异性相结合，既要考虑所授内容与学生原有经验的一致性，同时又要变化课题，培养学生思维的灵活性，克服定势的消极作用。

（六）创设丰富情境，扩展知识的应用范围

根据建构主义的迁移观，迁移即应用。因此，在教学中要创造条件尽量使学生在真实的任务情境中进行学习，在各种不同的情境中练习所学习的知识、技能，从不同角度去理解、应用知识，这是促进学习广泛迁移的主要途径。

第三节　学习策略

很多人都知道“点石成金”的故事，如果把知识比喻成金子，那么科学的学习策略就是“点金术”。金子总会有用尽的时候，但只要掌握了点金术，也就拥有了取之不尽的财富。在今天这样一个信息时代，学生只有掌握了有效的学习策略，才真正拥有学习的“金钥匙”，成为“会学习”的人。

一、学习策略概述

（一）学习策略的界定

学习策略是指学习者为了提高学习的效果和效率、有目的有意识地制定的有关学习过程的复杂的方案。[①] 一般说来，学习策略具有三个方面的特征：首先，学习策略是学习者为了完成学习目标而积极主动地使用的措施和方案，常常表现为一系列的操作步骤、程序及规则。第二，学习策略是符合规律的活动方式，因此学习策略是提高学习效率、保证学习效果的基本条件。第三，学习策略是通过学习、练习而形成的，是可以通过教学来发展的。

（二）学习策略的结构

许多学者对学习策略的成分和层次进行了理论上的探讨。其中，丹瑟洛（D. F. Dansereau，1985）将学习策略分为具有相互联系的两大类：一是直接用来操作学习材料的基本策略，如领会和记忆策略。二是用来维持适宜心理状态的辅助策略，如专心策略。在学习过程中，基本策略和辅助性策略是相辅相成的。另外，根据迈克卡等人（Mckeachie et al，1990）的观点，学习策略包括认知策略、元认知策略和资源管理策略三种成分（图 8－4）。认知策略是加工和组织学习材料的方法和技术，有助于学习者有效地从记忆中提取信息；元认知策略是学习者对自己认知过程的调节和控制策略，有助于学生有效地安排和调节学习过程；学习资源管理策略是用来辅助学生管理可用的环境和资源的策略，这些策略与学生的学习动机有密切关系。下面将重点介绍认知策略和元认知策略。

---

① 陈琦、刘儒德主编：《当代教育心理学》，北京师范大学出版社 1997 年版，第 180 页。

- 学习策略
  - 认知策略
    - 复述策略（如重复、抄写、做记录、划线、默念等）
    - 精细加工策略（如想象、口述、总结、类比、答疑等）
    - 组织策略（如选择要点、列提纲、组块、画草图等）
  - 元认知策略
    - 计划策略（如设置目标、浏览、设疑、回忆经验等）
    - 监视策略（如自我测查、集中注意、监视领会等）
    - 调节策略（如调整阅读速度、使用应试策略、复查等）
  - 资源管理策略
    - 时间管理（如定时间表、设置目标、调整作息等）
    - 学习环境管理（如寻找固定、安静的学习场所等）
    - 努力管理（如自我强化、坚持不懈、自我调整等）
    - 其他人的支持（如寻求教师、伙伴、小组帮助等）

图 8－4　学习策略的分类

二、认知策略

根据迈克卡等人的观点，认知策略主要包括复述策略、精细加工策略和组织策略。

（一）复述策略

复述策略主要用于记住和保持学习材料。由于短时记忆容量有限，必须采取复述的方式，即对信息进行反复重复才能将信息较长时间地保持在短时记忆中，并进入长时记忆。促进信息保持的复述策略非常多，如抄写、利用有意识记、大声重复关键词、尝试背诵、一字不落地记笔记等。

复述通常是学习过程中必不可少的环节，但复述策略仅仅是一种识记策略，与其他学习策略相比，它的作用仅仅是保持信息，因而是一种较低水平的信息加工策略。只有配合其他一些能有助于学习者组织和整合信息的学习策略，才能更好地记住和掌握学习材料。这些策略就是精细加工策略。

（二）精细加工策略

精细加工策略是学习者主动把所学的新信息和已有的知识联系起来，增加新信息的意义，从而促进新知识的记忆和理解的深层加工策略。研究发现，学习者对材料加工得越细致、越深入，他们对知识的掌握就越牢固。当学习材料本身的意义性不强时，通过应用精细加工策略，可以人为地赋予它某种意义，以促进记忆，这类精细加工策略常常被称为记忆术。当学习材料本身的意义性较强时，也可以利用精细加工策略，进一步加深对材料的理解。下面了解一些常用的精细加工策略。

1．记忆术

位置记忆法。位置记忆法是一种传统的记忆术。所谓位置就是在学习者的记忆仓库中准备好一系列位置固定的“货架”，当识记一系列材料时，如名词、短语、事物等，可以按顺序往货架上存放，以保证提取时有条不紊。定位词可用人体器官：眼睛、鼻子、耳朵、嘴巴、下巴等，也可以用常用词组：工农兵学商、东南西北中、春夏秋冬、江湖河海、松竹梅、上中下等，只要具体、形象、便于记忆的都行。进行位置记忆的方法很简单，把所有要记忆的材料与所运用的定位词进行奇特联想就可以了。应该注意的是选用哪一套定位词，这要根据要记的材料有哪几项而决定。例如，记明代小说家冯梦龙所著的“三言”——《喻世明言》、《警世通言》、《醒世恒言》，可以选择“桃园三结义”的刘、关、张作定位词：刘备看了冯梦龙的小说，眼睛像玉（喻）一样“明”亮；关羽看了冯梦龙的小说，气得跳到井（警）里，“扑通”一声；张飞睡“醒”了，看了冯梦龙的小说，气得直哼（恒）哼。因为一提到刘、关、张，就可能想到定位数是三，回忆时，只要从他们三人身上联想与识记材料的关系就可以了。

谐音联想法。在记忆一些无意义的材料，如数字、地名、历史年代时，运用材料的谐音进行联想，往往容易记住一些枯燥的东西。比如，背诵圆周率 $\pi=3.1415926535897932384626$……有一定的难度，我们可以用谐音编一个顺口溜“山顶一寺一壶酒（3.14159），尔乐苦煞吾（26535），把酒吃（897），酒杀尔（932），杀不死（384），乐而乐（626）。”来记住一长串的数字。运用谐音联想法时应注意，把无意义的系列材料赋予意义的同时，尽量将其转化为视觉表象，以使记忆中的材料内容生动形象，便于提取。

专栏 8—1　5R 笔记法

5R 笔记法诞生于美国康奈尔大学，所以又名康奈尔笔记法，它几乎适用于一切课堂自学场合。5R 即指由 5 个“R”字母开头的术语：(1) 记录（Record），在听讲或阅读过程中，在主栏内尽量多记有意义的概念、论据等；(2) 简化（Reduce），随后（或课后）将听讲中的内容恰当概括，并简明扼要地写进辅栏（回忆栏）；(3) 背诵（Recite），即遮住主栏内容，以回忆栏中的内容为线索，叙述课堂上（或阅读中）学习过的东西（不要求机械地叙述，而是在充分理解的基础上用自己的话叙述）。叙述过后，再撇开主栏，核实所述之正误；(4) 反省（Reflect），即把自己听课或阅读时的想法、意见等，写在卡片或笔记本的某一单独部分（与课堂记录内容分开），并加上标题和索引，编制成提纲、摘要、分类别群；(5) 复习（Review），每周花一定时间快速浏览笔记，主要是看回忆栏。

5R 笔记形式

详记课堂讲授内容	简化、概括课堂笔记
←$\frac{2}{3}$→	←$\frac{1}{3}$→

歌谣口诀法。歌谣口诀法是利用音韵和节奏，把零散的、枯燥的信息编成口诀，使之合辙押韵，琅琅上口，便于记诵。比如有的教师为了让学生能够区分“烧、浇、晓、绕、挠、翘、饶”，把这些字编成了一段歌谣：“用火烧，用水浇，东方日出是

拂晓，左边绞丝弯弯绕，换上提手是阻挠，右边加羽尾巴翘，丰衣足食才富饶。”① 在编制歌诀时，最好自己动脑筋，自己创造的东西才会印象深刻。

语义联想法。通过联想，将要记忆的新材料与已有的旧知识联系在一起，从而赋予新材料更多的意义。实际上就是在理解的基础上，把旧知识当作“衣钩”来挂住所要记忆的新材料。据说有一次欧洲有个旅行团来到美国纽约，住在大中心区的一个宾馆里。第二天外出游览后回寓，大家都忘了门牌号，正在着急时，其中有位科学家说出门牌号码是2449号，因为他当时看到这个数目时，心里动了一下，这不就是6的平方根值吗？只是少了一个小数点。由于他留心了一下，在用到时就能根据这个线索回忆起来，这就是运用联想帮助了记忆。

2. 意义学习中的精细加工策略

记忆术主要是针对学习材料本身缺乏意义或内在联系时所采用的加工策略，而在意义学习中，精细加工策略主要指通过分段、总结段意、使用类比方法、回答问题、摘录、写提要、记笔记等方法对所学习的内容进行去粗取精、删繁就简、提炼关键信息。其中，记笔记是阅读和听讲中用得较为普遍的精细加工策略。研究表明，学生借助笔记可以有效地监控自己的学习过程，有助于发现新知识的内在联系和建立新旧知识之间的联系，有利于知识的概括、总结。美国康奈尔大学的研究者曾总结出一种有效的笔记方法，称为5R笔记法，又名康奈尔笔记法。

（三）组织策略

组织策略即根据知识经验之间的内在关系，对学习材料进行系统、有序的分类、整理和概括，使之结构合理化。应用组织策略可以对学习材料进行深入的加工，进而促进对所学内容的理解与记忆。② 该策略侧重于对学习材料的内在联系的建构，更适用于那些需要深入理解与思考才能把握内在深层意义的学习材料。常用的组织策略有列提纲、作系统结构图等。

1. 列提纲

列提纲就是用简要的词语、短句将整个材料内容的核心思想及其有关细节以简明、扼要的形式表现出来，使之具有内在的逻辑关系，取得纲举目张的效果。

例如，秦巩固统一的措施可以概括为：

· 政治措施：①称始皇帝，掌官吏任免；②设丞相、御史大夫、太尉；③实行郡县制，全国分三十六郡。

· 经济措施：①统一货币；②统一度量衡。

· 思想措施：①焚书；②坑儒；③统一文字。

· 军事措施：①南攻百越；②北击匈奴；③修筑长城。

2. 系统结构图

①② 章志光主编：《小学教育心理学》，中国人民大学出版社1999年版，第211页。

这一策略就是通过对零散、个别的项目、单元进行分类与排列，将其归为不同水平或不同部分，一般是把复杂信息整理成一个金字塔式的层次结构，以便于理解和记忆。图 8—5 就是一例。

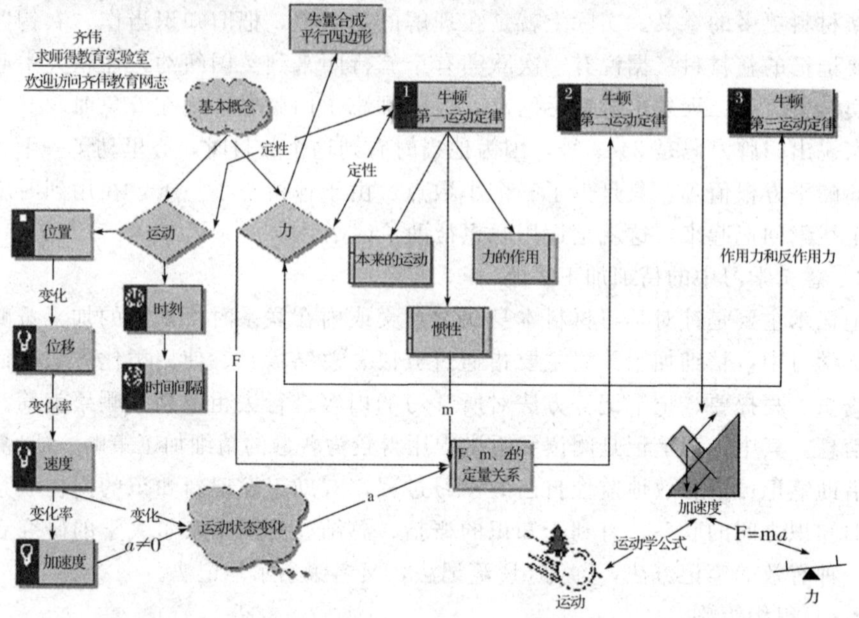

图 8—5　关于牛顿力学的概念图

三、元认知策略

元认知策略是对认知活动的全过程进行指导、监控与调节的高级学习策略。它负责评估学习的进程及存在的问题，确定用什么学习策略来解决问题，评价所选策略的效果，并且改变策略以提高学习效率。元认知策略又具体分为三种：

计划策略。计划策略就是根据认知活动的特定目标，在一项认知活动之前计划各种活动、预计结果、选择策略、想出各种解决问题的方法，并预估其有效性。计划策略具体包括设置学习目标、了解目前具备的学习条件、产生待回答的问题以及分析如何完成学习任务。成功的学生在开始执行学习任务之前，就会估计任务的难度、预测完成任务大约需要多长时间，完成这项任务将会遇到哪些困难，在遇到困难时如何解决等，这些估计和预测实际上是学习者在运用自己的计划策略，为学习活动做积极准备。

监控策略。监控是在认知活动进行的实际过程中，根据认知目标及时评价、反馈认知活动的结果与不足，正确估计自己达到认知目标的程度、水平；并且根据有效性标准评价各种认知行动、策略的效果。监控策略包括学习时控制自己的注意，对学习材料进行自问自答，考试时监控自己的速度和时间分配。监控策略使学习者警觉自己在注意和理解方面可能出现的问题，以便找出来，加以修改。学习一份材料时，成功的学习者通常能够意识到自己哪里懂了，哪里还不懂，如果自己还不懂，问题出在哪里？是把握的信息不够，还是方法或策略不得当等等。

调节策略。这一策略是根据对认知活动结果的检查，如发现问题，则采取相应的补救措施，根据对认知策略的效果的检查，及时修正、调整认知策略。元认知调节策略与监控策略有关。例如，当学习者意识到他不理解材料的某一部分时，他们就会退回去读困难的段落或者寻找其他线索，如图、表、索引等来帮助理解；在阅读困难或不熟的材料时放慢速度；测验时跳过某个难题，先做简单的题目等。调节策略能帮助学生矫正他们的学习行为，补救理解上的不足。

元认知策略总是和认知策略一道起作用的。如果一个人没有使用认知策略的技能和愿望，他就不可能成功地进行认识、计划、监视和自我调节。认知策略是学习内容材料必不可少的工具，有助于我们将新信息与已知信息整合在一起，并且存储在长时记忆中。元认知策略则监控和指导认知策略的运用，有助于我们估计学习的程度和决定学习的过程。我们可以教学生使用许多不同的策略，但如果他们没有必要的元认知策略来帮助他们决定在某种情况下使用哪种策略、或改变策略，那么他们就不是成功的学习者。①

四、培养高效的学习者

随着认知学习理论的发展，人们越来越认识到，有效的学习者应当是一个积极的信息加工者，他能使用各种不同的策略来存储和提取信息，努力使学习环境适应自己的需求和目标。使学生学会学习、成为高效学习者的前提就是要掌握并且会使用有效的学习策略。实践证明，学习策略是可教的而且是可以迁移的，只要依据科学的原则、采用合理的训练方法，教师在帮助学生掌握知识的同时，也能将其培养成高效的学习者。

（一）合理选择教学模式，把策略教学与学科知识教学相结合

单纯的策略教学虽然有助于学生了解、掌握系统的学习策略，但容易让学生停留于策略本身，只记住一些“僵化”的教条，不能将其主动运用于具体知识领域的学习。合理的策略教学模式是先把一般性学习策略及使用条件教给学生，如前面介绍的复述策略、精细加工策略和组织策略等，在此基础上，再与具体的学科内容结合起来，从各学科特点出发，使一般学习策略具体化、学科化，甚至创设一些学科学习策略。在教学中，教师要善于不断探索优化教学步骤，为学生提供可供仿效的活动程序和一定的练习机会；同时要根据学生原有的学习方式和基础来启发学生的思路，让他们有意识地内化有效的学习策略。

---

① 陈琦、刘儒德主编：《当代教育心理学》，北京师范大学出版社 1997 年版，第 201 页。

专栏8—2 结合学科教学的策略教学

一位小学教师在教学生学习应用题时，采用让学生“一读（读一下题目讲了一件什么事情）、二划（划出应用题中的条件和问题）、三点（点出关键词语）、四想（想出正确的数量关系）、五算（列算式正确解答）”的方法，提高学生解答应用题的能力。他教学生“自我提问”，引导学生掌握阅读理解应用题的操作程序，要求学生每解一道应用题，都根据操作程序进行，便于理解题意，学生通过自我提问来控制、调节自己的学习活动，逐步积累“会学”的经验。

（二）营造良好的学习氛围

研究表明，强调掌握、自主与合作的学习气氛有助于促进学生使用深加工策略和适宜的资源管理策略，而在强调竞争、超越他人，服从教师指令的学习环境中，学生更多地运用表层加工策略。因此教师应积极创设良好的学习氛围，引导学生注重新技能的获得、对学习内容的把握和理解以及自己能力水平的提高。

（三）提高学生使用策略的自我效能感

自我效能感是指人对自己是否能够成功地进行某项活动并完成任务的主观判断，即人对自己行为能力的推测。如果学生相信只要自己使用适当的策略就能有效地促进学习，他们就会有意识地运用更多的学习策略。因此教师一方面要教给学生大量可供选用的学习方法和技能，另一方面要给学生创造机会使他们感觉到策略的效力，体验到使用策略学习的乐趣和收获，从而积极寻求、思考和使用策略。

专栏8—3 学习的自我效能感

学习的自我效能感作为自我效能在学习领域内的表现，作为学习者对控制自己学习行为和学习成绩能力的一种主观判断和主观感受，对学习的作用是巨大的。研究发现，在学业上有高自我效能的学生在面对挑战性学习任务时会有更多的动机卷入，会为自己设置更高的学业成就目标，在完成这些目标时会投入更多的努力和坚持，在学业情境中他们有更积极的态度和情感，有较少的焦虑。学习自我效能是影响学习成就的重要变量，它和各种学习活动有密切的关系。自我效能的评估有两种取向，即特殊领域的自我效能的评估和一般自我效能的评估。下面是一般自我效能量表：

1. 如果我足够努力，我总能够解决即使是较困难的问题。

2. 即使有人反对我，我也能找到方法和手段达到我的目的。

3. 坚持我的目的和实现我的目标对我而言是一件容易的事情。

4. 我自信我能有效处理那些突如其来的、意外发生的事情。

5. 我善于随机应变，我知道怎么去处理我不能预见的情况。

6. 只要我努力，我能解决生活中的绝大部分问题。 7. 当我面临困难时，我能保持平静，因为我相信自己的应对能力。 8. 当我面临一个问题时，我总能找到解决这个问题的许多方法。 9. 如果我处在困难中，我总能想出解决它的办法。 10. 我总能处理我所碰到的任何事情。 （注：反应形式在①根本不对，②几乎不对，③基本正确，④完全正确四点上作判断。）

（四）激发和维持学生的学习动机

学习动机影响着学习策略的掌握和运用，如果学生没有强烈的要求改变自己认知过程的愿望，是很难提高其学习策略运用水平的。有关研究发现，无论外部动机还是内部动机都有利于学习策略的运用。内部动机强的学生，对学习活动本身有很大的兴趣，他们会主动寻求积极的学习方法，用以加深对知识的掌握和理解，从而促进学习策略的掌握和运用；外部动机强的学生期望赢得家长、老师的赞许、表扬、获得各种荣誉称号等，也会促使学习者注重掌握正确的学习策略。不过从长远来看，深层、稳定的学习动机更有助学生有强烈的兴趣去主动使用高水平的学习策略。

（五）指导学生监控学习策略的使用

在学习过程中，学习者只有对自己应用策略的情况进行监控并及时地调整、建构新的策略，才能保证策略的有效运用。指导学生使用策略监控的具体做法很多，最常用的方法是自我提问法。使用自我提问法，首先要制定一个有效地应用学习策略的"问题单"，下面是一个自我提问单：

（1）我有什么方法来表征这个问题？哪种方法最合适？

（2）解题时，我进行双向推理吗？

（3）我注意发散性思维与聚合性思维相结合了吗？

（4）我完成任务的时间合理吗？

教师起初要指导学生借助问题单不断自我提醒，当学生运用熟练后，就可以自动化地实现有效的策略监控。

第四节　学习的个别差异

学生的个别差异主要表现为智力差异、人格差异、原有知识水平的差异、学习动机差异、能力倾向差异、认知风格差异、学习风格差异以及性别方面的差异等，这些方面都在某种程度上影响着学生的学习。本书的有关章节已经探讨了其中的几个方面，这里我们着重介绍学生认知风格、学习风格及性别差异的有关问题及其与教学的关系。

一、认知风格的差异

两个学生能力相当，其中一个喜欢按照自己的想法做事，比如喜欢自己拟定文章的题目；而另一个学生在做作业之前总是等着老师的明确指导。与此类似，有的学生可能喜欢某一任务的细节，而另一些学生对细节容易感到厌烦，他们喜欢考虑最终的结局及其含义。学生在这些方面表现出的差异就是认知风格的不同。认知风格，也叫认知方式或认知类型，是指个体在加工信息时（包括接受、贮存、转化、提取和使用信息）的心理倾向。人们已经研究了认知风格在很多方面的差异，这里涉及其中几个主要方面。

（一）场独立型与场依存型的差异

场独立型与场依存型是两种普遍存在的认知方式，是由（H. A. Witkin，1954）研究知觉问题时发现的。他根据一个人从一个复杂的背景图形中找到一个简单的目标图形的能力的差异，将其归属为场独立型或场依存型不同类别。场独立型（field independent）是指很容易地将一个知觉目标从它的背景中分离出来的能力；相反，场依存型（field dependent）是指在将一个知觉目标从它的背景中分离出来时感到困难的知觉特点。场独立型的人对事物的知觉和判断不易受外来因素的影响和干扰，常根据自己的内部参照，独立进行分析判断；场依存型的人较多地依赖外在参照知觉事物，或者难以摆脱环境因素的影响和干扰。对于学习者而言，不同的认知风格在学业行为中的表现往往不同。场依存型的学生更善于适应学校情境中社会性的一面，在完成小组任务中比场独立型的人做得更好。[①] 在解决需要灵活思维的问题上，场独立型的学生有优势，他们善于抓住问题的关键性成分，能灵活的运用已有的知识来解决问题；场依存型的学生在解决熟悉的问题时不会发生困难，但让他们运用已有的知识来解决没有遇到过的问题时，则难以应付、缺乏灵活性。[②] 场独立型的学生易于适应教师结构不严谨的教学方式；场依存型的学生更喜欢教师结构严密的教学方法。在职业选择上，场独立型的学生倾向于选择人际关系较单纯而可独自完成的工作（如机械修理、实验、化验等工作）；而场依存型的学生较喜欢从事与人的活动有关的工作（如教师、商业、社会服务等）。

（二）沉思型与冲动型的差异

沉思型与冲动型是反映个体信息加工、形成假设和解决问题过程的速度和准确性。沉思型（reflective style）的人倾向于在作出决定之前，考虑各种可能的问题解决方案；冲动型（impulsive style）的人则倾向于不经过仔细思考就迅速给出答案。教师在日常的教学活动中，通过观察可以发现沉思型和冲动型学生在学习活动中的

---

① ［美］Robert J. Sternberg，Wendy M. Williams 著，张厚粲译：《教育心理学》，中国轻工业出版社 2003 年版，第 131 页。

② 彭聃龄主编：《普通心理学》，北京师范大学出版社 2001 年版，第 440 页。

不同表现。比如，老师在课堂上提出一个问题时，冲动型的学生往往在问题刚一提出，甚至老师话音未落时，就主动抢着举手发言，但回答问题往往不够准确和全面；沉思型的学生并不急于回答问题，特别是对于有一定难度的问题，他们往往先经过自己思考后才举手回答，而他们的答案也较为全面和准确。在做作业或考试时，冲动型的学生常常快速作答并提前交卷，但容易粗心，常常忽略审题或审题不全面，结果常常出错；而沉思型的学生对问题总是仔细分析、缜密思考后作答，虽然速度慢一点，但成绩往往较好。通过适当的引导，学生可以学会沉思。

（三）整体型和系列型的差异

英国心理学家帕斯克（Pask，1976）对学生怎样学习作了大量的调查研究，试图发现学生在学习策略方面的重要差异。他要学生对一些想象出来的火星上的动物图片进行分类，并形成自己分类的原则。在学生从事完分类任务后，要学生报告他们是怎样进行这项学习任务的。结果发现，学生使用的假设的类型以及建立分类系统的方式，都表现出一些有趣的差异。有些学生把精力集中在一步一步的策略上，他们提出的假设一般说来比较简单，每个假设只涉及一个属性。这种策略被称之为"系列性策略"，就是说，从一个假设到下一个假设是呈直线的方式进展的。而另一些学生则倾向于使用比较复杂的假设，每个假设同时涉及若干属性。这种策略被称为"整体性策略"，就是指从全盘上考虑如何解决问题。采取整体性策略的学生在解决问题时，善于使用发散性思维，从多个视角对问题进行全面思考，考虑多种假设，兼顾到解决问题的各种可能性；能同时把握事物的全部信息，并从各组成部分中发现事物的整体联系。而系列型学习者往往采取按部就班的分析程序，一环扣一环地对信息进行加工。但需要注意的是，这两组学生在学习任务结束时，都能达到同样的理解水平，尽管他们达到这种理解水平时所采取的方式是完全不同的。

二、学习风格的差异

学习风格也称学习方式或学习偏好，是人们在学习时对不同学习条件的偏好和需求，它使个体在探究、解决其学习任务时表现出典型的、一贯的、独具个人特色的方式。学习风格与认知风格是两个不同概念，学习风格包括的范围很广，除认知习惯之外，还包括学生的情意与生理两方面的习惯性行为反应。可以说，从对直接的物理环境的偏好，到根植于文化或人格中的深层差异，无不反映了学生在学习风格方面的差异性。[①]

对学习风格的要素，中外学者从不同角度进行了分析，形成了不同的观点。邓恩夫妇（Dunn，1982）将学习风格要素分为四类，每一类包含4～6种要素，从而

① ［美］Robert J. Sternberg，Wendy M. Williams 著，张厚粲译：《教育心理学》，中国轻工业出版社2003年版，第132页。

构成20种影响学习过程的学习方式的特征。一是环境类，包括对学习环境静闹、光线强弱、温度高低、坐姿正规或随便等的偏爱；二是情意类，包括动机、学习坚持性、学习责任性等；三是社会类，包括独立学习、结伴学习、喜欢与成人或各种不同的人一起学习等；四是生理类，包括对听觉、视觉等刺激的爱好，学习时是否爱吃零食，学习时是否喜欢活动，什么时间的学习效果最佳等。雷诺等人（Reynolds, 1992）在他们的理论基础上，提出了一个多维度的学习方式分类的概念模式，包含了六个类别：知觉偏好、物理环境需要、社会环境偏好、认知方式、最佳时间、动机和价值观，这六个方面构成了一个人独特的学习方式特征。如图8－6所示。

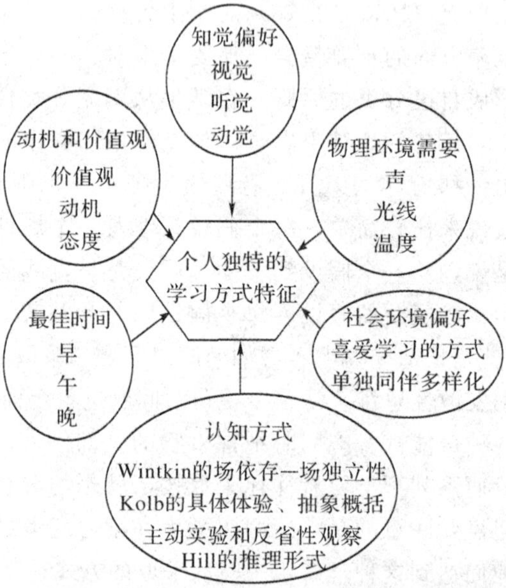

图8－6　雷诺等人的学习方式特征分类

在借鉴国外学者对学习风格要素划分的基础上，谭顶良根据我国文化制度、教育制度的特点，从生理的、心理的和社会的三个层面上提出了学习风格要素分类：(1) 生理要素。包括个体对外界环境刺激（如声、光、温等）、对一天内时间节律以及在接受外界信息时对不同感觉的偏爱。(2) 心理要素，包括认知的、情感的和意动的三个方面。认知方面又包括辨别、归类、信息加工、分析与综合、记忆过程中的趋同与趋异、沉思与冲动，情感方面包括理性水平、学习兴趣与好奇、成就动机、控制点、抱负水准、焦虑水平等，意动方面包括坚持性、言语表达、冒险与谨慎、动手操作等。(3) 社会性要素，包括独立学习与结伴学习、竞争与合作等。

三、性别差异

学生在多个方面表现出性别差异，这里主要介绍与学习联系密切的智力、品德、学业成就等方面的性别差异。

智力的性别差异。一般认为，男女智力的总体水平大致相等，但男性智力分布的离散程度比女性大。男女智力的这种分布差异在学业成绩上的反映很显著。国内外的一些调查的结论大致相同：无论是中学还是大学，学习成绩优异的和学习成绩较差的，男生均多于女生，成绩中等的女生多于男生。同时，男女的智力结构存在差异，各自具有自己的优势领域。男性的视知觉能力较强，尤其是空间知觉能力，男性明显优于女性。女性的听觉能力较强，特别是对声音的辨别和定位，女性明显优于男性。男性偏于抽象思维，喜欢数学、物理和化学等学科，女性长于形象思维，喜欢语言、历史、人文地理等学科，一般说来，女孩的口语发展比男孩早，在言语流畅性及读、写、拼等方面均占优势，但男孩在言语理解、语言推理等方面又比女孩强。

品德的性别差异。一般认为，男女生在品德上没有量的差异，但有些研究表明男女在品德方面有质的不同，哈佛大学教育学院吉利根教授指出，女性强调人际关系与责任，侧重宽恕与关爱。男性则普遍关注正义，侧重原则与权利。这表明男女生在品德类型方面存在差异。

学业成就上的性别差异。一般而言，在小学和初中前半阶段，作为一个群体，女生的学习成绩优于男生；在初中后半阶段及以后阶段，男生的成绩要略优于女生。心理学家指出，男女生在学业成就上存在差异不是智力因素导致的，而是社会因素，即在性别角色化的进程中，一方面受到客观环境中角色期待的影响，另一方面受到主观性别角色形成的影响。①

四、在学校中开展因材施教

人心不同各如其面，个别差异的存在是不容回避的事实。教育者应该充分尊重学生的个别差异，以个别差异作为教学的依据，在教育活动中，针对有差异的学生，实施有差异的教育，实现有差异的发展。

（一）面向学习风格、认知风格差异的教学

教学方式是影响学习方式形成、完善以及改变的重要因素。有效的教学能充分发挥学生学习方式的长处，弥补其不足。根据学习方式制定的因材施教策略可分为两类：一是匹配策略，另一是有意识的失配策略。匹配策略要求针对学生学习或认知方式的优势进行教学设计，使教学设计与学生学习或认知方式的长处一致，如给场依存型的学生以较多的细节指导，而让场独立型的学生自己思考。失配策略则要求针对学生学习方式的劣势进行教学设计，如想方设法引导场依存型的学生在没有老师指导的情况下自己找到问题的结论，努力把握深层信息，从而力图克服欠缺。

---

① 汪凤炎、燕良轼主编《教育心理学新编》，暨南大学出版社2006年版，第466页。

两类策略的区别在于，匹配策略的本质特点是扬长，它对知识的获得有利，能使学生学得更快、更多，但无法弥补因学习方式差异而产生的学能欠缺。失配策略的本质特点是补短，它有助于弥补因学习方式差异而产生的学能欠缺，最终使学生心理机能和学业能力均得到发展。两种策略各有优势与不足，在教学策略的运用中，只有这两种策略配合使用，才有助于促进学生学习质量的提高。

（二）针对学生性别差异进行教育

首先，要引导学生正确认识和对待性别差异。使学生了解，性别差异的研究是从群体方面进行的比较，并不代表某一个体的具体心理特征。而且，即使在总体上发现的性别差异也不是十分明显，多数情况下性别间的差异还不如同一性别内部的差异更显著，因此这些差异对个体的学习、职业选择及以教育设计实际价值不大①。其次，注意引导学生积极的性别取向。近来不少研究发现，在儿童教育中，过于严格、绝对的性别定型（即男孩只培养其粗犷、刚强等男性气质，女孩只培养其温柔、细致等女性特点），只会限制个体智力、个性健康全面的发展，具体表现为：综合学习成绩不理想（特别是偏科现象严重），缺乏想像力和创造力，难以灵活自如地应付环境。相反，那些兼有温柔、细致等气质的男孩，兼有刚强、勇敢等气质的女孩，却大多智力、体力和性格发展全面，文理科成绩均较好，往往受到老师和同学的喜爱。对成人的研究也揭示出，成功的女性往往表现出自信、好竞争、好支配、果断勇敢的男性气质，而优秀的男性领导人和一般富有创造性的男性更多的具有敏感、稳重、仔细、关怀他人等女性气质。国内外已开始出现双性化教育趋势，如增加男女生接触的机会、鼓励孩子向异性学习等。

（三）尝试个别化教学

个别化教学是指每个学生都以自己的水平和速度进行学习的教学方法，但它并不单纯意味着个体独自学习。个别化教学的方式多种多样，有分组教学、分层教学、个别辅导、计算机辅助教学及传统的跳级与留级等方式，这里简要介绍分层教学。

分层教学的基本思想是设置难度大小不同的课程，方便不同层次的学生进行课程选择，从而尽可能地使每个学生都能选择到适合自己能力与兴趣的课程。在分层教学中，学校在一个年级的某些学科上开设几种不同层次的课程，例如开设A、B、C三种层次的课程，供学生选修，并按A级明显高于大纲、B级略高于大纲、C级依大纲最低要求进行授课。三级课程的课时不变，安排在相同时间内，供学生跨班选择。在分层教学中，学生参加哪一科的哪一层次的学习，采用“动态管理”，每学期进行一次调整。分层教学不同于分快慢班，它允许学生根据自己的特长和今后的专业取向来选择，可能某学科参加A班学习，而另一学科参加C班学习。分层教学具有独特的育人功效，有助于培养学生的主体意识、成才意识、超前意识，也有助

① 张承芬主编：《教育心理学》，山东教育出版社2000年版，第312页。

于学生专长的培养①。

[主要结论与应用]

1. 学习是个体在经验的基础上引起的相对持久的心理结构或外显行为的变化。可以依据学习内容、学习目标、学习结果、学习的方式和性质及意识性对学习进行分类。心理学的不同流派都重视对学习问题的研究，行为主义认为学习是行为习惯的获得，强化在其中起着重要作用，以斯金纳、班杜拉的观点最具代表性。认知主义强调学习是获得知识、形成认知结构的过程，代表性的观点有布鲁纳、奥苏伯尔和加涅的学习观。人本主义关注学习者的整体人格发展，强调学习过程要以人为本，以罗杰斯的观点为代表。建构主义是学习理论从行为主义到认知主义以后的进一步发展，建构主义者认为学习是学习者主动建构知识意义的过程，这一过程具有鲜明的主观性、社会性和情境性。

2. 学习迁移是已获得的知识、技能、方法或态度对学习新知识、新技能和解决新问题所产生的影响。依据不同的标准，迁移有多种划分方式。对迁移现象的解释，早期有形式训练说、相同要素说、概括化理论、关系理论和学习定势说。当代迁移理论主要来自认知心理学及建构主义心理学，在知识分类的基础上，认知心理学先后发展出认知结构迁移理论、产生式理论和元认知迁移理论，建构主义者认为学习迁移就是知识在新条件下的重新建构，学习迁移的机制实质上等同于学习的机制。

3. 学习策略是学习者为了提高学习的效果和效率、有目的有意识地制定的有关学习过程的复杂的方案。以迈克卡等人观点的观点为代表，认为学习策略包括认知策略、元认知策略和资源管理策略三种成分。其中认知策略主要包括复述策略、精细加工策略和组织策略，分别用于知识的保持与理解。元认知策略是对认知活动的全过程进行指导、监控与调节的高级学习策略，又分为计划、监控与调节三种。元认知策略和认知策略在学习者的认知过程中共同发挥作用，有效地提高学习者的学习质量。

4. 现实学校情境中存在着影响学习的个别差异，这主要表现为智力、人格、原有知识水平、学习动机、能力倾向、认知风格、学习风格以及性别方面的差异。其中认知风格是指个体在加工信息时的心理倾向，心理学研究较多的是场独立型与场依存型、沉思型与冲动型及整体型和系列型等几种。学习风格是人们在学习时对不同学习条件的偏好和需求，关于学习风格的构成要素，主要有邓恩夫妇和谭顶良的观点。学生会在智力、品德及学业成就等方面表现出性别差异。

[学术动态]

1. 20世纪中后期以后，人们越来越清楚地认识到人类学习及其生存环境的复

① 汪凤炎、燕良轼主编：《教育心理学新编》，暨南大学出版社2006年版，第467页。

杂性，从而导致了一个新的领域——学习科学的诞生。学习科学从多学科的视角来研究学习，涉及到人类学、社会学、语言学、哲学、教育学、计算机科学、神经系统科学和心理学学科。科学家利用新的实验方法和工具对心理功能进行严谨的研究，通过实验来检验其理论。近年来，人们又注意到学习的社会情境和文化情境的作用，严格的质性研究方法开阔了人们研究学习的视野，丰富了实验研究传统，使学习成为一门名副其实的科学。

2. 建构主义学习观正成为国内外基础教育改革运动的重要指导思想，并为信息时代的网络课程设计及学习提供了强有力的理论支持。

3. 随着现代认知心理学的进一步发展，在内隐记忆研究的刺激和推动下，内隐学习研究逐渐变得活跃起来。目前，该领域的研究已不再仅仅停留于证明内隐学习的存在和说明内隐和外显学习的交互作用，而是越来越重视对内隐学习特点和机制的探索，这为进一步探明人们获得知识的心理机制、开发人类的学习潜能开辟了一个新的视野。

[学业评价]

1. 什么是学习？如何理解这一概念？
2. 关于学习的分类有哪些观点？
3. 比较行为主义、认知主义和建构主义学习理论。
4. 什么是学习迁移？迁移分为哪些类型？
5. 当代迁移理论的主要观点是什么？
6. 三种认知策略在知识学习中有何作用？
7. 学生的个别差异表现在哪些方面？
8. 认知风格和学习风格的含义是什么？
9. 三种认知风格各自的特点是什么？它们对学生学习有哪些影响？

第九章 教学心理

[内容摘要]

学与教的关系是教育过程的中心问题。帮助教师从微观层面把握教学是心理学在教育领域中进行应用的重要方面，也是对学生学习心理分析的自然延伸。本章从确定教学目标、分析教学内容、选择教学策略、实施教学评价等四个方面进行了分析。首先分认知、情感、动作三大领域着重介绍了教学目标的拟订和表述，使学生能够从根本上了解如何进行有效教学。然后介绍当前分析教学内容时常用的过程分析、构成成分分析和专家一新手分析等技术以及不同领域教学内容的具体分析方法。第三节和第四节则分别着重阐述了教学过程中常用的教学策略类型及有效实施、课堂教学效果、学生学习效果的教学评价方式。

[学习目标]

1. 理解教学目标的含义，能够对教学目标进行分类；
2. 能举例说明各领域教学目标的制定和表述；
3. 记住并运用教学内容的三种常用分析技术；
4. 能就具体领域教学内容进行解释；
5. 能理解教学策略的含义和常见类型；
6. 了解教学策略有效实施的制约因素；
7. 了解常用的教学评价形式和运用场合；
8. 知道如何有效呈现和解释教学评价信息。

[关键词]

教学目标　教学内容　教学策略　教学评价

你如何认识下面案例中提到的事情？如果你是任课老师又该如何处理呢？教室中所发生的类似教学活动都依赖于教师对教学过程以及有关操作的认识。这样课堂活动背后的教学心理就成为所有教学活动得以实施的依据。前面几章重点介绍了学生发展和学习的有关心理规律，而这些规律要真正发挥作用，必须体现在教师的教学过程中对各种活动的安排上。这些教学活动的科学安排均属于教学心理的研究范畴。一般认为，教师的教学活动主要包括确定教学目标、分析教学内容、选择教学策略和实施教学评价四个方面。

专栏9—1 案 例

上课铃响之后，任课老师夹着课本走进教室。当她看到黑板上还留着上节课的内容和一些同学课间胡乱画的小人时，眉毛便拧在一起，生气地问道："今天谁是值日生？为什么不擦黑板？"每个人都屏住了呼吸，班里一片寂静。老师见无人答应，就又问了一遍。忽然，一个矮个子的男孩跑上去，迅速擦了起来。这是一个学习较差的学生，老师们都不喜欢他。他认真地擦着黑板的每个角落，许多地方够不着，他不得不搬了一把椅子来，蹬上去擦。这时老师发话了："同学们，都瞧见了吧，这就是由于一个人不负责而引起的，耽误了大家这么宝贵的时间……"底下一片骚动，不知是谁小声嘟囔了一句："今天不该他值日。"一个学习拔尖的女同学慢腾腾地站起来，用几乎听不到的细细声音说："今天……是……是我……值日。"教师的脸色变了，干咳一声，说："你先坐下，下回注意。"这时男孩擦完了黑板，搬着椅子默默地回到座位上……

第一节 确定教学目标

一、教学目标的含义及功能

（一）教学目标的含义

教学目标（instructional objective）是对学习者通过教学后应该表现出来的可见行为的具体明确的表述。教师在教育目的指导下，确定在课堂教学中将完成的具体教学目标，教学目标往往需要以具体的行为来体现，其陈述的内容大多是教师讲授或学生学习的具体技能、任务、内容和态度。

传统的教学和教学研究一般用教学目的描述学习者预期的学习结果。由于目的规定得太笼统、太抽象，如"培养学生阅读能力"，各人的理解可能相去甚远，因而对教学过程与结果的测量与评估不能起指导作用。此外，用以陈述教学目的的词语常常是用以说明学习者内部心理过程的词语，这些内部过程的说明使人无法观察和测量。而可见性和可测量性是教学目标最重要的特点之一，因而，在具体教学中需要制定具体、详细的教学目标。

教学目的与教学目标既有区别又有联系：教学目的和教学目标是一般和特殊的关系，前者具有稳定性，后者具有灵活性。

（1）教学目的是教学领域里为实现教育目的而提出的一种概括性的、总体的要求，它对各级各类学校所有的教学活动都具有普遍的指导意义，而教学目标只是对特定的教学活动起指导作用。

(2) 教学目的体现了社会的意志和客观要求，是以指令性的形式表现出来的，更多地带有强制性。而教学目标则较多地体现了教学活动主体的要求，带有相当程度的自主性和自由度。从这个意义上说，教学目的是某一历史时期学校教学的规范，不容许随意变更，而教学目标则是一种策略，可以由教师根据需要加以调整、变更，具有较大的灵活性。

(二) 教学目标的主要功能

教学目标是教学活动的出发点和最终归宿，它具有以下几个功能：

(1) 教学目标可以提供分析教材和设计教学活动的依据。教师一方面根据教学目的确定课时教学目标，另一方面又根据这些教学目标设计教学活动和实施教学。可以说，教学目标不仅制约着教学系统设计的方向，也决定着教学的具体步骤、方法和组织形式，有利于保证教师对教学活动全过程的自觉控制。

(2) 教学目标描述具体的行为表现，能为教学评价提供科学依据。教学大纲提出的教学目的与任务过于抽象，教师无法把握客观、具体的评价标准，使教学评价的随意性很大。用具体和可测量的教学目标作为编制测验题的依据，可以使教学评价有科学的依据。

(3) 教学目标可以激发学习者的学习动机。优秀教师的教学经验和教学论研究都表明，合理的教学目标能够最大限度地发挥学生的学习积极性，积极地促进教学活动向产生最大成效的方向发展。明确的教学目标对学生的学习起到了指向和激励的作用，合适的教学目标能起到激励的作用。

(4) 教学目标可以帮助教师评鉴和修正教学的过程。根据控制论原理，教学过程必须依靠反馈进行自动控制。有了明确的教学目标，教师就可以此为标准，在教学过程中充分运用提问、讨论、交谈、测验和评改作业等各种反馈的方法调控教学过程。

二、教学目标的分类

要在教学实践中科学地确定和实施教学目标，除了了解教学目标的内涵与功能外，还应了解当今世界上最具影响力的几种教学目标分类理论，以便从中得到借鉴。布卢姆（B. Bloom）等人将教学目标分为认知、动作技能、情感三大领域，并将每一个领域的目标又由低级到高级分成若干层次。布鲁姆的这种分类已得到教育心理学家的广泛认可与应用。

(一) 认知领域的教学目标

认知领域的目标是指知识的结果，布卢姆本人的主要贡献在认知领域，他把认知领域教育目标按照从简单到复杂，从低级到高级的顺序分为六类：包括知识、理解、运用、分析、综合和评价。

本杰明·布卢姆
(1913—1999)

1. 知识

这是指对先前学习过的材料的记忆。这一水平涉及的目标包括：具体的知识，例如专业术语和具体事实；处理特定问题的方式或途径的知识；一般或抽象的知识，例如普通原理和知识框架等。“知识”是最低水平的认知学习结果，它强调的心理过程是记忆。

2. 领会

指理解把握材料的意义。一般可借助转化，解释和推断三种形式来完成。转化：用自己的话或用与原先的表达方式不同方式表达自己的思想；解释：对每一项信息进行解释和说明；推断：通过目前的知识去估计或推测将来的趋势。“领会”超越了单纯的记忆，代表最低水平的理解。

3. 应用

在此特定的具体的环境中使用已经习得的材料，如概念、规律和理论等。“应用”代表了较高水平的理解。

4. 分析

把复杂的材料分解成各个组成部分并理解组织结构，包括鉴别部分，分析部分之间的关系和认识其中的组织原理。“分析”因为既要理解材料的内容，又要理解其结构，因而它代表了比“应用”更高的智能水平。

5. 综合

把各种要素和组成部分组成一个整体。“综合”是对各种要素和组成成分进行加工的过程，也是一个用这种方式对片段、要素和组成部分等进行排列和组合以构成一种新的模式和结构的过程，它强调的是创造能力。

6. 评价

这是对材料（包含论点陈述、研究报告等）的价值作出判断的能力，它按材料的内部标准（如组织）或按外部标准（如目的适应性）进行价值判断。这是最高水平的认知学习结果。

一般说来，凡是重要概念或基本原理的教学都可以按这六级设定教学目标和评价教学质量。表 9—1 列举了在编写认知学习目标时候常用的动词并进行了举例说明。但是具体应用时，应考虑学科特点、学习者的特征等，不能简单照搬。并且值得注意的是：第一，这六级水平的达到往往需要一系列课堂教学，而不是一节课的教学就能达到。第二，由于学科特点及学生年龄特征，某些教学内容只要求达到一定的水平。如很多小学教学内容只要求达到领会或应用即可。

表 9—1　　编写认知学习目标可供选用的动词表

目标层次	可参考选用的动词	举例
知识	为……下定义、列举、说出（写出）……的名称、复述、排列、背诵、辨认、回忆、选择、描述、标明、指明	说出菱形的特征；复述"感觉"的定义。
领会	分类、叙述、解释、鉴别、选择、转换、区别、估计、引申、归纳、举例说明、猜测、摘要、改写	解释一幅标志中国人口密度的图表。
应用	运用、计算、示范、改变、阐述、解释、说明、修改、订出……计划、制定……方案、解答	运用压强理论，说明针尖、扁担制造的原理。
分析	分析、分类、比较、对照、图示、区别、检查、指出、评析	能分辨出代数证明过程中的错误。
综合	编写、写作、创造、设计、提出、组织、计划、综合、归纳、总结	能写出一篇好的专题论文。
评价	鉴别、比较、评定、判断、总结、证明、说出……价值	能对某一研究报告作出评价。

（二）动作领域的教学目标

动作技能涉及骨骼和肌肉的运用、发展和协调。在实验课、体育课、职业培训、军事训练等科目中，这常是主要的教学目标。动作技能领域的教育目标分类比认知和情感领域的教育目标分类公布得晚，而且出现了好几家分类法，如辛普森（E. J. Simpson）等人于 1972 年提出的分类系统、哈罗（A. J. Harrow）于 1972 年提出的分类系统和基布勒（R. J. Kibler）等人于 1981 年提出的分类系统。目前尚无公认的最好分类。这里介绍哈罗的分类法，以便教师在编写教学目标时加以选择和参考运用。

哈罗（A. J. Harrow）于 1972 年提出了一个比较综合性的分类，他把动作技能由低级到高级分为反射动作、基础性动作、感知能力、身体能力、技能动作、有意活动。由于反射动作和基础性动作是随着身体发育而自然形成的，不是习得的技能，所以教学中不设定这两方面的低层次的学习目标。其他四类较高层次的动作技能分别介绍如下：

1. 感知能力

这是指对所处环境中的刺激进行观察和理解，并对动作作出相应调节的能力。包括动觉、视听觉辨别、触觉辨别、眼一手和手一脚协调动作等。

2. 身体能力

是包括动作的耐力、力量、灵活性和敏捷性。这是学习高难度技术动作的基础，构成运动技能训练中的基本功训练。

3. 技能动作

这是指熟练完成复杂动作的能力。以基础性动作为基础，结合感知能力和一定的体力，经过一段的综合练习，就可熟能生巧地掌握技能动作。

4. 有意活动

这是指传递信息或感情的体态动作，它亦称体态语，例如手势、姿态、脸部表情、艺术动作和造型等。

体育运动、艺术表演、工具操作技能等一般都可以用上述分类系统来加以分类，从而确定相应的教学目标。动作技能的行为通常外显化，容易观察、描述和测量。编写动作技能学习目标可供选用的动词表及举例见表 9－2。

表 9－2　　编写动作技能学习目标可供选用的动词表

目标层次	可参考选用的动词	举例
感知能力	旋转、屈身、保持平衡、接住（某物体）、踢、移动	接球，旋转，平衡等。
体力	提高耐力、迅速反应、举重	长时间的跑步等。
技能动作	演奏、使用、装配、操作、调节	舞蹈表演、弹奏钢琴等。
有意活动	用动作、手势、眼神或脸色表达……感情、用一段舞蹈表达……思想情感	用眼睛、面部表情表达愉悦。

（三）情感领域的教学目标

情感是对外界刺激的肯定或否定的心理反应，如喜欢、厌恶等。个体的情感会影响他作出的行为选择。情感学习对于形成或改变态度、提高鉴赏能力、更新价值观念、培养高尚情操等至关重要。

克拉茨沃尔（D. R. Krathwohl）等制定的情感领域的教育目标分类于 1964 年发表，其分类依据是价值内化的程度。该领域的目标共分五级：

1. 接受或注意

是指学习者感知或注意到某特定的现象或刺激并且愿意接受。学习结果包括从意识到某事物存在的简单注意到选择性注意，是低级的价值内化水平。

2. 反应

指学习者主动参与，积极反应，表示出较高的兴趣。学习的结果包括默认、愿意反应和满意的反应。这类目标与教师通常所说的“兴趣”类似，强调对特定活动的选择与满足。

3. 评价

指学习者将一定的价值标准与特定的现象、行为或事物相联系，包括接受或偏爱某种价值标准和为某种价值标准作出奉献。这一阶段的学习结果所涉及的行为表现出一致性和稳定性，与通常所说的“态度”和“欣赏”类似。

4. 组织

指学习者在遇到多种价值观念呈现的复杂情境时，将价值观组织成一个体系，对各种价值观加以比较，确定它们的相互关系及它们的相对重要性，接受自己认为重要的价值观，形成个人的价值观体系。值得重视的是，个人已建立的价值观体系可以因为新观念的介入而改变。

5. 价值与价值体系的性格化

是指学习者通过对价值观体系的组织，逐渐形成个人的品性。各种价值被置于一个内在和谐的构架之中，并形成一定的体系。个人言行受该价值体系的支配；观念、信仰和态度等融为一体，最终的表现是个人世界观的形成。达到这一阶段以后，行为是一致的和可以预测的。

克拉茨沃尔等人的分类启示我们，情感或态度的教学是一个价值标准不断内化的过程。教师或教科书上所介绍的价值标准，对学生来说是外在的，学生必须经历接受、反应和评价、组织等连续内化的过程，才能将它们转化为自己信奉的内在价值。其次，情感或态度的教学不只是政治课或思想品德课的任务，各门学科也都包含这方面的任务，因为任何知识、技能或行为、习惯都不能离开一定的价值标准。具体编写情感学习目标可供选用的动词表见表9－3。

表9－3　　编写情感学习目标仍然可供选用的动词表

目标层次	可参考选用的动词	举例
接受或注意	听讲、知道、看出、注意、选择、接受、赞同、容忍	静听讲解、参加班级活动。
反应	陈述、回答、完成、选择、遵守、记录、听从、称赞、表现、帮助	完成教师布置的作业，遵守校纪校规。
评价	接受、承认、参加、完成、决定、影响、支持、辩论、论证、判别、区别	欣赏文学作品，在讨论问题中提出自己的观点。
组织	讨论、组织、判断、使联系、确定、建立、选择、比较、定义、系统阐述、权衡、选择、制定计划、决定	形成一种与自身能力、兴趣、信仰等协调的生活方式等。
价值与价值体系的性格化	修正、改变、接受、判断、拒绝、相信、继续、解决、贯彻、要求、抵制、认为…以致、正视	保持谦虚态度和良好的行为习惯；在团体中表现出合作精神等。

根据上述三个领域的教学目标分类，教师可以制定各种不同水平的教学目标，但是应该注意，这些教学目标在学习理解上都强调三点：第一，学习导致的最终变化应该是能力或倾向的变化，而不是行为变化。第二，学习是从行为到认知由外到内的过程。第三，三个领域的学习都是有层次的，学生的能力都是由低级向高级发展。

三、教学目标的表述

（一）行为目标

行为观代表者马杰（Robert F. Mager）于 1962 年出版了《准备教学目的》（preparing instructional objectives）一书，此书被誉为“陈述教学目标中发起的一场革命”。他在书中根据行为主义心理学提出行为目标（behavioral objectives）的理论与技术，行为目标有时也称作业目标（performance objectives），指用可观察和可测量的行为陈述目标。

马杰

马杰提出，编写得好的行为目标具有三个要素：

第一，用可观察的、具体的行为表述教学目标。教学目标要说明通过教学后，学生能做什么（或说什么），以便教师能了解学生是否已经达到目标。行为表述的具体方法是用动宾短语，动词说明学习的类型，宾语说明学习的内容。如：说出句子中各句子成份。

第二，规定学生行为产生的条件。教学目标要说明在评定学习者的学习结果时在什么情况下进行评定。在描述行为产生的条件时，注意区分学习过程与学习结果产生的条件。行为产生的条件通常包括六个因素：环境、人、设备、信息、时间和问题明确性。行为描述时依据具体内容规定条件。如：要求学生学会使用 PowerPoint2003 制作课件，要说明是独立制作还是小组制作，是在说明书指导下还是在考试环境下，时间限制是多少，具体是关于什么内容的等。

第三，规定符合要求的作业标准。标准指的是衡量学习结果行为的最低要求，在目标描述时对行为标准作出具体要求，就会使得教学目标更具有可测性。标准的描述一般是“精确度是多少”，“好到什么程度”，“正确率是多少”“在多少时间内”等。

在教学目标设计中，行为表述是基本的部分，是不能缺少的，而行为产生的条件和标准则可以根据具体的教学对象和内容，省略其中的一个或者全省。

例如，下面陈述的目标都符合行为目标的要求。

例 1　数学目标

“提供圆的半径、直径和周长当中的一项，学生能求出圆的面积，10 道题中答对8题为及格。”

例2　历史目标

“给出10道有关第二次世界大战的是非题，学生能分别在正确和错误的命题上标上是与非，9题正确为及格。”

例3　心理学目标

“提供有关前瞻记忆的实验数据（包括图、表），能说明该实验可能得出的结论和它可以支持的假设。”

行为目标强调学习之后的行为变化和变化的条件。它的一般模式是行为主义心理学的刺激—反应模式。也就是说，它要求陈述提供什么条件（刺激）和学生能做什么（行为）。只要将刺激和反应规定得具体，则陈述的目标也就具体了。

对于行为目标存在着两种不同观点。一种认为：行为目标导向明确，使学生清楚明了应该学习的内容，因此增强了目标完成的可能性，且行为目标具体，可观察，增强了评价的可行性及客观性。另一观点则是对此提出了异议：认为行为目标只强调了行为结果而未注意内在的心理过程，教师可能因此只注意学生外在的行为变化，而忽视其内在能力和情感的变化。Rothkopf & Kaplan（1972年）的研究也认为目标越多，对有意学习妨碍越大，而单一目标、效果也不理想。因而有人认为行为目标限制了学生的视野，抑制了学生的偶发学习及教师的即兴发挥等。

（二）内部过程与外显行为相结合的目标

鉴于行为目标易导致教学目标描述的机械化，且一般教学目标若用某种行为描述出来，虽然明确，但有使教育局限于某种具体行为训练的危险。同时，坚持学习的认知观的心理学家认为，学习的实质是内在心理的变化。因此，格兰伦（N. E. Gronlund，1978年）提出一种折中的教学目标表述方法：先用描述内部过程的术语陈述概括的教学目标，然后用可观察的行为作例子使这个目标具体化。

例如：“领会词语——动物的含义”，这是教学目标的概括陈述，但是“领会”是难以直接观察和测量，因而用可以证明“领会”水平的行为实例来进一步说明，如“用自己的话转述动物的含义”，“能列举出10至20种动物的名字”，“能区别动物与植物的异同”。这三种实例的补充，教学目标“领会”就不再是不可捉摸的了。这样就避免了严格的行为目标只顾及具体行为而忽视内在心理过程变化的缺点，也克服了传统方法陈述目标的含糊性。

格伦兰的内外结合观既保留了行为目标表述的可观察性和可测量性的优点，又避免了无视内在心理过程变化的弊端，既避免了用心理过程术语描述目标的抽象性和模糊性，又防止了行为目标可能产生的机械性与局限性。因此，内部过程与外显行为相结合的表述方法成为一种目前比较受教师欢迎的教学目标表述方法。

（三）表现性目标

表现性目标（expressive objectives）是由艾斯纳（E. W. Eisner）在批判行为

目标的过程中提出的一种教学目标形式。这种目标要求明确规定学生应参加的活动，但是不明确规定每个学生应从这些活动中习得什么。它注重的是学生在活动后所得到的结果，特别是学生在活动中表现出来的首创的反应形式，而不是事先规定的结果。

例1　在一星期内读完《钢铁是怎样炼成的》，讨论时列出你印象最深的两件事。

例2　阅读朱自清的《匆匆》后讲出对你的启示。

表现性目标与行为目标的区别是：表现性目标是开放的，它只为学生提供活动的领域和主题，而行为目标是预先规定学生在完成活动后必须获得某种行为；表现性目标是关注学生表现行为的独特性、首创性，鼓励活动的个性特点，而行为目标则是要求学生作出统一的、一致的行为反应。

由于表现性目标模糊的表述没有起到明确的导向、激励作用，现在很多心理学家认为，这种目标只能作为教学目标具体化的一种补充，教师不能只依赖这种目标，否则，在陈述目标时就会回到传统的老路上去。

第二节　分析教学内容

教学内容一般被界定为“学校给学生传授的知识和技能，灌输的思想和观点，培养的习惯和行为的总和”（《中国大百科全书·教育卷》1989年版）。其中所灌输的思想和观点，培养的习惯与行为，是在教师向学生传授知识与技能过程中实现的，并在教学过程中体现出来。必须注意，现实中许多人经常将教学内容误认为就是教科书。但现代心理学认为，教学内容实际上要宽泛得多。理解教学内容必须与教学目标联系起来进行。由于教学目标被看作预期的学生的学习结果，那么学生要达到这些教学目标所需要完成加工、储存、转化等操作的相关信息就都属于教学内容。也就是说，那些被选择出来并采取一定教学措施，经学生的学习活动转化学习结果的信息，均称得上教学内容，例如教科书、互联网内容、软件、模型、标本、影像制品、学生的活动与经验等，甚至也有人认为学校聘请的校外辅导员、科技馆、博物馆等都可以作为教学内容。必须指出的是，虽然语言是教学内容的主要储存媒体（例如以书面语言形式存在的教科书、以口头语言形式存在的教师的讲解），但教学内容其实还有很多其他储存媒体，如眼保健操的图解、电视中榜样示范的行为等，甚至学生自身也可以作为储存教学内容的媒体。当然学生自身所具有的经验和活动经常会被教师所忽视，而且还可能存在错误。总之，教学内容从心理学角度来看是非常宽泛的，可以界定为储存于一定媒体中且有助于实现某种教学目标的相关信息。

一、教学内容的选择与组织

(一) 教学内容的选择标准

由于教学内容本身所具有的广泛性，教师在确定教学目标后，必须对实现该目标的有关信息进行有意识选择。选择教学内容一般认为可根据三个方面的标准来进行。

1. 国家和政党的意志

教育教学工作受国家和政党的意志影响极大。不同历史时期的教学内容都因国家和政党的不同主张而有明显不同。例如当前我国政府提出要大力加强和改进未成年人思想道德建设，学校教育中同态度、先进榜样有关的内容就有明显增加，更多的爱国主义教育基地、展览馆等对青少年有的免费开放，有的延长开放时间。再比如，日本右翼势力出于某种政治需要，在其新编历史教科书中蓄意否定和美化其侵华历史。这说明，教学内容的选择往往要受国家和政党的意志影响。

2. 教学目标

在整个教学过程中，教学目标发挥着带头作用，这种作用不仅体现在对教学方法、教学效果的测评上，而且体现在对教学内容的选择上。不同目标要求教师选择不同的内容。例如若把目标定位在态度上，按照加涅的看法，完成态度学习的最有效途径可能是对榜样的观察与模仿，这样所选择的内容就转变为对榜样的选择。按照班杜拉的观点，那些具有一定社会地位、能力较强和人格魅力的榜样更容易为观察者所关注。因此符合这些要求的榜样就成为教学内容的首选。再比如，若目标定位在审美教育上，学生审美感受的获得主要通过作品形象的感染来实现，这样具有生动丰富、具体感人的文学形象的作品就渗透在教学内容之中。而那些议论文就相对来说难以成为培养审美感受的教学内容。

3. 学生的心理发展水平

由于不同年龄阶段的学生具有不同的心理特点，在针对某一特定年龄段的学生选择教学内容时，必须注意到他们的心理发展水平和具体特点。例如按照皮亚杰的心理发展阶段论思想，在11～15岁之间（大致相当于初中阶段的学生），儿童的思维开始出现假设－演绎思维、抽象思维、系统思维，那么可以为这时期的儿童选择涉及抽象思维的代数教学内容和涉及变量控制的科学教学内容。再比如梅耶曾描述过复述、精加工和组织三种学习策略的发展过程。在学前时期，儿童不会主动使用策略。在小学时期则能掌握策略但不能自发地用于促进学习，要通过成人的明确教学才会使用。而到了初中以后，个体在没有成人明确教学情况下也会主动、恰当地选择并使用策略，还可以根据学习任务的要求来调整策略。这样对学生学习策略的指导（尤其是复述、精加工和组织策略），其最佳时期就应是在小学时期。这时期就可以有意识地选择一定的策略教学内容。

（二）教学内容的组织形式

教学内容被确定下来后，并不是杂乱无章地拼凑在一起的，而是要按照一定线索形成有内在联系的整体。这就是教学内容的组织。从心理学角度看，教学内容的组织可以采用三种形式。

1. 螺旋式组织

布鲁纳认为，教材应把反映该学科发展水平的最基本概念和原理作为主体，以得到较强迁移。在学生学习的早期就应使用这样的教材，使他们尽早从不同水平上接触并掌握某学科的基本结构，但必须注意这些基本概念和原理的表达只有与儿童智力发展水平相适应，才能使教学顺利进行。布鲁纳提出儿童的智力发展有动作式再现表象、映象式再现表象和符号式再现表象三种水平。因此学科的基本概念与原理也可以从动作的、表象的和符号的三种水平加以编排。年龄阶段不同的儿童，就应使用不同水平的教材。随着年龄的提高，教学内容设计的基本概念和原理或许相同，但教材的直观程度逐渐降低，抽象程度不断提高，从而体现出教学内容安排上对同一内容的螺旋式上升的特点。只有这样才能使学生逐步掌握比较抽象的学科基本结构。

2. 累积式分层组织

加涅对人类的学习分类：信号学习、刺激－反应学习、连锁学习、言语联结学习、多重辨别学习、概念学习、原理的学习和问题解决的学习。它们依次按照从简单复杂的顺序组成了一个层次系统。该系统中每个简单层次的学习都是复杂层次学习的先决条件，而复杂层次内容的教学也必须以完成简单层次的教学为基础。因此教学内容的安排可以采用累计分层的方式进行，先安排简单层次的教学内容，然后再安排相应的复杂内容。

3. 认知同化组织

奥苏贝尔依据他提出的认知同化理论，认为教学内容可以按照渐进分化和综合贯通的原则来安排。渐进分化是指按概括性和包容性大小的顺序依次呈现教材，也就是首先呈现某学科的最一般和最概括的观念，然后按具体性逐渐分化，从而使学生顺利获得能同化于原有上位观念的下位观念。综合贯通则强调学科本身的特定结构、方法与逻辑的整体性，必须使学生注意到处于同一概括水平的概念、原理和章节之间的联系与区别，从而消除学生认知结构中原有知识之间的混淆。奥苏贝尔提出可以利用“组织者”的编排技术来贯彻渐进分化和综合贯通的组织原则。

二、教学内容的分析技术

教师在确定教学目标和教学内容后，必须对两者如何在教学中实现结合（即确定学习顺序和创设相应的教学条件）进行分析。这一过程通常被称为任务分析。一般来说，对教学内容进行分析，可以采用三种技术：过程分析、构成成分分析、专家一新手分析。

（一）过程分析

过程分析描述完成某一任务的步骤，其分析的对象既可以是完成某一任务的外显动作，也可以是某种内隐智力活动。这类分析目的是揭示正确完成某一任务的行为阶段或内部加工过程，从而确定哪些步骤是学生已掌握的，哪些步骤学生尚未掌握，哪些步骤是难点。其最大优势就是能为教师确定相应的教学目标。下面是采用过程分析来揭示学生完成两位数减法的实例（见图 9—1）。

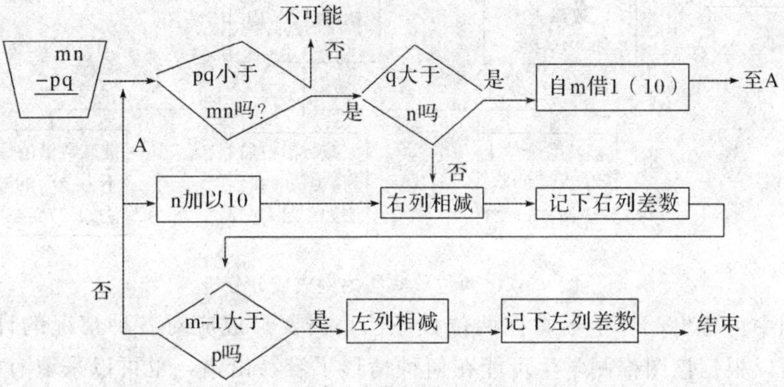

图 9—1　两位数减法的过程分析

从图中不难发现，学生解决两位数减法的心理过程是：先判断减数和被减数的大小，若减数大于被减数，则两数不能相减（当然这种情况是在学生尚未学过负数概念的前提下发生的）。反之则要进一步比较个位数上的大小，若被减数的个位数 n 大于减数的个位数 q，则两数相减，否则需要从十位上借位，n 加上 10 再相减。个位数计算完后再判断被减数的十位数 m（若被借过位则为 m—1）与被减数 p 的大小。最后得出两数的差值。可以看出这种分析技术可以直观地反映某个任务完成的步骤。

（二）构成成分分析

构成成分分析是从学生完成特定任务所需的能够成分角度，揭示出完成该任务的子能力及相关能力或倾向。这种分析方法能使教师明确所要教授的内容与其他知识、能力、态度、情感等之间的关系。它可以为教师的教学策略、媒体或方法的选择提供依据。这种分析技术一般从教学目标开始，采用逆向提问法，反复提问并回答这样类似的问题：学生要掌握这一内容，必须预先获得哪些更为简单的技能？一直分析到学生原有的学习基础为止。因此学生的原有学习基础就是分析的终点。我们同样以学生完成两位数减法为例，来说明构成成分分析技术（见图 9—2）

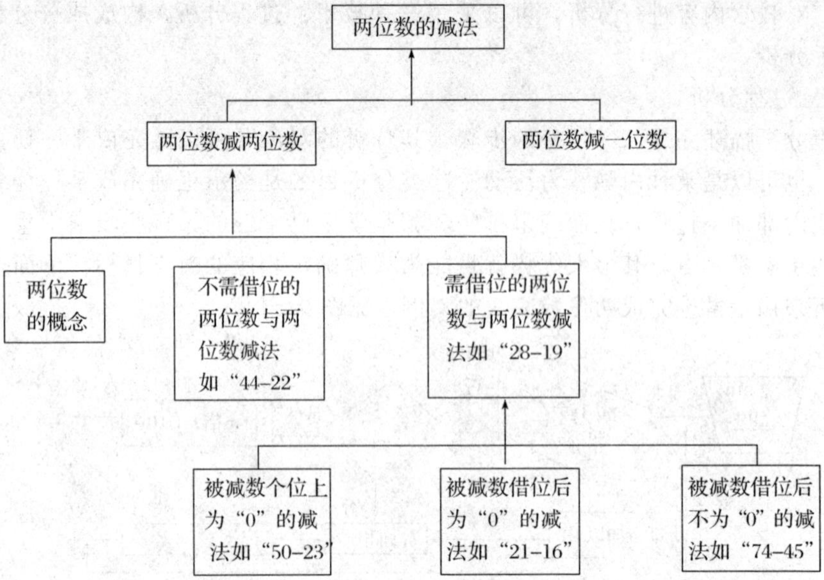

图 9－2　两位数减法的构成成分分析

从图中可看出，学生要掌握两位数减法，需要形成应对各种情况的计算能力。教师既可以根据该图推测学生可能在何种情形下容易出错，也可以采取有针对性的复习方式来巩固相关内容。

（三）专家一新手分析

专家一新手分析是给专家或新手某一任务，观察他们在完成这项任务时有哪些特点，也可以对两者的行为进行比较。该技术不仅可以分析完某一任务的正确（或熟练）的操作步骤，也可以分析初学者的错误（或不熟练）行为，从而为把新手培养成为专家提供实质性的心理依据。这种分析技术被认为是学生掌握知识、培养能力的有效措施，也是教师成长的一条新途径。例如有研究者曾借鉴这种分析技术总结出了减法领域中新手常犯的十种错误：（1）学生常用一列中的大数减小数，而不顾哪一个是减数与被减数；（2）当遇到需向“0”数字借位时，学生写上 9，但并不从左边一位借位；（3）当遇到需向“0”数字借位时，学生跨过“0”，直接从左边一位借位；（4）当遇需向“0”数字借位时，学生直接运算；（5）0－N＝N；（6）0－N＝0；（7）N－0＝0；（8）当“0”数字被借位后，0 不是 9，而仍然以 10 计算；（9）小数减大数等于 0；（10）遇到从“0”借位时，学生从减数中寻找借位数字，而不是在被减数中寻找。不难看出，当遇到需向“0”数字借位时，学生做此减法最为困难。教师应针对这一难点进行详细安排，向学生明确借位的规则，多安排变式练习，以巩固学生新掌握的规则。

在教学情景中，教师除了要对学生将要完成的任务或所要达到的目标进行分析外，还需要对教学情境、教学行为等内容学习时的外部条件进行分析。上述分析技术除了可以用于某一具体任务外，还可以应用于一堂课、一个教学单元乃至一门课的分析。不论采用哪种分析，教师都必须考虑这几个因素：分析对象、内容类型及任务范围，即要根据不同教学要求来选择内容分析技术。

三、不同领域教学内容的分析

前面已提到，目前比较公认的教学目标类型大致可划分为认知、动作和情感三大领域。相应地，教学内容也可以从这几个领域来分析。

（一）认知领域的教学内容分析

认知领域的教学内容主要是要求学生掌握各种事实、概念、原理或方法。这些内容从广义角度看都属于知识范畴。而现代心理学一般把这些广义知识分为陈述性知识、程序性知识和策略性知识来分析。不同类型知识在内容安排上的侧重点存在明显差别。

1. 陈述性知识

在以掌握陈述性知识为主要目标的教学内容分析中，对教师最重要的是首先促进学生对知识的理解，然后在理解的基础上促进对知识的保持。为此教师应着重处理以下三个教学环节：第一，利用教材呈现技术，努力提高教材的可懂度。目前比较常用的技术主要有先行组织者、符号标志技术和设计附加问题等。第二，多角度设计教学活动，促进学生对知识的理解。如何实现既尊重学生主动学习的心理需求，又充分发挥教师的指导作用，这是教师在这方面应着重思考之处。目前常用的有助于知识理解的教学措施有：(1) 借助于举例、使用组织者或事件概况说明来激活学生的原有知识；(2) 采用提问和创设认知冲突等方式来吸引学生参与理解活动；(3) 借助于自我提问或绘制概念地图来促使学生自我控制理解活动。第三，系统指导学生复习，促进知识的巩固。教师需要有意识地传授给学生一些用于指导复习的技术，如复述策略、组织策略、精加工策略及复习时间分配策略等。

2. 程序性知识

以程序性知识为主的教学内容主要是让学生将所掌握的概念或规则在新情境中灵活运用。因此对该部分内容的分析需要保证学生能有效掌握所教的概念和规则，并将其转化为智慧操作活动。因此科学练习是程序性知识教学的关键所在。教师在教学内容分析中需要处理的问题主要有两个：

第一，变式练习。一种概念或规则，如果仅仅能记住其含义或用自己的语言来表述，一遇到问题束手无策或频繁出错，这就是缺乏充分练习的结果。所谓变式练习就是在其他有效学习条件不变情况下，概念或规则例子的变化。具体来说就是程序性知识获得初期，对概念或规则正例进行变化，以帮助排除无关特征的干扰，在获得后期，对问题情境的变化，以帮助获得熟练解决问题的技能。例如，学生在阅读一篇课文时掌握了“按照一定的顺序写”的作文规则，课文是按形－色－味的顺序描写。为让学生熟练掌握该规则，教师可先要求学生仿照课文的手法来描写自己喜爱的水果，然后要求按一定顺序（时间或空间顺序）来描述一件事，最后要求按一定顺序描写一个人。这样学生才能真正掌握这条作文规则。

第二，反馈。教师必须注意的是，只有当学生能从自己变式练习的结果中得到有效反馈时，变式练习才会对学习起促进作用。反馈是告诉学生关于他所从事活动的进展情况及相应成绩。它可以及时提供，也可以延迟提供。不过反馈信息的效果取决于学习任务的性质。不过现代心理学一般比较强调及时反馈，因为这样可以帮助学生及时发现并纠正错误，调整进度和方法，也会激励学生进一步学习的愿望。因此教师应注意尽可能给学生提供及时、准确、具体的反馈信息。

3. 策略性知识

以策略性知识为主的教学内容主要是让学生学会采用一种有效方式来学习和思考问题。由于它属于知识范畴，所以可以表述、传授，同时又由于它是关于如何学会学习、学习思维的方法，所以一旦能够达到自觉、熟练灵活地运用，就会转化为学生的认知能力。教师需要注意的是，只有对策略性知识做到目标细分和学科知识传授相结合，才能在平时教学中真正做到目标明确、措施落实。例如对于形象思维策略，语文教师可以通过教会学生写作时“叙述具体”来体现。而“叙述具体”又必须在教学中循序渐进地对不同年级学生提出不同具体要求，这样学生才能逐渐做到“说话不空洞”。另外学生如果不能体验或意识到自己所用策略的不足之处，就很难改进这些策略。所以教师还必须在传授新策略之前，让学生通过完成某个学习任务来体会自己所用的方法，最后才由教师讲出“老师的方法”。这样学生才能体验到有效策略所带来的好处。

由于策略性知识实质上也属于程序性知识，因此上面程序性知识的内容分析方式在这里也是适用的。只是由于策略性知识的使用情景更广泛，因此在教学中教师必须注意提供更多的变式练习，吸引学生参与对策略使用场合的讨论。由于策略教学的效果往往不能立竿见影，这样教师在教学中维持学生对策略学习的动机也是非常必要的。

（二）动作领域的教学内容分析

动作领域的教学内容主要是使学生掌握各种运动技能，能够灵活、迅速、连贯地支配肢体肌肉运动，如演奏乐器、绘图、实验操作、游泳等。

在学生的动作领域学习中，认知学习对动作技能的掌握有重要作用。例如学习中文打字，除学习打字动作外，学习者还必须了解有关中文字母、标点、文件格式、规则以及打字机的组成、各部分的作用等知识。没有这些知识结构，动作技能是不能学好的。另外在动作技能的学习中，知觉因素和协调能力具有重要的作用。例如，初学英文打字的人是在稿子上看到一个字母，然后用眼睛在键盘上找到相应的字母，若离开这一视觉反应便打不出字来。而熟练的打字员几乎不看键盘，凭动觉（肌肉线索）来指导自己的按键反应，并且准确无误；又如初学者左右手和十个手指的操作很笨拙，断断续续地被分解成许多小步，熟练者的动作却是连续顺畅，协调。

依据动作技能的这些特点，对动作技能教学内容的分析，不仅要分析教学目标所要求掌握的各项从属动作技能，还要揭示它们之间的联系，列出学习这些动作技能所需掌握的相应的知识，包括某种技能的性质、功用、动作的难度、要领、注意事项及进程等。

（三）情感领域的教学内容分析

情感领域的教学内容主要涉及到要让学生形成恰当的态度和体验。态度是对于事情的看法和采取的行动，作为个体的一种学习结果，在心理学中被定义为习得的、影响个人对某一对象作出行为选择的有组织的内部准备状态。某一对象包括事物、人和活动。当教学目标是使学习者形成先前未有的态度、或改变现存的积极的或消极的态度，这意味着我们要求学习者进行态度的学习。

心理学研究认为，态度包括认知成分、情感成分和行为倾向成分。在目前教学内容分析实践中，一般从两方面分析态度的学习内容：（1）当学习者形成或改变态度后，应能做什么？（2）为什么要培养这种态度？对第一个问题的考虑，实质是智慧技能或动作技能学习内容的分析。以培养小学生某些行为规范的教学目标为例：当学生表现出有关的态度时，应能做到相应的行动，例如，用正确的方法刷牙漱口，遵守交通规则，这些就构成学习内容的一部分。只有学会做这些，相应的态度才可能落到实处。第二个问题则要求学生了解培养某特定态度的意义。显然，这与言语信息的学习有关。例如，在上例中，应让学生掌握保护牙齿有益健康的道理；了解有关交通及交道规则的知识。

第三节　选择教学策略

“策略”一词在汉语中的一般解释是“根据形式发展而制定的行动方针和斗争方式；讲究艺术，注意方式方法”。不难看出，策略既具有目标性、计划性，同时具有一种类似艺术的、在具体情境中显示直觉性特征的行动方式。由于策略兼具战略和战术的特征，因此近二十年来教学策略在教学心理领域引起了人们普遍关注并开展了深入研究。当代研究者已发现种类繁多的教学策略。本节中将简要介绍当前人们对教学策略的内涵、类型及其有效实施的一般认识。

一、教学策略的含义及选择依据

20世纪60年代以来，以美国匹兹堡大学格拉泽（Robert Glaser）教授为带头人的一批认知心理学家，开始使用“教学策略”（instructional strategies或teaching strategies）。教学策略被看作是联系教学内容和教学手段的纽带。在教学实践中如何正确把握教学策略的内涵及选择恰当教学策略是已成为教师实施有效教学的必要教学活动之一。

（一）教学策略的含义及功能

关于教学策略的含义，国内外学者各有不同的说法。美国著名教育家加涅通过自己对教学策略的长期深入研究，在其1985年出版的《学校学习认知心理学》中明确指出，教学策略是指导教师如何改进自己的教学，知道学生如何改进自己的学习，以达到最佳效益的方法。较早研究课堂教学策略的埃金也认为教学策略是“根据教学任务的特点选择适当的方法”。① 可见国外学者一般比较强调教学策略中教师对教学目标的意识和具体方法的灵活运用。而我国学者顾冷沅则认为，教学策略是用来表示为达到某种预测效果所采取的多种教学行动的综合方案，其主要作用就是根据特定的教学条件和需要，制定出向学生提供教学内容，引导其活动的最有效率的方式、方法和步骤。而邵瑞珍先生在其《教育心理学》中也明确将教学策略定义为“教师在教学过程中，为达到一定的教学目标而采取的相对系统的行为”。② 可见我国学者比较侧重强调教学策略的目标性特征及一般性框架特征。

我们认为教学策略实质上是教师在对教学目标和教学内容准确把握基础上，根据学生的认知需要及特点而采用的综合性教学方案，它包括方法、步骤、媒体、组织形式等多方面教学措施。例如教师要在课堂上教给学生一首唐诗。首先就需要帮助学生理解字词，疏通诗句的意思，这就要采用讲授式的方法。其次引导学生品读鉴赏，体验意境。这时候就需要以学生为中心的教学，在教师引导下，学生自己朗读诗词并体味内在情感意境。第三步是勾勒轮廓，了解唐诗历史。学完这首唐诗后，就需要使用发现式教学策略，将它放到整个历史过程中来分析，让学生建立对唐诗体系的初步认识，为学生今后自学打好基础。这样具体内容再进一步细化就可以了。当然教师还可考虑运用多媒体的手段，跟唐诗配乐配画，这样学生就更容易进入唐诗的美好意境中了。

教学策略对教学效果有很大的影响。埃默等人的研究证明，教师在教学策略上的区别直接影响着学生的学习态度，有效的教学策略与学生成绩的提高成正比。具体来说，教学策略的功能主要表现在：

1. 提高教师的教学业绩

教学策略本身就是帮助教师有效完成教学任务、实现教学目标的适用技术。一方面它集中了优秀教师的良好教学行为与适用技术，同时也汇集了教学心理各领域的理论研究精华。这样它就必然给教师提供完成教学目标的最佳方式与方法。古德（T. L. Good，1979）对有效教学策略的研究已证明，经过培训，教学成效差的教师

---

① 埃金等著：《课堂教学策略》，教育科学出版社1990年版，第1页。

② 邵瑞珍主编：《教育心理学》，上海教育出版社1997年版，第80页。

可以掌握教学策略；受训组教师班上的学生在测验中平均提高了31个百分位数。而且某些教学策略与学生的成绩有明显相关，如指导复习、检查家庭作业等与成绩的相关系数分别是0.37和0.54。可见教学成效差或新手型教师若掌握有效教学策略就会明显改善教学效果。

2. 树立教师的教育威信

教师能否在学生心目中拥有崇高的威信，不仅取决于教师是否拥有渊博的知识、高尚的道德修养与素质，而且还取决于教师能否灵活运用教学策略来征服学生。一堂处理得当的课会给学生留下深刻的印象，产生对教师的敬佩之情。而经常运用最佳教学策略的教师无疑对学生更具有号召力和感染力，师生关系也必然更为融洽，教学效果也会更加显著，从而形成良性循环。因此经常采用有效教学策略的教师，其学生也会逐渐养成探究有效学习策略的良好习惯，这对于培养学生学会学习的能力和意识是至关重要的。只有这样才能真正实现教学相长的目的。

（二）教学策略的选择依据

教学策略是否有效，通常以能否实现教学目标和保持学生学习积极性为主要标志。有效的教学策略的选择依据主要包括教学目标、教学内容、学生和教师等四个方面的因素。

1. 依据具体教学目标

教学目标是教学过程的核心成分，对其他成分起制约作用。任何一种教学策略的使用都要指向特定的教学目标，而且总是要尽力满足教学目标所提出的要求。不论教学策略的活动内容、活动方式还是活动程序都是为达成教学目标而存在的。比如知识教学的讲授策略，其目标就是通过教师对学生难以理解的内容进行分析、讲解，使其更容易理解、把握和运用。但必须指出的是，教学策略与教学目标之间并非一一对应关系。任何教学中都可能包含多种目标，但有主次之分。主要目标才是区别不同教学策略选择和使用的重要依据，这是教师在制定和使用教学策略时必须注意的。例如，一门学科教学之初，教学目标也会包括知识、能力、情感等各方面的培养，但主要目标是提高学习者对所学学科的兴趣与信心，此时教师就应选择那些有助于帮助学生了解本学科前沿、实际用途、对学习者未来发展重要的教学策略，进而达到提高兴趣、保持学习积极性的目标。但后期的教学，知识、技能等方面的目标就越来越重要，这时就应越来越重视选择那些有助于将知识转化为能力的教学策略。总而言之，对教学目标的具体恰当分析是教师选择有效教学策略首先应关注的关键所在。

2. 依据不同教学内容

每种教学策略都有各自的适用范围和使用条件，同时又有着各自的优点和局限。比如当前比较流行的两类教学策略取向：一种是教师中心的教学策略，特别强调教师对教材的讲解；另一种是学生中心的教学策略，强调每个学生都有天赋的学习能力，只要顺其自然提供给他学习机会，他会自行学习。就这两类教学除了取向来说，如果教学内容前后连贯联系紧密、答案确定，就比较适合采用教师中心的教学策略；但若教学内容涉及面广泛且答案未必唯一时，就比较适合采用学生中心的教学策略。因此，教师应针对不同具体内容，选择与之相适应的教学策略。

3. 依据学生的学习状态

如果说对教学目标和教学内容的分析是选择有效教学策略的关键，那么对学生学习状态的分析就是基础。对学生主体作用的重视应该说是现代教学思想的基本特征之一。学习者在教学过程中的起始状态决定着教学的起点，教学策略的确定也必须从该起点出发，进行具体分析。大量实践证明，如果教师仅仅根据教学目标和教学内容制定教学策略而无视学生的起始状态，那么所选择策略必然会因缺乏针对性而效果不佳。一般来说对学生起始状态的分析主要是了解他们的学习准备情况和学习风格。对学习准备情况的分析又包括对学生已掌握的有关知识、技能等及学习心理准备水平的了解。对学生学习风格的了解主要是分析学生的学习情绪、态度、动机、坚持性以及对学习环境、学习内容等的个人偏好。只有这样教师才能真正做到有的放矢地开展教学。教师可以借助于观察、与学生谈话、分析作业、测验测查、听取其他老师介绍等各种方式来加深对学生学习状态的了解。

4. 依据教师的个人特点

我们也应该看到，教师也是教学活动的主体，任何教学策略都需要教师自己来选择、执行和反思。因此教师的个人特点也是影响策略制定的重要制约因素。在教学过程中，教师一般都倾向于选择与自身教学观念、教学风格、心理特点相一致的教学策略。例如某位老师接受了布鲁纳的教学思想，就会采用掌握学习的教学策略，在教学中倾向于对学习速度较慢的学生给予更多的时间与精力。因此在制定和选择教学策略时，教师还必须注重对个人特点的具体分析，努力发挥自身的主观能动性，在充分调动个人自身积极因素的同时也有意识地克服自身的消极因素。

二、教学策略的类型

自从20世纪70年代人们提出教学策略概念以来，教学策略类型的划分一直是研究者考察的重要内容。美国当代教学设计专家梅里尔在其1991年出版的《教学技术》一书中，曾明确指出不同类型的教学策略可以促进不同种类的知识和技能的学习。我们根据教师对教学信息的不同关注角度，将教学策略大体上分为教学组织策略、内容呈现策略和教学监控策略三大类。

（一）教学组织策略

教学组织策略指教学活动的组织策略。基本上有三种教学组织形式，集体授课、个别化学习和小组学习。集体授课是指教师通过讲授、谈话、板书、演示等来向一个班级或一组学生传递教学信息的教学组织形式。个别化学习是指由学生自己使用各种视听媒体、做笔记等获得教学信息的教学组织形式。小组学习是指通过讨论、问答、交流、协作等活动在师生之间、学生与学生之间分享教学信息的教学组织形式。

这三种教学活动的组织形式各有优缺点，也有各自的使用条件和适用的对象。在实际教学设计和实施过程中要综合考虑、组合使用。比如，如果教师的言语组织能力较强，善于利用各种手段激发学生的学习动机并且学习目标需要演示行为的话，集体授课将最大限度地扩大受益学生的数量。但集体授课无法兼顾学生之间的差异，学生的学习比较被动，也不一定都能适应教师的教学进度，最主要的缺点便是缺乏师生、学生之间的交流。相对来说，个别化学习弥补了上述不足，学生能自定步调进行学习，而且很方便地得到老师的帮助。但个别化学习时如果学生不能很好把握学习进度，将影响学习效率。并且对于一些复杂概念的理解和高级的认知技能（比如问题解决和认知策略），个别化学习不如小组学习有效。

（二）内容呈现策略

内容呈现策略是指教学信息以什么样的媒体形式、按照什么样的顺序传递给学习者的。这里的传递只是表示一种信息流向，不等于讲授和灌输。

媒体选择比较简单，只需根据教学目标、学习者特征以及各种媒体的教学特性就可以选择正确的媒体形式。教学顺序的确定则稍微复杂一些。加涅主张严格按照学习结果分析得出的使能技能与目标技能的顺序关系组织教学内容。这被称为直线式教学顺序。而布鲁纳提出了螺旋式教学顺序的主张，即根据学生的智力发展水平，让学生尽早有机会在不同程度上去接触和掌握某门学科的基本结构（即概念和原理等内容），以后随着学生在智力上的成熟，围绕基本结构不断加深内容的深度，使学生对学科有更深刻和有意义的理解。虽然布鲁纳提出螺旋式课程结构的思想是按照学生的智力成熟程度重复安排相同的课程内容，但这种思想也可以运用于一堂课的教学内容的顺序组织。此外，奥苏贝尔提出的渐进分化和综合贯通的原则也是确定教学顺序时需要考虑的。渐进分化是指该学科的最一般和最概括的观念应首先呈现，然后按细节和具体性逐渐分化。综合贯通是强调学科的整体性。为了将渐进分化的原则具体化，奥苏贝尔提出了“先行组织者”技术。简单地说，在学习复杂概念之前，先学习更一般更简单的概念（即上位概念），以这个上位概念作为新概念的先行组织者。

（三）教学监控策略

教学监控策略是指在教学活动中教师为了保证达到预期的教学目标，而对教学的全过程进行积极主动的计划、检查、评价、反馈、控制和调节所采用的教学谋略或措施。教师在教学中运用教学监控策略的水平既受自身对有关策略的使用熟练程度影响，也受制于其教学监控能力。国内有学者认为教学监控策略可进一步区分为主体自控策略、课堂互动策略、教学反馈策略和现场指导策略等。①

① 张大均：《教学心理学》，西南师范大学出版社1997年版，第150页。

主体自控策略主要表现为教师在教学中注重采用以下三种教学措施：(1) 激发主体动机，提高抱负水平；(2) 提高主体的自我认知水平；(3) 提高元认知的监控水平。

课堂互动策略则主要表现教师以下四种教学措施的使用上：(1) 利用适当的规范约束学生，如在开学的第一天就跟学生打招呼，给学生布置作业，告诉学生把自己的东西放在何处和上厕所、喝水的规矩。有成效的教师除了开学第一天表现得有组织性外，他还在头几个星期坚持教课堂规则、复述日常规则，并解释其理由。违反规则的行为会很快得到禁止，教师还经常提醒学生记住规则；(2) 注重营造和谐的课堂氛围，如教师平等对待学生，实施民主管理、激发学生积极的学习心向等；(3) 鼓励多向交往和合作学习，如灵活采用游戏竞赛、成绩分阵、小组探索和共同学习等各种形式；(4) 注重对学生规范行为的练习和不良行为的矫正，如实施随机管理、自我管理、直接教授、运用强化原理矫正不良行为等措施。

教学反馈策略则主要表现为教师对学生的问题、评论和反应的主动关注与反思，以增强学生对教学信息的更有效掌握。它可以以教师反馈、专家反馈、学生反馈及同行反馈等各种形式体现出来。现场指导策略则主要包括给予学习明确的指导和解释、引导课堂活动和讲解家庭作业、给学生足够的机会接受反馈和复习已掌握的知识等几种教学措施。

三、教学策略的有效实施

上述教学策略能否真正发挥出效力实际上有赖于教师对课堂教学环境的有效管理。良好的课堂环境包括物质环境和师生关系，前者如温度、光线、通风及必要的教学设备等，后者如师生的需要、认知因素、情感因素、课堂心理气氛等。现代研究者认为良好的教学环境主要取决于灵活的课堂空间安排、恰当的课堂组织氛围及对课堂问题行为的有效管理这三个方面。

(一) 课堂空间的安排

1. 课堂空间安排的一般原则

研究表明，空间安排会影响教师和学生的行为（Arlin，1979），也影响任务结构的类型。合理的空间安排应遵循一定原则：(1) 空间安排与学习活动一致。教师应根据要开展的学习活动，采用最能促进学生学习的空间安排。教师在考虑空间安排时可以考虑以下问题：你想让学生更多地听还是更多地说？你想让学生仅仅与老师互动，还是学生之间互动？你想促进学生独立地学习，还是合作地学习？(2) 可视性。即学生要能清晰容易地看到所有的学习材料和学习活动，教师能够看到所有的学生。例如教师的板书或制作的展板要清晰呈现，师生之间、学生之间要保持眼神的交流等。(3) 易接近性。即教师和学生都能接近学习材料，师生之间也能彼此接近。如教室的安排应能让学生很容易地在课桌、学习材料、黑板等之间走动，甚至进出教室。(4) 保持最小干扰。即与教师争夺学生注意力的因素应尽力避免。如以教师为中心的安排，座位应当整齐，学生面对教师。进行小组学习时，应缩短组内的空间距离以便于交流，而增大组间的空间距离以减少视听干扰。(5) 维持最大的活动区。教师与学生之间的言语相互作用主要发生在教室的中前排和中间竖排，研究者一般称为活动区（action zone)。人们发现不在活动区的学生比在活动区的学生对课堂活动参与更少，成绩更低。这就要求教师要尽量扩大活动区，因为活动区的位置并非完全固定，而是由教师的行为所决定的。因此教师的走动或与较远处学生建立眼神交流和直接交流都可以起到加宽或转移活动区的良好效果。

2. 课堂空间安排的基本方法

安排课堂空间可以采用两种基本方法：一是按区域安排的个人领域，另一种是按功能安排的兴趣领域。前者是将空间划分成一个个小区域，某区域只属于某个人，直到教师成熟改变某人位置为止。这种安排特别适合面向全班的课。后者是将空间划分成各种兴趣范围，每个人都能达到所有的领域。这种安排特别适合小组同时进行不同活动。现实中许多教师一般都经常结合使用这两种方法，学生的个人领域在中间，兴趣领域在四周或后面。

教师在教学中可以根据需要灵活地使用个人领域的空间划分方式。例如在学校中还可以将纵横排列的传统方式变换为矩形、环形、马蹄形等多种形状（图 9—1)。这些变化的安排方式可以使每个学生都和教师一样面对其他人，有利于创建小组的凝聚感和合作感，使教师灵活地呈现信息。不过这些方式也容易出现课堂纪律问题。除非教师积累较多的经验，否则最好慎用这些方式。

（二）课堂的组织氛围

课堂组织氛围（别称班风）主要是指课堂里通过师生的相互作用而产生发展起来的某种占据优势的态度与情感的综合表现。它是影响教师课堂教学效果和学生学习效果的重要社会心理因素。每个课堂都有自己独特的氛围，如有的课堂欢乐而积极，有的则拘谨而呆板；有的紧张有序，有的则温暖而融洽等。即便是同一课堂，也会形成不同的教师氛围区，如有的教师上课学生可能坐立不安，另一老师上课则可能虽有喧哗但却积极用功等等。

1. 课堂组织氛围的类型及特征

一般情况下，课堂组织氛围可以分为积极的、消极的和对抗的三种类型。积极的课堂组织氛围特征有：课堂纪律良好，师生关系融洽；学生注意力集中，思维活跃，反应敏捷，发言踊跃；教师善于点拨和积极引导；课堂呈现热烈活跃与严谨紧张相结合的景象。消极的课堂组织氛围特征则是：课堂纪律问题较多，师生关系疏远，教师不善于调控；学生无精打采，注意力分散，反应迟钝，多数学生处于被动应付的状态，情绪压抑等。对抗的课堂组织氛围特征表现为课堂纪律问题严重，师生关系紧张；学生兴奋过度，随心所欲，各行其是；教师无法正常上课，时常被学生打断或不得不停下来维持课堂纪律，课堂基本上处于失控状态。

2. 教师领导方式与课堂组织氛围

教师的领导方式被看作影响课堂组织氛围的关键因素。1939 年社会心理学家勒温（K. Lewin）曾进行过“领导与团体生活的实验”。他将教师的领导方式划分成专制型、民主型和放任型，并观察学生在不同类型群体中的行为表现，结果发现课堂的组织氛围主要是由教师的领导方式造成的。专制型的领导方式是由教师决定课堂中的一切，以训斥和压服的方法来保持课堂的消极稳定。这势必使学生缺乏对教师的积极情感，课堂教学氛围呆板，难见生气。而在放任型的领导方式下，教师采取一种不介入的消极姿态，课堂教学无组织、无结构。这往往导致学生在课堂中各行其是，自由散漫，相互干扰，课堂教学无法形成心心向教的心理氛围。民主型的领导方式则要求师生间相互尊重，一方面教师对学生有明确的学习要求和行为规定，另一方面教师致力于鼓励学生积极主动地学习。这种领导方式容易形成师生之间相互信任与理解的良好氛围，使课堂上呈现出思维活跃、团结向上的教学氛围。

3. 良好课堂组织氛围的创建

良好课堂组织氛围的形成受教师、学生及教学环境等多方面因素的影响，其中又以教师的影响最为关键。因此教师在教学中可以通过以下方式来创建健康向上的课堂组织氛围。

（1）增强课堂教学的情感投入，建立融洽的师生关系。良好的师生关系是以情感为主要纽带的，只有师生感情融洽，课堂组织氛围才能愉悦。这就要求教师不能在课堂总是板着面孔，而是要以充沛的精力、饱满的热情来激发学生的学习热情。同时教师必须注意对学生友善、理解和尊重，使学生从内心感受到教师的和蔼可亲、平易近人，达到缩短师生人际距离，实现心理相容。

（2）更新教学内容，革新教学方法与手段。课堂的组织氛围与教师的教学内容、方法与手段是密不可分的。若教师教学内容陈旧、方法单一、手段枯燥，学生就缺乏必要的学习兴趣，也就无法保持注意力，学生的不满情绪逐渐积累，思维僵化。因此教师要创建积极的课堂组织氛围，必须注重及时更新教学内容，采用生动活泼、灵活多样的方法和现代化教学手段来引导学生全身心地投入到课堂学习活动中去，从而与教师发生积极愉快的教学互动。

（3）善于处理师生之间、学生之间、学生与集体之间的冲突。在班级学习中，学生难免与同学、教师之间发生矛盾或分歧。这种情况下，如果教师仅仅简单地利用权威来肯定或否定一方，不仅会使身处困境的学生产生不满，故意或躲避学习活动，而且也难免会对旁观学生的学习活动产生消极影响，研究者把教师因当面责罚某一同学而对其他同学造成的这种负面影响一般称为涟漪效应（ripple effect）。解决的正确方法应是首先调查研究，与学生一道搞清楚问题的症结所在。其次提出可能的解决问题方法，使双方在理解接受的基础上达到解决问题的目的。尤其是在处理师生矛盾时，教师更应该主动承担责任，给学生作出良好表率。

(4) 正确运用教师的期待。期待是人们在对外界信息不断反应的经验基础上，或在推动人们行为的内在需求基础上，所产生的对自己或他人行为结果的预测性认知。在心理学中人们一般称之为自我实现预言效应（或皮格马利翁效应）。如果教师能够充分了解每个学生的认知能力和人格特点，形成对他们的恰当的期待，那么就可能在学生身上产生良好的自我实现效应，促使学生向好的方向发展，从而在班级中形成和谐的组织气氛。但若教师对学生带有偏见，而看不到学生优点而形成低期待，学生就可能自暴自弃，严重影响整个班级的课堂教学氛围。

(三) 课堂的行为管理

在实际课堂教学中，经常会出现各种各样的问题，如学生注意力不集中、学生发生冲突、师生发生对抗、课堂纪律涣散等。这些问题是有关人士极为关心的重要问题，因为它们会严重干扰教学的正常进行，阻碍教学目标的实现。这是每个教师在制定教学策略时都应注意的一个方面。

1. 课堂问题行为的常见表现及原因

所谓课堂问题行为是指学生不能遵守公认的儿童行为规范和道德标准不能正常与人交往和参与学习的行为。斯威夫特（M. Swift）通过系统的课堂观察发现，在典型课堂里，25%～30%的学生有问题行为。问题行为并不是差生或后进生所特有的，优秀学生有时也可能发生问题行为。研究发现学生的课堂问题行为有各种各样的表现，如分心、打瞌睡、心不在焉、上课插嘴、坐立不安、做怪异动作、高声谈笑、打架斗殴等。不论是哪一种课堂问题行为，教师都必须认真对待，注意寻找原因，妥善处理，科学引导，这样才能创设和维持良好的课堂组织氛围。

由于学生的课堂问题行为表现多种多样，人们为了便于分析和解决，一般把它们归纳为行为问题、情绪问题和性格问题三种类型。不同类型的问题行为所具有的外在行为表现，可以参见表 9－4。

表 9－4　　三种不同课堂问题行为的外在表现

行为问题	性格问题	情绪问题
不安静	不能开玩笑	不安静
注意分散	扭捏	扭捏
捣乱	低级趣味	低级趣味
吵吵嚷嚷	羞怯	心事重重
注意力集中时间短	退缩	注意力集中时间短
缺乏兴趣	缺乏信心	缺乏信心
在学校里懒惰	容易慌乱	容易慌乱

续表

行为问题	性格问题	情绪问题
无责任心	缺乏兴趣	白日梦
不服从	无责任心	被动、易受暗示
不合作	白日梦	活动过度
被动、易受暗示	冷淡、孤独	分心
过度活动	分心	无耐心
分心	懒散	神经质、神经过敏
无耐心	神经质、神经过敏	

学生产生上述课堂问题行为，表面上看是学生本身的问题，实际上和教师、家庭环境乃至社会环境均有一定关系。例如有个学生在上课时，不停地和其他同学说话。这仅是一种表面现象，而实际原因可能是他对所教内容不感兴趣，或对教师的讲授感到厌倦，或者想引起教师的注意等。我们这里主要介绍学生和教师两方面的问题。(1) 学生方面：首先是厌倦。由于教学内容过易或过难、方法单一，学生感到无聊乏味，或对新课听不进去，寻求其他刺激。其实是发泄挫折和紧张。学生对教师提出的学习或行为要求达不到，频繁遭受挫折而面对失败威胁，从而容易使学生出现发泄。第三是寻求关注。有时学生表现出问题行为是为了赢得教师和同学的注意，即使是消极的注意也愿意。这一点需要引起教师的充分注意。再就是逃避不愉快的状态或活动。例如因保护面子而故意恶作剧等。(2) 教师方面：首先是要求不当。教师对学生要求过严，学生穷于应付，容易产生师生矛盾。有的教师则可能要求过低，或凭感情办事，也容易引起学生的问题行为。其次可能是滥用惩罚手段。惩罚手段的使用一定要谨慎，要分清场合，注意对事不对人。否则可能会降低教师的威信，尤其是体罚或变相体罚更容易诱发学生对教师的怨恨情绪。再就是教师缺乏应有的自我批评精神。课堂问题行为发生时，有的教师只一味地责备学生，而不能主动承担责任，从自身方面找原因。

2. 课堂问题行为的调控策略

课堂组织气氛的好坏与教师所采取的课堂问题行为调控策略是否有效紧密关联。这主要包括预防策略和处理策略有两类。

教师要使教学正常进行，必须事先想清楚如何防患于未然。而有效的预防策略体现为以下几点：

(1) 制定明确具体的行为规则。成功的教师通常在每学期开始时要用大量时间来解释他的基本行为准则。而准则的拟订需要学生的积极参与。教师可先草拟数条，然后向学生说明这些规则并由他们讨论提出自己的意见或建议，最后教师统一协调，确定下来。并由教师将这些规则制成表，发到每个学生手中或张贴在公告栏内。整个过程虽然看起来复杂，但它明确地向学生传递这样的信息：这个班级是有一整套大家认可的行为规则的，而且需要认真对待。

（2）面向全体学生开展教学。教师要使学生知道他注意到了教室里的每件事，而不是只和少数几个学生交流，更不能眼睛盯着天花板。因为这只会鼓励其他人心不在焉。例如教师总是扫视教室，与所有学生都保持眼光接触。这样就会使学生意识到教师一直在监督自己。这样教师要注意同时跟踪和监督数个活动。这样既使是有小动作或其他纪律问题的学生也无可乘之机。

（3）使所有学生有事情可做。许多课堂问题行为往往发生在学生在课堂上无事可干或不知如何做的时候，尤其是各个教学环节的衔接上。这就要求教师必须事先安排好全体学生的学习活动。例如当让个别学生回答问题时，就应让其他同学对该同学的回答保持注意，例如提醒他们在该同学回答完毕后要挑选几位同学进行补充或评价。这样多数学生就不会感到无所事事，而是同被提问者一样积极思考，做好回答准备。

（4）给所有学生以表现自我、体验成功的机会。前面在动机一章中曾提及，美国心理学家马斯洛将人的需要分为生理需要、安全需要、爱和归属的需要、尊重的需要及自我实现的需要五个层次。可见每个学生从内心深处都愿意表现自己，这样才能获得同学和老师的尊重和关注，并在一定程度上达到满足自我实现。只是由于有些学生在表现自我的场合、方式或时间上许多不当之处。所以当这种需要得不到合理满足，就会以问题行为的方式来表达，如未经许可乱发言、干扰同学等。因此教师一定要恰当地给每个同学提供表现的机会，这样一方面可使他知道表现的恰当时机，同时也满足了他希望被关注的需要。

当问题行为出现以后，教师就应采用有效的事后处理策略。处理及时课堂纪律的暂时紊乱得以恢复。但必须注意的是，规则的建立是实施有效处理的前提条件。就具体实施来说处理策略有以下几个方面：

（1）最少干预策略。这是由当代心理学家斯拉文（R. E. Slavin，1997）提出的。他认为，当正常课堂行为受到干扰时，应该采用发生作用的处理方式中最简单的、干扰性最小的方式来纠正问题行为。如果干扰性最小的处理未发生作用，就可以升级到干扰性更强的方法上。那么如何运用这种策略呢？例如当发现学生上课开始走神时，教师应首先提供“情景帮助”，以帮助学生继续学习；若不久又走神了，教师可选择“温和反应”，将学生注意力唤回到学习活动上，若仍无效，就可以采用“中等反应”，最后才能使用“强烈反应”。这就是所谓的四步反应计划。[1] 关于它的具

① Paul R. Burden & David M. Byrd, Methods for Effective Teaching, the United States of America: Allyn & Bacon, 1999, P. 201

体内容参见表 9—5

表 9—5　　运用最少干预策略处理问题行为的四步反应计划

教师的反应	提供的情境帮助	采取温和反应	采取中等反应	采取强烈反应
目的	帮助学生应付教学情境，使之专心于学习活动	采取非惩罚性的行为将学生唤回到学习活动	剥夺奖励以减少违规行为	加大剥夺奖励以减少违规行为
干预行为举例	移走引起分心的事物	非言语反应 漠视行为	逻辑推论 行为矫正技术	过度纠正 身体结果
	提供常规支持	运用暗示干预	剥夺奖励	
	强化恰当行为	接近控制	暂停	
	提高学生的兴趣	接触控制		
	提供线索	给学生写纸条		
	帮助学生克服障碍	言语反应		
	再次指导行为	强化其他学生		
	调整教学	在课堂上叫学生回答问题		
	非惩罚性的暂停	运用幽默		
	调整课堂环境	运用积极的措辞		
		提醒学生纪律		
		给学生提供机会		
		问“你应该做什么？”		
		给予语言谴责		
		运用不同的强化		
教师控制的程度	低 ←——————————————→ 高			

（2）行为矫正策略。这是依据行为主义学习理论原理，改变个体行为或矫正不良行为习惯的一种方法。现在人们也吸收了认知理论，用以改变个体的态度、观念、思想等复杂的心理过程。在教学实践中，行为矫正策略也是处理课堂问题行为的一种有效策略。在通常情况下，行为矫正策略包括四个阶段：①掌握基本信息阶段。包括通过观察来了解问题行为的类型和出现的频率，并将其制成图表，以确定哪些是需要矫正的问题行为。②干预或实验阶段。这阶段教师通常要强化恰当的行为，对不恰当的行为则不作出反应。通过实验来观察不同干预方式的效果，从而选择出最恰当的强化方法。③反转阶段。此阶段教师对某一行为采取与上述阶段相反的干预方法，以确定上一阶段的方式是否的确有效。④恢复最初干预状况。此阶段教师又恢复第二阶段的干预方式，并观察是否产生相同的效果。如果相同，则表明干预

有效，否则就应重新开始矫正。

（3）惩罚策略。在教学中，鼓励学生进步、成功是主要方式，但一定情形下采用惩罚策略也是很有必要的。惩罚的方式有多种多样，其中最为普通的就是使学生丧失一些权力，诸如降低分数、减少玩耍时间、取消参加感兴趣的运动或活动的机会、替代性惩罚、延迟满足等。另外让学生退学或休学，也是对常出现严重课堂问题行为学生的一种严厉惩罚。但由于惩罚会不可避免地导致学生的某些负面情绪，如怨恨、回避、焦虑、恐惧等，因此教师要避免采用以下这些不当惩罚形式：集体性惩罚、体罚或变相体罚、精神上的惩罚（如严重人身攻击、讽刺或嘲笑等）、将作业作为惩罚方法、将犯错学生交由班主任处理等。这样才能使惩罚不至于伤及学生自尊或将范围人为扩大化。

3. 教师的教学机智

教育机智是指教师在教育教学过程中，在与学生相处的复杂而多样的关系中，对学生的活动具有高度的敏感性，对学生的偶发事件，能迅速作出正确的判断和处理。在实际教学过程中，无论教师准备多么充分，都有可能发生意想不到的偶然事件，例如有些学生调皮不守纪律，引起课堂秩序混乱，这时如果教师惊慌失措，那会无济于事，还会影响教学效果。因此教师需要高度的教育机智，才能巧妙处理这类事件。教育机智主要有以下几种表现：

（1）随机应变。无论在任何情况下，教师都需要保持冷静，及时调整情绪，灵活处理各类事件。如有学生故意捣乱，扰乱课堂秩序时，教师最好不要惊慌失措或大发雷霆，这样会让课堂秩序更加混乱，而应该根据实际情况，及时采取有效措施，平息课堂秩序。

（2）因势利导。教师要善于根据学生的需求，从学生的实际水平出发，变消极因素为积极因素。如学生刚刚接触几何问题时，可能会由于抽象和陌生而缺乏兴趣，这时教师可以引导学生观察现实生活中的几何问题，如教学楼的形状，教室的面积，黑板的大小，跑道的长度等等，不知不觉中学生就会增强学习几何的动机和兴趣。

（3）具体问题具体分析。教师应该能够正确分析事件，对症下药，有的放矢的采取适当的方式对学生进行教育。例如学生的作业十分潦草，有些学生是态度不端正，没有良好的学习习惯，敷衍了事，而有些则是因为学生尝试其他解题方法，这时就应该辨别情况，给不同的学生不同的教育方法，使他们都能得到有效的教育。

第四节　实施教学评价

一、教学评价的含义及类型

（一）教学评价的含义

教学评价（instructional evaluation）是指根据教学目标，对教学工作质量所作的测量、分析和评定。它是对教学活动的整体功能所作的评价，评价的对象是参与教学活动的教师、学生、教学目标、内容、方法、教学设备、场地和时间等因素有机组合的过程和结果。教学评价主要包括：对学生学习成效的评价，对教师教学质量的评价和进行课程评价。

教学评价是教育评价的重要组成部分，无论是对学校、教师、领导还是学生都具有重要的意义，但是教学评价的最重要作用在于：它是教学活动这一信息传递系统的信息反馈机制，运用教学评价可以探明、调节、改善和提高教学活动。

本节主要介绍教学评价的常见类型，以及学生学习成效的评价方式和课堂教学效果的评价方式。

（二）教学评价的常见类型

教学评价的具体类型很多，从不同的角度和标准可以划分为不同的评价类型。根据教学评价在教学过程中发挥作用的不同，教学评价可以分为诊断性评价、形成性评价和总结性评价；根据评价所依据的不同标准与解释方法，可将教学评价分为常模参照评价和标准参照评价。在具体的运用过程中，不同类型的评价有着不同的特点、内容和用途。

1. 诊断性评价、形成性评价和总结性评价

根据教学评价在教学过程中发挥作用的不同，教学评价可以分为诊断性评价、形成性评价和总结性评价。

诊断性评价指在学期教学开始或一个单元教学开始时对学生现有知识水平、能力发展的评价。它是为查明学生的学习准备状况及影响学习的因素而实施的测定。目的是为了更好地组织教育内容、选择教学方法等。诊断性评价可以帮助教师深入了解学生已有的知识、技能的掌握程度，了解他们的学习动机状态，发现他们学习中存在的问题及原因等，从而形成一套适合每个学生特点和需要的教学方案。诊断性评价的用途具体来说有三个方面：第一，检查学生学习前的准备程度。在教学前进行测验，可以帮助教师了解学生在教学开始时已具备的知识水平、技能程度和发展程度。第二，确定教学与学生的匹配程度。通过诊断测验，教师可以对学生学习上的个别差异有较深入的了解，在此基础上经过合理调整使教学更好地适应学生的多样化学习需要。第三，辨别学生学习中的困难。在教学过程中进行的诊断性评价，主要是用来确定学生学习中的困难及其成因的。

形成性评价主要指在教学进行过程中为改进和完善教学活动而进行的对学生的知识掌握和能力发展的及时评价。它包括在课堂上或每个单元教学中对学生的口头提问和书面检测，它使教师和学生都能获得及时的反馈信息。形成性评价目的是提高教学质量，改进教学过程，因而形成性评价注重对学习过程的测试和利用测量的结果来改进教学，使教学在不断的测评、反馈、修正或改进过程中趋于完善，而不

是强调评定学生的成绩等。要使形成性评价在改进教学方面真正发挥作用，教师应注意做到：第一，教师应把评价引向提供信息，而不要把它简单地作为鼓励学生学习或评定成绩等的手段。第二，把形成性评价与日常观察结合起来，根据测试的反馈信息和观察的反馈信息对教学作出判断和改进。第三，仔细分析测试结果，逐项鉴别学生对每个试题的回答情况，如果大部分或相当数量的学生对某个试题的回答都有误，那就表明自己在这方面的教学有问题，应及时加以改进。

总结性评价一般指在课程或一个教学阶段结束后对学生学习结果的评定。这类评价的主要目的是评定学生的学业成绩，确定学生达到教育目标的程度，证明学生掌握知识、技能的程度和能力水平，为确定学生在后续教程中的学习起点，以及制订新的教育目标提供依据。总结性评价着眼于某门课程或某个教学阶段结束后学生学业成绩的全面评定，因而评价的概括水平一般比较高，考试或测验所包括的内容范围也比较广，评价的次数不多，一般是每学期或每学年两、三次。学校中常见的期中考试、期末考试或考查以及毕业会考都属这类评价。

2. 常模参照评价和标准参照评价

根据评价所依据的不同标准与解释方法，可以将评价分为常模参照评价和标准参照评价。

常模参照评价是以个体的成绩与常模相互比较，从而确定其成绩的相对位置或优劣的评价方法。常模参照评价以常模为参照点，常模实际上就是团体测验的平均成绩，以学生个体的成绩与常模比较，就可以确定学生在团体中的位置，知道他的成绩在团体中属于“差”、“中上”还是“优”。常模参照评价重视个体在团体内的相对位置和名次，着重于学生个体间的比较，具有甄选性强的优点，因而可作为分类排队、编班和选材的依据。它的缺点是在排队选优时，对于个人的努力状况及进步的程度不加重视，尤其对于后进者的努力缺少适当评价，例如，在几次考试中，某学生学习的实际成绩在提高，但他在班级里的相对位置（名次）也许仍没变化，因而缺乏激励作用。

标准参照评价是以具体体现教学目标的标准作业为依据，根据学生在试卷上答对题目的多少来评定学生学业成绩的一种评价方法。标准参照评价是用来衡量学生的实际水平的，它关心的是学生掌握了什么或能做什么，而不是比较学生之间的相对位置。评定的标准就是具体的教学目标，教师编制测试题的关键之处是试题的代表性和难度是否符合教学目标及教学内容的要求。通过标准参照评价可以具体了解学生对某单元知识、技能的掌握情况，因此，标准参照测验主要用于基础知识、基本技能的测量，适用于形成性测验和诊断性测验，利用测验提供的反馈信息，可及时调整、改进教学。但是，由于测验题的编制很难充分、正确地体现教学目标，因此，教师还不能充分利用严格意义上的标准参照评价或绝对评价。

二、课堂教学效果的评价方式

教师课堂教学评价是对教师的课堂教学所进行的评价，它主要是对教师课堂教学的行为及其效果所进行的价值判断。

课堂教学评价主要考察三方面的指标：第一，学生的参与状态，主要是指学生是否主动、积极地参与学习过程。一般从四个方面来衡量：学生参与的时间和广度；学生独立思考和个别学习的时间；学生参与高水平的认知活动，在解决问题中学习；学生参与过程中有情感因素的投入，学生被学习内容和学习过程所吸引。第二，教学过程中对学生创造性的培养。这可以从两个方面加以衡量：一是看教师有没有在教学过程中贯彻创造性思维教学的基本原则；二是看学生回答问题以及学生自己的提问有没有独创性。第三，教师教学设计。学生的学习效果和参与程度不仅取决于学生自身的主体意识和活动能力，还取决于教师的教学概念和教学设计，教师对学生发展水平的了解程度，教师对教学内容、方法的整体把握，教师能否为学生提供主动参与的时间和空间等。

按照评价资料的收集手段可以将教学评价分为现场观察评价、录像评价和问卷评价等。

（一）课堂观察和听课

课堂观察和听课法是由评价者进入课堂进行观察和听课，并对教师的课堂教学所进行的评价。这种评价方式的优点是具有很强的时效性，而且能够对各种临时发生的情况进行评价，对教师的教学激情和学生的参与积极性有较深的体会。缺点在于会受到评价者注意力分配和记录速度等的限制，而且由于评价者的出现往往会使得被评价教师和学生的心理与行为发生变化。

它一般由以下几个步骤组成：

1. 听课和记录

评价人员应该在课前进入教室，坐在教室不起眼的地方，课一开始，评价人员就进入记录状态。记录的内容必须根据评价的重点有所侧重和选择。以教学过程作为主线，将教学进行过程中的师生语言、行为、活动等记录下来，侧重对教学的导入和过渡语、教师的提问、教师的独特见解、教师对学生回答问题或完成情况的反馈、学生的提问、学生独特的见解、教师对学生回答问题或完成情况的反馈、学生的提问、学生独特的见解、学生的典型错误、学生在听课时的表现、各项教学活动的用时等的记录。

2. 整理听课记录

在课后整理听课记录，理清课堂教学的结构和思路，补充重要的细节。

3. 课堂教学评价

评价主要有两种：一是对课堂教学质量进行定性的评价，主要是从教学目标、教学内容、教学方法和手段、教学结构、学生参与情况和学习效果等比较有意义、有典型性的几方面进行点评，既要有观点又要有依据，要体现这节课的“质”。评价还要从建议的角度提供可选择的改进做法。二是用指标体系的方法。采用相对较为完善的评价量表进行定量评价。这种方法是在听课之前，将评价内容分为二到三级指标，每个具体的指标又从不合格到优秀分为五个等级，制成评价表，让评价者在听课的过程中对教师的教学进行相应的评价。采用这种方法对教师的教学进行评价时需要注意，首先是评价表的制定要相对科学，其次是这种评价通常仅给出结论，对教师教学水平的提高帮助不大，因此使用指标体系方法的同时，需要对教学的情况进行质的描述。

（二）录像评价

随着教育技术水平的提高和学校教学设备的完善，采用录像对教师的教学进行评价成为一种现实科学的有效办法。录像评价则是利用录像将教师的教学过程和学生的活动记录下来，进行课后的评价和分析。其优点是可以多人反复观看和讨论，在评价过程中也可以让被评价者参与讨论，从而使得整个评价资料更为客观、准确。而且可以将不同教师的教学录像进行对比，或者将同一个教师的教学录像进行对比，分析教师教学的进步情况。

录像评价通常由准备工作、课堂教学过程纪实、教师访谈纪实和录像分析四个步骤构成。

1. 准备工作

前期的准备工作除了在课堂观察和听课法中需要准备的东西之外，还需要注意环境条件，特别是光线、声音，此外还需要选用较好的录像设备。

2. 课堂教学过程纪实

由于评价是基于录像资料进行的，因此录像的内容和质量就非常关键。在摄制过程中注意两点：一是对教师纪实，即拍下教师向班级授课的每个细节；二是对学生纪实，学生的活动与教师的活动基本一致，记录学生活动可以较为完整地体现整个教学的过程与相应的活动。

3. 教师访谈过程

摄像结束后，还要对教师进行访谈，其过程也要记录下来。将事先准备好的访谈提纲给上课教师，让他有大致了解，使教师有心理准备。访谈主要目的是了解教师的教学设计、教学目的、教学背景，以及上课教师对课的自我评价等。

4. 录像分析

一般需要通过几个步骤来完成：首先是将录像资料转化为文字，便于进一步的分析；其次是根据录像和文字资料将课堂教学过程划分几个有机的环节，对每个环节的教学活动进行概括性的描述；再次是制作课堂记录表，课堂记录表概要地记录课堂教学活动的过程和主要内容，可以让人一目了然了解课堂教学的基本过程。内容包括教学环节及开始和结束的时间、学生活动描述和教师活动的描述；最后是进行定量和定性评价分析，包括对学生参与情况、教学反馈活动、教师教学活动、教学时间与教学目的的关系的定量与定性分析。

（三）问卷评价

问卷评价是将需要了解的问题事先编制成问卷，由教师和学生根据他们对教学过程和效果的主观印象来进行回答。

这种方法通常是在课后立即进行的。一般而言，教师和学生的问卷问题是不相同的，教师自评问卷通常包括基本教学能力、备课准备情况、教学过程中的创新、对教学内容的熟悉程度、是否注重学法培养、课堂教学气氛、学生参与积极性、教学效果等；学生评价问卷内容不仅可以包括对自己掌握情况的反馈、对教师行为的评价，还可以设计成建议型的，即让学生对教师的课堂教学提出自己的希望。

三、学生学习成效的评价方式

学生学习成效评价是对课堂教学效果的评价，它不仅体现为学生在学科学习中的认知发展，也体现在态度、兴趣、个性等非认知领域的发展和成就上。课堂教学的实质就是想通过课堂教学这种方式达到学生身心有效和高速发展的目的，学生的学习成效是课堂教学的出发点和落脚点。

学生学习成效评价可以分为两个领域：认知领域与非认知领域。认知领域的评价方式主要有两种，一是传统的标准化测试方法，二是新兴的非标准化的测试方法。

（一）标准化方法

标准化方法主要有客观性试题和主观性试题。

1. 客观性试题

客观性试题即按预定客观标准记分的试题，评分客观。客观性试题的题型主要有再认式（如选择题、判断题、匹配题等）和回忆式（如填空题、简答题等），除此之外还有计算题、阅读理解等试题形式。

客观性试题在学校中一直很受欢迎，因为它具有一定的优势。第一，它能够排除评分的主观性与不确定性，教师可以采用预先规定的准确的固定的评分标准，评分不仅客观而且迅速；第二，试题一般经过仔细选择和分类，从而构成一个有代表性的样本，这样可以提高测验的效度；第三，客观性试题取样的广泛性与系统性是其他试题所不及的，这有助于测验信度的提高。总之，由于客观性试题的效度高，信息量大，信度高，测验评分与记分误差控制好，有很好的应用前景。

但是，客观性试题也有缺点或局限。客观性试题的编制较困难、费时，需要经过较为严格的开发过程，除了编制不易之外，客观性试题难以有效地直接测量学生在语言表达、思维分析过程以及创造技能等方面的高级学习成就等。

2. 主观性试题

主观性试题允许学生根据自己的思想认识自由作出回答，属于这类试题的形式主要有论述题、作图题等。与客观性试题一样，都要在试题中设置问题情景并提出作答任务和要求，不同之处在于它允许学生自由作答。

主观性试题在学校的测评工作中占据着较为重要的地位，主要原因是：第一，主观性试题更适合于测量学生对学科结构的领会和材料内容理解的深度。第二，主观性试题有利于测量学生组织各种观念、构思确凿论据的能力，以及批判地评价各种观念和表述这些观念的能力；第三，主观性试题还能考察学生的独立性与创造性思维，洞察学生的认知风格、对问题的敏感性和解决问题的策略等。

虽然主观性试题因为能考察学生的分析与综合能力、组织表达能力、计算推理能力等，在学校较受欢迎，但是它也存在一些缺陷：一是主观性试题通常是试题数量较少，常常缺乏广泛性和代表性，二是主观性试题评分困难，常常具有主观色彩，测试的信度与效度难令人满意。三是测试过程有大量的书写任务，学生往往忙于书写而无心思考或者东拉西扯、离题较远。

客观性试题和主观性试题在优缺点上具有互补性，两者的结合可以有效避免各自的缺点，所以大多数学习成效测验是采用上述两种试题的结合。

（二）非标准化方法

标准化测验由于编制相对比较困难，而且无法做到评价主体的多元性和被评价者的参与，特别是测试内容与现实社会的真实情景相差较远，因此近年来出现了一些替代性的非标准化的评价方法。

1. 表现性评价

表现性评价（performance assessment）目前也没有一个公认的定义。美国国会技术评价办公室 1992 年提出了一个描述性的定义：要求学生创造出答案或产品以展示其知识或技能的测验。表现性评价法被称为真实性评价法，它要求学生应用必需的知识和技能去完成真实世界的一件综合的、有意义的任务，学生完成任务的绩效可根据设计好的评价量表规定的等级来衡量。

表现性评价具有以下几个突出特点：第一，表现性评价的目的既可以是给学生评分，也可以是对学生的学习情况进行诊断，但其重点是在后者。第二，表现性评价比较擅长同时也是比较关注的评价领域不是知识和技能的回忆与再认，而是知识和技能的应用和非智力因素的发展。第三，表现性评价的问题情境比较真实，需要学生解决的问题是现实中的问题，而不是脱离现实情境的抽象问题。第四，表现性评价中需要学生完成的任务一般是比较复杂的，需要学生综合运用多学科的知识和技能来加以解决。第五，表现性评价鼓励学生的发散性思维，允许甚至追求答案的多样性。第六，表现性评价比较费时费力，需要付出的时间代价较高。第七，表现性评价容易受评价者主观因素的影响，导致评价结论的主观性较强，信度较低。

学习成效评价中通常采用的表现性评价主要有以下几种类型：口头报告与答辩、

项目调查、角色扮演、小论文、学习日志、科学实验、艺术作品。

表现性评价的实施一般包括以下几个步骤：

第一是确定评价的目的。评价的目的是确定要评价学生哪些方面的进展和表现，从而为确定相应的活动类型和标准奠定基础。

第二是设计任务，也就是具体考虑采用什么样的任务来达到表现性评价的目的。

第三是确立评价的标准，评价的标准是教师进行评价的依据。

第四是设计评价的形式和工具。表现性评价包括过程评价和结果评价，在过程评价中通常需要进行系统的观察，这就需要用到诸如检核表、评定量表等工具。

2. 档案袋评价

档案袋评价主要是指收集、记录学生自己、教师或同伴作出评价的有关材料，学生的作品、反思还有其他相关的证据与材料等，以此来评价学生学习和进步的状况。档案袋评价法的主要意义在于它为学生提供了判断自己学习质量和进步的机会。

档案袋评价与其他评价方法相比，它的主要特点在于：第一，档案袋中的基本内容是学生的作品，评价者通过观看学生的作品评价学生的发展；第二，学生作品的收集是有目的、有计划进行的，档案袋可以给学生提供发表意见和对作品进行反思的机会；第三，档案袋是一个随时间增长而不断生长的活的作品集，是对人的成长发展过程的一种直观、生动的记录，学生在创造、生成个人档案袋的过程中能够清晰地看到自己的成长足迹，感受到自己的持续进步，减轻了纸笔测试常有的个人之间横向比较所带给人的竞争和焦虑；第四，档案袋评价直接反映了学生当前的状态和变化的历程，成为向家长展示教学成果，教师与家长沟通以及家长了解子女的有效方式；最后，档案袋评价能够使学生有效参与评价，成为评价的一部分。

档案袋依据使用目的、提交对象以及对学生的帮助等的不同，可以有各种不同的种类。美国南卡罗来纳大学教育学院教育心理学教授格莱德勒（M. E. Gredler）依据档案袋的不同功能，把档案袋分为理想型、展示型、文件型、评价型和课堂型。约翰逊（Johnson）则把档案袋分为最佳成果型、精选型和过程型。通常根据档案袋的内容可以将其分为展示型的档案袋和过程型的档案袋。展示型的档案袋主要收集能够反映个人所取得的成就的材料，如自己的代表性作品、获奖证书、奖章等。过程型档案袋主要收集反映不同时间阶段的表现个人成长过程的材料，不仅收集自己最满意的作品，也有自己最初的不太成熟的作品。

档案袋的构成，档案袋中通常包括以下几个方面的内容：封面，包括作者介绍；目录；内容，包括必选内容和可选内容，必选内容是每个学生都有的，提供了评价的共同基础，可选内容反映学生的独特性，学生既可以选择自己最好的作品，也可以选择有问题的作品并分析原因，注意每个作品都应记录时间；总结与反思，包括对个别作品的也包括对整个学习过程的反思与总结。如美国佛蒙特州小学教育中的写作档案袋，就包括以下内容：内容清单；一件最好的作品（由学生自己选择）；对最好作品的说明及选择该作品的理由；一首诗、一个短故事或个人自述；对一本书、一个事件或社会问题、科学现象等的评论；来自英语之外任何领域的文章。

档案袋评价为学生提供了一个学习机会，使学生能够学会自己判断自己的进步。学生在教学评价过程中成为选择成长记录袋内容的决策者甚至主要决策者，从而也就拥有了判断自己学习质量和进步的机会。事实上让学生参与成长记录的建立的整个过程与其中收入的内容一样重要，这有助于培养学生对自己的学习进行控制的能力和负责的态度。

3. 概念图

概念图最早是在 20 世纪 60 年代由美国康奈儿大学诺瓦克（Joseph D. Novak）教授等人提出，但概念图这一概念名词的确定却是在 20 世纪 80 年代。概念图（concept map）是评价学生认知结构的一种工具，是由围绕特定主题的一组概念和用以描述这些概念之间内在关系的箭头和连接词句组成的。相对其他测评题型，概念图可以更形象直观的表象出概念之间的关系和结构。

概念图有两种类型的测试任务，一是限制性任务。在限制性任务中，老师把概念图和选择题结合起来使用，这样学生不需要自己绘制概念图，而只从已给的描述词句或概念中，选择出合适的答案并填入不完整的概念图即可。二是开放性任务。概念图测评可以只给学生一个大致的主题，让学生自己来提出有关的概念并绘制出他们的结构关系；也可以事先给出一组概念，让学生组织这些概念并绘制出他们的结构关系。

用概念图测评可以有效探查学生的内部认知结构状况，不仅能够评价学生的预备知识，而且能够有效确认学生知识的“裂缝”，可以反映出学生头脑中的误解（misconception）、错误观念（incorrect conception），还能帮助教师确定学生经过教学后所建立的概念联系的广度与质量。但概念图作为一种主观测评方法，其评分信度和实用性也受到了一些批评。

（三）非认知领域的评价

除了对学生的学习成效和认知发展进行评价之外，在多元评价观的影响下，往往还需要对学生的非认知领域进行相应的评价，包括非智力因素、心理素质、学生的特长及学生的操行。

教育教学领域应用较多的非智力因素评价，主要是对学生的学习兴趣、学习态度、学习热情、学习习惯、自学能力与学习方法、注意力、意志力等的评价。评价的方法既有传统的学生自评，也有教师综合性评定（主要通过观察学生表现活动）。另外，采用一些专项评定量表或者自编量表对学生的非智力因素进行测量也是通常的做法。如编制五级评分的态度量表，或者采用强迫选择法或语义差别测量等方法编制兴趣量表等。

随着学生心理素质教育的发展，目前研究者还主张采用心理素质测量量表来对学生的心理素质进行综合评定，如张大均等开发的学生心理素质测评系统等。

对学生的特长进行评价主要是对学生在各种活动中的表现进行评价，包括礼仪与交往、家庭与理财、健美与健身、科学与生活、休闲生活指导等。通常要求学生定期组织各种竞赛和展示，请家长参与，共同评价学生的特长发展，同时根据学生实际参加各类活动的成绩和表现情况作出记录。

对学生的操行进行评价也是我国学生评价中的重要内容。操行评价的方法有很多种，有人提出操行评价可采用以下四个步骤：第一步，学生自我评价；第二步，小组评议，互相找优点，不谈缺点；第三步，班主任向其他任课教师收集学生的信息；第四步，在班主任支持下，所有任课教师共同参与写评语。

讨论材料一

你如何看待这节课？

这是上海某重点中学高中一年级的物理课。任课教师是一位优秀的特级教师，在教学过程中，教学目标明确，教学内容清晰，教学方法灵活，有理论有实践，教学气氛活跃，师生互动，有问有答，教学语言准确简练，教学时间安排精当，当老师说“这堂课就上到这里”的时候，下课的铃声正好响起，听者掌声雷动。可是5位美国客人却没有表情，他们提出什么问题？当接待者请他他们谈谈观感时，他们反问道：这堂课老师问问题，学生回答问题，既然老师的问题学生都能回答，这堂课还上它干什么？

他们认为：学生总是充满好奇和疑问的，他们走进教室的时候，带着满脑子的问题。教师在回答他们问题的过程中，有意通过情景、故事、疑问、破绽等激发学生更多的问题。教师的回答总是产生更加多的问题，最后老师不得不“投降”：“你们的问题我已经回答不了了，我的知识就这么多，我回去再学习，再准备，下次再来回答你们，你们回去思考，去找答案”。学生带着问题走进教室，带着更多的问题走出教室。这就是以问题为纽带的教育。教师并不以知识的传授为目的，而是以激发学生的问题意识、加深问题的深度、探求解决问题的方法、形成自己对解决问题的独立见解为目的。

〔改编自《人民教育》2001年（4）袁振国　文〕

讨论材料二

差生的成绩

下面是一位同学内心独白的节选，请认真阅读并从教师教学角度思考造成这种状况的原因何在?

……我是差生行列中的一员，经受着同其他差生一样的遭遇。然而我并不想当差生，我也曾努力过，刻苦过，但最后却被一盆盆冷水浇得心灰意冷。就拿一次英语考试来说吧，我学英语觉得比上青天还难，每次考试不是个位数就是十几分，一次老师骂我是蠢猪，我一生气下决心下次一定要考好。于是，我起早摸黑，加倍努力，牺牲了多少休息时间也记不住了。好在功夫不负苦心人，期末预考时，真的拿了个英语全班第一名。当时我心里的高兴劲儿就别提了，心想这次老师一定会表扬我了吧！可是出乎意料，老师一进教室就当着全班同学的面问我：你这次考这么好，不是抄来的吧？听了这话，我一下子从头凉到脚，心里感到一阵刺痛，那种心情真是比死还难受一百倍。难道我们差生就一辈子都翻不了身了吗？……

[主要结论与应用]

1. 教学目标是对学习者通过教学后应该表现出来的可见行为的具体明确的表述，它是教学活动的出发点和最终归宿。人们一般从认知、情感和动作三个领域来制定教学目标。

2. 教学目标的表述大多采用行为目标、行为与认知相结合的目标和表现性目标等具体形式。

3. 教学内容从心理学角度来看非常宽泛，可以界定为储存于一定媒体中且有助于实现某种教学目标的相关信息。教学内容的选择要受到国家或政党意志、教学目标、学生心理发展水平等因素的制约。

4. 对内容的组织可以采用螺旋式组织、累积式分层组织和认知同化组织等形式。目前较为流行的内容分析技术则包括过程分析、构成成分分析、专家—新手分析三种。教师需根据不同知识类型来分析具体教学内容。

5. 教学策略实质上是教师采用的综合性教学方案，包括方法、步骤、媒体、组织形式等多方面教学措施。教学策略的选择必须要针对教学目标、教学内容、师生特点等来进行。

6. 根据教师对教学信息的关注角度，可将教学策略分为教学组织策略、内容呈现策略和教学监控策略三类。

7. 教师要使教学策略真正产生效果，必须要注意灵活利用课堂空间、善于创设和维持良好课堂组织氛围以及有效预防或处理课堂问题行为。

8. 教学评价作为对教学工作质量所作的测量、分析和评定，主要包括对学生学习成效的评价，对教师教学质量的评价和进行课程评价。从不同的角度和标准可以划分为不同的教学评价类型。

9. 课堂教学效果可以采用现场观察评价、录像评价和问卷评价等手段。对学生学习成效的评价则大多采用标准化的客观题和主观题以及新兴的表现性评价、档案袋技术、概念图等非标准化方法。

[学术动态]

1. 2001年，美国心理学家安德森（L. W. Anderson）和克拉茨沃尔（D. R. Krathwohl）结合近年来心理学的研究进展及时推出了布卢姆认知教育领域目标分类修订版，通过将认知教学目标分为知识维度和认知过程维度两大部分，构成了一个更为完善的认知教学目标分类体系。

2. 建立在当代认知心理学研究基础上的专家—新手模式已逐渐成为提高教师职前培养和在职培训效率的重要形式。

3. 当前如何选择有效教学策略已成为课堂教学设计与实施的焦点环节，被看作课程改革中极为重要的心理学问题。

4. 近些年兴起的动态评价技术由于整合了以往教学评价形式的优势，有望成为未来教学实践中的一个重要评价形式。

[学业评价]

1. 什么是教学目标？教学目标与教学目的有什么关系？
2. 教学目标有哪些功能？
3. 举例说明如何理解认知、动作、情感三大领域的教学目标？
4. 教学目标的常用表述方式有哪些？
5. 常用的教学内容的组织形式有哪些？
6. 举例说明常见的三种教学内容分析技术
7. 什么是教学策略？如何理解教学策略在教学中的功能？
8. 教师选择恰当教学策略的依据是什么？
9. 目前教学策略一般有哪些类型？教学中常用的教学策略有哪些？
10. 教师应如何确保教学策略的有效实施？
11. 什么是教学评价？实际教学中常用的评价类型有哪些？
12. 如何客观评价教师的课堂教学效果？
13. 常用的学生学习效果的评价形式有哪些？

第十章 品德的形成

[内容摘要]

培养学生优良的道德品质是实施素质教育的一项极其重要的任务。学生良好的道德品质不是自发形成的，它的形成有其自身发展的特点和规律。研究和掌握学生品德发展的特点与规律，有利于我们在品德教育中提出恰当的教育措施和方法以提高学生的道德品质。本章从心理学的角度探讨品德的心理实质，品德的形成过程及其规律，阐明品德培养的途径与措施以及不良品德矫正的心理学依据与方法。本章第一节首先介绍了品德的定义与品德的心理结构，第二节介绍关于品德形成与发展的主要理论，第三节主要阐述学生品德的培养，第四节讨论学生不良品德的矫正。

[学习目标]

1. 能记住品德的定义，记住品德的心理结构，并能简述品德心理成分的交互作用；

2. 能简述皮亚杰、柯尔柏格、班杜拉关于品德形成与发展的主要观点，了解我国学者关于品德形成与发展的主要观点；

3. 能简述学生品德培养的措施；

4. 记住不良品德的概念，能简述学生不良品德产生的原因，简述学生不良品德转化与矫正的过程以及心理学依据，并能举例说明不良品德的矫正方法。

[关键词]

品德　心理结构　品德培养　不良品德　矫正

第一节　品德及其心理结构概述

一、什么是品德与道德

道德是指由社会舆论力量和个人内心驱使所支持的行为规范的总和。在社会生活中，人们为了维护共同的利益、协调彼此的关系，制定了共同遵守的行为规范。这些行为规范主要分为社会强制执行的法律规范和非强制执行的道德规范。法律是由国家制定并强制实施，违反法律者会受到权力机关的制裁。道德规范是由一定的社会群体约定俗成并由公众舆论监督执行的，违背道德规范者会受到社会舆论的谴责。

品德，即道德品质，是指个体依据一定的社会道德准则与规范行动时所表现出来的较为稳定的心理特征或倾向。一个人的品德是通过与道德有关的态度、言行等反映出来的，是社会道德在个体身上的具体体现。

二、品德的心理结构

品德的心理结构是指品德这种心理现象的组成成分。研究品德的心理结构，有助于人们认识品德的心理实质，为有效地培养学生的良好品德提供科学的心理学依据。但是由于品德的心理结构非常复杂，到目前为止，关于品德的心理结构问题尚未形成较为一致的观点。我国心理学界大多认为，品德是由道德认识、道德情感、道德意志和道德行为等心理成分构成的有机整体，品德的这些心理成分之间存在着密切的关系。

（一）品德的心理成分

1. 道德认识

道德认识是指对道德行为准则及其执行意义的认识。道德认识的结果是形成道德观念和道德原则，并能够运用这些观念和原则去分析道德情境，判断他人和自己行为的是非善恶。

道德认识是品德的基础。第一，道德认识对道德行为具有定向作用。学生具有了一定的道德认识，就能够分析和认识道德情境，依据一定的道德准则确定行为的方向，调节行为。第二，道德认识是道德情感产生的依据。对现实生活中各种事件或他人与自身行为的认识不同，产生的情感也就不同。凡是符合自己所认同并要求维护的道德观念时，就会引起积极的情感体验；否则就会引起消极的情感体验。第三，道德认识也是道德意志产生的依据。道德认识构成了道德意志的理智成分，离开了道德认识，道德意志也就无从产生。

道德认识的形成与发展，主要依赖于道德概念的掌握、道德信念的确立和道德评价能力的发展三个维度。道德概念的掌握是道德认识形成的先决条件，道德信念的确立是道德认识形成的关键，道德评价能力的发展则是道德认识形成的主要标志。

掌握道德概念是指学生能够正确理解道德规范，能够概括地掌握是非善恶的道德标准。只有掌握了道德概念，才能够评价别人和自己的道德行为并指导自己的道德行为。

当一个人将道德知识作为指导个人行动的基本原则，坚信它的正确性并决定为之奋斗时，就产生了道德信念。道德信念不是单纯的一种道德认识，它是坚定的道德观念、强烈的道德情感和顽强的道德意志的有机统一。道德信念是道德动机的高级形式，它可以引起、推动和维持人的道德行为，使人的道德行为表现出坚定性和一贯性，从而成为道德品质中的关键因素。

道德评价是指学生运用已掌握的道德概念，对自己或他人的道德行为的是非、善恶、美丑等进行判断的过程。道德评价具有两个特点：第一，它是一种价值判断，即在了解事实的基础上对自己与他人“应该怎样做”进行评价；第二，它包含着情感成分，人们进行道德评价时会带上一些感情色彩，道德评价不仅表明人的道德认识，也表明人对某件事的道德态度。

2. 道德情感

道德情感是伴随着道德认识而产生的一种内心体验。它可以表现为人们根据道德观念评价各种事件、他人与自身行为时产生的内心体验，也可以表现为人们在道德观念的支配下采取道德行动时所产生的内心体验。例如，我们对英雄模范人物产生的敬佩之情，对自己的过失言行产生的羞愧感，对自己助人行为产生的自豪与满足等等。有关实验证明，道德情感体验强的个体，更可能作出道德行为。

道德情感的内容极为丰富，如荣辱感、羞耻感、责任感、义务感、公正感、友谊感、集体主义情感、爱国主义情感和国际主义情感等等。道德情感就其形式看，主要有三种：

(1) 直觉的道德情感：某种情境直接引起并迅速发生的道德情感体验。这种道德情感的特点是：由具体情境引起，产生迅速突然，对道德行为有着迅速定向作用，在它的影响下，可以作出高尚的道德行为，也可能作出卑劣的不道德行为。这种道德情感是已有道德认识、道德经验的直接反应，与人们在过去的道德环境中所受到的舆论影响及成败经验有关。

(2) 形象性的道德情感：与具体的道德形象相联系的情感体验。它分为由直接感知的具体道德形象（如榜样）所引起的情感体验和由想象某些具有道德意义的人或事而激起的情感体验。道德形象具有鲜明、生动的特点，具有能引起人们情感共鸣的感染力，会使人铭刻在心，因而能够引发人们的道德情感，从而成为引发道德行为的动力。同时，具体的道德形象又体现了社会道德标准的典范，使人们能够更加具体地领会道德要求及其社会意义。

(3) 伦理性的道德情感：意识到社会道德要求及其意义所产生的情感体验，是一种深厚、坚定有力的高级形式的道德情感。它与人们的道德信念、道德理想紧密联系，具有清晰的意识性和明确的自觉性。它是在许多道德经验、情感体验和一定的道德理论基础上形成的，具有较强的概括性。它把个人的感性认识和理性认识有机地结合在一起，对伦理道德有着较深刻的认识。它的形成是一个渐进的过程，一般到青年期才能形成这种道德情感，一旦形成则比较稳定。

3. 道德意志

道德意志是一个人自觉地执行道德义务的过程中，克服所遇到的困难和障碍时所表现出来的意志品质。人们在具有了道德认识和道德情感的条件下，是否会作出相应的道德行为往往取决于道德意志。一个人具有了道德意志后，就能够抵制现实中的各种诱惑，克服遇到的困难与障碍，以自己内部的道德意志来坚持自己的道德行为，最终达到目标。

道德意志既表现在道德动机的产生过程中，也表现在道德行为的实施过程中，它主要有下述表现：

第一，排除或抑制不道德的欲求。如果个人的需要、兴趣等引起的欲望与道德要求发生矛盾时，道德意志能够按照社会道德要求去排除或抑制自己的欲求。

第二，自觉地确定道德行为的目的。在实施道德行为之前和实施道德行为的过程中，常常会产生各种动机的斗争，坚强的道德意志会抵制住各种不良动机的诱惑，以道德的动机战胜不道德的动机，自觉地确定行为的目的，从而引导自己的行为。

第三，调节和控制消极的情绪。当个体产生消极的情绪或与理智发生冲突的情绪时，道德意志可以控制和调节自己的情绪，使之服从于理智，增强合乎道德要求的情感，从而采取合乎道德要求的行为方式。

第四，克服道德行为中的困难。在进行道德活动的过程中，个体往往会遇到很多困难，道德意志坚强的人，能够克服困难，坚持达到道德目标。

4. 道德行为

道德行为是在道德观念的支配下表现出来的对他人和社会有道德意义的活动。它是道德认识的外在表现，是实现道德动机达到道德目的的手段。道德行为包括道德行为方式和道德行为习惯。

道德行为方式的掌握是道德行为的必要条件。一般说，道德动机和行为的效果基本上是一致的，有些学生有道德动机，但由于其不能或不善于分析情境，不能采取合理的行为方式，有时就不能取得预期的效果，就会出现言行不一，好心办错事的情况。

道德行为习惯是指在一定道德情境下，经常的、稳定的表现出来的道德行为方式。道德行为习惯是一种动力定型，是与一定的道德需要、道德倾向联系的自动化的行为动作。它不仅可以使人的道德行为容易出现，而且当道德行为受阻时，反而会引起消极的情绪体验。所以，养成良好的道德行为习惯能加强道德行为的自觉性、概括性和稳定性。道德行为习惯是一个由不经常的道德行为转化为稳定的道德品质的关键因素。

（二）品德心理成分的交互作用

品德由道德认识、道德情感、道德意志和道德行为四个心理成分所构成。在品德结构中，这四种成分是相互联系、相互促进。

道德认识是品德心理结构的基础，是道德情感产生的依据。道德情感是伴随着道德认识而产生的一种内心体验。在一定的情境中，道德情感的激发又会进一步促进道德认识水平的提高。道德行为是在道德认识的指导和道德情感的促化以及道德意志的调节下，通过一定的练习形成的。同时道德行为又可以巩固、发展道德认识，加深、丰富道德情感，促进道德意志的锻炼。当道德认识和道德情感成为稳定的、经常推动一个人产生道德行为的内部动力时，就形成了道德动机。人们在完成特定的道德任务时，通常都是在道德动机的驱使下，将必要的行为技能与习惯构成一定的行为模式，这种行为模式被称为道德行为方式。一定的道德动机与一定的道德行为方式之间建立起比较稳定的联系，就是品德的形成。

因此，品德的形成与发展具有道德认识、道德情感、道德意志和道德行为诸成分发展的一致性与均衡性的特点。如果某一方面有所偏离，就会影响整体品德的形成与发展。若一个人的道德认识水平较低，对道德规范与准则不理解，那么其道德情感、道德意志和道德行为就失去了正确观念的指导。若一个人的道德情感体验不深刻，道德认识就不能发展为推动道德行为的动力。若一个人的道德意志不坚定，道德行为就可能半途而废。若不掌握道德行为方式，其他几个成分则都成为空的。可见，品德的形成是道德认识、道德情感、道德意志和道德行为共同作用的一种综合过程。

但是，在培养学生良好品德的过程中，这些心理成分的培养并不是齐头并进的。一般是从提高道德认识开始，沿着知、情、意、行的内在发展顺序进行。但是，由于学生品德的发展在不同年龄阶段具有不同特征，而且其发展受多种因素的影响，这些因素间又相互影响渗透，因此，品德教育中，就不能机械地沿着知、情、意、行的内在发展顺序进行，而是要根据具体情况，从最需要、最迫切、最有效的方面入手。例如，可以通过阐明道德概念从提高学生的道德认识开始；也可以从激发道德情感入手，还可以从训练道德行为起步。总之，学生良好品德的培养可以有多种开端，不必拘泥于一个固定不变的模式或程序。

第二节 品德形成与发展的主要理论

从 20 世纪 20 年代起，西方心理学家对个体品德的形成与发展及其年龄特点，个体品德的形成与环境、教育的关系等问题进行了较为深入的研究。我国心理学家从 20 世纪七八十年代也对个体品德问题进行了一系列卓有成效的研究。

一、西方关于品德发展的理论

（一）道德发展阶段理论

1\. 皮亚杰的儿童道德发展理论

一般认为，瑞士心理学家皮亚杰（Jean Piaget，1896～1980）是第一位系统地研究儿童道德认知发展的心理学家。皮亚杰在 1932 年出版的《儿童的道德判断》，是发展心理学研究儿童道德发展的里程碑，为儿童道德发展的认知研究奠定了坚实的基础。

皮亚杰认为对儿童的道德判断性质的研究，采用直接的提问是不可靠的，把儿童放在实验室里剖析更是不可能。只有从儿童对特定行为的评价中才能分析出他们对问题的真实认识。因此，皮亚杰与他的合作者创立了“临床法”，并用来研究儿童对规则的意识和道德判断的发展问题。为了考察儿童道德判断的发展，皮亚杰和他的同事们还设计了许多包含道德价值内容的对偶故事，要求儿童判断是非对错，从儿童对行为的判断中去探明他们所依据的道德规则。其中一个对偶故事是：

A. 一个叫约翰的小男孩，听到有人叫他吃饭，就去开餐厅的门。他不知道门外有一张椅子，椅子上放着一个盛有15只茶杯的盘子，结果他开门时撞倒了盘子，打碎了15只杯子。

B. 有个男孩名叫亨利，一天，他妈妈外出，他想拿碗橱里的果酱吃。由于果酱放得太高，他的手够不着，他就爬上椅子去拿，结果碰翻了一只杯子，杯子掉在地上摔碎了。

先向儿童讲述一对对偶故事，然后让儿童复述所听的故事以确定儿童已经理解了故事；然后，围绕两个问题向儿童展开询问：(1) 这些孩子的过失是否相同？(2) 这两个孩子中，哪一个更坏些？为什么？研究发现，6岁以下的儿童大多认为第一个男孩的过失较重，因为他打碎的杯子较多；年龄较大的儿童则认为第一个男孩的过失较轻，因为他的过失是在无意中发生的。

通过大量的研究，皮亚杰概括出儿童道德认识发展的3个阶段，并且这个发展过程已被世界许多国家的心理学家重复证实。这3个阶段是：

第1阶段：前道德阶段。大约出现在4～5岁以前。处于前运算阶段的儿童的思维是自我中心的，其行为直接受行为结果所支配。故此阶段的儿童还不能对行为作出一定的判断。

第2阶段：他律道德阶段。大约出现在四五岁至八九岁之间。此阶段儿童对道德的看法是遵守规范，只重视行为后果（打破杯子就是坏事），而不考虑行为意向。故而称之为道德现实主义。

第3阶段：自律道德阶段。自律道德始自9～10岁以后。此阶段的儿童不再盲目服从权威，开始认识到道德规范的相对性，考虑行为的对错时，除看行为结果之外，也考虑行为者的动机，故而称之为道德相对主义。

从皮亚杰研究儿童道德发展的方法看，对偶故事存在一些问题：对偶故事呈现了两个不对等的后果（15只杯子对一只杯子），这样会诱发儿童忽略其中的有意性；故事中亨利去拿果酱，他可能并不是有意打破杯子的，而是不小心打碎的；这些故事对儿童被试的记忆要求也较高。从研究内容看，皮亚杰在儿童规则认知发展研究中没有对习俗规则和道德规则进行区分，而是认为儿童以相同的方式对待不同范畴的规则。实际上，儿童能够区分那些违背社会习俗的行为和那些违背道德规则的行为。例如，斯麦特纳（Smetana，1981）在美国的两个托儿所里对2～5岁儿童进行的研究发现，儿童能够区分以上两种类型的行为。我国学者张卫等人（1998）对6～14岁儿童的研究发现，至少6岁的中国儿童已表现出对道德规则和社会习俗的直觉区分，但8岁左右才能达到对两者的深刻理解：对道德规则的理解强调公平原则、他人幸福和义务责任等因素，而对社会习俗的认识则强调社会习俗传统、团体规则和不良后果。

2. 柯尔伯格的儿童道德发展理论

自20世纪50年代末期，哈佛大学心理学教授柯尔伯格（Lawrence Kohlberg，1927～1987）对皮亚杰的理论和方法进行了系统的扩充。柯尔伯格分析认为，皮亚杰研究方法中存在某些局限性，故他决定采用“开放式”的手段来揭示儿童道德发展水平，同时保留皮亚杰对偶故事中的冲突性特征。他选择古代哲学家经常采用的“假设两难情境”，编制“道德两难故事”作为引发儿童道德判断的工具。在柯尔伯格使用的一系列两难推理故事中，最典型的是“海因兹偷药”的故事：

欧洲有个妇人患了癌症，生命垂危。医生认为只有一种药才能救她，就是本城一个药剂师最近发明的镭。制造这种药要花很多钱，药剂师索价还要高过成本10倍。他花了200元制造镭，而这点药他竟索价2000元。病妇的丈夫海因兹到处向熟人借钱，一共才借得1000元，只够药费的一半。海因兹不得已，只好告诉药剂师，他的妻子快要死了，请求药剂师便宜一点卖给他，或者允许他赊欠。但药剂师说：“不成！我发明此药就是为了赚钱。”海因兹走投无路竟撬开商店的门，为妻子偷来了药。

讲完这个故事后，主试向儿童提出一系列的问题：这个丈夫应该这样做吗？为什么应该？为什么不应该？法官该不该判他的刑？为什么？等等。

儿童对两难故事中的问题既可作肯定回答，又可作否定回答。柯尔伯格真正关心的不是儿童作出哪一种回答，而是儿童论证其回答时提出的理由。因为在柯尔伯格看来，儿童提出的理由（即儿童的推理思想）是根据其清晰的内部逻辑结构而来的，所以根据儿童提出的理由就能确定出儿童的道德判断水平。

柯尔伯格采用纵向法，在10年间连续测量72名10～26岁男孩的道德判断，并将研究结果推广到多个国家去验证，最后于1969年提出了3水平6阶段道德发展理论。

第1水平：前习俗水平。大约在学前至小学低中年级阶段。该水平的主要特点是：个体还没有内在的道德标准，而是以人物行为的具体结果及其与自身的利害关系作为道德的基准。此水平又分两个阶段。

第1阶段：惩罚和服从取向。个体根据行动的具体结果判定行动的好坏。他们认为，凡是没有受到惩罚的和顺从权威的行为就是对的，遭到批评、指责或惩罚的行为都是坏的。对成人或准则采取服从的态度，还缺乏是非善恶的观念。

第 2 阶段：工具性的相对主义取向。个体主要以是否满足自己的需要作为判断行为好坏的依据，如认为满足自身需要的行为就是好的，不能满足自己需要的行为就是坏的。有时个体也以是否满足他人的需要来评价行为的是非。

第 2 水平：习俗水平。大约自小学高年级开始。该水平的主要特点是：个体已经能够认识到按照家庭、集体或社会期望与要求去行事的重要性，而不大理会行为的直接后果。此水平又分两个阶段。

第 3 阶段：好孩子取向。个体以人际关系的和谐为导向，认为好的行为是让人喜欢或被人赞扬的行为。个体开始从行为的动机来判断行为的好坏，认为有利他动机的行为就是好的，有利己动机的就是坏的。

第 4 阶段：法律和秩序取向。个体注意的中心是权威或规则，认为正确就是指完成个人职责、尊重权威和维护社会的秩序。

第 3 水平：后习俗水平。大约自青年末期接近人格成熟时开始。该水平的主要特点是：个体不只是自觉遵守某些行为准则，而且其道德判断超出了世俗的法律与权威的标准，能以普遍的道德原则和良心作为行为的基本准则。此水平又分两个阶段。

第 5 阶段：社会契约的取向。个体开始认识到，法律或习俗的道德规范仅仅是一种社会契约，是由大家一起商定的，也可以因大多数人的要求而改变。

第 6 阶段：普遍的道德原则的取向。个体以人生的价值观念为导向，具有个人的人生哲学，对是非善恶的判断有自己独立的价值标准，考虑问题已超越现实道德规范的约束，能够以正义、公正、平等、尊严等人类最一般的伦理原则为标准进行思考，并根据自己所选的原则进行活动，行为完全自律。

柯尔伯格认为，个体的道德认知是由低级阶段向高级阶段发展的，每个阶段在本质上是不同的，它们的出现顺序不变。每一个阶段的出现与年龄有关，但个体的年龄阶段与其道德发展阶段并不是绝对对应的。

柯尔伯格关于儿童道德发展阶段的理论丰富并发展了皮亚杰关于儿童道德发展的理论。他根据自己和合作者在英国、台湾、土耳其等地进行的一系列跨文化研究指出，关于儿童道德判断的这 3 种水平 6 个阶段在各种不同的文化背景中具有普遍性，认为“尽管不同文化的道德行为和道德习俗似乎很不相同，但在这些不同的道德习俗背后，却似乎存在着一种普遍的判断和评价形式”。但是，一些心理学家对柯尔伯格的研究提出了批评。他们认为，柯尔伯格的研究方法主观性太强；在 10～17 岁儿童的现实生活中不可能发生“海因兹偷药”这类的问题；柯尔伯格研究中的被试都是男性；柯尔伯格没有很好地区分习俗规则（如“你不应该在众人面前脱衣服”）和适用于公平、真理与是非原则的道德规则（如“偷盗是错误的”）。

3. 道德发展阶段理论的教育涵义

皮亚杰和柯尔伯格的研究对学校的道德教育具有重大的启发意义，主要表现为：

第一，注重提高个体的道德认识水平。道德认识是品德形成的前提和基础，因此，要培养儿童良好的品德，应注重“晓之以理”。特别是对于年幼的儿童而言，他们处于道德认知的他律阶段，需要成人向他们提出明确的道德规范和行为准则，让他们按照这些道德规范和行为准则去做，直到这些道德规范和行为准则逐渐被内化，达到自律水平。

第二，对儿童道德认知的教育要适度。儿童的道德认知发展是循序渐进的，与其年龄阶段和思维水平的发展密切相关。因此，对儿童进行道德教育必须考虑到其年龄阶段和道德认知发展水平适度进行，不能脱离儿童的接受能力。

第三，注意儿童道德认知教育的方法。柯尔伯格认为，促进儿童道德认知发展的最好方法不是直接告诉他们什么是应该的什么是不应该的，而是向学生提出两难的道德情境，让他们进行讨论，通过讨论来提高其道德判断水平。因此，在学校实施道德教育时，教师不要强硬灌输、死板说教，应该以儿童生活中的实际问题作为实例，让他们自行进行讨论分析，辨明是非。这种方法以学生为主，教师为辅，能够使道德教育回归生动的生活，促进儿童主体性的发展，易于道德知识的内化，并有助于儿童道德的知行合一。

（二）品德发展的社会学习理论

社会学习理论最初是由班杜拉（Albert Bandura，1925～）在20世纪60年代提出的，80年代中期他将其理论更名为“社会认知理论”（social cognitive theory）。这一理论主要探讨有关社会性行为的获得、维持和表现等问题。

1. 观察学习

道德行为是人的社会性行为之一。社会性行为是如何习得的呢？传统的行为主义一直强调人通过直接经验学习社会性行为，换言之，个体往往会根据自己行为的后果（受到奖励还是惩罚）来决定是否重复这些行为。但是，班杜拉通过研究发现，人的许多行为并不是直接学习的结果，而是通过观察他人的行为及其行为的后果而进行学习的，这种学习被称为观察学习，亦称社会学习。班杜拉认为，观察学习是一种更为有效的学习方式。

班杜拉曾以学前儿童为对象进行了一个实验，他把儿童带到一个与幼儿园的游戏室相似的房间中，室内有花、图片等物品，还有一个充气娃娃，儿童可以在这个房间里自由玩耍。一组儿童在玩耍的过程中，成人榜样走进来对充气娃娃敲打、辱骂，表现出攻击行为。而另一组儿童在玩耍过程中，成人榜样没有作出攻击行为。随后的观察发现，看到成人榜样打娃娃的儿童也表现出相同的攻击行为。这一研究表明，儿童通过观察他人的示范能够学会某种行为，并在适当的条件下表现出来。

后来，班杜拉又进行了更为细致的实验，先让学前儿童个别观看一个成年男性坐在充气娃娃身上并拳击充气娃娃的电影。在电影中，攻击行为的结果分为三种：

第一种是攻击—奖赏型，即攻击者被赞扬为“勇敢的优胜者”，并奖给巧克力、汽水等。第二种是攻击—惩罚型，即攻击者被斥为“大暴徒”，畏缩地逃走。第三种是无结果型，既未受到表扬也未受到惩罚。观看不同结果电影的儿童被单独安置在实验室里，室内有充气娃娃和其他玩具，主试透过单向玻璃观察儿童的行为。结果发现：观看攻击－惩罚电影的儿童，其攻击行为显著少于其他两组儿童，几乎没有任何攻击行为的表现；而观看攻击－奖励型和无结果型电影的儿童都对电影中的攻击行为进行了模仿，即攻击充气娃娃。这说明儿童是通过观察他人的行为及其行为的后果而进行学习。班杜拉认为，个体大量的社会性行为都是通过这种观察学习的形式获得的。

班杜拉认为，观察学习的过程包括注意、保持、动作再现和动机四个过程。注意过程是指学习者注意到榜样的行为，获取有关信息；保持过程是指用言语和形象两种形式把所获得信息转换成适当的表象保存起来；动作再现过程是指把记忆中的表象转换成行为，并根据反馈调整行为以作出正确的反应；动机过程是指通过强化激发和维持儿童观察过的榜样行为。如果这四个过程中某一个过程出了问题，如没有注意到示范的行为，或是忘记了获得的信息，或是缺乏运动能力，或是缺少行为的动机，都会影响观察学习。

2. 榜样和示范

观察学习主要是通过对榜样行为的模仿而形成的。榜样的行为对儿童的影响很大。一般说来，成人把社会的道德规范传递给学生有两种途径，一条是言语教诲，另一条就是日常生活中的实际行为。心理学家米歇尔等人（Mischel & Libert，1966）在实验中，要求儿童按规则重现一个游戏。在实验开始阶段，成人与儿童一起玩。儿童被分成两组，第一组的成人要求儿童遵守规则，自己也遵守规则；第二组的成人要求儿童遵守规则，但自己却不遵守规则。当成人在场时，二组儿童都是严格按规则进行；当成人不在场时，第一组儿童基本上是严格遵守游戏规则，但第二组儿童就不按规则去做了。这一研究结果表明，教育者光进行口头说教而不身体力行，是无法培养起儿童良好的社会行为的；教育者必须言行一致，且“身教重于言教”，这样儿童才能通过观察学习获得良好的社会行为。

社会学习理论进一步指出，榜样的特点与示范的形式都会影响到观察学习的结果。

研究发现，榜样本身的特点（如年龄、兴趣爱好、社会背景等方面）与观察者越相似，就越容易引起观察者的观察学习，如成年人榜样对儿童青少年的影响就不如年龄相近的同学榜样的影响大。此外，那些受人尊敬、地位较高、能力较强而且具有吸引力的榜样对观察者的影响作用较大。

榜样行为的示范形式也影响到观察学习的效果。示范的主要形式有：（1）行为示范：直接通过榜样的表现传递行为方式，如教师的一举一动对学生都会起到行为示范的作用。(2) 言语示范：通过言语描述传递行为方式，如教师的讲解、小说中人物行为的描述。(3) 象征性示范：通过广播、电视、电影等媒体呈现榜样的行为方式。(4) 抽象示范：通过榜样的各种行为事例，传递隐含在行为事例之中的原理或规则。例如，通过一些实例使学生了解到一个人只有尊敬他人，才会受到他人对自己的尊敬。(5) 创造示范：指提供多个榜样或多种行为，让学习者将学到的行为组合在一起表现出独特的行为。(6) 参与性示范：学习者在观察榜样后马上采取行动，然后可再观察，再采取行动。这种示范方式把直接学习经验与观察学习结合在一起，有利于良好道德行为方式的形成。

3. 强化的作用

班杜拉承认强化对学习有影响。强化可以分为直接强化、替代强化和自我强化。直接强化就是对学习者进行奖惩。替代强化就是对榜样进行奖惩。自我强化就是学习者根据自己设立的标准来评价自己的行为。

在上述班都拉用充气娃娃做的实验中，观看攻击－惩罚电影的儿童，其攻击行为显著少于其他两组儿童，几乎没有任何攻击行为的表现；而观看攻击－奖励型和无结果型电影的儿童都对电影中的攻击行为进行了模仿，即攻击充气娃娃。这说明，榜样的攻击行为所导致的后果影响到儿童是否模仿这种行为，即替代强化对儿童的行为有明显的影响。

替代强化的效果主要表现在：(1) 通过观察他人行为的结果，可以了解到哪些行为受到社会的认可或反对；(2) 使学习者容易模仿受到奖赏的行为，抑制受到惩罚的行为；(3) 看到榜样的行为结果，会产生如果这样做也会得到同样强化的心理期待；(4) 榜样受到奖赏或惩罚而出现情绪反应，会唤起学习者的情绪反应，并影响相应行为的表现。

二、我国关于品德发展的研究

(一) 李伯黍等的道德认知发展研究

我国心理学家李伯黍等从 1978 年起，采用自编的类似皮亚杰的对偶故事法，研究了我国 5～11 岁（有的研究扩展到 13、16 岁）学生道德判断发展及教育影响等一系列问题。研究表明：儿童的道德判断确实如皮亚杰的研究所指出的“经历着从客观性判断（依据行为的外在结果）过渡到主观性判断（依据行为的动机意向）的发展过程”；在公有观点的发展上，我国 5 岁儿童已经具有了初步的分辨公私关系的能力，作出正确判断的转折年龄在 7～9 岁之间，11 岁以上儿童则能依据较稳定的公私观去进行道德判断；在集体观念的发展上，我国一年级小学生已开始出现集体意识，以集体的动机作出判断的比例随年龄的增长而递增。

李伯黍等人还对国内九个不同少数民族地区儿童的道德判断进行过跨文化研究。研究结果表明：不同民族血统、不同文化背景对儿童的道德判断和推理的发展有一定的影响，但这种影响主要体现在道德发展的某些方面，而总体的发展水平大体上是一致的。

李伯黍还对品德结构理论进行了研究，他认为："品德结构实质上就是一个统整的道德价值结构。个体在发展过程中，不断接受新的社会道德规范，并（通过辨析过程）把它们内化成为自己特有的道德信念、特有的道德价值观念系统和稳定的道德价值取向。个体在他长期的生活实践中，在无数次道德决策中，总是以他的道德价值结构的整体参与其事的。那些有丰富的生活经验的人也就是具有相当稳固的道德价值结构的人"。①

（二）章志光等的"品德形成内外条件及动力系统"研究②

章志光运用教育—社会心理实验法对学生道德形成及其与社会条件、教育方式的关系进行了26项动态研究。在这些研究的基础上，章志光于1990年提出了品德形成的三维结构的理论模式。他认为，所谓品德心理结构是指个体在外界影响下产生道德行为的中介过程所涉及的心理成分相互关联和制约的模式，或动力机制。品德形成是一个动态过程，因此可从生成结构、执行结构和定型结构三个层面或维度加以认识。

生成结构指个体从非道德状态过渡到开始出现道德行为或初步形成道德性时的心理结构。儿童在这个层面上常常会发生道德规范、道德认知与个体原有的道德行为的矛盾。解决矛盾的方式有两种，一是忽视规范认知，维持原状；二是采纳规范认知，调节需要，产生符合规范的道德行为。这是个体获得道德规范的行为经验，产生是非感，形成道德定势或习惯的过程。执行结构是指个人在道德性生成结构基础上发展起来的更有意识地对待道德情境，经历内部冲突、主动定向、考虑决策和调节行为等环节的一种复杂的心理过程及其结构。它既表明个人处理道德问题时的一般心理空间，也表明了个人由简单的道德性向品德形成过渡的一种形式。定性结构是指个体具有道德品质的心理结构。它是在执行结构基础上形成的，具有高激活性、阶段简缩性和自动化功能的结构。

以上三种心理结构在品德形成过程中相继出现，但又是彼此包括、相互渗透、互为一体的个体内部动力系统。这个系统又被置于社会大动力系统中。

品德三维结构的设想不但有助于我们了解品德形成的动态过程，而且有助于研究品德形成和发展的内外部条件，为我国青少年的品德教育提供了有力的理论依据。

第三节　学生品德的培养

品德的培养主要表现在道德认识、道德情感、道德意志和道德行为的形成和发

① 李伯黍、燕国材主编：《教育心理学》，华东师范大学出版社1993年版，第65页。

② 章志光主编：《心理学》，人民教育出版社2002年版，第408页。

展方面。

一、提高学生的道德认识

道德认识的形成与发展，主要依赖于道德概念的掌握、道德信念的确立和道德评价能力的发展三个维度。道德概念的掌握是道德认识形成的先决条件，道德信念的确立是道德认识形成的关键，道德评价能力的发展则是道德认识形成的主要标志。

（一）促进学生道德概念的掌握

学生道德概念的掌握是在个体发展过程中逐步完成的，需要经过感性认识和理性认识两个阶段才能实现。儿童多次感知某些道德现象，便产生相应的道德表象，或称道德观念，这是道德认识的感性阶段。但随着儿童的年龄增长，儿童的道德表象也逐渐丰富和完善起来。他们在丰富的道德表象的基础上，通过分析、综合、抽象、概括等思维活动，逐渐形成一些抽象的道德概念，开始能够从比较抽象的道德范畴来评价行为的是非、善恶、美丑，并能在类似的道德情境中发生迁移。学生的道德概念在形成的过程中主要表现为三种水平：

（1）具体的道德概念，即与具体的道德行为或一定的道德形象联系起来的道德概念。例如，小学生在面对“什么行为是讲道德的”这一问题时，他们往往作出诸如“不打人、不骂人”、“买东西不排队、坐车不买票都是不道德的”等具体的回答，而不能作出概括性的回答。

（2）知识性的道德概念，即把道德概念作为一种知识来理解，没有内化成自己的道德观点，并且不能指导自己的言行。例如有的学生思想品德课考试成绩很高，但实际表现并不好，没能用学到的知识指导实际行动。

（3）内化了的道德概念，即形成了概括化的道德概念，并内化为自己的道德观点，指导道德评价和道德行为。

道德概念的掌握需要通过社会生活和道德教育，教育者在进行道德教育时可以采取以下措施：第一，注意创设道德情境，提供具体的事例和榜样，让学生获得丰富的、形象的感性经验。第二，让学生了解道德概念的意义，加深对道德概念的理解，并注重对抽象概括能力的培养。第三，加深学生对道德行为规范的社会意义和个人意义的理解，不但让他们知道应该怎样做，而且要了解这样做的目的、意义，引导他们的道德认识逐步向更高的水平发展。

（二）引导学生道德信念的确立

道德认识转化为道德信念，不仅仅有赖于道德认识的深刻程度，更重要的是要在道德实践中获得行动的经验和富有情感色彩的体验。当学生亲身体会到按一定的道德要求行动，不仅会给集体、他人带来好处，而且可以得到舆论好评与支持时，他们才会更加具体地认识到道德要求的正确性，进而产生按这一要求继续做好事的愿望。心理学研究指出，仅仅靠个人的经验，不足以形成坚定的信念，只有当个人的经验被集体经验所证实时，他才能坚信这种信念的正确性，从而使这种信念得到巩固和加强。因此，教师在教育中，应为学生创设一定的情境，使学生得到与良好道德要求相应的经验，也要防止学生吸取反面经验而削弱道德要求的说服力；要注意把个别教育与集体教育结合起来，善于利用集体舆论来强化学生的良好道德行为，从而促进道德认识向道德信念转化。

（三）提高学生的道德评价能力

道德评价是一种智力活动的过程，是随着道德认识的发展逐渐培养起来的，它的发展贯穿在道德认识发展的始终。道德评价能力发展的一般过程如下：

1．从他律到自律

即从仿效别人，特别是仿效教师和家长的道德评价，逐步学会独立地进行道德评价。学生的道德评价是在别人评价的影响下形成的，年龄越小受成人评价的影响越大。在这个阶段，教育者尤其要注意实事求是地给学生作出评价示范，不要轻率地下结论，以免对他们的道德评价能力的发展产生不良的影响。

2．从评价他人到评价自己

即从偏向评价别人发展到学会评价自己。少年期是自我意识发展的时期，学生的道德自我评价能力开始发展。在自我意识形成之前，学生往往对别人的评价比较深刻而且要求严格，对自己的评价就比较笼统、模糊。等到自我意识形成之后，学生才能够比较客观、全面地进行自我评价，并在此基础上形成自我认识、自我调节、自我控制等能力。教育者要教导学生，经常反省自己，严于解剖自己，促进学生自我意识的发展。

3．从结果到动机

即从依据行为的外部结果过渡到依据行为的动机和意向。起初，学生只是注重对行为结果和外部原因的分析，常常从直接后果来衡量行为的是非好坏。随着道德认识的提高和个人道德经验的丰富，才渐渐转向对行为动机和内部原因的分析。教育者要做好道德评价的示范，要注意由表及里、由浅入深地对学生进行引导。

4．从片面到全面

即从带有较大片面性的评价发展到比较全面地评价。片面的道德评价表现为对某个人或对某个行为下绝对肯定或绝对否定的结论。随着年龄的增长，儿童的道德知识和经验日益丰富，他们逐步学会对自己和他人进行较为全面、客观的评价。

二、激发学生的道德情感

丰富道德情感，对于儿童道德品质的培养来说是非常重要的。可以通过多种方式和途径来激发他们的道德情感。主要措施如下：

第一，知情结合，在对学生进行道德认识教育的同时，激发他们的道德情感。教师在讲述道德范例、分析道德准则时应投入真情，用表情（面部表情、言语表情和身段表情）的感染力，激起学生的道德情感体验。例如，在讲述一些道德要求时，教师如果满怀情感的使用赞扬、颂扬的词句，那么会使学生产生羡慕、向往的情感，相反，如果用一些批评指责的话语，那么就会使学生产生愤慨、不愉快的情感。

第二，充分利用优秀的文艺作品与具体、生动的榜样对学生进行美育教育，扩大他们道德实践的间接经验与情感内容，引起学生道德情感上的共鸣。学生对童话、故事、小说、戏剧等文艺作品容易发生兴趣，可以将它们作为道德情感教育的工具。让学生了解现实生活中美好的人与事，能使他们更加热爱生活、奋发向上。引导学生对社会现象进行评价，不但可以提高他们的道德认识和评价能力，而且有利于塑造他们美好的心灵，蔑视与鞭挞丑恶行为。选择文艺作品时，除了要注意具有思想性，还必须考虑其内容是否贴近学生的生活实践，因为贴近学生生活的内容更容易引起学生的情感共鸣。

第三，注意在具体情感的基础上阐明道德规范，引导学生的情感体验不断的概括和深化。例如，在热爱父母、热爱老师、热爱家乡的情感基础上，培养学生的爱国主义情感和热爱人类的国际主义情感。要使儿童的道德情感达到更高的层次，就一定要把它与正确的道德意识结合起来。

第四，通过移情训练的方式促进道德情感。移情（empathy）是指设身处地的以别人的立场去体会当事人的心情，如当事人的情感和需要等。在社会生活中，人们会面临各种关于他人的情绪、情感状态的情境，个人能否体验和分享他人的情感，会影响其道德行为。只有当个人从他人情感的角度看待所处的情境，才会出现同情心，产生相应的情感体验。经过移情训练，不仅能更为敏感地觉察他人的情绪线索，易于唤起自己的情绪反应，同时，还可以对特定情境下引起的社会责任意识规范起到放大与催化作用，从而推动着学生去选择履行社会责任的方式。

此外，教师对学生的情感也直接影响着学生道德情感的发展。教师对学生真诚的爱与期望，是一种巨大的教育力量，会激起学生对教师的信任感、亲切感，从而乐于接受教师所讲的道理。教师自身的道德情感对学生起着潜移默化的作用，要培养学生高尚的道德情感，教师必须自己具有这种情感，用自己高尚的情操培养学生健康的道德情感。

三、锻炼学生的道德意志

道德意志是在道德认识基础上和道德情感的激励下产生的，帮助学生提高道德认识、丰富道德情感是锻炼学生道德意志的前提。锻炼学生的道德意志，可采取以下措施：

第一，让学生获得道德意志的观念和榜样，激发道德意志锻炼的愿望。通过谈话、讨论的方式使学生了解什么是道德意志、道德意志在学习和生活中的表现、道德意志的必要性与意义，这样有利于形成道德意志的观念。提供良好的道德意志榜样，可以激发学生向榜样学习的自觉性。因此，教师可以向学生介绍一些英雄人物的事迹、科学家的传记，或请优秀学生谈他们自己锻炼道德意志的体会和收获，以便强化学生对锻炼道德意志意义的认识，使他们自觉地锻炼道德意志。

第二，在实践中有意识地指导学生锻炼道德意志。整个教学与教育活动都能够锻炼学生的道德意志，因而应抓住这些机会适时地锻炼他们的道德意志。意志是同克服困难联系在一起的，教师在实践中可以有意识地为学生创造一些困难的道德情境，并注意运用一些表扬、奖励等强化措施，激发学生进一步锻炼道德意志的动机。

第三，培养学生抵抗诱惑的能力。学生常有明知故犯、管不住自己的现象，这是因为他们抵抗不住外界的诱惑，从而产生一些不符合道德要求的行为，如违反纪律、考试作弊、拾物归己等不良行为。为此，教师可以采用一些措施来增强学生抵抗诱惑的能力：（1）说理。在抵制诱惑的情境中，告诉学生被禁令的理由，会对行为产生控制的效果。（2）榜样的强化。社会学习理论的研究表明，榜样及其受到的强化，会影响学生的抗诱惑行为。因此，应有效的运用榜样对学生进行教育，可以引导学生从别人的不道德行为及后果中吸取经验教训，学会抵制不同诱因的方法，增强抗诱惑的能力。

四、训练学生的道德行为

学生的道德品质是通过道德行为及其效果表现出来的，只有学生产生了道德行为，其品德才会具有社会意义，道德行为的发展，主要表现为道德行为方式的掌握和道德行为习惯的养成。因此，教师在实践中训练学生的道德行为，主要就是指导学生掌握道德行为方式，培养他们良好的道德行为习惯。

（一）指导学生掌握道德行为方式

年龄较小的学生有时候具有道德动机，但由于其不能或不善于分析情境，不能采取合理的行为方式，有时就不能取得预期的效果，就会出现言行不一，好心办错事的情况。因此，教师应当在使学生形成正确动机的同时，帮助学生掌握行为的方式和方法。学生年龄越小，行为方式的指导越是有必要。

指导学生掌握道德行为方式的方法有多种，其中主要的方法有：讲解道德行为方式，使学生熟知基本的道德行为要求；展示榜样的道德行为方式，使学生了解典范人物行为方式的合理性；通过讨论道德行为方式、步骤以及对比正确与错误的道德行为方式，使学生学会筛选最佳方式，确定采取何种步骤才能使行为达到理想效果。对于好心办坏事的行为，教师不要仅仅根据行为后果就对学生进行批评、惩罚，而要正确对待，肯定学生的道德动机，鼓励他们采取正确的行为方式。此外，教师还要在实践中探索使学生掌握道德行为方式的有效途径。但是，不论采取何种指导方法，教师都必须注意让学生亲身去实践，而且要教育学生从小事做起，从身边的事做起，由近及远，由简至繁。

（二）培养学生良好的道德行为习惯

学生的道德行为习惯是在生活和教育过程中经过反复练习和实践逐步形成的，因此在学校的各项教育、教学活动中，要注意有意识地养成学生的道德行为习惯。在培养过程中需要注意以下几点：第一，使学生了解有关行为的社会意义，从而产生自愿练习的愿望；第二，组织开展行为习惯训练的练习性活动，创设重复良好行为的情境，避免重复不良行为的机会；第三，提供道德行为练习与实践的榜样，让学生模仿；第四，练习时使学生明确目的和要求，了解练习的成效，及时给予反馈与强化，让学生获得成功的体验，同时了解自己存在的不足之处。第四，注意矫正不良的行为习惯。要使学生知道不良习惯的坏处，增强他们克服不良习惯的信心，必要时，可以通过合理的奖惩来巩固好习惯、抑制坏习惯。

第四节　学生不良品德的矫正

一、学生不良品德概念

学生的不良品德是指学生经常违反道德要求或犯有较为严重的道德过错。他们最初的表现是一般的过错行为，如故意违反纪律、无礼貌、骂人、小偷小摸、好打架、考试作弊、损坏公物等等。

品德不良学生虽属少数，但如不认真对待和正确处理，则既不利于对他们自身的帮助和挽救，还会影响其他学生道德品质的健康发展，甚至还可能危及社会安定。学生的不良品德是在某些客观条件的影响下，通过学生的内部心理活动而形成的，是主观因素与客观因素相互作用的结果。

二、学生不良品德问题产生的原因

（一）学生不良品德的客观原因

1. 家庭方面的原因

家庭是学生接受品德教育的启蒙学校，家庭环境中的某些不当教育或不良因素，是学生形成不良品德的一个重要原因。不良家庭教育和环境对学生不良品德形成的影响主要有：

（1）家庭结构不良。家庭缺乏正常的生活秩序和健全的生活方式，如父母离异、家庭成员之间不和睦、父母两地分居、有偷拿或赌博等行为，会使儿童心灵受到创伤或腐蚀而引起性格变异，导致品德不良。

（2）家庭教育功能不良。父母教育不当，缺乏管教子女的正确方法，如：①养而不教，重养轻教。有些父母只片面重视满足子女的物质需要，而在很大程度上忽视了对子女的品德教育。②宠严失度，方法不当。家长缺乏教育子女的正确原则和方法。有的人管教不严，错把放任当爱护，对子女过分溺爱、迁就或偏袒护短，使之养成任性、自我中心、专横、懒散、依赖等不良的性格；相反，有的人管教过严，错把粗暴当严教，对子女要求过高，但又缺乏正确的教育方法和措施，一发现子女的缺点和错误，就动辄训斥、打骂、驱赶，这些做法使子女感到在家庭中没有温暖，对父母望而生畏，甚至离家出走，而造成严重后果。③父母双方要求不一致。有的父母双方对子女的教育意见不统一，会使子女对道德规范迷惑不解，或对父母的教育无所适从，或学会讨巧、说谎，甚至养成表里不一的"双重人格"。

(3) 家风不正。父母言行不检点，身教言教差。家长缺乏表率作用，无视或忽视自己的一言一行可能产生的不良后果，使孩子在不知不觉中受到不良影响。父母的不良行为表现会对子女产生负面影响，使他们的心灵受到创伤而引起性格变异，导致品德不良。

2. 学校方面的原因

学校是专门培养人的教育机构，学生的品德主要是通过学校教育来培养的。但是，如果教育者思想不端正，教育措施不当，都可能妨碍学生良好品德的形成，并在一定程度上间接地造成或助长学生的不良品德。如，有的教师管教不管导，只抓智育，片面重视升学率，忽视了对学生思想品德的教育；有的教师对学生缺乏感情，不了解学生，教育工作不深入；有的教师不能正确对待品德不良学生的"反复"过程，没有看到他在反复之前的进步，对矫正品德不良问题缺乏信心、恒心和毅力；有的教师对品德不良学生睁一眼闭一眼，发现问题不能及时解决，或一退了之。

3. 社会方面的原因

从总体上看，当前的社会环境是有利于学生品德健康成长的。但是，随着学生年龄的增大，越来越广泛地接触社会的各个方面，他们受社会的影响也越来越大。教育者不能低估那些形形色色的腐朽思想和不正之风对学生可能产生的影响和侵蚀。出于成长发展中的儿童和青少年缺乏较为全面而深刻的分析能力，那些被社会允许但并不适宜于儿童接触的文艺作品可能会对学生品德的发展产生副作用，对此教育者应该注意防范，并要对学生进行相应的教育与引导。

(二) 学生品德不良的主观原因

1. 缺乏正确的道德观念和道德信念

不良品德的形成与学生错误的道德认识常有密切的关系。有的学生分不清是非善恶，甚至以是为非，以非为是。有的学生不能理解或不能正确理解有关的道德要求和道德准则，如把违反纪律视为"英雄行为"，把包庇同学的错误看作"讲义气"等等。起初他们对这些错误的道德认识还是不稳定、不牢固的，以后由于家庭和学校教育措施不当或不及时，以及品德不良学生之间的相互影响，随着时间的推移，就逐步形成了各种较为顽固的错误认识。因而，他们不能对错误行为加以辨认和制止，也不能产生忏悔与改正的意向，从而在道德堕落的斜坡上越滑越远。

2. 缺乏道德情感

品德不良的学生缺乏道德情感，他们往往是爱憎不分，好恶颠倒。他们既自卑，又自尊，往往自己瞧不起自己，但又不允许别人蔑视自己，所以常常把感人对他们的管教视为歧视，容易和成人产生对立情绪。他们的情绪消极多变，性情暴躁，喜怒无常，缺乏理智，容易制造恶作剧或寻衅闹事，甚至把自己的快乐建立在别人痛苦的基础上。这些情感特点既是品德不良的一种结果，也是引起新的不良行为的重要原因。在某些特殊的情境下，他们可能激情冲动，丧失理智，爆发出不良的行为，而造成严重的后果。

3. 道德意志薄弱

有些品德不良学生在道德认识方面并非无知，他们对是非、善恶的判断是清楚的，但他们的道德意志薄弱，正确的道德认识不能战胜不合理的个人需要，个人欲求在外界某种诱因的影响下占了优势，结果作出了违背社会道德规范和侵犯他人或集体利益的行为。当对他进行教育时，他刚刚还表示“决心改正”，但却又由于缺乏自制力，经不起别人的挑动和诱惑而重犯错误。在改正错误的过程中，也难免出现反复和曲折。

4. 由偶然失足到养成不良行为习惯

不良行为最初的发生可能是偶然的，但是，在侥幸得逞之后，这种不良的行为方式就会与个人愿望的某种满足发生联系，经过多次重复，逐渐养成不良的行为习惯。不良的行为习惯一旦形成，就会使学生在类似情境中自然而然地采取相应的不良行为。不良行为习惯如不予以根除，任其发展，就必然会导致品德不良。

三、学生不良品德的矫正

对有不良品德的学生，教育工作者应该认识到这些学生虽然犯有错误，但他们的可塑性很大，在不良环境中容易变坏，但在有利的条件下仍然可以变好。要努力激发他们的自尊心，好胜心和上进心，促使他们向好的方面转化。同时，还应该认识到，对不良品德学生的转化与矫正是一项艰巨而复杂的工作，不能期望一蹴而就，需要耐心细致地做好工作。在教育过程中，一方面要将不良品德学生与其他学生放在平等的位置上，并像对待其他学生一样关心、帮助他们；另一方面应该细致地考察他们的心理状态，从而采取有针对性的教育措施。为使矫正工作取得成效，必须分析学生不良品德的转化过程，为矫正不良品德提供心理学依据。

（一）学生不良品德的转化过程

学生不良品德的转化过程大体可以划分为醒悟、转变与自新三个阶段。

1. 醒悟阶段

醒悟是指品德不良的学生在教育或良好环境的影响下，意识到继续坚持道德过错的危害性，开始产生改正过错的愿望或念头。醒悟阶段是品德不良学生道德观念开始战胜非道德观念的阶段，它是不良品德转化的基础和前提。教育工作者的真诚关怀与教育以及不良品德个体开始认识到坚持错误的危害性往往能促进学生改过自新的意向。提高他们的认识需要从原有认识水平出发，逐步加深对继续坚持错误的危害性的认识，引导他们将自己的非道德行为同社会集体利益联系起来，逐步提高道德认识，促进他们用道德观念战胜非道德观念，并对自己的不良行为产生否定的情绪体验，从而激发正确的道德动机。

2. 转变阶段

这是指不良品德的学生有了改过自新的意向之后，在行为上发生一定的转变。对品德不良学生每一微小进步都要给予肯定、表扬和鼓励，使其进步的愿望变为进步的实际行动，并使其道德行动不断地得到强化而巩固下来。但是，教师必须清醒地认识到这仅仅是开始，在整个转变阶段必然要经过不断的矛盾运动才能最终成为一个新人。在不断的矛盾斗争中，有时还会出现反复，即重犯以前的过错。教师不但要允许学生反复，而且要针对他们的反复、动摇，有足够的精神粮食准备，从而有针对性、预见性地做耐心细致的转化工作。

3. 自新阶段

这是指不良品德的学生经过较长时间的转变之后，不再出现反复，而进入到一个新的稳定时期。这时学生能按社会主义道德规范行为，并形成稳固的道德品质。不良品德的学生改好了，就应该如实地把他们看成一个好青年。生活中的重大挫折，常常给人留下终生难忘的创伤。对那些已经转变的青少年要倍加关心和爱护，充分地信任与鼓励，逐步提高要求，不断引导前进，任何歧视与翻旧账的言行都是极为有害的。

（二）矫正不良品德的心理学依据

1. 培养深厚的师生感情，消除疑惧心理和对立情绪

品德不良的学生由于本身的不良道德行为危害了他人或集体，而遭到斥责，惩罚与嘲笑，由此而感到一种社会压力，使他们产生疑惧心理与对立情绪。大部分品德不良的学生认为人们轻视、厌弃他们，而感到自卑，对周围人存在戒心或敌意。这会使他们在社会交往中离群独处，或到外面结伙为伴、制造事端以泄私愤。再者，当道德要求与学生当前的需要尖锐矛盾时，学生就会产生对立情绪，从而干扰教育效果。面对这些不良品德学生，教师如果急于求成，常常难以生效，而且容易造成僵局。因此，教师要从培养师生之间深厚的情感入手，要亲近、关心他们，要从多方面帮助他们。从而使他们体验到集体的温暖，增强对周围人的信任感，并把老师或同学看作是知心人。此外，也可以用感人的事迹和深刻的道理教育他们，只有入情入理才能入心。在这种充满着真挚的爱和耐心感化的教育环境下，不良品德学生逐渐能敞开自己的心扉，醒悟过来，并激起上进的愿望。

2. 重视自尊心和集体荣誉感的恢复与培养

不良品德学生既有自卑感，也有自尊心，两者交织在一起，使情绪复杂多变。教师如果无视他们的自尊心，一味地批评指责，他们就容易表现出对立抵触的情绪。因此，矫正学生的不良品德，一定要重视唤起他们的自尊心，并加以培养。品德不良学生常有自卑感，轻视自己，这会使他们在社会交往中离群独处，也会抑制自信力和荣誉感。教师的重要任务是要善于捕捉他们身上的“闪光点”和引导他们发挥长处，并及时给予肯定，使他们感到自己还有希望、有前途，这种自我意识会增强他们的自尊心，能使他们自重、自强。

为了防止自尊心的片面发展或扭曲，教师应当给予引导，在自尊心的基础上培养他们的集体荣誉感。这种情感是人们意识到自己作为集体成员的一种尊严的情感，它促使人们根据集体的利益和要求而行动。集体荣誉感是推动人们团结互助的力量，同时也是人们克服个人缺点和错误的巨大动力。所以，教师要为不良品德的学生创造条件，加强指导，吸收他们参加班级工作和集体活动，在活动中启发他们意识到自己是集体的一员，引导学生为集体争光，建立健康的集体舆论，维护集体的尊严，珍视集体荣誉，逐步树立集体荣誉感，并能鞭策、制止自己的不良道德行为。教师对损害集体利益的学生的批评教育也是必要的，但要坚持正面教育，不能损伤他们的自尊心，多采用表扬和奖励的办法，通过信任和尊重去培养他们的自信心。

3. 形成正确的是非观念，提高辨别是非的能力

辨别是非就是清醒地认识到行为的正确与错误，它与道德评价能力密切相关。是非观念的欠缺是一些学生常犯错误的原因之一。为此，教师要帮助他们正确地理解道德要求，提高道德评价能力。提高不良品德学生的是非观念，必须从他们现有的实际知识水平出发，逐步地提高要求。要联系他们切身的利害关系进行说服教育，要以正反两个方面的事实的对比来帮助他们，通过启发讨论，提高辨别是非的能力。

4. 增强抗诱惑的能力，巩固新的良好行为习惯

学生犯错误总是由某些不良诱因引起的。这些诱因既可以是一些外部的客观条件，也可以是一些内部的主观原因。因此，矫正学生的不良品德既要注意改变内部错误观念，又要注意控制不良诱因的影响。新行为的初始阶段，暂时控制或切断他们与外部不良诱因的联系，以免故态复萌，是完全必要的。但是，仅仅依靠避开外部诱因是消极的，既不容易完全做到，也不容易排除在新诱因作用下犯错误的可能，因此，我们也要重视消除学生的不合理的欲望、嗜好等内部因素。而且在他们正确的动机与良好的行为习惯已经初步形成之后，可以在有控制的条件下进行“信任委托式”的监督性考验，锻炼他们与诱因作斗争的意志力，进一步帮助他们巩固新的动机与新的行为习惯之间的联系。

5. 正确把握青少年心理发展的年龄特征与个别差异，运用教育机智

矫正学生的不良品德，既要注意到他们的一般心理特点，又要针对个别差异，

如年龄、个性、错误的轻重、态度的好坏、生活的环境等等，采取不同的教育措施，更加有的放矢地进行教育工作。我们要根据青少年身心发展的年龄特点，从学生的实际情况出发，区别对待，因势利导，促使他们的品德不断地向好的方面转化。教育应考虑年幼和年长学生的不同心理特点。一般而言，年幼儿童的不良品德更多地与道德认识有关，因此应多采用正面引导的方式，在活动过程中加以矫正。年长学生的不良品德常受多种因素影响，需要具体问题具体分析，还应考虑到他们精力充沛的特点，要尽可能创设条件开展各种有益活动，使精力得到正确发挥。

6. 抓住时机，促进转化

不良品德的转变，一般要经过醒悟、反复、巩固、稳定的过程。有了醒悟才会有以后的转变。醒悟常发生在行为不良的学生意识到行为的严重性和危害性，并有改正愿望的时候。这时，教育者应抓住这一教育上的关键时机，给予充分鼓励和帮助，肯定那些微小的进步，不怕反复，使学生的好行为得到巩固和稳定。

四、不良品德矫正方法[①]

(一) 防范协约

这是以书面形式在教育者与被教育者之间建立实施和监督关系的一种矫正不良行为的方法。协约如同日常生活中的跳跃，有关制定者均应恪守。协约的目的在于对行为及其所有产生的结果之间的联系加以控制。

一般说来，协约的具体条文是根据不良行为者的具体情况和相应的教育要求来拟定的。对不良行为者应该做什么，不做什么以及有关时间、地点、条件都作了明确的界定和规定，对教育者的监督、管理作用也有清楚的说明。协约的制定和实施是要提高行为者的积极性、发挥自主性、调动其自控力来矫正自身的某种不良行为。

为使防范协约的方法有效，运用时应注意以下几点：(1) 教育者须同时发挥制定、协商、咨询、执行、监督等作用。(2) 内容应详细、且形成文字条文，避免发生歧义或误解，所定的内容一切有关人员都应遵循。(3) 执行情况应详细记录，这本身能起到强化作用。(4) 注意及时修订有关的内容和要求，以求既受到当前的矫正效果，又顾及促进未来的发展。

(二) 表征性奖励

这一方法是编制一套表征性奖励系统来对行为者在矫正了不良行为或作出了良好的行为反应后予以肯定和奖励。奖励的表征可以是各种筹码，也可以是各种颜色的粘贴纸卡等。在使用这个方法之前，须先让接受矫正的不良行为者弄清楚表征奖励系统及其对行为的相应要求。这常有两方面的规定，一是行为要求与表征系统的关系，二是表征系统与强化刺激物的关系。如，规定一节文化课没有违犯纪律可得

① 李伯黍、燕国材主编：《教育心理学》，华东师范大学出版社 1993 年版，第 91～95 页。

一黄纸卡，一节活动课没有争吵骂人可得一蓝纸卡，一天没有打架可得一橙纸卡，等等。又规定一张黄纸卡可得铅笔一支，一张蓝纸卡可得卷笔刀一把，一张橙纸卡可增加课外活动15分钟，六张橙纸卡可换一张红纸卡，一张红纸卡可担任活动司仪一次，等等。后一种规定系统又称作“强化菜单”，这是指矫正了不良行为或作出了符合要求的行为反应后，行为者所获得的表征系统可按规定自由地选择相应的强化刺激，就像顾客根据手头持有的钱按餐馆菜单上的介绍，自行挑选菜肴一样。

任何矫正不良行为的方法都强调强化的作用，但又要避免单调。然而，在实际使用中往往很难多样化。倘若注意了多样化，又很容易造成有关成员的分心而干扰了正常的活动。表征性奖励中强化菜单的使用，既避免了造成成员的分心，又顾及了强化的多样化。另外，按照操作性条件作用理论中的强化观点来分析，个体应该适应延时强化，这是社会现实生活的特点。品德不良的很多问题，从某种意义上看，就是个体不能适应社会生活的延时强化，只顾为自己追求即时的满足所造成的。表征性奖励系统的使用可使个体从追求即时强化过渡到适应延时强化，因为在表征性奖励系统中行为者既可由于行为表现良好而马上获得表征性奖励，又需要有耐心过一定时间后才能按“菜单”规定兑现成强化刺激物。

（三）强化暂停

这种方法是在一段特定时间内对个体暂时不予强化，或把个体暂时与特定的强化环境相隔离，从而抑制不良行为的发生或降低其发生频率。它相当于日常生活中人们处理问题行为的一种做法，即让犯过者单独呆立在某一地方，如办公室、盥洗室。有关心理学理论认为，不良行为也是学习（尤其是强化影响）的结果，因此，控制强化及强化物情境就能矫正不良的行为。这种控制的途径之一就是强化暂停。

有关研究指出，要使强化暂停这一方法收到较好效果须注意以下几点：

(1) 在执行强化暂停这一方法前，应向对象明确指出：“如果你有X（不良行为），Y（强化刺激）将绝不会发生”。

(2) 强化暂停持续时间尤忌过长，否则会造成问题行为者失去应有的受教育机会。一般说来，应按预先约定的时间，时间一到，暂停即告终止，或者按个体不良行为是否已明显得到抑制或有所好转来控制强化暂停时间。

(3) 强化暂停的场所应该没有任何吸引人的或造成分心的事物。通常应选择狭小，通风良好的地点。

(4) 在执行强化暂停过程中，应尽可能使用某种言语的或非言语的指导，即及时暗示行为者中止不良行为。那种仅仅让个体去体验暂停的“滋味”，并不是使用强化暂停的真正目的。

(5) 如果发现问题行为者宁愿呆在暂停环境里，那就不能简单地使用这种方法了。例如，某个问题行为者见考试就头疼，不愿参加测验，他就可能故意表现出不良行为来求得暂停的处分，从而逃避面临的考试。

（四）过矫正

这种方法就是要求不良行为者消除自己不良行为所造成的后果，使原来状况得以恢复，并有所改善，继而还要作一定程度的练习。如，针对喜欢在黑板上“涂鸦”的行为，可要求行为者先把这些乱七八糟的东西擦干净，再把黑板两旁墙壁上的脏东西清除掉，然后要求他在以后一段时间（如一周）内负责黑板的清洁和教室环境的干净。

可见，过矫正是由两部分组成：一是恢复行为环境的原来状况，并须使之比原来更好；二是坚持一定时间的练习，即操练与原来不良行为相反的或不相容的行为。第一部分带有惩罚性质。若不良行为者在第二部分的行为中，能够坚持良好行为就应给予及时的奖励强化。学生说脏话、随便起绰号、乱扔杂物、小偷小摸等不良行为，都可使用过矫正的方法来矫正。

（五）榜样法

榜样法就是教育者提供或树立榜样，然后要求教育对象注意观察榜样的示范行为，并加以模仿和实际操作。榜样法也可用于矫正品行不良问题。

榜样法的背景是有关观察学习的研究，故使用榜样法来矫正不良行为必须把握前述有关观察学习因素的控制的内容。这里仅举一研究来作为说明这一方法的例子。该研究的对象是6名小学生，他们有多种情绪骚动性的不良行为。被选择来进行矫正的三种不良行为是：吸吮拇指、上课随便说话、用手指或硬物捅戳别人。此研究选择了遵守课堂纪律、行为表现良好的6名同年级学生作为伙伴榜样，他们与上述对象配成对子坐在一起。研究者要求不良行为者注意观察自己旁边的伙伴榜样，并努力仿效；同时让伙伴榜样不仅起到良好行为的表率作用，而且让他们掌握表征性奖励物，按要求奖励身旁不良行为者表现出来的良好行为。三周后，研究对象的不良行为反应大大减少，而良好行为明显增加。更令人鼓舞的是，不良行为者与伙伴榜样结成对子后，彼此间的人际关系都有了积极的发展，作为榜样的学生本身表现出了质量更高的良好行为。这一研究，对所矫正的行为作了较明确的可操作的界定；能使用真实的榜样；能与表征性奖励法相结合；能使矫正的安排不干扰一般的正常教学活动；能使榜样法的双方即示范者与受教育者都发生积极变化，等等。这些都是值得肯定的。

[主要结论与应用]

1. 品德，即道德品质，是指个体依据一定的社会道德准则与规范行动时所表现出来的较为未定的心理特征或倾向。品德的心理成分包括道德认识、道德情感、道德意志和道德行为四个方面，而且这四个方面相互联系、相互促进。对这些问题的了解能帮助我们更好地了解品德的内涵以及其与道德的区别与联系，并能在对品德的横向构成结构进行剖析的基础上更好地了解品德的心理结构。

2. 关于品德的形成、发展及影响因素，不同的理论有不同的看法，其中影响较大的有道德发展阶段理论、社会学习理论，前者更侧重于道德动机方面的研究，后者更侧重于道德行为方面的研究。我国这方面的研究起步较迟，在对国外有关品德研究和方法的消化和吸收基础上，我国心理学工作者进行了一些新的研究，具有代表意义的有李伯黍的“道德认知发展研究”和章志光的“品德形成内外条件及动力系统”的研究。

3. 学生品德的形成既是社会通过舆论和教育等渠道把道德规范传授给年轻一代的过程，也是学生通过自己的实践由被动到主动地体验这些规范并形成道德行为习惯的过程，学生品德的形成是有规律可循的，这些规律体现在道德认识的提高、道德情感的激发、道德意志的锻炼和道德行为的训练等环节之中。因此，根据学生品德发展的规律，我们从上述四个方面对培养学生的良好品德提出了一些教育建议。

4. 品德不良学生在学生群体中占少部分比例，但这部分学生同样需要教育者的关注。学生不良品德的矫正主要从不良品德的界定、产生原因、矫正过程与心理学依据以及矫正方法几个方面进行讨论。学生的不良品德是在某些客观条件的影响下，通过学生的内部心理活动而形成的，是主观因素与客观原因相互作用的结果。了解这些知识不仅有利于教育者较为深入地了解学生不良品德的形成原因和心理特点，同时也有助于教育者对他们进行有的放矢的教育和引导以取得理想的教育效果。

[学术动态]

1. 心理学家吉利根（Carol Gilligan）提出关怀道德发展理论，她认为，男性和女性对客观世界和社会生活的看法是不一样的，表现在道德观上女性是典型的关怀取向，男性是典型的公正取向。以皮亚杰和柯尔伯格为代表的道德认知发展理论主要考察了儿童公正取向的道德判断，但忽视了关怀取向的道德问题。

2. 心理学家恩赖特（Robert D. Enright）提出了宽恕道德发展理论，使宽恕成为道德心理研究的一个重要的新主题。

3. 在当前我国社会急剧变革的形式下，深入了解儿童青少年道德心理发展的新特点，在此基础上采取针对性的教育措施促进其良好品德的形成，是品德心理研究的重要课题。

[学业评价]

1. 什么是品德？品德具有哪些心理成分？

2. 简述皮亚杰和柯尔伯格道德发展阶段论的研究方法和基本观点，并分析其理论对实际教育工作有何启发?

3. 学生的道德评价能力的发展有何规律。

4. 如何培养学生的道德认识、道德情感、道德意志和道德行为?

5. 试分析产生不良品德的原因。

6. 不良品德的转化要经历那几个阶段?每个阶段应注意哪些问题?

7. 分析说明矫正不良品德的心理学依据,并能针对某品德不良的个案,试述运用某行为矫正方法的注意点。

第十一章　学校的群体心理

[内容摘要]

由于每个人在社会生活中的地位、身份、角色、职务等有诸多不同，就形成了每个人各不相同的心理活动，同时也赋予了由这些个体组成的群体的多样性和复杂性，并由此形成了不同的群体功能。

在社会生活环境中，任何个体作为完整社会系统中的一员，其存在和发展都不可能脱离他们所属的群体，这一方面说明个体对其所属群体的依赖性，另一方面也反映出群体在心理和行为等各个方面对其成员的影响作用，这些作用和影响都是通过群体的功能而实现的。为使群体发挥其积极的功能，首先要求群体成员之间有一个和谐的人际关系，这样就使得群体要想拥有较高的凝聚力获得了初步的保证。随着社会竞争的加剧，人们也越来越看重人际关系的作用，特别是对个人身心健康的影响作用。学校作为一个规范的群体，其目标就是保证青少年身心的健康成长，实现教育目标的要求，为此，就必须创造一个和谐、积极进步向上的群体氛围，以确保学校群体的教育功能顺利实现。

[学习目标]

1. 理解和掌握群体这一基本概念和学校群体心理现象的多样性和复杂性。在此基础上，理解并记住学校群体的功能和特点；

2. 要知道不同的个体组成了特定的群体组织，掌握群体对个体的影响作用，以及这种影响作用产生的深刻根源；

3. 理解个体的成长和发展离不开群体，群体规范也在一定程度上，以特有的方式约束个体的心理和行为；

4. 熟悉在群体背景下产生的各种心理效应，并能根据所学的心理学知识解释和说明日常生活和社会现象中的一些群体心理现象；

4. 客观地认识群体的功能和作用，以及个体和群体之间相互作用，彼此依赖的关系，为以后作好教学管理工作打下良好基础；

5. 理解不仅群体功能的正常发挥离不开群体内部和谐的人际关系，而且群体内人际关系的和谐与否也是一个人心理健康的重要标志之一，因此，这就需要我们了解、记住影响人际关系形成的各种因素，并能根据实际情况采取相应对策，解决个人在人际交往过程中遇到的各种问题，使自己保持愉快的身心，以提高工作和学习效率。

[关键词]

群体心理　社会助长作用　人际关系　群体极化现象　竞争与合作

第一节　学校群体心理概述

一、群体心理的概念

群体是指人们由于社会、心理等方面的原因，以特定方式组合起来进行活动并相互制约的共同体。群体由个体组成，要判别一些个体聚集在一起是否是群体，一要看它是否有共同的需要和目标，并能在这一目标的驱使下采取共同的行动；二是看它是否有一定的组织结构；三看它是否有相应的规范，其成员之间是否具有心理上的相互依存关系。由此看来，成员聚集在国家、民族、党派、社团、学校、家族、家庭和工作单位里，都是群体，而因特殊原因偶然聚在一起的共同体就称不上群体。

（一）群体心理

群体心理是指群体成员共同具有的心理现象。作为一个群体成员一旦置身于某个群体活动之中，就很可能产生诸如模仿、从众、随俗、情感互动和情绪感染等不同的心理和行为现象，显示出群体成员之间共同的价值取向、行为倾向和心理状态。所以，作为群体，它的显著的心理特征之一就是其共有性，比如群体成员都需遵守的共同的规范；群体心理的显著特征之二是它的界限性。由于不同的群体拥有不同的目标和性质，因此，群体之间也就具有了界限，但是这种界限是心理倾向上的界限，而不是作为活动领地之类的界限。比如说，现在我们是某系某专业的一名学生，我们在心理上自然就有了认同与维护本系本专业荣誉的心理倾向，群体心理的界限性特点，在竞争的场合表现得尤为突出。群体心理的显著特征之三是它的动态性。由于成员的你来我往，群体目标的适时调整、领导人物的更替等等诸多因素的影响，使已形成的群体心理发生相应的变化，群体心理既具有一定的稳定性，又具有一定的可变性。

（二）群体心理与个体心理的关系

群体心理与个体心理是相互联系、相互制约的。群体由不同的个体组成，离开了个体心理也就无所谓群体心理，而如果没有群体心理，个体心理就失去了存在和发展的条件。例如具有厌学情绪的学生被分到一个学习气氛很浓的班级，在良好的学习气氛感染下，会逐渐变得喜欢学习。从实际生活中也可以看出，这种个体接受群体影响的现象具有一定的选择性，有时候群体对个体的影响并非群体的整体力量，而往往是群体中的某个核心或者关键人物。所以从此意义上说，个体心理也能影响群体心理。

（三）学校群体心理现象

学校作为一种特殊的群体，其心理也是多种多样的。

首先，任何一个学校甚至班级内部都有正式群体与非正式群体之分。学校的各级组织，例如，教务处、学生处、总务处、团委，院系、年级和班集体等，都是明文规定的正式群体。但是由于人与人之间存在的差异，有些观点接近或爱好相同的人们，会自发地聚集在一起进行活动，构成了学校内部的非正式群体。正式群体的心理带有较多的公务关系色彩，而非正式群体的心理则相反，它带有较多的私人关系色彩。

其次，学校内部有教师与学生群体之分。教师与学生分别承担着不同的社会角色，因此双方就具有不同的心理倾向，比如，在对群体规范的执行方面，教师群体更多地强调严格，而学生群体则更多地希望宽松。

二、学校群体的心理功能

（一）归属功能

这是指群体能给个体情感上的依靠，使群体内各个成员在发生相互作用时，行为上表现的协调一致，彼此都体会到大家同属于一个群体。比如，在学校举办的各种竞技比赛活动中，每个学生都希望自己所在的班集体获胜。再比如在现实生活中我们都有这样的经历，有人问我们“是哪个单位的”，我们就会很自然的告诉对方，这就是说，我们在心理上不自觉的就把自己归属于这个单位或者群体，这就是群体的归属感。而一旦个体因故离开了这个群体，个体就会感到痛苦。近些年来，由于改革的需要，不少职工不得不离开了原来的单位，在重新找到新的工作以前，会表现的异常难过和伤心。为什么会这样？这固然与失去了生活的经济来源有关，但是很重要的原因，是他失去了对原来所属群体的归属感。对于教师和学生来说，同样如此。归属感在群体受到表扬、奖励、获取荣誉或者当群体面临外界压力时，这种归属感表现的尤其强烈。

（二）认同功能

由于群体所具有的规范，学校群体能使它的每个成员对重要的事情与原则问题同学校群体保持共同的看法和评价，这就是认同。一个群体的认同功能，取决于该群体自身的权威性和其成员间的凝聚力。当个体对外界事物的认识模糊不清，缺乏有力的线索支持时，群体成员的看法会影响他的认知判断。在学生进行集体讨论时，可以见到这种群体对个体的影响。这种认同功能，还会使群体成员之间发生相互影响，而且这一影响是潜移默化的，尤其是当个体身处困境焦虑不安时，更容易受到群体内其他成员的影响。这是个体自愿接受学校影响，并与学校融为一体的心理基础，也是学校群体保持内在整体性的心理基础。因此，学校群体必须创造条件，不断地改善与增强群体成员的认同功能。否则，群体会趋于瓦解，失去其内在的整体性。

（三）支持功能

群体能给个体以力量，使个体的活动能够坚持不懈。在群体活动中，当一个人表现出群体期望的行为时，群体就会通过各种形式给予奖励、肯定，强化个体的行为。另外由于支持功能的存在，还可以使个体在群体中，避免孤独、寂寞、恐惧，获得心理上的安全感。这一功能在学校生活中表现得十分明显。没有一个学生不希望从学校群体中得到肯定、鼓励、支持，而学习困难的学生由于其强烈的内隐自尊，更渴望从学校（主要是班级）中获得支持，以摆脱困境。因此，把握适当的教育时机，充分发挥学校群体的支持功能，从情感、社会技巧和学习策略等方面给一切学生，尤其是困难学生以强有力的支持，对于学生的成长是至关重要的。

（四）教育功能

学校群体的特殊性就在于它是一种教育群体。在学校群体内，教师与学生是两种不同的社会角色，他们按照各自的角色规范行动，并由学校群体按角色规范评价他们的言行和业绩。在这个过程中，教师学会了当教师，学生学会了当学生。这就体现了学校群体的塑造功能。当然，这里所说的塑造功能主要是针对学生而言的。在文明社会里，新生一代要完成独立走向社会的准备过程，要形成适应现代社会要求的健全人格，主要依靠学校而不是依靠其他部门，因为学校群体作为一种教育群体，具有其他群体无可比拟的塑造人的功能。现代社会的一切有成就的人，大都经受过学校群体的塑造，都曾感受到这种功能的强大而深远的影响。

第二节　群体心理效应

毛泽东同志曾说过这样一句话“人多力量大”，这句话强调了群体的力量。但现实生活中的一些现象又对这句话提出了质疑，比如我们大家都知道的“一个和尚挑水喝，两个和尚抬水喝，三个和尚没水喝”，究竟应该如何看待群体力量的作用呢？以下将讨论学校的群体心理效应问题。

一、群体对个体的行为影响

个体在群体中接受群体的影响，会产生不同于个体独处时的行为反应。

（一）社会助长作用

社会助长作用是指因他人在场而增强个体的动机性的行为水平。例如我们常见的体育运动比赛，如果有人观看或有拉拉队呐喊助威，那么运动员的成绩就会提高，而如果无人在场，只是自己一人在比赛，成绩就会差些。针对这一现象，心理学家特里普利特（Triplett，1897）进行了研究，结果发现，如果有一人骑自行车在场作参照标准，那么另一人骑车速度可以提高20%，每英里的骑车时间可缩短20～30秒，而如果是处于竞赛的情境中，车速还可能再提高。

对于社会助长现象是否在其他的活动中也具有同样的作用，目前仍然是许多学者研究和争论的问题。其中教育社会心理学家林格伦以大学生为对象，实验组首先采用脑力激励法进行小组活动，然后每个个体再独自继续思考创新的意见；控制组始终采用独立思考的方式。结果发现，实验组所提出的创意，无论在数量上还是质量上，都显著地优于控制组，研究者认为，在群体中采用脑力激荡法具有预热效应，也就是由于大家交流想法的气氛与互相启发，使个人对原来不太关注的问题或工作产生兴趣，而且由于受到群体规范的影响，个体会强迫自己去思考，从而起到推动创造性思维的准备作用。1973年心理学家布坎南以小学四年级小学生为对象进行了类似实验，得到了同样的结果。由此可见，社会助长作用的发挥，取决于以下条件：第一，活动任务的难易程度。当一个人进行的是简单的机械操作或手工劳动时，那么，他人在场就可以大大提高他的劳动效率；相反，如果个人进行的是较复杂的思维活动，那么，有其他人员在场就可能降低其活动效率。第二，表现的是否是优势行为。如果要表现的是个人的熟练的优势行为，他人在场可以提高其活动效率；如果是具有一定难度的、不熟练的行为，他人在场不仅不会提高效率，相反可能抑制其活动。第三，竞赛动机的激励。有无明确的竞赛激励动机，也会在一定程度上影响个体积极性的发挥。

此外，群体对个体活动能否起助长作用，还与个体的认知风格、个体与群体内其他成员的熟悉程度等因素有关。

（二）社会懈怠作用

这是指个人与他人一起完成任务时，不如个人单干时出力多的现象。这也就是我们通常所说的磨洋工。人们常说："人多力量大"，"众人拾柴火焰高"，但是，社会懈怠作用的发现，却使人们不得不重新考虑上述朴素哲理的存在是否有某些依存条件。较早证实社会懈怠作用的一个实验是林格尔曼（Ringelmann）做的。他的做法是让人尽力拉动一条可以自动记录拉力的绳子，实验者分为单人组、三人组、八人组。结果发现，单人组每人平均出力63千克，三人组每人平均出力53.3千克，八人组每人平均出力31千克。这种共同完成一项任务时群体人数越多个人出力越少的现象，后来在其他人的实验中也得到了证实。这个实验说明，要防止社会懈怠现象的产生，需要有一系列的措施。比如，通过一定的方法，使个人知道自己在群体中的努力程度是可以被鉴别出来的；按个人努力程度给予报酬；使群体成员认识到，每个人都有责任、有义务为群体多做贡献。其中，个体的责任感无疑是最重要的。所以从管理的角度来说，还必须在激发每个人的责任感和成就感的基础上，做到职责分明、勤懒分明、奖惩分明。因为社会懈怠最容易产生在职责模糊、勤懒无法鉴别或不予鉴别的情境之中。学校群体的建设，从教研组到班级，从学生会到团队，都是通过完成一项又一项的任务来实现的。了解社会性助长和社会性懈怠产生的原因并据此采取对策，无疑将有利于学校群体建设。

（三）社会顾虑倾向

这是指个人在大众面前感到不自在，其行为表现与一般情景不尽相同的现象。个体行为在群体中不仅可以表现为社会助长作用，还可能有完全相反的表现。比如平常状况下，一个老师在上课时会表现的侃侃而谈，但是，在面对台下的观摩者时，就可能改变其原有的心理状态与行为模式。心理学家瓦伯纳研究了大学生在不同的观众面前的表演，结果发现，对观众有充分了解的学生，表现自如；而在对观众所知甚少的学生受到的心理困扰较大，表现拘谨。但是，社会顾虑倾向的表现也因人而异，一般说来，性格内向的人的社会顾虑倾向比性格外向的人明显。

二、从众和服从

在一个群体里，个人行为受群体影响并与群体保持一致，是常见的现象，从众与服从便是其中两种。学生从进校之日起，就自觉不自觉地从众、服从，否则，他就难以适应学校生活。

（一）从众

这是指个人在群体中，会由于真实的或臆想的群体压力而不由自主地在认知或行为上倾向于同群体内的多数人保持一致的现象。每个群体都有自己的规范，它代表着群体内众人认可的行为标准，例如，学生听课时不能随便说话，考试时不能作弊，行人过马路时应该遵守交通规则等等。如果个体不与大家的行为保持一致，就会感受到来自群体的压力，以致出现内心冲突，因此，个体就会选择从众。正是由于从众，个体才能更好适应群体社会的生活。

阿希（Asch）从知觉方面开创了从众现象的实验研究，并使从众现象引起了大家的关注。近年来，我国的心理学研究者对中学生的从众现象做了验证实验。其中高东新等研究证明，中学生在感知判断、思维判断、价值判断和行为倾向等四方面存在从众效应：

（1）中学生在感知判断、思维判断、价值判断、行为倾向四方面均存在着从众倾向；

（2）中学生的从众率具有明显的情境性特点，实验情境决定被试是否作出从众反应；

（3）优秀班集体的从众率比一般班集体的从众率高；

（4）中学生从众现象发生率的总趋势是随着年级的升高而下降，高中生从众率明显低于初中生。

从众现象普遍存在于各种群体中。那么，人们为什么会从众呢？这是由群体规范、信息状况和个体需求等因素共同决定的。

第一，学校群体规范决定了个人必须从众。这是因为，学校群体规范是学校要求它的每个成员必须共同遵守的行为准则，对群体规范的态度决定了个人是否为群体所欢迎。谁遵守规范，谁就受到群体的欢迎与好评；谁违反规范，谁就要受到舆论的压力和批评，成为群体内不受欢迎的人。所以，个体为了从群体那里获得接纳、表扬，避免受到群体其他成员的非议或被孤立，常会表现出从众行为。一个自觉的学生，哪怕仅仅是因为一个小小的失误，也会感到巨大的心理压力，因为正是这一失误使他与群体的标准行为有了距离，并可能因此受到非议。

第二，信息的透明程度，也会对个体是否从众产生影响。一个初到陌生环境的人，由于缺乏进行适当行为的依据，必须从其他途径获得行为引导。根据社会比较理论，在情景不确定的时候，其他人的行为，最具有参照价值，多数人坚持的观点和意见，尤其会得到信任。例如，当我们面临着必须对一件事情表示自己态度时，就很容易跟随大多数人的意见。原因就在于，我们都有这样的常识：那就是多数人认准的事总是不会错的。所以当信息有限、情况模糊、缺乏客观的权威性判断标准而又必须表态时，多数人的行为（尤其是群体内关键人物的行为）就会成为个体行为的参照标准。人遇到这种情况就容易从众，表现出“随大流”的行为。

但个体在群体内是否从众，还取决于个体的需求。从个体来看，从众现象的产生常常基于以下四种需求：与大家保持一致，以实现群体的目标；为取得群体内其他人的好感；维持良好人际关系的现状；不愿意感受到与众不同的压力。这就是说，就个体自身的因素而言，人之所以从众，既可能是由于他有关心群体、顾全大局的责任感，也可能是由于他怕压力而把从众视为求得心理安全的手段。当然，有些人从众是由于缺乏自信等人格特征所致。

> 《现代经济报》1995年5月21日报道，5月17日下午3时左右，深圳市华强路和深南路口街头的行人突然间拼命地往北、往西两个方向狂奔。受此影响，附近商场、店铺及其他机构的人员争先恐后地跑出，公路上的汽车也慌不择路，数分钟后，一切才恢复正常。现场值勤的福田区巡警大队7中队两位巡警称，这种数千人狂逃的现象，16日下午5时左右也发生了一次。据分析，这两天深圳天气晴朗，风速大，天上云彩飘的很快。在事件发生的塞格广场，由于云彩和高楼的相对运动，仰视楼群给人向前运动的错觉。不知是谁抬头最先看到这种情景，惊呼：楼要塌了！行人因此而狂奔。（背景：事件发生前一段时间，报刊对重庆等地的大桥和楼房垮塌等豆腐渣工程有较多报道）这一报道所描述的，是日常生活中典型的从众现象。

（二）服从

服从是毫无选择的按照别人的要求去做，有时内心有不情愿的体验。生活里处处有服从现象：在家里服从父母，在学校服从老师，在单位服从领导，在社会上服从权威等等。无论教师也好，学生也好，都不仅有从众行为，而且有服从行为，因为对于每一个个体来说，他们都面临着来自群体的压力。

米尔格兰姆（Milgram）在美国耶鲁大学曾做过一个有名的权威——服从实验。实验中的40名被试是登报招聘的志愿者，他们的职业广泛，年龄在20～50岁之间。主试告诉被试，实验是为了研究惩罚对记忆的影响。实验时，他们与其他被试一起，两人一组，一人当“老师”，一人当“学生”，师生角色由抽签决定。“老师”的任务是朗读配对的人名单词让“学生”记忆，“学生”的任务是在需要回答时，对备选答案作四择一的选择。如果选错，“教师”就按电钮以电击惩罚“学生”。电击强度从15伏到450伏，共分30个档次，电钮下方对应地标明“弱电击”、“中等电击”、“强电击”、“剧烈电击”，“极剧烈电击”、“危险电击”等，以区分电击的严重程度。实验时，“老师”与“学生”是被墙隔开的，相互之间看不见，只能用对讲机联系。“学生”被拴在椅子上，手腕上绑着电极，答案选错了就会感受到电击。每错一次，电击强度增加15伏。实验开始时，实验主持者即主试还向“老师”作了一次电击示范，让其了解电击的感受。他告诉被试，遭受这种电击有痛苦，但无生命危险。

在实验中出现了以下情况：“学生”果然因选错答案而遭到了电击，电压升至75伏时，有人开始呻吟；升至150伏时，有人要求退出实验；升至180伏时，有人喊叫忍受不了；升至300伏时，有人拒绝再回答任何问题，并坚持要退出实验。面对“学生”的痛苦和反抗，“教师”不忍心继续做下去，问主试怎么办？主试严厉督促“老师”必须坚持做下去，并且保证一切后果由主试负责，“老师”不需承担任何责任。这样，充当“老师”的被试既要执行主试的惩罚命令，又要承受被惩罚者的反抗压力，内心非常冲突，出现了出汗、颤抖等现象，但即使如此，仍有65%以上的被试服从了命令，直到给予答错者高达450伏的电击。

在这个实验中，所谓学生，其实都是实验者的助手，即假被试。由于某种安排，抽签的结果，真被试总是当“教师”，是电击者、惩罚者。而电击时实际上并不通电，“学生”遭电击发出的呻吟、怒骂等也只是放录音而已。实验结束后，主试公开了事实真相，以消除被试的紧张、内疚情绪。但这一实验所发现的服从现象却是发人深思的。

研究使学生服从社会和学校群体规范的意义就在于把学生培养成负责任的社会成员。对此，心理学家已经提出了一些可供参考的意见。

第一，提高学生对服从社会和学校规范的道德认知水平。人服从什么不服从什么是有道德认知基础的，做教育、管理工作的人不能忽略这一点。

第二，运用群体期待作用。当群体中的每个人都期待个体服从，特别是权威性人物也有此期待时，个体是很难拒绝服从的。

第三，从易于服从的事做起。在服从规范的问题上，一开始要求不要太高，而后逐渐提高要求，可能是比较明智的。

第四，适度地运用奖励、惩罚和威胁。惩罚和威胁可使群体成员明白不服从规范的严重后果；但若滥用，反而会引起逆反心理，效果适得其反，所以，应适可而止。

三、去个性化现象

所谓去个性化，是指个人自身同一性意识下降，自我评价和控制水平降低的现象。也就是说，在某些情景中，个人在群体压力或群体意识影响下，会导致自我导向功能的削弱或责任感的丧失，并且也可能产生一些个人单独活动时不会出现的行为。

社会心理学家津巴多（Zimbardo）做过的一个实验给人们留下了很深刻的印象。他采用了向被试隐去实验的真实目的，使用假被试和假电击的方法。实验时，他以“表情研究”的名义，要求被试对陌生人进行电击，以观察陌生人受电击时的表情。被试是四人一组的女大学生若干组，任务是给隔壁房间内的一位陌生人（女性）施加电击，电击时间不限。陌生人受电击时的表情可以从显示器上看到。实际上电击时并没有通电，陌生人的逼真表情也是扮演的，但被试对这两点并不知道。主试把被试分成两组，让她们分别在“个性化情境”和“去个性化情境”中对陌生人进行电击。在“个性化情境”中，被试穿平时穿的服装，挂上姓名牌，主试直呼其名，房间内开着灯，每个人如何电击陌生人，彼此看得很清楚。在“去个性化情境”中，被试一律穿着实验室工作服，并用头巾包住面孔，彼此间互不介绍，主试也不叫她们的姓名，电击在半暗的房间内进行。结果发现，对“去个性化情境”中的被试所施加的电击量是“个性化情境”中的被试的两倍。后来，主试又增设了“受害者”的人格变量，目的是观察被试知道了“受害者”的人格特征后对其施行电击是否有影响。具体做法是在电击开始之前让被试听5分钟描述两位被电击者人格特点的录音：其中一位举止文雅，助人为乐；一位自我中心，歧视别人。结果发现：“去个性化情境”中的被试对这两个电击对象都施加了长时间的电击，而“个性化情境”中的被试作了区别对待，他们给令人喜欢的对象施加电击的时间比令人讨厌者短。

在现实生活中，去个性化现象并不罕见。学生起哄、球迷闹事、团伙斗殴中都属于去个性化现象。去个性化现象的产生，常取决于以下因素：

第一，匿名因素。匿名是产生去个性化现象的诱因。由于匿名，使人难以辨认个体的真实姓名和身份，个体感觉不到自己与他人的区别，个体对于社会评价的关注，以及通常的内疚、羞愧、恐惧和承诺等行为控制力量都会大大削弱，很容易形成去个性化状态，使个体不受群体规范的约束而表现的为所欲为。现实生活中的许多无端闹事的事例都已经证明了这一点。因此，对学校来说，为了预防去个性化的不良影响，应该尽量消除学生匿名的条件。比如强调学生要佩戴校徽、穿校服，就是为了提高可辨性、减少匿名的有利教育措施之一。

第二，责任分散因素。群体背景会直接导致个人行为责任意识的下降。而责任意识下降的直接结果，就是人们的冒险性意识和行为得到鼓励。此时，个人会变得敢于尝试通常被自我或环境控制的行为，因此，责任分散使去个性化现象的产生有了极大的可能。

四、群体极化效应

群体极化现象，是指群体成员中原已存在的倾向性得到加强，使一种观点和态度从原来的群体平均水平，加强到具有支配性地位的现象。由于群体极化现象的存在，就使得原来群体中的优势意见，变的更为强势，原来的弱势意见更加弱化，群体意见产生极端化。这种群体极化现象常常影响到群体活动的成败，因此，研究群体决策行为中应该注意有关心理问题，可以帮助我们减少决策偏差，提高决策的正确性。虽然事实表明，群体决策的效果要优于个体决策。但是，要提高群体决策的效果，必须注意决策中的群体极化效应。而群体极化效应，指的是个人参与群体讨论时，由于受群体气氛的影响，会出现支持极端化决策的心理倾向。通过对一些不同文化背景的国家的研究，群体极化现象除了使群体决策具有很强的冒险性倾向以外，还有另一种现象，即经过群体讨论之后，作出了极端保守的决策，但是，相对来说，这种极化现象的发生要少一些。

为了实现群体目标，人们总是希望凡事应该大家共同讨论，作出一致性的决策。这种期望是合理的。学校群体中的许多事情，大的如学校发展目标，小的如对犯错误学生的处置等，没有教师和学生参与讨论、参与决策，是难以尽如人意的。但是，群体极化现象的研究结果提示我们，追求决策的一致性固然必要，然而也应预防一致偏离。貌似一致，实则偏离，会给实际工作带来不良的甚至是严重的后果。

为了提高群体决策的有效性，预防群体决策中极化现象的发生，可以参考以下建议：

(1) 群体领导者应鼓励每个成员踊跃发言，对其提出的主张进行质疑，善于听取不同意见；

(2) 群体领导者应在讨论中持公正态度，在所有成员表明他们的观点之后，才可以表明自己的期望，作必要的说明，以便从一开始就避免直接误导；

(3) 群体讨论问题宜分两段进行，先分小组讨论，然后全体综合讨论，以使群体成员有更多的发言机会，同时也可找出两段讨论的差异之处；

(4) 不妨邀请群体外的行家参加讨论，借以听取局外人的批评与建议；

(5) 在每次群体讨论时，事先推举一人扮演批评者角色，向群体所作的决策提出建议。

第三节　人际关系

美国哈佛大学心理学家梅约1933年在其名著《工业文明中人的关系》中，第一次提出了人际关系理论，这在心理学的发展历史上具有非凡的意义。智者亚里士多德也曾说，一个能独处的人不是上帝就是野兽。言外之意，一个人的生存和生活离不开群体。人类社会是一个充满人际关系的社会，学校也不例外。生活在社会环境中的任何人，都是这一错综复杂的人际关系网上的一个结。任何人都不可能独立于没有人际关系的世界。而且，人际关系和谐与否，不仅影响个人和群体的活动效率，而且，现代心理学研究证明，人际关系对个体的身心健康也有重要的影响。由此可见，和谐的人际关系是个体生存和发展必不可少的条件。

一、人际关系的概念

人际关系是人与人之间通过动态的相互作用形成的情感联系。它是人们通过直接交往产生的情感积淀，是人与人之间相对稳定的情感纽带。在现实生活中无论是谁，只要彼此之间有直接的交往，都会产生不同的人际关系。所以，它是人与人之间最具普遍性的联系，对人的生活与发展具有根本性的影响。

（一）人际关系的建立与发展过程

良好人际关系的建立和发展，通常都需要经过定向、情感探索、感情交流和稳定交往四个阶段。

1. 定向阶段

定向阶段包括对交往对象的注意、选择和初步沟通等几个方面的心理活动。虽然大千世界芸芸众生，但是人们只会对那些能使自己产生兴趣的人表示出相应的关注。这种关注本身，反映了人的某种需要倾向。例如，在选择朋友时，那些与自己的性格特征和兴趣爱好相似的人，会格外吸引我们。在经过了一段时间的选择之后，我们往往选择这些人作为交往的对象。一旦确定了交往的对象，接下来便是双方的初步沟通。初步沟通的目的，是为了获得对方的基本信息，以便确定自己是否进一步发展与对方的关系。由于初步沟通是建立某种人际关系的尝试，所以，在这一阶段的沟通过程中，沟通的双方都希望给对方留下良好印象，为以后关系的发展提供一个积极的定向。

2. 情感探索阶段

这一阶段的目的，就是探索双方哪些方面可以建立真实的情感联系。随着双方沟通领域的增加和扩大，虽然自我暴露的深度与广度也有所增加，但是双方表露的也仅仅是一些浅层次的问题，很少涉及有关自我的深层次问题，彼此都非常注意自己表现的规范性。

3. 感情交流阶段

进入这一阶段以后，交往双方关系的性质产生了实质性变化。双方的信任感和安全感得到确立，谈话也开始涉及到较广泛、深刻的内容，而且，双方都有较多的情感投入。如果在这一阶段，交往双方的感情出现破裂，就可能给双方带来很大的心理压力。

4. 稳定交往阶段

经过前几个阶段交往关系的发展，在这一阶段，参与交往的人们心理上的相容性进一步增加，自我表露也更加广泛和深刻，人们已经允许对方分享自己的生活空间甚至隐私。但是在现实生活中许多人的人际关系仅仅停留在第三阶段，很少人达到稳定交往的水平。

（二）学校人际关系的特点

除了具有社会上一般的人际关系特点之外，学校的人际关系还有其独特性。

1. 受教育目标制约

各级、各层次学校人际关系的最大特点，就在于要受到教育目标的制约。因为教育目标集中反映了社会政治经济的发展和受教育者身心发展水平的客观要求。很好的满足这一要求是师生双方需要共同完成的任务。因此，对学校人际关系的评价和调节，要以是否有利于教育目标的实现为首要原则的。如果撇开学校教育的目标孤立的强调学校人际关系，就大大偏离了学校教育的主题。

2. 强调道德行为评价

群体的一个重要特点就是群体成员必须遵守所属群体的规范，所以对于学校群体来说，要求它的每个成员必须遵守群体的规范，在我们现行的制度下，那就是每个生活在学校中的人都应该遵守社会主义的道德规范。当前，虽然我们每个人都尽量把这一道德规范作为自己的行为准则，但是，不可否认的是，在学校的人际关系中，这一准则具有更强的约束力。一个教师如果被评价为师德有问题，那么，他不仅会感受到巨大的心理压力，而且他还将体验到来自人际关系方面的危机，这种压力和危机，大大超过了其他行业。

3. 文化知识的浸润

学校是法定的传授文化知识和接受文化知识的场所。无论是教师还是学生，都比社会上的其他成员有更多的机会接触文化知识，因此，学校的人际关系也不可避免地受着文化知识的浸润。这就使学校成员，在运用人际称呼、采取人际行为、处理人际矛盾等方面带有更多的文明色彩。

二、影响学校人际关系的一般因素

如果把人际关系看作一幅群体成员相互作用的动态图，那么它最直接的表现就是人们之间的相互吸引和排斥。人际关系除了要受到社会的政治、经济、文化的影响以外，从心理学的角度来看，还要受到一些更为直接的、更具体的因素的影响。

(一) 人际交往因素

人际交往是指人与人相互交流信息的过程。人们通过交往达到了彼此相互了解的目的，更重要的是形成了各种各样的人际关系。所以，人际交往是人际关系的起点。然而，在现实生活中我们发现，同样是与他人交往，但是效果却千差万别。这是为什么呢？从交往过程本身来看，不外乎要受到交往目的、交往工具、交往情境等因素的影响。

1. 交往目的

人们与他人交往，目的在于满足各自的需要。交往过程中的人们的需要大致可以分为三种：包容的需要、控制的需要和情感的需要。一个人如果是为了满足包容的需要而与他人交往，就意味着他希望通过交往与他人建立友好亲善的关系，从而受到他人的关心、重视、承认和接纳。在课堂上有的学生经常会有一些出格的行为，很多情况下是由于自己的这方面需要没有得到满足造成的。所以，教师一定要了解这种行为产生的理由，只有这样才可能采取有效的教育方式，解决困扰老师和学生的问题。如果交往的目的是为了满足控制的需要，则意味着交往者关注的是权力和权威，这种人希望通过这种方式对人际关系进行良好的调节。在学校环境中，有的学生就是希望自己处在管理者的地位，巧的是就有这样的学生愿意受他的指使，如果这两种学生的交往，不偏离教育目标，就会使双方各得其所。那种以满足情感需要为目的的交往，则是以友爱为基础的交往。具有这种交往目的的人，希望在友爱基础上与别人建立并维持良好的关系。如果一方主动表示友爱，另一方期待着别人的友爱，那么人际关系就可以顺利建立了。所以，虽然都是交往，但由于人际需要不同，其收获与感受也就会有所不同，其中很重要的一点是交往双方的目的要有匹配性，也就是能够“投其所好”。

2. 交往工具

人际交往必须借助一定的工具才能达到目的。一般来说，这种工具有两种，即语言符号系统和非语言符号系统。语言符号系统是人类最重要的交往工具，具有最强有力的信息传递功能。有关人们自己的任何信息只有通过语言才能明确地表达出来。在通常情况下，人们常把语言作为交往的首选工具，因为它的作用与非语言交往相比，是无与伦比的。老师应鼓励学生大胆地用语言进行交往，既能够保证交往过程中传达的信息的准确性，也可以有较高的效率，而不要做交往场合的沉默者。与此同时，对处于辅助地位的非语言系统在交往中的作用也要很好的利用。一方面它也是交往的辅助手段，另一方面，在某些情景下，借助于它可以表达一些用语言难以表达的内容。再次，通过这种工具，可以使我们的交往过程更生动、效果更好。所以，在我们首选语言这种工具的同时，恰到好处地使用非语言的方式，可以帮助我们更快更好地达到交往的目的。在学校的师生交往过程中，如果一个老师总是面无表情地向学生传达信息，学生会认为这个老师很难接近，就可能因此失去与学生建立良好关系的机会，并丧失实施良好教育效果的时机。

3. 交往情境

心理学把影响行为产生和变化的特定环境条件称为情境。我们可以简单的把情境分为客观情境（如物理空间的摆设、布置）和心理情境（如群体的心理气氛）两大类。交往情境也不例外。我们先来看客观情境对师生交往效果的影响。在教室里，师生双方通过教学活动进行交往，但由于每个学生所坐的位置不同，与教师的接触的机会多少也就不同，因此，师生关系的亲近程度就可能产生差异。这一差异产生的原因，就是由交往的客观情景造成的。除此以外，交往效果还要受到心理情境的影响。一个陌生人初到一个新环境，如果这是一个充满热情友好气氛的环境，那么，他会很快地开始与大家的交往，并迅速形成新的人际关系；相反新环境里人心涣散，人人自危，他就可能在人际交往与人际关系的建立方面遇到很大的阻力和困难。

（二）人际吸引因素

人际吸引也称人际魅力。它是人与人之间相互喜欢、相互悦纳的现象。人际吸引现象会不会出现，受到相似性、互补性和品格等因素的制约。

1. 相似因素

人们彼此之间的某些相似特征是导致人们相互吸引与喜欢的重要因素。常言道“物以类聚，人以群分”，人们大都喜欢与自己相似的人。对此强化理论作出了解释，这种理论认为，他人与自己的表现出一致，意味着对自己的社会支持，具有较高的强化力量，所以，个体在这种情况下，常常把他人与自己当作一个个体来认识，并由此产生一定的亲切感。这些相似的因素，通常表现在年龄、性别、籍贯、经历、兴趣、爱好、态度、信念、家庭背景、文化水平、社会地位和价值观等方面。其中，最重要的就是态度和价值观因素。在这些方面越相似的人，相互之间的人际吸引力越大。

2. 互补因素

在现实生活中，我们经常会有这样的体会，那就是当我们与陌生人交往时，可能也会受益匪浅。温奇首先提出并通过实验证明了这一点。他对已婚和已经订婚的若干对伴侣进行了详尽的研究发现，在一定条件下，双方之间存在着互补现象，也就是说，人们往往选择那些与自己互补的人作为交往对象。互补作用的发生，在需要满足的条件下表现得尤为明显。由此我们可以看到，互补是有条件的，只有对方的特征能够满足我们的需要时，互补作用才可能发生。现实生活中我们常说的所谓高雅与平庸，庄重与轻浮，尽管特征相反却不能互补，就是因为这些特征不能满足交往双方的需要所致。

至于相似和互补在人际交往过程中哪个产生的作用更大，则要同双方的角色作用联系起来考虑。在双方的角色作用相同时，人们更多的需要与自己具有相同或相似的特征的人交往；而当双方的角色作用不同时，互补就可能发挥更重要的作用。

3. 外貌

外貌在人际交往过程中所起的作用是非常重要的。经验和常识都告诉人们，我们更喜欢那些外貌漂亮的人。伯斯其德和沃尔斯特提出了四点理由。第一，习得的经验告诉我们，漂亮的人才可爱；第二，同漂亮的人在一起，显得自己也光彩和荣耀；第三，光环效应的作用；第四，漂亮的人能给人带来美的体验和感受。

当然，外貌在人际交往过程中的吸引作用也是有限的，随着交往的深入，它的作用也在不断降低，此时人们关注更多的是品质方面的特征。研究表明，当一个人的恶劣行为与其外貌有关时，人们会更加讨厌他的漂亮外表。这一现象提示我们，在人际交往过程中，切不可以貌取人。

4. 个性特征

这里所说的个性特征，主要是指能力、特长与品格。实践证明，一个人的能力大小与使他人喜欢程度的高低关系密切。一般来说，在其他条件相同或相似时，能力越强的人越容易受人喜欢。但是，阿伦森的研究还发现了能力与喜欢之间的其他关系。四种具有不同能力的人：第一种，能力超凡的人；第二种，能力超凡但是犯了错误的人；第三种，能力平庸的人；第四种，能力平庸而又经常犯错误的人。研究结果与人们原先的想法大相径庭，最受人喜欢的确是能力超凡而又犯了错误的人。这种犯了错误反到被人们喜欢的现象就叫做“犯错误效应”。原因大概在于，世上本来就没有白璧无瑕的人，而本身虽然具有超凡的能力却会犯这样或那样的错误，是很正常的事，很多情况下我们自己就是这样的人，所以，人们会对这种人感到更加亲切。对于那些能力超凡的人，人们只能仰视不能接近更不能亲近，因为这些人不仅有点“不食人间烟火”，而且和这些人在一起，人们会感到自惭形秽，自愧不如，对自己的尊严和自信是一个较大的打击。还有一些研究认为，喜欢存在性别差异。男性更喜欢犯了错误但能力非凡的男人，女性则更喜欢不犯错误能力非凡的人，而从不考虑此人的性别是男还是女。

研究和观察告诉我们，学生在学校里一般喜欢同那些能力较强、有特长的教师交往，这在很大程度上取决于教师的能力和特长对学生的吸引力。这一现象提醒我们，教师要充分利用学生的这一心理特点，从教育和教学的各个环节提高自己的个性品质，增强自己的人格魅力，诱发理想的教育效果。有人认为，学生最喜欢具有同情心、友善和热情，即平易近人、和蔼可亲的人。

三、学校中基本的人际关系

学校中最基本的人际关系就是师生间的关系和学生间的关系。

（一）师生关系

1. 师生关系的特点与发展变化

老师在学生的心目中的地位是随着其年龄的变化而变化的。在儿童时期，老师在学生的心目中是绝对的权威，他们对老师的态度是既信赖又敬畏，拿家长的话来说“老师的话就是圣旨”，老师要求他们做到的一切，他们几乎都无条件地服从。并且，他们把老师的是非评价标准当作自己的标准，在很多情况下，他们常说的一句话就是“我们老师说的”。在这个时期，教师的权威地位很难受到学生的挑战，师生双方的关系看似平稳，实际上这种关系明显的向教师一边倾斜。

到了少年期，即小学高年级和初中时期，随着他们认知能力特别是思维批判性的发展，以及同伴间交往的增多，他们无条件信赖、服从教师的程度有所下降，而同伴的重要性和影响力显著提高。他们常常有意或无意地议论和评价自己的老师，对于满意的教师表现出亲近喜欢，而对于不满意的教师表现出疏离或反抗。这一时期，教师的权威地位开始动摇，受到学生的挑战，有些学生不再像以前那么听话，师生关系的平稳状态被打破了。这种状况经常可能给教师的教育和教学工作带来不少的麻烦。

进入青年初期之后，由于知识经验的增长和思维的独立性、批判性的增强，他们对师生关系有了新的认识和要求，那就是希望从教师那里获得更多的尊重、关心和信任。同时，他们对教师的专业水平、教学能力等，也有了更高的期望。凡是能够满足学生这些要求的教师，就会受到学生的欢迎，形成和谐的师生关系；而满足不了学生这些要求的教师，则可能给良好师生关系的建立带来极大的麻烦。大量的研究认为，为了形成师生间和谐的关系，对于学生来说，那就是要求教师具有出色的教学能力和与学生平等的人格魅力。

师生关系的特点随着学生年龄的变化而变化，这是不争的事实。因此教师了解这种发展变化的轨迹，可以帮助自己在构建和处理师生关系时保持冷静的态度，并及时采取有效的策略。

2. 师生关系的心理维度

尽管不少人认同教师和学生的关系是纯洁的，但是，随着经济发展和社会进步，师生关系也演变为一种十分复杂的关系，其中包含着教育者与受教育者的关系，领导者与被领导者的关系，授业者与受业者的关系，上一辈与下一辈之间的错综复杂的关系。但是，从人与人之间的心理关系来考察，就应该着重研究这种关系的心理维度。师生关系可以从沟通水平、情感距离、彼此地位三个维度加以衡量。郭继东曾按照这三个维度，以 381 名初中生为对象，对初中师生关系进行了研究，结果发现：

在沟通水平方面，26％的学生与教师缺乏起码的沟通，21％的学生感到教师很少与他们认真地交换看法，87％的学生不愿意把心中的秘密告诉老师，而愿意把心中秘密告诉老师的学生不足 4％。

在情感距离方面，16.2％的学生认为教师难以亲近，彼此无法进行正常的情感交流；只有28.65％的学生与老师的感情较为融洽，而与老师相处时感到十分愉快的只占17.84％。11.35％的学生对师生关系的现状感到“很满意”，29.46％的学生表示“较满意”，认为“一般的”占41.08％，感到“不太满意”或“很不满意”的分别有12.16％和5.95％。

江苏无锡十一中冯振德、张宏祥、陈孟光通过调查发现，现在中学老师中认为学生“一代不如一代”的竟达到70％，认为学生“一代与一代相仿”的占22％，认为学生“一代胜过一代”的仅占8％。而当学生有了秘密时，却只有3％的学生会告诉老师，老师排在“知心朋友”、“兄弟姐妹”、“父母”之后的最后一位。

其他一些相关研究还表明，目前在师生关系上，重点学校好于一般学校，小学的师生关系优于中学，中学高年级的师生关系优于中学低年级，性别对师生关系无显著影响。

在彼此地位方面，62％的学生感到教师能与自己平等相处，58％的学生感到教师并不强求事事服从自己，31％的学生指出教师明明有错怪学生的地方，却不肯认错。

从这个研究的结果来看，在师生关系中，沟通维度上的问题最为突出，这可能反映了许多学校的实际情况。

3. 影响师生关系的心理因素

(1) 交往状态。师生交往有单向交往、双向交往和多向交往三种模式（见图11—1）。

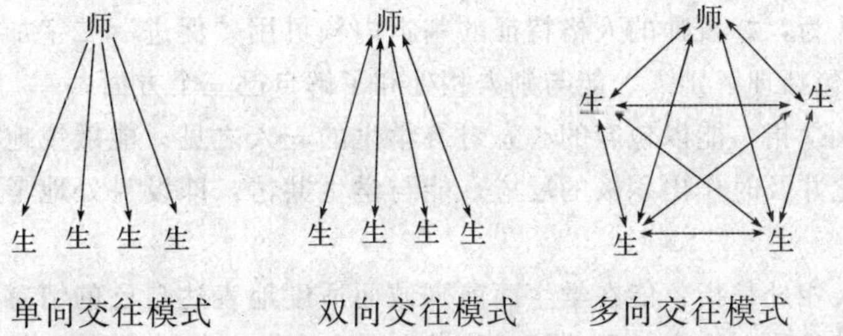

图11—1　师生交往模式

不同的交往模式适用于不同的场合。在目前的课堂教学过程中，单向交往模式成为师生交往的主要模式。这种交往模式的使用，保证了教师能够清楚明确地表达自己想表达的内容事物，但由于其局限性，使教师难以得到来自学生方面的反馈信息。在师生关系调查中所发现的沟通的问题，主要是由于教师过多地使用了单向交往模式所产生的。因此，如果教师能同时运用多种交往模式，那么，师生人际关系就可能变得较为和谐、融洽。

师生双方间的交往状态，还可以表现为课外交往，它是师生之间建立友好关系的重要渠道。在我们现行的教育模式下，无论是教师还是学生，展示自己的兴趣、爱好和特长的最佳途径就是课外交往。虽然，在课外交往中，双方也可能表露出在课堂上见不到的某些弱点。但是，在这种交往场合下，师生双方的表现去除了很多课堂上人为的修饰成分，师生之间的表现较为自然，因而使双方都会感到对方的亲切和真实情感，所以，以往课堂上严肃的师生关系淡化了，这就使师生关系变得更亲近更自然一些。

（2）认知差异。这里所说的认知差异是指师生双方的“教师观”与“学生观”的差异。

沈祖樾的研究认为，在教师的心目中，一个老师要同学生建立良好的关系，必须主动积极地要求自己。这首先表现在事业心、责任心和教学能力方面，其次表现在对学生的态度方面。而在学生的心目中，这个主次顺序正好颠倒过来了。学生认为，一个好老师必须有严谨的教学态度和较强的业务能力。除此之外，一个好老师还应该真正的关心、理解和尊重每一个学生。由此可见，师生双方之间这种认识上的差异，如果得不到妥善解决，将很可能导致师生关系的紧张。

同样，师生在“学生观”方面也存在着较大的差异。一些教师认为，好学生的标准有两个方面，一是亲近老师，二是成绩优秀。但从学生方面来看，整天在老师身边转来转去的学生却不一定是真正的好学生。师生在这个问题上的认知差异，首先容易使老师的教学活动和学生的学习活动产生冲突，并且师生双方关系的不协调现象，也往往由此产生。

（3）人格特征。师生双方的人格特征也会对师生关系产生影响，这种影响作用的发生主要方面在教师一方。

黄希庭认为，好教师的人格特征的基本内核可用“促进”二字加以概括。这种“促进”特征包括理解别人、能与别人相处和了解自己三个方面。

理解别人是指：能以包容的心态对待学生的先入之见；能敏锐地发现师生人际关系中的变化并及时作出积极的反应；能与学生共情，即设身处地考虑学生的情感和需要。

能与别人相处是指：能在学生面前真诚而适度地表达自己的情感；对要求帮助的学生能积极相待；能自觉平等地对待学生，允许学生犯错误并帮助学生认识错误，改正错误。

了解自己是指：能客观的对待自己，了解自己的长处和短处，而且能以正确态度对待短处；能懂得爱学生才能为学生所爱，并把爱付诸实践。

事实上，影响师生关系的心理因素虽然是十分复杂的，但是，教育实践和科学研究都证明，师生关系的改善不仅是必要的，而且是可能的。指导原则有三，一是改变教师的教育观和教学观，重视学生的认知和情感需要；二是改进双方的交往方式，增加交往频率；三是教师必须为人师表，以身作则，真正做到既教书又育人。

（二）学生间的关系

1. 学生关系的类型

（1）亲密友好型。所谓亲密友好型的学生关系是指交往的各方彼此心理相容、互相悦纳的人际关系。易法建曾以知心度和坦率度作为学生关系亲密程度的指标，探讨高中生人际关系的特点。该研究发现：高中生之间的人际关系，知心程度较高，其中43%的学生认为“朋友比父母知心、更谈得拢”，而认为“父母比朋友更知心、更谈得拢”的仅占18%；在坦率度方面，也是对同学比对父母表现得更坦率，更愿意说心里话。但是，应当注意的是，不要把亲密关系过分理想化，以为亲密就是双方之间的高度一致，另外学生间的友好关系应与学校的教育目的相一致，如果不是这样，那就应该及时加以教育引导，使之纳入正确轨道。

（2）冲突型。冲突型交往的各个方面表现为心理上不能相容，行为上的不合作。但其表现程度也可以有所不同，有的可能仅仅表现为小摩擦，有的可能表现为冲突，其极端表现形式就是彼此间的剧烈对抗。这种冲突型的人际关系的产生原因较复杂，误会、利益冲突、嫉妒、骄横等都可能导致这种关系的发生。由于青少年都是未成年人，所以他们之间的这种冲突关系是完全可以改变的。对处在这种关系中的学生，教师有时必须采用原则性的处理意见和方法，但一定要注意教育机智的使用，设法把学生之间无意义的对抗冲突转化为学业或积极的社会活动方面的竞争。

（3）漠视型。在学校里有的学生对别的同学在情绪上既无积极体验，也无消极体验，相互之间都忽视对方，对对方比较冷淡，这就使他们与别人的关系若有若无。甚至有些当了班干部的学生，也与同学之间形成了疏离型的人际关系。一个班级中疏离型的人际关系越多，班级凝聚力就越差。教师不能因为疏离者不太惹事而忽视他们，相反，教师应该给予这些同学以关心、帮助，引导他们积极参加班级活动，让他们在集体活动中接近同学，了解同学，从而与同学建立起亲近、友好的人际关系。

2. 青年学生的爱情

人人都渴望友谊。据相关研究，高中时期是交往需要的猛增期，而大学时期是结交异性朋友的高峰期。爱情被认为是更亲密的人际关系。它具有四种特性，即高度的依恋性，高度的关注性，高度的信任性和高度的排他性。从大学生爱情关系的建立来看，主要有两种类型：狂热型、志同道合型即友谊型。

狂热式的爱情是一见钟情、难以自拔、得到对方爱的回应便狂喜不已的爱情。情绪是这种爱情起作用的重要因素。在这种爱情中，人被所谓爱的激情冲昏了头脑，对所爱的人毫无抵抗力。又会使人把所爱的人理想化。这种爱情虽然热烈，但是脆弱易碎。

友谊式的爱情是由友情逐步演变成的爱情。这种爱情关系强调对所爱人的信任、关怀以及对其缺点的包容。在友谊式爱情中，情绪成分大大减弱，而情感的成分则比较稳固、持久，所以，友谊式的爱情得以长期维持的可能性较大。

大学生已进入恋爱的年龄，其中不少人不仅对恋爱有所考虑，而且有所行动和实践。但是，受许多条件制约，恋爱中的青年往往不能客观地考虑现实条件，因而，结果却常导致失意，并由此引发各种心理问题，有的学生甚至走上极端。因此，爱情关系作为青年学生中特殊的人际关系，理应得到教师的关注。教师丰富的人生阅历和教书育人的责任感，有可能帮助青年作出理性的选择的。

专栏 11－1　“爱情地图”理论

“爱情地图”这一名词是由美国医学心理学和儿科名誉教授约翰提出的，是指预先设置在我们头脑中的描述我们好恶的信息，这些信息显示了我们对声音、气味、肤色等的偏好，也记录了吸引我们的个性是热情外向的，还是稳重内向的。我们会爱上那些最符合我们大脑中的“爱情地图”的人，而这张地图在儿童时期就大致确定了。关于“爱情地图”的主要观点是：

第一，母亲为我们绘制了这张地图中很重要的部分，尤其对儿子有重要的影响。母亲成为儿子幼年时的关注中心，母亲的性格为儿子下了难以磨灭的印象，因而孩子长大后，总是被像母亲那样的人吸引，这些人有像母亲的外貌和个性特点。不仅如此，母亲也影响了儿子对女性的看法。

第二，父亲的影响主要在于如何与异性接触。父亲对孩子的个性发展和婚姻幸福起着巨大的作用，尤其对女儿。如果父亲经常赞扬女儿，并且认为她是一个有价值的人，孩子就会在以后与异性交往的过程中充满自信。相反如果父亲对孩子漠不关心，那么孩子长大以后，在与异性交往时，就会感到自己不够可爱，或者缺乏吸引力。

第三，“爱情地图”中的好恶信息有程度差异。在与异性交往的过程中，我们很可能因为晕轮效应的存在而喜欢或者讨厌一个人。由于每个人的“爱情地图”都不一样，对一些特点的好恶程度也不一样，从而产生了各种组合。人们可以根据这些现象得出某种结论，并举出很多支持性的例子，但这一结论并非适合每一个人。对于想寻找“白马王子”和“白雪公主”的人来说，最好反思自己的“爱情地图”，判断自己最希望对方具备什么条件，当对方远离这一条件到什么程度时你将无法忍受。在一定范围内去寻找最有可能适合自己的人。

3. 人际关系不良的原因分析

人际关系既是学生人格发展、身体健康的重要条件，也是学生顺利完成学业的重要保证。但在学校生活中，总有部分学生在人际关系方面经常遇到麻烦，甚至被严重排斥，所以查明原因，帮助这些学生摆脱人际困境，走上健康发展的道路是教师所面临的重要课题。

表 11－1　　　嫌弃型大学生的人格品质

次序	令人讨厌的人格品质	提到的人数	%
1	自我中心，只关心自己，不为他人的处境和利益着想，有极强的嫉妒心	55	100
2	对班级集体的工作，或敷衍了事缺乏责任感，或浮夸不诚实，或完全置身于集体之外	55	100
3	虚伪，固执，爱吹毛求疵	50	90.0
4	不尊重他人，操纵欲、支配欲强	45	81.8
5	对人淡漠，孤僻，不合群	45	81.8
6	有敌对、猜疑和报复的性格	43	78.2
7	行为古怪，喜怒无常，粗鲁，粗暴，神经质	39	70.9
8	狂妄自大，自命不凡	38	69.1
9	学习成绩好，但不肯帮助他人甚至小视他人	35	63.6
10	自我期望很高，小气，对人际关系过分敏感	30	54.5
11	势利眼，想方设法巴结领导而不听取群众的意见	30	54.5
12	学习不努力，无组织无纪律，不求上进	24	43.6
13	兴趣贫乏	18	32.7
14	生活放荡	8	14.5

（采自黄希庭等，1988）

王振宇等曾分析了从幼儿园到高中的 695 名被试提供的反对某些同伴，不愿与之为友的 1262 条理由。这些理由被概括成 10 个方面。其中包括对人进行身体攻击和口头攻击、有讨嫌行为、学习行为不良、外部特征不好、不易接近、骄傲自大、心胸狭窄、不易接近等。这项研究发现，心胸狭窄是最不受欢迎的人品，是学生良好的同伴关系形成的最大障碍。

易法建曾就高中生人际排斥的因素向 853 名高中生作了调查，结果发现，高中生择友的标准已经具有很高的社会化水平，总的趋势是重内在标准，轻外在标准。导致人际排斥的主要原因以及作相应判断的人数百分比依次为：兴趣、想法不同，24.45％；思想差，20.99％；性格不好，15.68％；而把“相貌难看”视为人际排斥原因的仅占 2.31％。黄希庭等研究“嫌弃型”的大学生后，也得出了类似结论。该研究发现，嫌弃型大学生之所以遭到同学拒绝，主要是由于他们有一些令人讨厌的人格品质。以下是一个 55 人的班级群体对嫌弃型学生人格品质的评价表。百分比的大小显示了这些品质令人讨厌的程度。

四、学校人际关系的测量

(一)社会测量法

社会测量法，也可称为群体成员关系测量法。其观点是以群体成员对他人的喜欢或厌恶为依据，探测群体成员相互之间的人际关系。具体操作是首先了解调查对象的择友意向，如问“你最喜欢跟谁一起讨论问题”，“你最不喜欢与谁住一个宿舍”，要求根据真实想法填写。其次，是根据调查所得到的资料，绘成人际关系图(见图11－2)

从这种关系图可以看出，谁最受欢迎(“人缘型”)，谁最不受欢迎(“嫌弃型”)，谁被忽视(“孤立型”)，以及哪些人相互不喜欢(“互拒型”)，哪些人形成了非正式群体，等等。

用社会测量法了解学生群体成员之间的人际关系，有省时、直观之便利，但有时信度、效度较低，因为它取决于学生的回答是否认真，是否反映了他的真实想法。此外，还必须注意保密，否则可能扩大人际矛盾，造成不良后果。

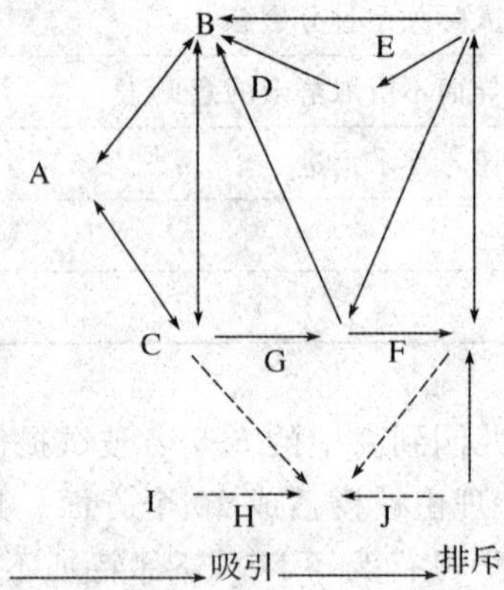

图11－2　群众成员人际关系图

(二)社会距离尺度法

所谓社会距离，是指彼此亲近或接纳的程度。用这种方法时，要求每个人给群体内的其他人评分。评分分为三个等级，喜欢自己的人评3分，谈不上喜欢不喜欢的人评2分，不喜欢的人评1分。也可以分为五个等级，喜欢的人评5分，较喜欢的人评4分，谈不上喜欢不喜欢的人评3分，不太喜欢的人评2分，很不喜欢的人评1分。然后统计每人的得分。这个成员的分数便显示了他的社会距离，即他受群体成员欢迎的程度。

(三)自我评定法

这是个人通过自我评定量表，了解自己人际关系状况的方法。以下是黄希庭(1989)修订的人际关系自我评定量表样例：

请你仔细阅读下列16个问题。每一个问题后面，各有A、B、C三种答案，请你按照自己的真实情况任选其一。

(1) 在人际关系中，我的信条是：

A. 大多数人是友善的，可与之为友的。

B. 人群中有一半是狡诈的，一半是善良的，我将选择善良者与之交友。

C. 大多数人是狡诈虚伪的，不可与之为友的。

(2) 外出旅行时，我总是：

A. 很容易交上新朋友。

B. 喜欢一个人独处。

C. 想交朋友，但又感到很困难。

这个量表的记分方法为3级记分，总分值为48分。总分值越高，表示人际关系越融洽。

以上介绍的是三种了解学生人际关系的简便方法。但任何一种方法都有其局限性。比如说，这些方法都未能回答人际关系选择的动机问题。而了解这种动机对于教师的教育引导工作是有重要意义的。因此，归根到底，教师在师生共同活动中观察、了解学生的人际关系动态及动因是必不可少的。任何测量工具都取代不了教师本身的观察和分析。当然，若能正确运用这些工具，则工作会做得更好一些。

五、建立良好人际关系的技巧

人们总是生活在各种群体之中，人人都希望自己有一个美好的人际关系世界，只要我们注意观察和体验，就不难发现，良好际人关系的建立确实有一定的技巧和规律可寻。

(一) 建立良好的第一印象

人们在初次交往的短时间内形成的对对方的印象，就是第一印象，它在人际交往中具有重要的作用。如果第一印象良好，那么人际吸引的强度就大；相反，就很难有我们所期待的人际吸引力。不仅如此，第一印象还会影响彼此的交往深度。因此，在人际交往过程中建立良好的第一印象是非常重要的。

在美国有一个家喻户晓的人物，那就是戴尔·卡内基，他有一本书叫做《人性的弱点，影响力的本质》，在书中，他提出了建立良好第一印象的六大原则：对别人感兴趣、微笑、牢记对方的姓名、做一个耐心的听众、谈别人感兴趣的话题、让对方感到他很重要。

(二) 主动沟通

在人际交往过程中，许多人没有达到交往的目的，很多情况是由于他所采取的总是退缩的交往方式造成的。

人际关系的原则告诉我们，要想赢得他人，就必须主动沟通，并且向他人作相应的自我表露，传递友善的信息，只有如此，才能打开交往的局面。常言道“伸手不打笑脸人”，主动向别人伸出友好之手，就能取得交往中的主动权。友谊不会从天而降，只有不断的尝试接触、积累成功的经验，才能增强自己的自信心，改善自己的人际关系。这一条不仅适用于与陌生人的交往，而且也适合于和自己有矛盾的人。在交往过程中一定要注意克服“先和别人打招呼，就显得自己没面子，理亏”等错误观念。

（三）维持良好人际关系的技巧

相对于人际关系的建立来说，人际关系的维持显得更加困难，它既需要一定的交往知识，而且更需要交往的技巧。

1. 美言一句三冬暖

心理学的研究告诉我们，每一个人都渴望得到他人的赞美，因此，在与他人的交往中一定要多赞美别人。这既是一种鼓励别人，同时也是鼓励自己的人际交往艺术。但是，赞美一定要真诚。如果这种获得别人赞美的需要得不到满足，人的自我保护机制就会被启动，那就使对方也可能紧抓住我们的缺点不放，导致双方关系破裂。

2. 巧用语言艺术

语言是人际交往中最直接的使用方式。但是，同样的话有人说出来就好听，而有人一说就叫人难看，并影响到双方间的交往关系。所以，在使用语言这种交往工具时，一定要注意对象和环境，特别是在向对方提出批评意见时，更要委婉，避免与人争论，即使在涉及到原则性问题时，也要提醒自己切莫锋芒毕露，出言不逊。要尽量做一个耐心的听众，在听他人的讲话时，注意力要集中，并善于使用各种肢体表情，向对方证实自己确实很关注他，让对方体验到我们对他的尊重，切忌在他人发言时，随意的打断对方，避免给对方带来不快和尴尬，使双方的关系受到不应有的影响。

有人认为，中国人缺少幽默，实际上，中国人的语言是很丰富的，并不乏幽默，在交往过程中具有至关重要的作用，甚至有人把它作为交往过程中的润滑剂，它可以帮助我们避免交往中的许多难堪。比如经常被大家传说的苏格拉底的故事，说是苏氏正和学生讨论问题，泼辣的妻子大声吵闹后，端起一盆水泼向苏氏，在场的其他人都很难为情，但是，苏氏却幽默地对大家说：“我就知道，雷声过后，必有大雨。”一句幽默，化解了紧张的气氛。在生活中我们可以看到，凡是幽默的人，往往都具有较强的人际交往能力。

3. 富有同情心

人的一生并不都是一帆风顺的，在他人遇到困难时，应该尽力帮助，因为处在困境中的人最渴望得到他人的友情和支持，所以，此时也往往是人际关系建立的最佳时期。可是有人却不是这样，而是幸灾乐祸。这种做法不仅不利于良好关系的建立，而且导致双方冤冤相报，严重的甚至殃及后人。传说春秋战国时期，晋公子重耳受到父亲宠妾的陷害，被迫逃亡他国，当他在曹国时，常有寄人篱下之感。有一次曹国君听说重耳的肋骨与正常人不同，就带人在重耳洗澡时偷看，不料被重耳发现，于是他觉得受了奇耻大辱。在偷看的人当中有一个叫厘负羁的回家后一直闷闷不乐，他的夫人得知了事情的原委后，对他说："既然意识到了，为什么不去加以补偿呢?"他听从了夫人的建议，假装送茶，将一壶金银送给了重耳，重耳非常感激。后来重耳登上王位，发兵灭曹，但对厘负羁的家人却呵护有加。所以，常言说的好"三十年河东，三十年河西"，任何人都不可能一帆风顺，得意莫忘失意时，的确有深刻的道理。

（四）学会自我保护

著名心理学家霍尔认为人际交往应该保持的适当的空间距离是，第一，亲昵区（3～12英寸）表现在夫妇和恋人之间；个人区（12～36英寸）表现在朋友之间；社会区（4.5～8英尺）表现在熟人之间；公众区（8～100英尺）表现在陌生人之间或一般公开的正式场合。这些距离虽然是人们无意间确定的，但却能影响人们的认知判断。加上我们每一个人都有的自我保护意识，所以，人与人之间的交往在强调真诚的同时，适当地加强自我保护还是有积极意义的。

六、竞争与合作

群体与群体之间、群体内各成员之间总是处于一定的人际关系中，而且必然会以各种不同的方式相互作用。社会心理学家曾经对这些方式进行了分类，其中最常见的就是合作和竞争。也正因为竞争和合作的存在，才使学校生活显得丰富多彩。

（一）竞争

竞争是个人或群体力求胜过对方的对抗性行为。它是人际关系的一种基本形态。竞争必须具备两个基本条件，一是参与竞争的各方有共同争夺的目标，二是竞争的结果必须使一方获胜。由于各方争夺的是同一个目标，所以竞争的各方是互不相容的。竞争的对抗性和排他性就显现出来了。

社会生活的各个领域到处充满了竞争，比如各种各样的比赛、选拔、评比等等。一般说来，学校中的竞争活动活动更为频繁。尽管人们对竞争带来的消极影响颇有微词，但竞争是不可避免的。因为不仅社会的发展需要竞争，个人的成长进步，同样也离不开竞争。在竞争的条件下，个人的惰性将大大减弱，潜能将得到充分发挥，因此可能取得更好的成绩。所以，重要的不是要不要竞争，而是如何把握它。

（二）合作

合作是群体成员为了共同利益而同心协力实现同一目标的行为。合作有两个必备条件，一是目标和利益共同，二是参与的各方相互依存、缺一不可。合作现象同竞争一样也是普遍存在的社会心理现象。在现代条件下，从社会各个方面的发展来看，如果没有人与人之间的合作，就不可能取得重大成就。在学校里同样如此，教育目标的实现，需要人与人之间的通力合作，如果没有合作，结果是难以想象的。

（三）竞争与合作的关系

竞争与合作是相互对立的行为，双方都以能否满足各自的利益，即满足各自的精神和物质需要为条件的。双方的共同点就在于都有同一个目标，不同就在于，竞争是参与的各方，“各自为政”争夺这个目标，而合作就是参与的各方同心协力，为了同一个目标共同努力。

如果双方利益相斥，一方利益的满足必然会阻碍对方需要的满足，于是竞争就产生了，不良的竞争，还容易恶化人际关系。如果双方利益一致，双方的相互作用有利于满足彼此的需要，此时，就产生了合作，并导致亲密人际关系的形成。但是，在现实生活中，竞争和合作的关系，远非如此简单，例如，在亲密的朋友之间，虽然总的目标是一致的，但是，也难免在某些具体问题上产生矛盾和冲突，于是竞争也就不可避免了。在学校环境中，各班级之间确实存在着竞争，但是这种竞争又必须以各班内部成员间的合作为前提。因为，缺乏合作的班级是没有任何竞争力的。但是，合作并不意味着群体内的每个成员都平均出力。以大家都感兴趣的足球比赛为例，比赛时每个队员不仅都有明确的分工，而且要求每个人之间密切配合，所以，整场比赛给人以良好合作的印象，但在比赛过程中，每个队员并没有忘记与同伴的竞争，因为每个人都希望借比赛证明自己是最出色的。这就表明，合作中也存在着竞争。

（四）竞争与合作的引导

现代社会是一个充满竞争的社会。每个人要想在这样的社会立足，就必须面对竞争的现实。不仅不能回避竞争，而且还要积极寻求解决竞争问题的办法。生活中大量的经验和事实告诉我们，如果引导得当，竞争的优势作用就可以充分发挥。在竞争条件下，每个人自尊的需要和自我实现的需要会表现得更加强烈，为了获得这一需要的满足，个体会尽一切努力发挥潜能，促成竞争目标的实现。如果在竞争中获胜，个体不仅积累了实现目标的经验，而且，还会使个体产生成就感，不断增强自己的自信心，并为自己设定更高的目标。

假如竞争失败，只要冷静地分析寻找失败的原因，深刻检查并反省自己，那么就有极大的可能找到获得成功的对策。对群体来说，竞争一方面可以增强团体凝聚力，另一方面还可以活跃群体的气氛，使每个成员的学习、工作和生活表现得更富有朝气。

但是，在看到竞争的优势时，对于竞争所带来的消极影响也不能等闲视之。第一，不能因为竞争人为地制造紧张。不言而喻，频繁的竞争的确会给学生造成过大的压力。在这种情况下，即使是学习优秀的学生也会感到不堪重负，苦不堪言，而对于学习困难的学生来说，则更是充满焦虑，如履薄冰，其内隐自尊得不到满足，这势必会损害其身心健康。第二，如果竞争者只把竞争的意义局限于打败对手证明自己，那么就可能诱发竞争者不择手段地诋毁对方，在这种情况下，即使他战胜了对手，也可能会变得傲慢无理，大大损害彼此间的人际关系。所以，无论是个体之间的还是群体之间的竞争，都应该对后者予以充分的重视。

竞争如此，合作如何呢？虽然，合作的弊端较竞争要少，但是，要学会合作也绝非易事。如果组织引导不好，就极有可能使群体成员产生社会性懈怠、小团体主义等现象。正如前面说过的，真诚有效的合作，必备的条件是：目标共同，利益共同；相互依存，缺一不可；共同活动，相互理解。

谢里夫等人所报道的一个现场实验颇能说明一点。他通过实验，研究了群体之间从对立到合作的全过程。实验的对象是22名12岁的男孩。他们利用暑假在一个叫罗伯滩的地方参加三周夏令营生活。与一般夏令营不同的是，这次夏令营配备的工作人员是心理学研究人员，但这些男孩并不知道这一点。研究者安排了特定的情境，并观察了这些被试的行为表现。整个实验大体上分为以下三个阶段：

第一阶段，建立两个互相独立的群体的阶段。入营的第一天，两个小组住进各自的营地，但两组之间互不知道对方的存在。在第一周内，实验者安排了一系列使组员相互作用、相互依存的活动，于是小组成员很快地相互熟悉起来，形成了自己的行动准则，出现了领头人，并给自己的小组取了名，一组自称“响尾蛇”，一组自称“鹫”。此时，组员的群体意识已经形成。第一阶段结束前，当他们得知有人也在此地时，“我们”的意识陡然增强，并出现了对方的敌对情绪。

第二阶段，两个群体之间开展竞争的阶段。两个群体实际遭遇后，实验者组织了各种比赛活动，但活动只能一方取胜一方失败。于是双方不断闹纠纷，比赛中的光明正大精神不见了。“响尾蛇”们和“鹫”们互相贬损，甚至袭击对方营地，致使外界观察者以为这是一些邪恶的、不安分的小团伙。在这一阶段末了，实验者让两组成员作愿意选谁做朋友的选择，结果，各组几乎都选择自己组内的人为朋友，这种比率分别为92.5％和93.6％。这表明，在群体之间开展竞争的情境下，群体内成员关系友好，而群体间人际关系紧张。

第三阶段，两群体合作的阶段。开始时，实验者试图让两个群体的成员多接触，以便改善关系，但无济于事。后来，实验者安排了必须由双方成员齐心协力才能办成事情的活动。果然取得了成功。例如，野营用水的蓄水池坏了，必须由双方投入大量人力才能修复。经过许多为实现共同目标而齐心协力的活动之后，双方的对立情绪逐渐消除。待到夏令营结束时，双方成员都不想与对方分别了。此时，实验者再次进行了选择朋友的调查，结果选择外群体的人做朋友的占到三分之一。

谢里夫等人的实验表明，只要引导得法，合作不仅办得到，而且可以从中培养学生健康的心理品质和良好的人际关系。

在学校中，竞争与合作是常有的事。无论是教师的教育和教学，还是学生的学习，都既需要竞争，又需要合作。理想的教育环境，应该是既讲竞争，又讲合作，竞争中有合作，合作中有竞争。在任何时候、任何场合，都应该强调真正有价值的目的，强调竞争与合作的相互补充。这样既可以提高工作和学习的效率，又可以形成良好的人际关系。

[主要结论与应用]

每个个体从出生到成长的社会化过程，是在家庭、学校以及工作环境等群体背景的影响下逐渐形成的。不仅如此，个体还要通过群体接受整个社会的影响，从而使自己的行为既具有一定社会的组织特性，同时还不失个人的独特性。

1. 群体心理和个体心理是相互依赖、相互作用和相互影响的。研究群体心理离不开个体心理，否则，对群体心理现象的把握，就难以做到准确科学，也就不可能揭示个人与社会之间“反馈联系”的原理或机制，无法掌握人的社会化过程及其规律。

2. 人际影响是研究人们相互影响的基本心理方式。他人在场与否，都可能对个体的活动产生一定的影响，这种影响有时会加强个体的活动，有时却可能减弱个体的活动。提示我们要充分发挥这种人际影响的积极作用。

3. 人际关系是人与人之间的心理关系。人际关系的好坏，反映了人们在相互交往过程中物质和精神需要得到满足的状态。影响人际交往的因素很多。要想建立与他人友好亲善的关系，一方面必须了解和掌握有关人际交往的知识，另一方面，也要掌握人际交往的技能和技巧，不断地克服自身的不足，积极尝试与他人建立和谐的人际关系。

4. 合作和竞争历来为人们所关注，而且是不断激励人们进步的重要因素。在现实生活中，由于人们对它的看法和作用存在着较大的差异，引发了各种各样的问题，特别是产生了一些很消极的现象，不仅对个体的成长不利，而且对建立和谐社会影响作用极大，所以，积极引导学生正确看待新形势下的合作与竞争，就具有了非常重要的现实意义。

[学术动态]

目前，有关群体心理的研究很多，但是主要集中在群体与个体心理的相互影响等方面。

1. 怎样充分利用群体对个体的积极影响，让群体成员更好、更自觉的遵守群体规范；

2. 怎样更好的发挥群体的积极作用，提高群体决策的正确性；

3. 人际关系在维护个人身心健康和促进个性发展方面的积极作用；

4. 正确对待合作和竞争；

5. 怎样看待新形式下的师生关系以及如何使师生关系向良性方向发展。

[学业评价]

1. 怎样防止社会懈怠作用?
2. 社会助长作用产生的条件是什么?
3. 去个性化现象产生的背景是什么?
4. 如何有效预防群体极化现象?
5. 影响人际交往的因素有哪些?
6. 试运用人际关系的原则分析人际交往过程中产生问题的原因。
7. 结合生活实际，说一说如何与他人建立良好的人际关系。

第十二章 心理健康与辅导

[内容摘要]

学校教育过程中，教师向学生传授知识、调节他们的情意、塑造其健全的人格、培养其高尚的品德、和谐其人际关系最终都是为了促进学生身心健康、和谐、全面地发展。但随着现代社会竞争日益激烈，生活压力逐渐增大，人们的心理问题越来越突出，青少年的心理问题表现得尤为严重，引起社会的广泛关注。加强对青少年心理健康的教育与辅导，不仅有助于学生自身心理素质和社会适应能力的提高，而且对和谐社会、提高国民素质及未来国家的综合国力都具有重要的现实意义和深远的历史意义。本章共包括三节内容：第一节主要介绍了新时期对“健康”和“心理健康”的理解以及衡定心理健康的一般标准及针对青少年的标准；分析了当前青少年心理健康状况以及对青少年进行心理健康辅导的意义。第二节从“灰色区”理论出发概要介绍了心理异常的主要类别；青少年常见的心理问题及其影响因素；第三节主要围绕心理健康辅导展开讨论，介绍了心理辅导的概念及其与心理健康教育、心理咨询、心理治疗之间的关系；重点探讨了大学生心理健康自我调适的主要途径以及面向中学生心理辅导的几个基本问题，后者涉及心理辅导的目标、原则、内容、途径和具体方法等。旨在通过以上知识的学习，使在校的大学生一方面要懂得如何维护自身的心理健康，同时要从未来职业出发，树立“人格之师”、“心理健康之师”的理念，为今后从教、成为合格优秀的教师，培养出健康发展的学生做好心理和知识的准备。

[学习目标]

1. 记住健康的概念，能讲出对心理健康不同层次的理解，叙述出心理健康的一般标准和针对青少年群体的标准，了解青少年心理健康现状及对青少年进行心理健康辅导的意义；

2. 说出“灰色区”理论的主要观点，了解并初步识别心理异常的类型，简要叙述青少年心理问题的主要表现；

3. 记住心理辅导的概念，能够区分心理辅导与心理健康教育、心理咨询、心理治疗之间的差异，能结合自己的成长经历谈出大学生心理健康自我调适的途径，明晰学校心理辅导的途径和方法，能够联系实际灵活运用心理辅导的方法解决现实问题，从而达到“自助”、“育人”的目的。

[关键词]

健康　心理健康　“灰色区”理论　青少年心理问题　心理辅导

第一节　心理健康概述

一、心理健康的含义

（一）科学的健康观

长期以来，人们对健康的认识一直局限于生理层面，即躯体没有疾病、人体各器官系统发育良好，功能正常、体格健壮就是健康。这种健康观实则是传统医学模式的体现。但随着现代科技的迅猛发展，社会竞争的日益激烈，现代人面临着前所未有的压力，心理问题日益突出。紧张、焦虑、抑郁、失眠、烦躁、孤独、压力等不良情绪和心理状态经常困扰着人们，严重影响个体的生活质量，给家庭蒙上阴影，也给社会带来了前所未有的负担。人们开始重视心理和社会因素在健康中的地位和影响，健康观也随之悄然改变。1948 年，世界卫生组织（WHO）在其《世界卫生组织宪章》中对健康进行重新界定：“健康乃是一种身体的、心理的和社会适应的健全状态，而不只是没有疾病或虚弱表现。”① 新的健康观一方面拓展了健康的外延，从生理、心理、社会三个方面对健康进行界定，体现了一种生理—心理—社会的综合模式；另一方面，对健康的要求也有所提高，不再仅仅局限于没有疾病，而是强调要达到一种健全的状态。1978 年，国际初级卫生保健大会发表的《阿拉木图宣言》对健康的涵义又作了重申：“健康不仅仅是疾病与体弱的匿迹，而且是身心健康、社会幸福的完满状态。”② 由此可见，只有当一个人身体、心理和社会适应都处在一个良好状态时，才是真正的健康。

1989 年世界卫生组织提出了 21 世纪健康新概念：“健康不仅是没有疾病，而且包括躯体健康、心理健康、社会适应良好和道德健康。”在原有基础上又增加了道德维度，进一步提高了对健康的要求。21 世纪人类的健康是生理的、心理的、社会适应与道德健康的完美整合，这种认识是现代社会人们对健康概念的全面总结与更新，凸现了文明的价值和人性的尊严。

（二）心理健康的含义

虽然人们在心理健康是健康的重要维度这一问题上已经达成了共识，但具体到什么是心理健康，目前却没有一个确切统一的定义。自上世纪 20 年代以来，国内外

---

①② 贾伟康主编：《健康教育学》，人民卫生出版社 1988 年版，第 2 页。

学者就这一问题展开探讨，提出一些颇有见地的观点。例如英格里士（English，H.B.）认为："心理健康是指一种持续的心理情况，当事者在那种情况下能作良好适应，具有生命的活力，而能充分发展其身心的潜能；这乃是一种积极的丰富情况。

专栏 12—1　人体的"第三状态"

人们把健康称为人的"第一状态"，患病称为"第二状态"。介于健康与疾病之间的中间状态称为"第三状态"，又称为亚健康状态。世界卫生组织指出：21世纪威胁人类健康的"头号杀手"是生活方式病，特别是亚健康状态。这就是说，人类社会发展到今天，亚健康状态这个过去从不被人们认识的"盲区"，今天变成了人体潜在危险，成了人类"大敌"。我们可以从以下几个方面认识亚健康：

1. 亚健康状态是指身体生理功能减退或在病前体内发出的一系列异常信息，使身体处于健康和疾病之间的一种功能状态。虽说在临床上没有明显体征或器质性病变，但在功能上却有许多表现、不适症状和心理体验。

2. 我国学者研究发现：在当今社会里，有一个庞大群体，身体经常感到疲劳、精神欠佳、体力"透支"、免疫能力低下，易患感冒，自然衰老加速，处于心、脑血管病或其他慢性病前期，但到医院检查未发现器质性病变，医生称这种状态为"亚健康状态"。

3. 亚健康状态是当今社会关注的热点问题。国内、外研究结果表明：在现代社会人们的健康状况符合 WHO 规定标准的，仅占人群总数的 15%；被确诊患有各种疾病的，亦占人群总数的 15%；处于健康与疾病之间的亚健康状态（又称第三状态），约占人群总数的 70%。

4. 亚健康状态包含如下情况：

(1) 生理功能减退，身体出现轻微症状或不典型的亚健康状态。

(2) 体内潜在患病危险因素。

(3) 无明显临床症状，但体内已有病理信息和器质性改变。

(4) 病后恢复期或康复中的患者。

(5) 年龄在 65 岁以上的人群。多种患病危险因素，可突发重症或猝死。

——摘编自乔志恒：何谓亚健康状态，《健康大视野》2006 年第 5 期。

不仅是免于心理疾病而已"。[①] 麦灵格尔（Karl. Menninger）认为："心理健康是指

① 周燕：《关于我国学生心理健康研究的几点思考》，教育研究与实验，1995（1）。

人们对于环境及相互间具有最高效率及快乐的适应情况。心理健康的人应能保持平静的情绪，敏锐的智能，适于社会环境的行为和愉快的气质”。第三届国际卫生大会（1946）认为，所谓心理健康，是指在身体、智能及情感上与他人的心理健康不相矛盾的范围内，将个人的心境发展成最佳状态。① 马斯洛（A. H. Maslow）将理想的心理健康状态称为自我实现（Self－actualization），即人的所有潜能的充分实现与人的不断成长。②

上述有关心理健康概念的界定虽然在表述上有一些差异，但也有共同之处。为了能够比较清楚地把握这一概念，本书认为可以从三个层次上加以理解：

1. 最低层次

没有心理疾病。即个体的心理活动表现没有达到临床心理学对有关心理疾病的诊断标准，没有表现出明显的疾病症状，譬如，没有精神病患者的幻觉、妄想、自知力丧失等；没有神经症患者的焦虑、抑郁、强迫、恐惧等；没有身心障碍患者表现出的身心功能失调等……这是心理健康的最低要求。对于个体而言，比较简单而直观的理解就是个体在心理活动方面没有明显的主观不适感，工作、学习、生活等基本的社会功能不受损。

2. 中间层次

心理功能健全，社会适应良好。具体讲，就是个体在内能够保持心理活动（知、情、意、行）功能正常，彼此协调，人格稳定健全；在外，能够与现实保持较好的同一性，能够与他人建立良好的人际关系，社会适应功能良好。

3. 最高层次（理想状态）

自我实现。心理健康的最高境界不仅仅是心理没有疾病、社会适应良好，还应该是在发展过程中，很好地调节自己身心与社会的关系，最大限度地发展自身的潜能，达到自我实现的理想状态，有效地为社会和人类作出贡献。

二、心理健康的标准

（一）一般标准

心理健康的标准问题和心理健康的定义一样，迄今仍有诸多争议，国内外不少专家根据自己不同的社会文化背景、研究立场、观点和方法，作出了不尽相同的表述。本书认为以下几个方面是衡量心理健康的重要指标：

1. 认识正常

这里的认识正常包含两层意思：首先是智力发展正常。智力正常是一个人学习、生活、工作最基本的心理条件，是人适应周围环境、谋求自我发展的心理保证，因

① 刘艳：《关于心理健康的概念辨析》，教育研究与实验，1996（3）。

② ［美］马斯洛著，李文湉译：《存在心理学探索》，云南人民出版社1987年版，第22页。

而是心理健康的首要标准。美国智力落后协会（AAMD）认定，智力落后系指在发展期就表现出来的、与适应行为缺陷并存的一般智力机能严重低常，并规定智商（IQ）低于70分为典型的智力落后。其次，认识正常是指个体基本的认识活动过程正常，能够正确地反映外部世界，正视现实、接受现实，与客观现实能够保持较好的同一性。

2. 情绪稳定乐观

情绪稳定乐观是心理健康的主要指标。心理健康的人，积极情绪多于消极情绪，乐观、开朗、满足等情绪占主导地位；情绪比较稳定；能够适度表达和调节控制自己的情绪，当喜则喜，当忧则忧，然能喜而不狂、忧而不绝，使自己的情绪反应与客观刺激相适应，并处于相对平衡状态中。

3. 意志品质健全

意志品质健全是指个体在行动过程中拥有自觉性、果断性、自制性和坚持性等良好的意志品质。心理健康的人能够自觉、独立、果断地确定行动的目的；在实现目的的过程中能根据活动的要求自觉地调节和控制自己的行动，抑制不合理的欲望和冲动，使自己的行为指向目标；遇到挫折的时候，具有较高的耐挫折能力，能根据客观情形的变化灵活调整自己的行动方案，克服困难，直至达到目标。

4. 行为表现正常

心理健康的人行为表现协调，反应适度。具体表现为以下特点：(1) 行为连贯、统一，没有反复无常的表现；(2) 行为反应的强度与刺激的强度相一致，既不异常敏感，也不过于迟钝；(3) 行为方式符合年龄特征；(4) 行为方式与社会角色相符。

5. 人际关系和谐

良好的人际关系是维护心理健康不可缺少的条件。心理健康的人乐于交往，有自己稳定的交往圈，并能从交往中体验到乐趣；在交往中肯定性态度（如尊重、信任、理解、宽容、诚挚、礼貌、关心等）多于否定性态度（如憎恨、嫉妒、怀疑、畏惧、苛刻等）；掌握一定的人际交往技巧；在交往中既能保持独立而完整的人格，又能与他人合群、合作，关心帮助他人，建立和睦相处的人际关系。

6. 人格独立完整

人格也称个性，是个体区别于他人的稳定、独特的心理特征的总和。心理健康教育的最终目标是培养完整、独立、健全的人格。人格健全的人，其人格要素的发展协调统一，没有明显的缺陷与偏差；心理活动和行为方式统一；拥有优良的个性品质，具有高度的责任感和义务感，具有创造精神，自我发展良好，并能为社会作出贡献。

7. 自我意识正确

自我是人格的核心与统帅。个体心理是否健康、人格是否健全很大程度上与个体自我意识的发展紧密相关。自我意识简单地讲就是自己对自己的意识，具体包括自我认知、自我体验、自我调控三个方面。自我意识健全的人能够全面客观地认识评价自己，既不妄自尊大，亦不妄自菲薄；积极的自我体验（自尊、自信等）多于消极的自我体验（自负、自卑等）；具有较强地自我调控能力，能很好地调控自己的情绪和行为。

需要指出的是，心理健康是一个相对的概念，心理健康的标准会随着不同的文化、不同历史时期有所变化。而且心理健康与心理异常的划分也不是绝对的，二者之间没有严格的界限，只有程度上的差异，不能因为自己在某些方面没有达到标准就简单地认为自己心理不健康，还应该根据个人的具体情况作进一步诊断。

（二）青少年心理健康的标准

以上心理健康的标准针对的是一般人群。不同年龄阶段的人由于心理活动的特点不同，因此在心理健康的标准上也会有一些差异。对于青少年而言，其身心正处于成长发育期，心理活动不够成熟、稳定，自我和人格的发展还不够独立健全，无论在生理、心理还是社会生活中都会面临某些特殊的问题，更容易引发心理冲突。针对青少年的这一心理特点，有学者提出如下的心理健康标准：①

（1）有正确的自我观念，能了解自我，悦纳自我，能体验自我存在的价值；

（2）乐于学习、工作和生活，保持乐观积极的心理状态；

（3）善于与同学、老师和亲友保持良好的人际关系，乐于交往，尊重友谊；

（4）情绪稳定、乐观，能适度地表达和控制情绪，保持良好的心境状态；

（5）保持健全的人格；

（6）面对挫折和失败具有较高的承受力，具有正常的自我防御机制；

（7）热爱生活、热爱集体，有现实的人生目标和社会责任感；

（8）心理特点、行为方式符合年龄特征；

（9）能与现实的环境保持良好的接触与适应；

（10）有一定的安全感、自信心和自主性，而不是过强的逆反状态。

三、青少年心理健康的现状

青少年由于处于人生发展的特殊时期，与其他年龄段的人群相比，更容易引发心理冲突，产生心理问题，加之受当前应试教育模式、社会竞争的激烈以及独生子女等一系列因素的影响，青少年心理异常现象时有发生，并呈上升趋势，造成一系列严重后果，状况堪忧。通过对一些有关青少年心理健康状况的调查研究进行总结概括，可以发现当前青少年的心理健康状况表现出如下一些特点：

（一）问题比较普遍

据有关资料显示，中国内地18岁以下未成年人3.67亿，据保守估计，其中至

① ［美］马斯洛著，李文湉译：《存在心理学探索》，云南人民出版社1987年版，第22页。

少有3000万人受到各种情绪障碍和行为问题的困扰。新华网2004年10月10日报告：我国中小学生精神障碍患病率达21.6%到32%。青少年心理问题表现的形式也很多样化，既有严重的精神病，如精神分裂症、躁郁症；也有各种神经官能症，如焦虑症、恐惧症、强迫症、抑郁症、神经衰弱等；还有一些行为障碍，如学习障碍、吸毒、网络成瘾、性变态等，其中以各种情绪障碍和行为障碍为主。郑日昌曾对3000名大、中学生进行心理健康调查，发现42.73%的学生感到"做事容易恐慌和紧张"，55.92%的学生感到经常"对面临的事情过分苦恼和烦闷"，47.41%的学生认为"人与人之间关系太冷漠，而感到无法与人相处和交往"，62.26%的学生在"心情不舒畅时找不到朋友倾听，常感到孤立无援"，46.63%的学生"对考试过分紧张，经常心烦意乱，感到无法接受"。一个由22个城市组成的协作组对全国2万余名4岁～16岁城市儿童进行策查，结果发现：各类行为问题的总检出率为12.93±2.19%。

（二）心理障碍的发生率呈逐年上升的趋势

20世纪50年代我国青少年中，15岁以上的人口心理障碍发生率只有5‰，70年代上升为7‰，80年代猛增至为12.76%，到目前已经升至30%左右。据北京16所大学调查，在1978～1988年10年间，因精神疾病休学的比例有所增加，1982年前均在30%以下，1982年以后各年均达40%左右。北京邮电学院医院统计，该校精神病、神经症和其他心理障碍的发病率从1980年的1.3‰，上升到1986年的40.3‰。

（三）随年龄增长呈上升趋势

1989年，杭州市"大中学生心理卫生问题和对策研究"的软科学项目课题组对城乡不同类型学校的2961名大中学生（男1523例，女1438例）的心理卫生测查发现，有16.79%的学生存在较严重的心理卫生问题，并且随着学生年龄的增长，心理卫生问题亦有较大幅度上升，其中初中生为13.76%，高中生为18.79%，而大学生达25.39%。可见，大学生的问题尤为严重。2000年对北京6000名大学生的调查表明，有16.5%的学生患有中度以上的心理疾病。调查结果还显示，大学生"认为自己心理素质很高或较高的"占45.1%，"认为自己心理素质很差或较差的"占10.7%；而大学生对其他大学生进行评价时，他们"认为目前大学生总体上心理素质很高或较高的"仅占11.5%，"认为目前大学生总体上心理素质很差或较差的"比例高达23.1%。

（四）后果比较严重

青少年人群中心理问题现象虽然比较普遍，但真正得到专业帮助救治的则不多见。有些学生的心理问题得不到及时有效的解决，往往引发更为严重的问题，轻则造成个人生活质量的下降，影响学业，重则导致自杀、离家出走、犯罪等……据北京16所大学的调查，因心理疾病休学、退学的人数分别占因病休学、退学总人数的

37.9%和64.4%。而大学生自杀近年来更是频频发生。2006年春天，南方某高校新学期伊始的第一周居然有4人先后跳楼身亡，时间之短，人数之众，令人瞠目。有学者认为中国的青少年心理问题中自杀已占第一位；而青少年犯罪案件中因为心理问题导致的犯罪占很大比重。刘海洋的伤熊事件和马家爵杀人案曾经震惊全国，实质上他们犯罪事件的背后掩藏的是心理的变态和人格的扭曲，而类似的案件难以计数。

可见，当前我国青少年的心理健康状况的确令人堪忧。而据世界卫生组织估计，2020年以前全球儿童精神障碍还会增长50%，将成为最主要的5个致病、致死和致残的原因之一。因此，加强对青少年的心理健康教育和辅导，促进其身心的健康发展不仅非常必要，而且十分迫切，具有重大的意义。

二、开展心理健康教育与辅导的意义

（一）个体意义

1. 有助于青少年心理的健康成长

青少年正处于从幼稚到成熟、从依赖到独立的人生转折，尤其这其中还要经历青春期这一敏感的时期，心理学家们经常用“心理断乳期”、“心理风暴期”、“心理危险期”等说法来形容这一时期青少年内心的冲突与可能的危机。因此，对成长中的青少年加强心理健康教育与辅导，让他们更好地认识自身的心理发展特点，帮助他们更加科学地处理自己的心理问题，树立心理健康的观念，提高自身的心理素质，从而使其心理能够健康发展，顺利地渡过这一“危机期”。

2. 有助于青少年身体的健康成长

人的生理与心理之间关系非常密切，互有影响，相互促进。生理健康与否会影响到心理健康，反之亦然。中国最早的医学宝典《黄帝内经》就已经谈到不良的情绪会伤及身体：“怒伤肝，喜伤心，思伤脾，忧伤肺，恐伤肾”。青少年正处于生理急剧变化、成长成熟的时期，尤其是性生理开始发育成熟，引导不好，很容易出现一系列心身问题。因此，加强对青少年心理健康教育与辅导不仅有助于其保持良好的心态，而且可以更好地保护自己，远离或降低伤害，维护其身体的健康。

3. 有助于青少年人格的健全发展和整体素质的提高

加强对青少年的心理健康教育与辅导不仅仅是要预防心理疾病的发生，更重要的是要培养个体健全的人格，提高其整体的素质，使之能够健康全面地发展，更好地适应未来社会。国家教育部在《中国教育改革与发展纲要》中指出：“中小学教育要由应试教育转向全面提高国民素质的轨道，面向全体学生，全面提高学生的思想道德、文化科学、劳动技能和身体心理素质。”把心理健康作为整体素质的重要组成部分和一项重要的培养目标。心理学家指出：21世纪需要生理、心理和人格都健全的人才，未来的竞争是心理素质的竞争。可以这样讲，一个心理不健康的人不能称之为“完人”，也不可能很好适应未来社会的发展。

（二）社会意义

1. 有助于消除社会隐患，建立和谐社会

青少年心理问题是导致其自杀、吸毒、网络成瘾、犯罪等问题的重要原因。这些问题的存在不仅直接伤害到青少年自身，而且也给家庭带来阴影，给社会带来负担和隐患。因此，加强对青少年的心理健康教育与辅导，可以及早发现问题并加以解决，使危险因素消除在萌芽状态，避免更严重的问题发生，这对当前建立和谐社会是一条重要的途径，也应该是工作的一个重要方面。

2. 有助于提高国民素质，增强国力

未来国际社会的竞争主要是科技和人才的竞争，其中人才竞争是关键。而人才的竞争说到底是包括心理素质在内的整体素质的竞争。梁启超先生很早就说过：“少年强则国强，少年弱则国弱。”青少年是国家的未来，他们的整体素质直接决定了国家在未来国际舞台上的地位和竞争力。虽然中国早已经摆脱了“东亚病夫”的帽子，但就当前中国青少年的心理健康状况而言，不容乐观。而且多项跨文化的研究表明，中国儿童和日本、德国等一些国家的儿童相比，在某些方面存在很大的差距，这不得不让我们反思并敲起警钟。因此，加强青少年的心理健康教育和辅导不仅仅是个人事件、教育事件，它还是国家事件，这对提高民族的整体素质至关重要，是关系到国家强弱的大计，刻不容缓。

第二节　青少年心理问题的主要表现及成因

一、心理异常的类别

（一）灰色区理论

长期以来，人们习惯于把人的精神正常与否看作是黑白分明的事情：要么正常，要么就是精神病患者，这是一种误解。对此，心理学博士岳晓东提出“灰色区”理论。该理论认为：人的心理正常与异常没有一个明确的界限，而是一个连续变化的过程。如果把心理正常比作白色，把精神病比作黑色，那么，在白色与黑色之间有一个巨大的“灰色区”。灰色区可谓非器质性精神痛苦的总和。灰色区又可进一步划分为浅灰色区和深灰色区：浅灰色区只有心理冲突而无人格变态，其突出表现为诸如失恋、丧亲、人际关系失调、学习工作不顺心等生活矛盾带来的心理不平衡与精神压抑，是心理咨询的对象；深灰色区是各种变态人格和神经症，如强迫症、恐惧症、癔症、性倒错等症状，是心理治疗的对象（见图 12－1）。

所有人的心理健康状况都可以从这一“健康图谱”中找到自己的位置。完全健康，即处于白色区的人是非常少的，大部分的人处于灰色区和黑色区——问题区，

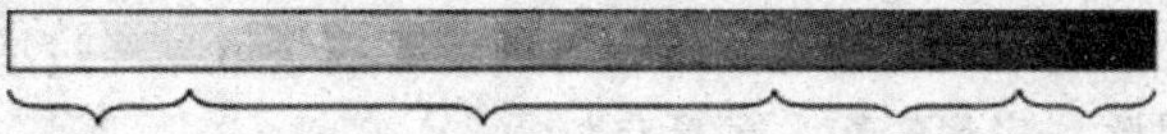

图 12－1　“灰色区”理论示意图

下面我们按照问题严重程度从重到轻依次把纯黑、深灰、浅灰各区包括的主要的心理障碍概要介绍一下。

（二）心理异常的主要类别和表现

纯黑区

纯黑区代表的是精神病。世界卫生组织公布的《国际疾病分类》第 9 版中，对精神病的定义是：“精神功能受损程度已达到自知力严重缺乏，不能应付日常生活要求或保持恰当接触”。临床常见的精神病有精神分裂症、情感性精神病、反应性精神病等。

1. 精神分裂症

精神分裂症是最常见的重性精神病，主要症状表现有思维障碍、情感障碍、幻觉和妄想、意志行动障碍，自知力丧失或不完整，社会功能明显受损等，而且精神障碍的病期至少持续 3 个月。在临床上根据具体表现的不同又可进一步分为单纯型、错乱型（青春型）、妄想型（偏执型）、紧张型等几种类型。

2. 情感性精神病

情感性精神病是以情感障碍为主要临床特征的精神病，以显著而持久的心境高涨或低落为主要表现，伴有相应的思维和行为等方面的改变，被称为躁狂抑郁性精神病或躁狂抑郁症。该症在临床上有单相和双相之分：仅仅出现一种情感障碍，或高涨、或低落，称之为单相。单相躁狂以情绪高涨、思维奔逸、动作增多为三大基本症状（即所谓“三高”）；单相抑郁以绪低落、思维迟钝、动作迟缓为三大基本症状（即所谓“三低”）；如果情感的异常高涨和低落交替出现，则称之为双相。躁郁症有反复发作的倾向，间歇期精神活动基本正常。

3. 反应性精神病

反应性精神病是在长期持续的精神刺激因素作用下引起的精神异常，又称心因性精神病，其特点是情绪异常的体验及表现与精神刺激的性质和内容密切相关；而且随着精神刺激因素的消失，心理异常也得以消除或缓解。经过适当治疗精神状态即可恢复正常，因此，病程较短，预后良好。

深灰区

深灰区主要包括各种类型的神经症（或“神经官能症”）、人格障碍（或“人格变态”）、心身疾病、行为障碍等。关于人格障碍的类型在第六章已经有详细说明，在此不再赘述。心身疾病是指病因或发病过程与心理因素明显有关的一类躯体疾病，如胃炎、高血压、心脏病、甲亢、支气管哮喘、进食障碍、偏头痛、月经失调等一些肠胃系统、呼吸系统、心血管系统、内分泌系统、生殖泌尿系统、肌肉骨骼系统等疾病，此类疾病表现出的症状虽然主要是躯体的，但其发病与心理因素有非常密切的关系。行为障碍是指严重偏离正常的异常行为反应，包括酗酒、药瘾、赌博、性变态、网络成瘾、自杀等。在此主要就临床表现比较多的神经症的类型作概要介绍：

神经症指的是一组非器质性的神经机能失调的精神疾病，主要是由于长期精神紧张所致。常见的神经症有以下几种：

1. 神经衰弱

神经衰弱是一类以精神容易兴奋和脑力容易疲劳，伴有睡眠障碍和各种身体不适感为主要临床症状的神经症性障碍。主要症状有：（1）易兴奋。表现为感情的控制力降低，情绪易激动；感觉过敏，如怕光、怕风，怕声等。（2）易疲劳和衰弱。注意力不集中，记忆力明显减退，脑力和体力均易疲劳，工作不能持久，学习和工作效率明显降低。精神萎靡，情感反应强烈但不持久。（3）植物神经功能紊乱。表现为心悸、心慌、胸闷、食欲不振、腹泻、便秘、尿频、月经失调、性功能障碍等。（4）紧张性疼痛。表现为紧张性头痛、紧张性肌肉疼痛等。（5）睡眠障碍。主要表现为入睡困难，睡眠表浅，多梦，易惊醒，或早醒等。

2. 抑郁性神经症

抑郁性神经症是一种以持久的心境低落为特征的神经症。主要症状有：（1）认知效能下降。注意力不集中，记忆力下降，看事物有一种暗淡之感，思维变得不积极活跃。（2）动力缺失。对事物的兴趣下降，萎靡不振，常感精力不足，对什么都打不起精神，没有热情。（3）消极的情感活动。自觉心情不畅、心境不好，容易哭泣、消沉、悲观沮丧。（4）自我评价下降。常感自卑，对前途悲观失望，有的有自罪自责倾向、自杀企图。

3. 焦虑症

焦虑症是一种以焦虑反应为主要症状的神经症，是个体在面临不良刺激或预感到会出现挫折情境时所产生的一种复杂的消极或不愉快的情绪状态。该症以焦虑情绪为主要症状。这种焦虑并非是由实际威胁所引起的，不针对具体的人或事；紧张焦虑程度与现实情况不符。表现为难以言说的紧张感，混合着担心着急、坐立不安、害怕惶恐，好像灾难即将降临似的。同时伴有躯体症状：头晕、胸闷、心悸心慌、呼吸困难、口干、尿频尿急、内分泌失常、运动性不安、睡眠障碍等。焦虑症在临床上可分为急性焦虑（惊恐发作）和慢性焦虑（广泛性焦虑）：

急性焦虑：患者常出现无明显原因的、突然发作的强烈紧张、极度恐惧、濒临死亡感，同时伴有剧烈的心慌、心悸、气急、呼吸困难、胸闷胸痛，失控地发抖，出大汗等。发作时间通常可持续数分钟。当一个人反复出现无预期的惊恐发作，并且开始持续地担心再次发作的可能性时，惊恐障碍的诊断就成立了。

慢性焦虑：主要表现为长时间、经常感到无明显原因、无固定内容的恐惧和提心吊胆或精神紧张，总预感会发生什么不幸而处于警觉状态。同时伴有坐卧不宁、心惊肉跳、心慌、头痛、背痛、全身颤抖等躯体反应。患者常因不明原因的惊恐感而意志消沉、忧虑不安，夜间入睡困难。

4．恐怖症

恐怖症是对某些特定事物、特定情景或要从事的特定活动产生强烈的恐惧感。明知不存在真实的危险，却产生持续的异常强烈的恐怖反应或紧张不安的内心体验，伴植物神经功能失调（心跳、脉搏加快，呼吸急促，头晕，心悸，出汗，颤抖，晕厥），产生回避行为。常见的恐怖症有物体恐怖、社交恐怖、广场恐怖症、幽闭恐怖等类型。

5．强迫症

强迫症是一种以反复出现的强迫观念和强迫动作为主要特征的神经症。其突出特点为自我强迫，表现在观念、行为上被迫想自己不愿想、做自己不愿做之事，同时伴有焦虑情绪。强迫症在临床上主要有以下几种表现：

强迫观念：强迫观念是指患者不由自主地产生一些念头，强迫性地怀疑、回忆、联想、穷思竭虑等。例如反复回忆自己做过的事、别人说过的话、反复思考一些没有实际意义的想法，如一加一为什么等于二；为什么人的眼、耳、鼻孔都成双，却只长一张嘴等等。

强迫意向：患者常有与正常意愿相反的欲望和即将失控并要行动起来的冲动（多为可耻的、残忍的意向），如走在桥上就有往下跳的冲动，看到刀就出现要拿来砍人或砍自己的意向等等。但从未实际发生过，只是不能控制这些意向的出现。

强迫行为：患者重复地进行某些活动或动作，明知不必要，但无法控制自己的行为。如强迫计数、强迫检查、强迫洗涤等。

6．癔症（歇斯底里）

癔症又称转化症，是指由心理问题转化为生理机能障碍的现象。其特点为在没有任何器质性病变的基础上出现某种机能障碍或失去对此的控制能力。可因暗示而产生，也可因暗示而改变或消除。主要有以下临床表现：

精神障碍症状：情感爆发，患者在精神因素作用下，突然精神失常，如哭闹、捶胸顿足、打人毁物、与年龄身份不符的幼稚动作或戏剧表情，其说唱谩骂内容多与精神创伤有关。发作呈阵发性，人多时，发作更频繁；意识障碍，出现意识蒙胧状态，意识范围缩小，局限于引起发病的精神紧张因素和不愉快的体验以及与此有关的活动上，此外，患者还可表现为"附体体验"，鬼神附体，有些患者可出现遗忘症、神游症和双重人格。

躯体障碍症状：感觉障碍，如微小刺激会引起强烈反应（感觉异常），皮肤麻木，针扎不知疼，选择性失聪、失明等（感觉缺失）；运动障碍，如言语运动抑制（缄默症、失音症）和肢体运动障碍（肢体抽搐、痉挛发作、瘫痪）；植物神经和内脏功能障碍，患者出现呕吐、呃逆、腹痕、尿痛、尿急、假孕等现象。

需要指出的是以上列举的各种心理疾病仅仅是一种粗略的介绍，以供大家参考和基本的认知。临床心理诊断是一件很复杂也很谨慎的事情，必须符合症状学标准、严重程度标准、病程标准等几项指标后方可确诊。例如神经症的种种症状至少持续3个月以上并且严重到一定程度方可确诊，有些人因为自己两三天情绪低落或某些不适就"对号入座"，给自己贴上"我是××病"、"我是×××症"的标签，这是不恰当的，也是对自己的不负责任。如果的确认为自己有这样或那样的问题，应该及时找专家确诊，避免主观臆断或延误治疗时机。

专栏12—2　"神经病"就是"精神病"吗？

生活中人们经常把精神病患者称为"神经病"，或者当自己的心理出现问题时就恐慌："我是不是得精神病了？"这些都是一种错误的认识。"神经症"和"精神病"主要是一种心理和精神类的疾病；而"神经病"则是一种生理疾病，是患者的神经系统出现问题，两者有着本质的差异。那"神经症"和"精神病"又有哪些区别呢？主要有以下几点作为粗略的判别标准：

1. 首先从症状上，精神病的症状更为严重，患者会出现幻觉、思维障碍、妄想、情绪情感障碍及意志行为障碍等重型精神病症状；而神经症患者的症状较轻，主要表现为情绪失调、睡眠障碍、注意力不集中、中枢神经系统功能紊乱等。

2. 其次，从社会适应状况上，精神病患者社会适应功能丧失，从专门的工作、技能到一般的人际交往和起居都受到严重影响；而神经症患者只是部分适应不良，但能够坚持基本的工作学习和生活。

3. 从人格改变的状况而言，精神病患者有明显的人格改变，较之发病前其人格特点明显不同；而神经症患者会有部分的改变，但不是特别严重。

4. 从自知力而言，精神病患者在发病期丧失自知力。即他们对自身问题没有判断能力，不认为自己存在什么问题，也不会主动求治；而神经症患者有自知力，能够认识到自己心理的异常，一般有求治的愿望和动机。这一点是区分精神病和神经症的关键。

浅灰区

浅灰区代表的是正常人在成长过程中遇到的一些心理冲突，如失恋、丧亲、夫妻纠纷、离异、人际冲突、工作压力、学业问题等生活矛盾而带来的心理失衡与情绪困扰，是每个人在成长过程中都可能遇到的、暂时的、程度比较轻的心理问题，不伴随人格变态，也没有严重的临床症状，是一种心理的亚健康状态。

二、青少年常见的心理问题

以上各类心理障碍在青少年群体中不同程度地存在着，但真正处于纯黑色区的精神病患者为数极少，大多数处于“灰色区”。而心理障碍患者中，神经症患者居多，主要表现为各种情绪障碍和行为障碍。还有相当一部分个体虽然其症状没有严重到疾病状态，但也存在一些问题。据一些临床调查和研究结果发现，当前青少年的心理问题主要表现为以下几个方面：

（一）学习问题

青少年的主要任务就是学习，因此，学习问题在青少年中比较普遍，主要表现为学习压力、学习疲劳、学习困难、学习方法不当、学习动机和态度问题、考试焦虑、厌学、逃学等。

专栏12—3　什么是考试焦虑

考试焦虑是青少年常见的一种以担心、紧张或忧虑为特点的复杂而延续的情绪状态。考试焦虑在心理上表现为忧虑、紧张、恐惧、烦躁、易怒、缺乏自信，注意力不集中、记忆混淆或减退、思维迟钝或抑制，学习效率下降；生理上表现为心率加快、肌肉紧张、呼吸急促、胃肠不适、多汗尿频、睡眠不良、食欲不振等。

导致考试焦虑的原因很多，既有内部因素，又有外部因素。前者包括考生的神经类型、身体素质、人格素质、个人能力、自我评价、考前准备、应试技巧、自我调控水平等；后者包括学校的引导、父母和教师的高期望、过重的学习压力、教育体制等。

考试焦虑按程度不同，可以分为轻度焦虑、中度焦虑和重度焦虑。轻度焦虑是指在考试前较短的一段时间内，会感到紧张和害怕，但不影响学习和身体健康；中度焦虑是指在考试前较长一段时间内，感到紧张、害怕和忧虑，复习效率降低，睡眠、饮食受到影响；重度焦虑是指在考试前很长一段时间内，感到忧虑、恐惧、会产生各种心因性疾病，严重影响复习和考试的正常进行，对身心具有很大危害。适度的焦虑可以提高人的警觉水平，充分调动身心潜能，使个体的知识经验、技能技巧和智力体能达到激活状态，从而能更好地完成考试。然而，过度焦虑则会使人注意力分散，学习效率逐渐降低，还容易使人情绪冲动敏感，自我控制和调节能力减弱，大脑神经活动功能失调，身体的免疫机制降低等等。

中度和重度的考试焦虑需要调适和治疗。调整考试焦虑的方法很多，认知改变法、放松疗法、系统脱敏法、宣泄法、转移法等是常用的较为有效的干预方法。

（二）人际关系问题

由于青春期固有的闭锁、羞怯、敏感、冲动和缺乏经验等心理特点，加之家庭教育、学校教育等不同程度地存在误区，青少年在与家长、同学、老师的交往中不可避免地会遇到各种问题，从而表现出逆反、过度依赖、自我为中心、任性、嫉妒、敏感、孤独、冷漠、焦虑等心理问题，严重的还会表现出社交恐惧症、自闭等。

（三）青春期性心理问题

青少年期是个体性生理和性心理迅速发育的时期，但是性生理的急剧变化与青少年心理发展的相对滞后形成矛盾，往往导致一些性心理问题，如性恐惧、性压抑、性尝试、早恋等，严重的可能会出现性角色混乱以及恋物癖、暴露癖、窥阴癖等性变态行为。

（四）问题行为

问题行为主要是指在智力和精神正常的情况下个体表现出的与所处社会生活环境不适应或对社会规范及评价相违背的非常态行为。青少年常见的问题行为有：攻击行为、撒谎、打架斗殴、破坏公物、偷窃、离家出走等，严重的还可表现为吸毒、网络成瘾、自杀等。详细内容可参见第七章第三节。

（五）适应性问题

青少年是人生的转折期，无论是在学习，还是生活、人际交往等方面都会遇到一些困难和挫折，而且许多问题都是人生第一次经历，他们又缺乏足够的经验，因此会有许多的烦恼。尤其是初一、高一、大一的新生，生活的变化比较大，要面对新的环境、新的老师和同学、新的学习内容、学习方法等，往往更容易出现适应不良的问题。

第三节　心理健康辅导

鉴于青少年心理健康现状不容乐观的现状，有针对性地采取措施，加强对青少年心理健康的教育与辅导，以促进其身心健康发展就显得尤为迫切与重要。1999 年《中共中央国务院关于深化教育改革，全面推进素质教育的决定》明确指出：“针对新形势下青少年成长的特点，加强学生的心理健康教育，培养学生坚忍不拔的意志，艰苦奋斗的精神，增强青少年适应社会生活的能力”。教育部也明文规定：“从 2000 年秋季开学起，大中城市有条件的中小学要逐步开展心理素质教育。”充分体现了国家对青少年心理健康成长的关注以及对学校心理健康教育和辅导的高度重视。

一、心理健康辅导概述

（一）心理辅导的含义

心理辅导这一词是港台学校心理健康教育活动中常用的概念，中国内地过去使用得不是很普遍。近年来，有些学者开始使用这一词，但是其含义具有广泛性，目前尚没有统一的意见。本书在国内几种有关心理辅导的概念基础上将心理辅导界定为：学校教育者（或专业辅导人员）根据学生心理发展的特征与规律，运用心理学等专业知识技能，通过集体辅导、个别辅导等多种形式设计，帮助学生消除成长中面临的障碍，形成良好的心理素质，充分发挥个人潜能，促进其心理健康与人格和谐发展的过程。

（二）心理辅导与心理健康教育、心理咨询、心理治疗的关系

与心理辅导相邻近的还有心理健康教育、心理咨询、心理治疗的概念，有时它们经常被交叉使用。但实际上它们是既有联系又有区别的几个概念，明确它们之间的关系既有利于对心理辅导概念的把握，也有助于明确各自的工作范围和工作特点，更好地达成各自的服务目标。在明确这几者的关系之前，有必要先简单介绍一下心理健康教育、心理咨询、心理治疗的概念：

1. 心理健康教育、心理咨询、心理治疗的概念

所谓心理健康教育是以心理学的理论和技术为主要依据，并结合学校日常教育、教学工作根据学生生理、心理发展特点，有目的、有计划地培养（包括自我培养）学生良好的心理素质，开发心理潜能，进而促进学生身心和谐发展和素质全面提高的教育活动。

所谓心理咨询是指运用心理学的理论和技术，借助语言、文字等媒介，与咨询对象建立一定的人际关系，进行信息交流，帮助咨询对象消除心理问题与障碍，增进心理健康，发挥自身潜能，有效适应社会生活环境的过程。

所谓心理治疗是指在良好治疗关系的基础上，由经过专业训练的治疗者运用心理学的有关理论和技术，对当事人进行帮助的过程，以消除和缓解当事人的较严重心理问题和障碍，促进其人格健康协调发展，恢复其心理健康。

2. 心理辅导、心理健康教育、心理咨询、心理治疗之间的共同点

从上述的四个概念可以看出，它们之间存在着许多共同之处：首先，它们都是帮助人、教育人的活动，最终都是为了促进个体心理的健康成长；其次，在实施过程中都强调良好关系的建立；再次，都需要专业知识的帮助。

3. 心理辅导、心理健康教育、心理咨询、心理治疗之间的区别

心理辅导、心理健康教育、心理咨询、心理治疗在许多方面都存在差异，概括起来，主要表现在以下几个方面（见表12－1）：

表12－1　心理辅导、心理健康教育、心理咨询、心理治疗之间的区别

	心理健康教育	心理辅导	心理咨询	心理治疗
工作对象	全体学生	全体学生	少数或个别有心理困扰或轻、中度心理问题的来访者	有严重心理障碍的患者

续表

	心理健康教育	心理辅导	心理咨询	心理治疗
帮助者	接受过教育学和心理学有关知识训练的教师和辅导人员	接受过教育学和心理咨询有关专业训练的教师和辅导人员	接受心理学专业训练的咨询师接受心理学训练的临床心理学家和接受医学训练的精神科医生	
工作任务	面向全体学生进行心理健康知识和技能的普及与教育	既关注全体学生的全面发展，也关注个别学生的特殊问题	主要关注个体的发展性问题，解决其面临的心理冲突，提高社会适应水平	关注心理障碍患者的症状，重在帮助患者消除症状，恢复健康
工作特点	以教育为主，具有主动性和超前性，重在发展与预防	以教育和辅导为主，具有主动性和超前性，重在发展与预防，也有个别干预	以咨询为主，既有一定的主动性和超前性，也有一定的被动性与滞后性，重在预防与矫治	以治疗为主，具有被动性与滞后性，以矫治与人格重建为主
工作方式	以团体讲授、训练为主	既有团体辅导，也有个别辅导	主要是个别咨询或小组咨询	以个别治疗为主

从上述表格可以看出，这四个概念在具体的维度上是有一定差异的。从服务的范围广度来看，心理健康教育的服务范围最广，其次是心理辅导与心理咨询，心理治疗的范围最小，仅针对个体；从所面对问题的严重程度以及解决问题的深度而言，则表现为由表及里的依次递进关系，即心理健康教育—心理辅导—心理咨询—心理治疗。须说明的是，上述四个概念是从狭义上界定的，而且对它们的区分仅仅是一种比较粗略的、理论上的，在实际工作中，这几种工作经常会有交叉和重叠；此外，很多时候人们在广泛意义上使用某个概念，如心理辅导，就可能包括所有的心理健康教育、心理辅导、心理咨询和治疗在内。需要强调的是，本书仅从狭义上介绍心理辅导的内容，是介于心理健康教育与心理咨询之间的一种学校帮助活动，其工作内容与心理健康教育以及心理咨询有较大的重叠。

（三）了解心理健康辅导知识的目的

1. 自助

大学生本身就是心理问题多发的一个群体，了解心理健康辅导的知识首先有助于大学生科学客观地认识自身问题，掌握心理辅导的基本技巧，对自身心理问题进行初步的自我调适，提高自身的心理素质和适应能力。当然，对于比较严重的问题，自己无法解决的，还得要求助专业的心理咨询师或治疗师，避免问题的恶化。

2. 育人

师范生毕业后，有相当多的人将从事教育事业，承担起教书育人的职责。作为教师，除了教好本专业、本学科的知识外，更重要的是要培养学生人格的健全发展，而心理健康是其中非常重要的一个方面。尤其是当前的中学生，大多是独生子女，面临沉重的升学压力和激烈的社会竞争，又处于矛盾重重、危机四伏的青春期，心理问题比较普遍，形式多样。掌握一点心理辅导的知识，就可以较好地了解这一阶段个体的心理特点和可能会出现的心理问题，有针对性地进行教育和辅导，从而避免简单的说教，真正找到打开学生心灵的钥匙，建立良好的师生关系，提高教育的能力和质量，真正塑造出健康合格的人才。

二、大学生自我心理调适

当大学生的生活中出现一些烦恼时，应该注意采取一些措施，首先进行自我心理的调整，避免问题的严重化。

（一）改善认知，树立正确的人生观、世界观和价值观

认识活动是心理活动的基础，个体对事物采取什么样的认识和态度，进而会影响其情绪和行为。大学生虽然学历比较高，但社会阅历比较简单，在认识问题时容易出现主观臆断、片面、走极端、钻牛角尖、思维僵化、幼稚、消极等现象，从而引发情绪和行为问题等。因此，大学生在生活中应该训练自己的思维活动，用全面、客观、发展、灵活、理智的眼光去看待问题、分析问题，形成积极乐观、健康成熟的人生观、世界观和价值观，可以避免许多问题的发生。

（二）调整情绪，培养积极情绪、情感体验

情绪失调是大学生经常会遇到的问题，情绪调整的策略很多，除了可以通过改变认知达到调整情绪的目的外，还有以下一些调整策略：

1. 合理地宣泄

所谓宣泄就是把不良的情绪能量通过一定渠道释放掉，以缓冲心理压力恢复心理平衡的方法。宣泄的途径很多，可以通过倾诉、哭泣、书写、运动、找模拟物品出气等多种形式发泄心中的压抑。

2. 转移注意力

出现不良情绪时，头脑中只有一个兴奋点。这时如果另建一个新的兴奋点，就可以冲淡或抵消原来的兴奋中心，缓解不良情绪的负面影响。因此，当情绪不佳时可外出散步、听音乐、打球、下棋等，借助健康的文体活动缓解紧张情绪。

3. 积极的自我暗示

积极的自我暗示是一种用内部语言或书面语言的形式来自我调节情绪的方法。比如，当你遇到愤怒的刺激时，心里默念："息怒！息怒！"当紧张时，心里默念："镇静！镇静！"当不自信时，告诉自己："我能做好，我有信心"等，此法能消除焦虑、怯懦和愤怒等消极情绪状态，恢复应有的快乐和自信。

4. 自然陶冶法

在遇到不顺心的事时，不要一个人闷在屋子里，可以走到大自然中去，到公园，到海边，到湖畔，到青山绿水中欣赏大自然的美好与博大，借此陶冶自己的性情，冲洗掉心中的苦闷，恢复心灵的平静。

5. 想象放松法

自然站立或者坐在椅子上，双眼轻轻的闭合，想象一种令人放松的情景，比如，躺在柔和的沙滩上，听着习习的海浪声；或者想象天正下毛毛雨，雨水由头顶、脸部、前胸、后背、腹部、臀部、大腿、小腿、脚部通过脚心的涌泉穴位把疲劳之气，烦闷之气排出。在整个想象过程中伴随“松、松、松”的意念。

6. 深呼吸身心放松法

姿势站立或座位都可以，闭上眼睛，默念“静、静、静”。然后深深吸气，吸气要缓慢，充分的吸气之后，停止呼吸几秒钟，然后慢慢呼气。呼气时比吸气速度还要慢，徐徐吐出。反复做三分钟，往往会感到身心放松，有效缓解紧张疲劳。

7. 升华法

升华是把负性心理激起的能量引导到对社会、对己都有利的方面。如司马迁遭宫刑而著《史记》；居里夫人在丈夫横遭车祸的不幸后，用努力工作克制自己的悲痛，完成了镭的提取。升华法既消除了心灵的烦恼，又对社会有益，是一举两得的最积极的调整方法。

8. 培养美好情感

在消除不良情绪、情感的同时，应该注意培养自己美好的情感体验，比如理智感、美感、道德感，对人生、对生活的爱与包容等，如此能够净化自己的灵魂，提升人生的境界。

（三）锻炼坚强的意志，提高耐挫折能力

意志是自觉确定目的，根据目的支配、调节行动，克服困难，从而实现预定目的的心理过程。人们在趋向自己目标的过程中，总会遇到来自内部、外部的各种困难和干扰，有时无法达成预定的目标，便会引发挫折。挫折会使个体产生紧张、烦恼、焦虑等不良情绪以及攻击、逃避、退化等不良行为，严重的还可能引发心理疾病、自杀等问题。因此，锻炼坚强的意志，提高耐挫折能力是人生的必修课，以下是提高挫折耐受力的几种方法：

1. 正确认识挫折

常言道：“人生不如意者十之八九”，可以说挫折是生活的组成部分，每一个人都会遇到，无法回避，关键是面对挫折的态度。挫折对人们来说是一种“危机”——既是一种“危险”，也是一种机遇。面对挫折，如果能够积极应对，它就能磨炼人的性格和意志，增强人的创造力和智慧，促进人的成长与成熟。

2. 正确归因

面对挫折时，正确归因是成功应对挫折情境的必要基础。正确归因也就是对挫折原因进行实事求是的分析，弄清楚问题的真正原因。造成挫折的原因不外乎两类：外在客观因素和内在主观因素。在归因时，既不能把全部的责任都归于外部，逃避责任；也不能全归于自身，过于自责，而应该是以冷静的态度分析遭受挫折的主客观原因，及时找出失败的真正元凶，从而从现实出发，以切实行为改变挫折情境。

3. 调整抱负水平

抱负水平是指个体在从事活动前，对自己所要达到的目标或成就设定的标准。心理学研究表明，抱负水平过低不利于潜能的发挥，抱负水平过高超过自己的实际能力，很容易产生挫败感。因此个体一开始就应该从自身能力出发，提出恰当的目标；另一方面，当受到挫折时，要对目标进行重新衡量、调整，使之既与自身能力相匹配，又具有挑战性。

4. 运用榜样的力量

榜样的力量是无穷的。历史上的许多伟人或在事业上取得较大成就的人，大都是历经百折而不悔、意志坚强、不怕困难、锲而不舍、始终如一的人。面对挫折的时候，有意识地运用榜样的作用可以激发个体克服困难的勇气和力量，增强自信心，使挫折成为历练个人品格、迈向成功的基石。

5. 有效利用资源，改变挫折情景

当挫折出现时，有些人光顾着痛苦、失落、焦虑了，忽视了自己在挫折面前是有主观能动性的，可以主动创设条件，改善挫折情境。在改善挫折情境中，合理地利用自身一切可以利用的心理、生理、社会资源能够帮助个体有效地应对挫折。挫折情景改善了，挫折感就会消失。

6. 创设挫折情境，锻炼自己的意志力

意志品质对一个人的行动起着重要的调节、控制和支配作用。事实证明，一个人如果有百折不挠的毅力、坚忍不拔的意志、矢志不移的恒心和乐观自信的精神，那么他的抗挫折的能力就强，对挫折的适应能力就强；反之，就比较差。为了锻炼意志力，提高挫折承受力，可以有意识地创设一种逆境，即不断地让自己经受磨砺，在实践中加强对自己意志、魄力和逆境中种种能力的训练，最终使自己能经受住挫折的考验。

（四）完善人格，培养健康的自我意识

情绪障碍和行为问题的背后往往掩藏的是人格障碍。完善人格，培养健康的自我意识是提高心理健康水平的重要方面：

1. 全面地自我认识，客观地自我评价

“人贵有自知之明”。每个人的人格中都有优点和长处，也有缺陷和不足，应该对自己的人格有一个全面的认识和客观的分析与评价，既不妄自菲薄，也不夜郎自大。同时，应该时时自我反省，扬长避短，实现人格的优化组合。

2. 培养积极的自我情感体验，避免消极的情感体验

自我体验是在自我认识基础上产生的一种对自己是否满意的一种情绪体验。人格健康的人以积极的自我情感体验为主，即适度的自尊、自信、自爱、自我悦纳；而消极的自我体验，如自卑、自我厌恶、自我排斥、自我中心等往往引发心理问题。

3. 自我规划，自我负责，自我超越

人格健全的人能够独立面对自己的人生，对自己人生的发展有一定的规划与安排，并为自己的人生负责，而不是一味依赖他人；能够时常发现自己的不足与缺陷，不断开发自己的潜能，超越自我，实现自我。

4. 在实践中培养良好的品格和习惯

实践是人格发展的必由之路。无论是知识的获取、能力的形成，还是意志的磨炼都离不开实践。大学生应积极参加各种有益身心健康的实践活动，在活动中培养坚韧、乐观、勤奋、自信、勇敢、正直、负责、认真等优秀的品格以及良好的行为习惯。俗话说“习惯决定行动，行动决定性格，性格决定命运”。习惯的养成过程也是对人格的塑造过程。

（五）学会沟通，建立和谐的人际关系

1. 乐于交往

有些大学生喜欢独处，甚至是自我封闭。孔子曾说过：“独学而无友，则孤陋而寡闻。”人在本质上是社会性存在，只有通过和他人的交往，才能不断地丰富自己，更好地认识、完善自己，遇到困难和问题，也会获得更多的支持与帮助，更好地化解问题。

2. 加强个人修养

人际关系的好坏往往和个人的修养有很密切的关系。一般而言，真诚热情、宽容大度、温和谦让、正直诚实的人比较容易建立良好的人际关系；而心胸狭隘、猜忌多疑、虚伪冷漠、自私自利、自我中心的人不太容易建立和谐的人际关系。

3. 掌握人际交往的原则和技巧

人际交往过程中，有些基本的原则应该注意，比如：相互平等、相互尊重、彼此包容、诚实守信、互利互惠、设身处地等；另外，交往的技巧也是很重要的，比如选择共同话题；给别人说话的机会；倾听别人说话时要注意认真、虚心；自己说话时要注意语速、语调，态度要诚恳、礼貌、亲和、幽默；交往的频率要适当；甚至要注意服饰、身体姿势、表情、距离等非言语信息的恰当运用。

4. 克服人际偏见

人际交往过程中，常常会受第一印象、晕轮效应、刻板印象、投射心理等人际偏见的影响，从而对交往对象产生错误的认知与判断，导致误解和隔阂。要想避免

这一情况，在交往过程中应该注意用全面、客观、发展的眼光去看待对方，“路遥知马力，日久见人心。”

5. 加强信息沟通

人际交往过程中，冲突和误会在所难免，有些冲突和误会的产生是因为缺乏信息的充分交流与沟通而导致的。误会产生后，一味地相互指责、怨恨、对抗只能使问题更加复杂、恶化，最后两败俱伤；理智的方法是双方冷静地坐下来，彼此敞开心扉，就问题进行充分地交流与对话，设身处地地相互理解、相互体谅，彼此包容，化解矛盾，才是解决问题的根本方法。

6. 培养合作精神

当今的大学生比较注重个性的张扬和社会的竞争，但如果过于极端就会引发人际冲突。随着时代的发展，未来社会越来越需要合作的精神，是否有合作意识是衡量个人素质和工作能力的一个重要方面。因此，作为当代大学生在发扬自己个性的同时，应该培养自己的合作精神，这本身也是提高自身竞争力的重要方面。

（六）树立科学的性观念，培养健康的爱情观

大学生已经在性生理方面发育成熟，出现性的需要和对爱情的渴望十分正常。但随着人们观念的开放、不良的社会风气的影响，当代大学生在性和情感问题上表现出一些问题和误区，如未婚先孕、网恋上当受骗、失恋报复或自杀等，这说明大学生虽然性生理已经成熟，但缺乏相应成熟的心理和道德的观念。树立健康科学的性观念和爱情观，自觉养成良好的性心理，培养健康的性道德，理智地处理个人情感生活，不仅有利于大学生身心健康，为其今后的幸福形成保障，也有助于维护校园和社会的稳定。

1. 树立科学的性观念

这一问题主要包括以下几个方面：(1) 性是一种正常的生理现象。随着性生理的成熟，大学生有性方面的冲动是正常的。但有的学生往往对自己的正常生理反应表现出紧张、焦虑、恐惧的心理，有的甚至严厉自责，认为自己的想法是肮脏的，过分压抑自己，反而容易引发性心理障碍。(2) 性行为应该谨慎、道德。现代大学生对性看得比较开放，婚前性行为比较随便甚至放纵，媒体还时有报道个别大学生甚至以性为职业，造成一系列恶果和问题，比如未婚先孕、流产、性犯罪、传染性病、艾滋病、自杀等。性不仅仅是一种满足生理需要的行为，它还是一种道德，一种人格，大学生应该掌握基本的性知识和性道德，提高自身的内在修养，学会保护自己，为自己的行为负责，这样才能真正体味到“性”的美好、健康、快乐与幸福。(3) 合理地疏导与宣泄。大学生有正常的性冲动，但很难在现实中得到正常满足，便会产生激烈的冲突，处理不当可能会产生恋物癖、暴露癖、窥淫癖等性变态行为或过分的手淫甚至性犯罪。日本心理学家关峋一认为：“不要压抑和歪曲对性的感情和表现，重要的是用智慧加以引导，使其有利于人类的幸福和发展……”大学生应

该学会与异性进行正常的交往，广泛参加各种文体活动，即使旺盛的精力得以适当的释放，又能促进身心健康，不断提升自我。

2. 培养健康的爱情观

爱情永远是一个美好的话题，但不一定永远带来美好的结果。对于大学生而言，正值青春年少，渴望爱情、体验爱情实属人之常情。但爱情本身的非理性以及大学生自身心理的不成熟性也使大学生在美好的爱情面前时时体验到痛苦。如何使爱情更美好呢？（1）端正爱情态度。真正的爱情是两颗真挚的心灵因为相互吸引、相互欣赏而走到一起。但有些大学生在恋爱时，不是从真挚的感情或共同的追求出发，或抱游戏的态度，或者是为了排遣寂寞，或者是出于从众心理，还有的为了追求金钱、地位而放言非百万富翁不嫁，非精英不嫁，恋爱的动机需要端正。此外，爱不仅是获得，更是一种付出；不仅是一种权利，更是一种责任和义务；不仅需要爱人，也要自爱。（2）摆正爱情的地位，处理好爱情与学业关系。大学生往往“爱情至上”，甚至把爱情看作是生活的唯一，为此严重影响到学业。爱情的确在人生中占有重要地位，但爱情不是人生的根本宗旨，更不是人生的全部，只有爱情而没有事业的生活是苍白的，这样的爱情也不会长久。只有伟大的事业对人生才具有决定意义，才可能造就高质量的人生与幸福。（3）培养爱的能力。美国著名诗人惠特曼说：“爱，不是一种单纯的行为，是我们生活中的一种气候，一种需要我们终身学习、发现和不断前进的活动。”爱情不仅仅是一时激情的迸发，更需要精心的呵护与经营。如果说爱情是因为相互吸引、相互欣赏而走到一起；那更需要相互理解、相互宽容而不断相融；相互尊敬、相互信任而不断牢固；相互激励、相互促进而不断升华；共赴磨难、生死与共而不离不弃；相互扶持、相互依恋而天长地久。而这些品质和能力都需要在爱的历程中不断地学习、培养。（4）正确对待失恋。在恋爱中遭遇挫折是常有的事，有的大学生失恋后，或者怨天尤人，或者痛不欲生，或者悲观厌世，或者打击报复，这样只能让自己受到更大的伤害。在处理失恋的问题上，正确的态度是做到失恋不失德，失恋不失态，失恋不失志。失恋不是失去爱的权利，也不是被爱神永远抛弃，只要把失恋的痛苦转化为成长的动力，只要有坚强乐观的生活态度和非凡的能力，只要心中有爱，爱可以重来！

（七）挑战自我，规划职业人生

职业是人生的重要组成部分，选择职业从某种意义上就是选择自己的未来。但随着市场经济、改革开放、高校扩招、就业制度改革等一系列变化，大学生的择业成为社会关注的热点和难点问题。作为当事人的大学生常常感到无所适从、不知所措，产生危机感、迷茫感，甚至是恐惧感。因此，作好择业的心理准备，保持良好的择业心态，除了有利于维护大学生的身心健康之外，对择业活动各个环节的顺利开展都有十分重要的作用。

1. 树立正确的择业观

在市场经济条件下，社会价值观趋于多元化、功利化和务实化，受这种观念的影响，大学生在择业时表现出急功近利、求闲怕苦、虚荣攀比、个人本位等心理误区，在一定程度上影响了他们的职业发展。作为当代大学生应该树立正确的择业观，处理好社会责任和个人利益的关系，树立自尊、自强、自立、自爱意识，发扬艰苦创业、吃苦耐劳精神，努力承担社会责任，把实现个人价值和贡献社会有机的的地结合起来。

2. 全面客观地评价自己

许多大学生在找工作时，往往只想找待遇高、辛苦少、名声好的工作，却不考虑自身的条件。大学生在就业、择业的准备阶段，要学会全面客观地评价自己，根据自己的气质、性格、兴趣爱好、能力、知识，甚至身高、外貌等来选择比较适合的工作种类，避免出现盲目从众的心理；求职时，要学会正确地看待自己的优势和不足，尽量扬长避短；正确地和他人作比较，不要以己之长比他人之短而自大，也不能以己之短比他人之长而自卑，要在实事求是地肯定自己优点的同时善于学习别人的长处，及时改善自己的缺点和不足。

3. 调整择业期望值

大学生乃天之骄子，在择业过程中往往对自己和工作抱很高的期望值，眼睛瞄准发达地区和大城市，要求丰厚的待遇、体面的地位、安逸的工作，专业对口，一步到位。如此高的期望值在当今社会受挫的可能性非常大。大学生在择业过程中应该从现实出发，从自己的实际情况出发，实事求是地选择适中的目标；即使暂时不能“一步到位”，可以“曲线救国”，在以后的工作中不断地加以调整，不断壮大自己，最终达至自己理想的目标。

4. 树立自主创业的观念

传统就业观念是从社会提供的各种职业中选择一个适合自己的职业。但作为一个现代大学生，不仅要有多次择业的心理准备，而且要树立自主创业的观念，即职业不仅是可以选择的，而且是可以创造的。大学生已具备相应的知识，在条件许可的情况下完全可以根据市场需要和社会需求创造新的职业。

5. 提高抗挫折能力

“双向选择、自主择业”的就业制度使竞争变得尤为激烈，挫折在所难免。毕业生应当对择业中的挫折有充分的思想准备，敢于面对现实，把挫折看成是锻炼意志，增强能力，提高心理素质的一场考验。要学会减轻思想负担，消除不安情绪；要积极总结经验教训，冷静、理智地分析择业挫折产生的原因，找出不足之处加以改进，将消极因素转化为积极因素，绝不能一遇到挫折就灰心丧气、怨天尤人、一蹶不振。

专栏 12—5 求职应注意的问题

1. 注意个人形象，不要不拘小节；

2. 要有自信心；

3. 做一份简明扼要的简历；

4. 诚信求职，不要弄虚作假；

5. 注意时机，不要一开口就询问待遇事宜；

6. 注意语言表达技巧，不要冗繁琐碎、结结巴巴、自吹自擂；

7. 求职时要表现出一定的诚意，不要让对方认为你是一个对职位不专一的人；

8. 端正个人态度，不要横向攀比、以上压下；

9. 在面试中保持自我，不要鹦鹉学舌 、唯唯诺诺；

10. 注意身份，不要反客为主。

三、学校心理健康辅导

(一) 心理辅导的途径

目前国内各级各类学校开展心理辅导主要是通过以下途径来完成的：

1. 开设以讲授为主的有关课程

有计划地面向学生开设心理学课、心理卫生课、心理健康教育课或举办有关的知识讲座，向学生传授、普及心理辅导有关知识，帮助学生正确认识自己、有效地调控自己心理和行为。该方式以知识传授为主。

2. 开设心理辅导活动课

该课程的特点在于：形式上以学生活动为主，内容选取上充分适合学生的实际需要，活动组织上以教学班为单位，活动课的目的、内容、方法、程序均是有计划、有系统地安排设计的。该方式的优点在于有利于学生主动性的发挥，可以通过活动使学生的认知、情感、态度、行为各方面都得以发展。

3. 结合班级、团体活动开展心理辅导

不是把心理辅导作为一门独立的课程单列，而是结合班会活动、课外活动、团体活动来进行。比如，新生入学时的“入学教育”、毕业时的升学就业辅导等。该种辅导形式比较灵活，便于发挥这几项工作在统一的育人活动中的整体功能。

4. 在学科教学中渗透心理辅导

该种辅导主要是结合学科教学来进行的。在语文、数学、思想品德、社会等各科教材中蕴含有不少适用于心理辅导的内容素材，教师可以利用这一资源，灵活组织、积极渗透，就可以在学科教学的同时取得心理辅导的实效，从而使心理辅导的内容更加丰富，形式更加灵活。

5. 个别辅导

个别辅导是针对个别学生（通常是一些特殊学生包括资质优异学生、情绪困扰学生、行为偏差学生、家庭处境不利的学生等）出现的问题，通过辅导教师与学生一对一的比较深入、持续的沟通来帮助个体消除其所面临的困扰，促进其成长的专业助人活动。常用的方式有个别交谈、电话咨询、信函咨询、个案研究等。个别辅导是学校心理辅导中不可替代的一种辅导方式，是对团体辅导的一种有益补充。

6. 小组辅导

小组辅导也称团体咨询，是一组学生在辅导教师指导下讨论、训练，并有效地处理他们面临的共同问题。小组人数少则四五人，多则十一二人。其成员多为同年级、同年龄学生，且有类似的待解决的心理困扰。小组辅导适用条件是：学生的心理问题与人际交往有关，小组成员愿意在团体中探讨他们的问题。一个小组通常要活动十多次，每次时间为一课时。小组辅导兼有班级辅导与个别辅导的优点，是一种很有发展潜力的心理辅导方式。

此外，组织学生参加各种社会实践活动也是学校心理辅导的一条重要途径。

（二）学校心理辅导的方法

学校心理辅导的方法会因为辅导的目标、内容、方式的不同有很大的差异。比如，在面向全体学生进行心理健康辅导以预防心理疾病的发生，促进其心理潜能的开发与心理素质提高时，通常采用讲授法、活动法、心理修养法、环境熏陶法、榜样示范法等。这些方法在大家受教育的过程中经常遇到，比较熟悉，不再赘述。在此，仅就个别辅导过程中，面对轻、中度心理问题的个体可以使用的心理干预方法概要介绍几种：

1. 放松训练

放松训练对于应付紧张、焦虑、不安、气愤的情绪与情境非常有用，可以帮助人们振作精神，恢复体力，消除疲劳，镇定情绪。

放松训练的程序是：让来访者以舒服的姿势坐好或躺好，闭上眼睛。环境要安静，光线不要太亮，尽量减少无关刺激。放松的顺序为手臂部、头部、躯干部、腿部。根据需要，也可以适当调整次序。每一部分肌肉放松的步骤是：集中注意——肌肉紧张——保持紧张——解除紧张——肌肉松弛。

这几个步骤结合每部分肌肉的紧张——放松过程，治疗者可按下述方法给来访者以放松指示。如手臂部的放松，治疗者可以这样发出指示：伸出你的右手，握紧拳，使劲儿握，就好像要握碎什么东西一样，注意手臂紧张的感觉（集中注意和肌肉紧张）……坚持一下，……再坚持一下（保持紧张）……好，放松……现在感到手臂很放松了……（解除紧张和肌肉松弛）。其他依此类推。

另外，深呼吸放松法、想象性放松和音乐放松也能达到放松的效果。

2. 系统脱敏法

系统脱敏法也称交互抑制，由美国心理学家沃尔帕（J. Wolpe）首创，主要用于治疗恐怖症、焦虑症。在病人产生焦虑反应的同时，让他放松，来逐渐制约、对抗焦虑和恐惧情绪。系统脱敏法包括三个主要步骤：（1）来访者需要确认引发其焦虑的刺激，并将这些刺激按照引发焦虑的程度（用分数表示）由弱至强进行等级排列。例如一个学生患有严重的考试焦虑，她对引起其焦虑的刺激情境按照由低到高的顺序进行了等级排列（见表 12.2）。（2）来访者必须系统地接受渐进式深度肌肉放松的训练。放松训练需要占用几次治疗的时间，这是因为来访者需要学会区别紧张和放松的肌肉感觉，以便在躯体上和心理上能够达到放松的状态。（3）按等级层次中列出的项目由低到高逐步地进行想象或实地脱敏。以想象脱敏为例：首先让来访者先充分想象等级层次中焦虑水平最低的事件，待焦虑情绪唤醒后，让其停止想象，报告此刻的焦虑水平，然后放松。待完全放松后，让来访者再想象，再放松，如此循环往复，直到来访者的焦虑水平比较稳定地降至 10 或 15 分以下，针对这个事件的干预结束；再进入等级层次中的第 2 个事件，进行同样程序的干预；依此类推，最后到来访者最焦虑、恐惧的事件。

表 12－2　　一个害怕考试的学生害怕的等级层次

事件	主观焦虑水平
（1）考前一周想到考试时	20
（2）考试前一天晚上想到考试时	25
（3）走在去考场的路上	30
（4）在考场外等候时	50
（5）进入考场	60
（6）第一遍看考试卷子时	70
（7）和其他人一起坐在考场中想着不能不进行的考试时	80

3. 厌恶疗法

厌恶疗法是用惩罚性的厌恶刺激来减少或消除一些适应不良行为（如性变态、酗酒、吸毒、强迫等）的方法。厌恶法常用电击、药物、想象等作为厌恶刺激。心理辅导中可用以下两种方法：（1）弹拉橡皮圈法：以治疗强迫观念为例，当个体出现强迫观念时，拉弹套在手腕上的橡皮筋来抑制这种强迫观念；（2）想象厌恶疗法：以性心理变态为例，当患者出现不良性冲动时，要他立即闭上双眼，想象眼前站着一个高大警察，或是想象被人当场抓住，在众人面前受到批评指责和羞辱的场面，想象在这种场合又如何身败名裂，无地自容，羞愧难忍，从而达到厌恶此种行为的目的。

4. 满灌技术

满灌技术是一种与系统脱敏法相反的方法。也称冲击疗法，治疗原理是如果某些反应大量地产生，但不给予强化，则这些反应不久就消退。让病人置身于引起焦虑反应的情境中，让他重复多次体验不快的经验，使原来引起症状的内部动因逐渐消退，病人的症状也就消除了。例如对实验室白鼠产生恐惧的人，让他反复看到许多白鼠并捉摸白鼠；让具有幽闭恐怖症的人坐在黑暗的小室中，或把一个害怕水的孩子放入游泳池里等等。满灌技术主要对调适焦虑和恐惧情绪有效，但此种方法对来访者的冲击比较大，要慎重使用。

5. 代币奖励

代币是一种象征性强化物，筹码、小红星、盖章的卡片、特制的塑料币等都可作为代币。当学生作出我们所期待的良好行为后，我们发给数量相当的代币作为强化物。学生用代币兑换有实际价值的奖励物或活动。例如，一个初中生上课不注意听讲，拒不完成作业，社交技能差。可以利用代币作强化物，成功培养了学生一系列良好的行为。具体步骤：(1) 设定目标行为：上课注意听讲、完成阅读任务、参加课堂讨论。(2) 规定代币的形式、不同数量的代币对应的强化物以及兑换代币的方式等问题。如规定每完成一次目标行为就发一个代币，一个代币可兑换一瓶饮料；5个可以兑换肯德基就餐券……100个可以兑换一次假期旅游机会等。(3) 观察个体反应，每当个体出现目标行为，即可给予适量的代币作为强化；(4) 按规定，以代币兑换强化物。

6. 角色扮演法

角色扮演是通过设定某种情境与题材，让学生扮演一定角色，练习某种行为方式，提高某种社会技能，或解决其所面临的冲突的一种方法。角色扮演法在各种咨询辅导理论流派中被广为应用，尤其在解决人际关系问题时比较有效。角色扮演有不同的表现形式：

(1) 集体的角色扮演。即心理剧、社会剧的形式，有舞台、剧本、演剧者、指导者。其主要步骤是：①设定目标，确定情境。例如，某生与父母长期有矛盾，爆发了一场冲突；②辅导教师指导学生发展情节，准备剧本，设定角色，分派角色。如，让来访者演自己，小组其他成员演其父母；③开始表演，小组成员认真观察来访者的问题，做记录；④演完后，把信息反馈给来访者，并按照正确的行为重新反复表演，直到获得适应性行为；⑤在实际生活中练习、迁移。

(2) 个别形式的角色扮演。让学生扮演生活中的自己，辅导教师扮演他的父母、同学、朋友等。

(3) 让学生轮换扮演两个角色（学生和校长）。与之打交道的另一个角色用空椅子代替。让学生练习同想象中的坐在空椅子上的人物说话。

(4) 固定角色扮演。让学生按照辅导教师为他撰写的草稿，扮演与自己原来性格不同的角色。如学生原来是被动的，就让他扮演主动的角色。在两周时间内，学生每天必须细读扮演草稿三次，并在日常生活中按角色身份去说、想、做，去同他人打交道。

7. 肯定性训练

肯定性训练，也叫自信训练、果敢训练，其目的是促进个体在人际关系中公开表达自己真实的情感和观点，维护自己权益也尊重别人权益，发展人的自我肯定行为。肯定性训练是通过角色扮演以增强自信心，然后再将学得的应对方式应用到实际生活情境中。通过训练，当事人不仅减低了焦虑程度，而且发展了应付实际生活的能力。肯定性训练的步骤是：

（1）设置训练情境。这些情境都是当事人难以应付的情境。例如：排队购票时有人在你前面“加塞”；老师不公正地批评了你；把不合格商品退回商店等；

（2）以角色扮演方式逐一进行训练；

（3）决定其他变通的方式；

（4）在现实生活中实际地运用学得的交往方式；

（5）评价训练的效果。

8. 认知改变法——理性情绪辅导

艾里斯认为人的情绪是由他的思想决定的，合理的观念导致健康的情绪，不合理的观念导致负向的、不稳定的情绪。他提出一个解释人的行为的 A—B—C 理论：

A：个体遇到的主要事实、行为、事件；

B：个体对 A 的信念、观点；

C：事件造成的情绪结果。

人们习惯于把情绪反应 C 的产生归于 A，其实 B（信念）是直接决定因素。人有许多非理性的观念，如我“必须”成功，并得到他人赞同；别人“必须”对我关怀和体贴；事情“应该”做得尽善尽美；课堂上回答问题有错误是很糟糕的事等等。正是这些非理性的观念，使人产生负向情绪。若要改善情绪状态，必须驳斥（D）非理性信念 B，建立新观念（E）。这就是艾里斯理性情绪治疗的 ABCDE 步骤。以下是实例：

A：事件：“考不好，受父母训斥”；

B：观念：“同学会取笑我，真丢面子”；

C：情绪：难过、沮丧；

D：驳斥：“这不是事实，只是我的主观想法，怎么知道同学会取笑？即使有人取笑，难道我就真的无法忍受？”

E：新观念：“可能无人取笑我；被取笑只是一时，只要用功，成绩可以改善；何况我还有其他长处”。

[主要结论与应用]

1. 健康不仅是没有疾病，而且包括躯体健康、心理健康、社会适应良好和道德健康。心理健康是健康的重要维度，目前虽然没有统一界定，但可以从以下三个层次来理解：(1) 最低层次：没有心理疾病；(2) 中间层次：心理功能健全，社会适应良好；(3) 最高层次（理想状态）：自我实现。一般而言，心理健康的人认识正常；情绪稳定乐观；意志品质健全；行为表现正常；人际关系和谐；人格独立完整；自我意识正确。

2. 青少年作为一个特殊群体，其心理健康状况表现出以下几个特点：问题比较普遍；心理问题发生呈逐年上升的趋势；随年龄增长呈上升的趋势；后果比较严重。青少年常见的心理问题有学习问题、人际关系问题、青春期性心理问题、行为问题、适应性问题，另外，以各种情绪障碍为主的神经症发生率较高，也有为数较少的重型精神病的发作。导致青少年心理问题发生的原因很复杂，概括起来，与青少年的生理、心理状况以及所处的家庭、学校、社会等诸因素密切相关。

3. 青少年心理健康的现状使得对青少年进行心理健康辅导势在必行。所谓心理辅导是指学校教育者（或专业辅导人员）根据学生心理发展的特征与规律，运用心理学等专业知识技能，通过集体辅导、个别辅导等多种形式设计，帮助学生消除成长中面临的障碍，形成良好的心理素质，充分发挥个人潜能，促进其心理健康与人格和谐发展的过程。心理辅导是介于心理健康教育与心理咨询之间的一种心理帮助模式。作为未来教师的师范院校的大学生应该树立“人格之师”、“心理健康之师”的教育理念，了解学校心理辅导的目标、内容、原则、途径和方法，为未来的从业做好充分的心理和知识的准备。

4. 大学生应该注意维护自身的心理健康，主要有以下途径：改善认知，树立正确的人生观、世界观和价值观；调整情绪，培养积极情绪体验；锻炼坚强的意志，提高耐挫折能力；完善人格，培养健康的自我意识；学会沟通，建立和谐的人际关系；树立科学的性观念，培养健康的爱情观；挑战自我，规划职业人生。

[学术动态]

1. 青少年学生的考试焦虑及其缓解是心理辅导实践中的重要问题。当前心理学研究者正和其它学科学者共同合作，从生物—医学—社会角度探讨其综合成因，为解决该问题致力于寻找更为有效的咨询和矫正方案。

2. 教师职业倦怠正成为学校心理咨询与辅导研究中的新领域。如何有效缓解教师的职业倦怠、提高其工作效能正吸引着越来越多心理学家的研究兴趣。

3. 当代学生正面临着越来越大的就业压力。如何引导学生在学期间进行科学合理的生涯设计和实施就业辅导正成为一个非常现实的重要教育问题。

[学业评价]

1. 什么是健康？

2. 如何理解心理健康?

3. 心理健康的标准有哪些?

4. 青少年心理健康现状如何?

5. 对青少年进行心理健康教育有何意义?

6. 青少年的心理问题主要表现在哪些方面?

7. 导致青少年产生心理问题的原因有哪些?

8. 什么是心理辅导?心理辅导和心理健康教育、心理咨询、心理治疗有何区别?

9. 大学生应该如何维护自身的心理健康?

10. 学校心理辅导的途径有哪些?

11. 学校心理辅导的方法有哪些?能够针对具体问题提出切实可行的干预方案。

参考文献

一、中文文献

1. 常若松主编：健康人格论. 沈阳：辽宁人民出版社，2004 年版.

2. 陈家麟著：学校心理健康教育. 北京：教育科学出版社，2002 年版.

3. 陈琦，刘儒德主编：当代教育心理学. 北京：北京师范大学出版社，1997 年版.

4. 陈琦，刘儒德主编：教育心理学. 北京：高等教育出版社，2005 年版.

5. 陈少华编著：人格心理学. 广州暨南大学出版社，2004 年版.

6. 陈彦方著：实用医学心理学. 北京：中国协和医科大学出版社，2005 年版.

7. 程向阳著：差异教学模式及其实践与反思. 中国教育学刊，2006 年第 4 期.

8. 代蕊华著：课堂设计与教学策略. 北京：北京师范大学出版社，2005 年版.

9. 丹尼斯·库恩著，郑钢等译：心理学导论——思想与行为的认识之路（第 9 版）. 北京：中国轻工业出版社，2004 年版.

10. 董广杰主编：大学生心理健康教育与应用. 北京：中国纺织出版社，2004 年版.

11. 董奇，申继亮著：心理与教育研究法. 杭州：浙江教育出版社，2005 年版.

12. 冯忠良等著：教育心理学. 北京：人民教育出版社，2000 年版.

13. 冯忠良著：结构化与定向化教学心理学原理. 北京：北京师范大学出版社，1998 年版.

14. 高文斌、陈祉妍：网络成瘾病理心理机制及综合心理干预研究. 心理科学进展，2006 年第 4 期.

15. 高玉祥著：个性心理学. 北京：北京师范大学出版社，2002 年版.

16. 郭黎岩主编：心理学. 南京：南京大学出版社，2002 年版.

17. Jeff Davidson 著，罗汉、杨志森等译：应对压力. 上海：上海三联书店，2004 年版.

18. 郭永玉著：人格心理学——人性及其差异的研究. 北京：中国社会科学出版社，2005 年版.

19. 韩永昌主编：心理学. 上海：华东师范大学出版社. 2001 年版.

20. 韩进之主编：教育心理学纲要. 北京：人民教育出版社，1989年版.

21. 黄希庭著：心理学导论. 北京：人民教育出版社，1991年版.

22. 黄希庭主编：心理学. 上海：上海教育出版社，1997年版.

23. 黄希庭著：人格心理学. 杭州：浙江教育出版社，2002年版.

24. 黄希庭，郑涌等著：个性品质的形成——理论与探索. 北京：新华出版社，2004年版.

25. 詹姆斯·卢格著：人生发展心理学. 北京：学林出版社，1996年版.

26. 金娣，王刚著：教育评价与测量，北京：教育科学出版社，2002年版.

27. 贾晓波，陈世平主编：学校心理辅导实用教程. 天津：天津教育出版社，2002年版.

28. Julia C. Berryman等著，武岳国等译：心理学与你. 北京：北京大学出版社，2000年版.

29 卡萝尔·韦德、卡萝尔塔·佛斯瑞著，白学军等译：心理学的邀请. 北京：北京大学出版社，2006年版.

30. 劳伦·B. 阿洛伊，约翰·H. 雷斯金德，玛格丽特·J. 玛诺斯著，汤镇宇，丘鹤飞、杨茜译：变态心理学. 上海：上海社会科学院出版社，2005年版.

31. 李伯黍、燕国材主编：教育心理学. 上海：华东师范大学出版社，1993年版.

32. 理查德·格里格、菲利普·津巴多著，王垒、王甦等译，心理学与生活（第16版）. 北京：人民邮电出版社，2003年版.

33. 李丹主编：儿童发展心理学. 北京：华东师范大学出版社，1987年版.

34. 梁宁建：专家和新手问题解决认知活动特征的研究. 心理科学，1997年第5期.

35. 林崇德著：发展心理学. 北京：人民教育出版社，1995年版.

36. 李晓文，王莹著：教学策略. 北京：高等教育出版社，2000年版.

36. 刘海燕主编：大学生心理健康教育. 济南：黄河出版社，1999年版.

37. 刘儒德：论建构主义学习迁移观. 北京师范大学学报（人文社会科学版），2001年第4期.

38. 刘益民、程甫、刘耀中主编：心理学. 北京：科学出版社，2000年版.

39. 刘新民主编：变态心理学. 北京：中国医药科技出版社，2005年版.

40. 李蔚，祖晶著：课堂教学心理学. 北京：中国科学技术出版社，2002年版.

41. 李铮、姚本先主编：心理学新论. 北京：高等教育出版社，2001年版.

42. 路海东主编：学校教育心理学. 长春：东北师范大学出版社，2000年版.

43. 罗杰·R·哈克著，白学军等译：改变心理学的40项研究——探索心理学研究的历史. 北京：中国轻工业出版社，2004年版.

44. 罗伯特. 费尔德曼（Robert Feldman）著：普通心理学. 北京：人民邮电出版社，2004年版.

45. M·艾森克主编，阎巩固译：心理学一条整合的途径（上下册）. 上海：华东师范大学出版社，2001年版.

46. 孟昭兰主编：普通心理学. 北京：北京大学出版社，1994年版.

47. 南京师范大学主编：心理学. 南京：河海大学出版社，1991年版.

48. 彭聃龄著：普通心理学. 北京：北京师范大学出版社，2001年版.

49. 彭聃龄著：普通心理学（修订版）. 北京：北京师范大学出版社，2006年版.

50. 皮连生主编：学与教的心理学. 上海：华东师范大学出版社，2003年版.

51. 皮连生主编：教学设计——心理学的理论与技术. 北京：高等教育出版社，2004年版.

52. Phillip L. Rice著，石林、古丽娜等译：压力与健康. 北京：中国轻工业出版社，2000年版.

53. 钱铭怡著：心理咨询与心理治疗. 北京：北京大学出版社，1994年版.

54. 邱鸿钟著：大学生心理卫生. 广州：广东高等教育出版社，2002年版.

55. 全国十二所重点师范大学联合编写：心理学基础. 北京：教育科学出版社，2002年版.

56. 社会心理学编写组：社会心理学. 天津：南开大学出版社，1990年版.

57. R. E. Slavin著，姚梅林译：教育心理学——理论与实践. 北京：人民邮电出版社，2004年版.

58. R. J. 斯腾博格主编，施建农等译：创造力手册. 北京：北京理工大学出版社，2005年版.

59. Robert J. Sternberg，Wendy M. Williams著，张厚粲译：教育心理学. 北京：中国轻工业出版社，2003年版.

60. 孙安：健康的心理——大学生成才的保证. 中国教育报，1998年10月.

61. 谭顶良著：学习风格论. 南京：江苏教育出版社，1995年版.

62. 王贵林，陈洵主编：心理学教程. 广州：广东高等教育出版社，2005年版.

63. 汪凤炎，燕良轼主编：教育心理学新编. 广州：暨南大学出版社，2006年版.

64. 汪凯著：生理心理学. 北京：北京科学技术出版社，2006年版.

65. 奚恺元著：别做正常的傻瓜. 北京：机械工业出版社，2005年版.

66. 辛自强：问题解决研究的一个世纪：回顾与前瞻. 首都师范大学学报（社

会科学版)，2004 年第 6 期.

67. 杨东平编：教育——我们有话要说. 北京：中国社会科学出版社，1999 年版.

68. 杨宁：从元认知到自我调节——学习策略研究的新进展. 南京师大学报(社会科学版)，2006 年第 4 期.

69. 杨治良等编著：记忆心理学. 上海：华东师范大学出版社，1999 年版.

70. 杨治良著：实验心理学. 杭州：浙江教育出版社，1998 年版.

71. 姚本先主编：心理学. 北京：高等教育出版社，2005 年版.

72. 叶奕乾、何存道、梁宁建主编：普通心理学. 上海：华东师范大学出版社，2004 年版.

73. 余强基著：当代青少年学生心理障碍与教育. 北京：北京师范大学出版社，2001 年版.

74. 约翰·D·布兰思福特等编著，程可拉等译：人是如何学习的. 上海：华东师范大学出版社，2002 年版.

75. 王道俊、王汉澜著：教育学. 北京：人民教育出版社，1999 年版.

76. 王登峰编：变态心理学. 北京：时代文化出版社，1993 年版.

77. 吴增强主编：当代青少年心理辅导. 上海：上海科学技术文献出版社，2003 年版.

78. 吴增强主编：现代学校心理辅导. 上海：上海科学技术文献出版社，2004 年版.

79. 张承芬主编：教育心理学. 济南：山东教育出版社，2006 年版.

80. 张承芬、宋广文主编：心理学导论. 北京：人民出版社，2001 年版.

81. 张春兴著：现代心理学. 上海：上海人民出版社，1994 年版.

82. 张春兴著. 教育心理学. 杭州：浙江教育出版社，2002 年版.

83. 张大均主编：教学心理学. 重庆：西南师范大学出版社，1997 年版.

84. 张大均主编：教与学的策略. 北京：人民教育出版社，2003 年版.

85. 张大钧主编：教育心理学. 北京：人民教育出版社，2005 年版.

86. 张金彦、王建军主编：大学生心理素质教育. 东营：石油大学出版社，2002 年版.

87. 张玲等著：心理健康研究与指导. 北京：教育科学出版社，2001 年版.

88. 张奇著：学习理论. 武汉：湖北教育出版社，1999 年版.

89. 张庆林，赵玉芳主编：心理发展与教育. 重庆：重庆出版社，2006 年版.

90. 张庆林、杨东主编：高效率教学. 北京：人民教育出版社，2002 年版.

91. 张晔、秦华伟著：人格理论与塑造. 北京：国防工业出版社，2006 年版.

92. 张向葵，吴晓义著：课堂教学监控. 北京：人民教育出版社，2004 年版.

93. 张文新主编：高等教育心理学. 济南：山东人民出版社，2004年版.

94. 张文新主编：青少年发展心理学. 济南：山东人民出版社，2002年版.

95. 张文新著：儿童社会性发展. 北京：北京师范大学出版社，1999年版.

96. 张向葵著：青少年心理问题研究. 长春：东北师范大学出版社，2001年版.

97. 张小乔主编：心理咨询的理论与操作. 北京：中国人民大学出版社，1998年版.

98. 章志光主编：小学教育心理学. 北京：中国人民大学出版社，1999年版.

99. 章志光主编：心理学. 北京：人民教育出版社，2002年版.

100. 郑日昌著：大学生心理卫生. 济南：山东教育出版社，1996年版.

101. 郑雪编著：人格心理学. 广州：广东高等教育出版社，2004年版.

102. 朱燕：现代知识分类思想下的学习迁移理论述评. 心理科学，1999年第3期.

二、英文文献

1. Bar－Tal, D., Raviv, A., & Leiser, T. (1980). The development of altruistic behavior: Empirical evidence. Developmental Psychology, 16.

2. Berndt, T. & Perry, T. (1990). Distinctive features and effects of early adolescent friendships. In R. Mintemayor, G. Adams & T. Gullota (Eds.), Advances in adolescence research vol 2. Newbury Park, CA: sage.

3. Bronfenbrenner, U. (1979). The ecology of human development. Cambridge, Harvard University Press.

4. Brown, B., Mounts, N., Lamborn, S. & Steinberg, L. (1993). Parenting practices and peer group affiliation in adolescence. Child Development, 64.

5. Bulcroft, R. (1991). The value of physical change in adolescence: Consequence for the parent－adolescent exchange relationship. Journal of Youth and Adolescence, 20.

6. Colby, A. & Kohlberg, L. (1987). The measurement of moral judgment (Vol. 1): theoretical foundation and research validation. New York: Cambridge University Press.

7. Cole, M. & Cole, S. R. (1996). The development of children. New York: W. H. Freeman and Company.

8. Coughlin, C., & Vuchinich, S. (1996). Family experience in preadolescence and the development of male delinquency. Journal of Marriage and the Family, 58.

9. Douvan, E. & Adelson, J. (1996). The adolescent experience. New York: Willey.

10. Elkind, D. (1985). Reply to D. Lapsley and M. Murphy's Developmental Review paper. Developmental Review, 5.

12. Epstien, C. (1980). Brain growth and cognitive functioning: Characteristics and implications. Columbus, Ohio: NMSA.

13. Erikson, E. (1968). Identity: Youth and crisis. New York: Norton..

14. Flavell, J. H., Miller P. H. (1998). Social cognition. In W. Damon (editor—in—chief), D. Kuhn & R. S. Siegler. Handbook of child psychology: Cognitions, perceptions, and language. Toronto: Wiley, Vol. 2.

15. Halpern, C., Udry, J., & Suchindran, C. (1996). Monthly measures of salivary testosterone predict sexual activity in adolescent males. Paper presented at the biennial meetings of the Society for Research on Adolescence, Boston.

16. Hartup, W. (1992). Friendships and their developmental significance. In H. McGurk (Ed.), Contemporary issues in childhood social development. London: Rouledge.

17. Helwig, C. C., Turiel, E., & Nucci, L. P. (1996). The virtues and vices and moral development theorists. Developmental Review, 16.

18. Hill, J. (1983). Early adolescence: A framework. Journal of Early Adolescence, 3.

19. Kohlberg, L., Boyd, D. R. & Levine, C. (1990). The return of stages 6: Its principle and moral point of view. In T. E. Wren (Ed.), The moral domain. Cambridge, MA: MIT Press.

20. Lamborn, Mounts, Steinberg & Dornbusch (1991). Patterns of competence and adjustment among adolescents from authoritative, authoritarian, indulgent, and neglectful families. Child Development, 62.

21. Lefton, L. A. (2000). Psychology (7th ed.). Allyn & Bacon, Needham Heights.

22. Levin, I. & Bekerman—Greenberg, R. (1980). Moral judgment and moral reasoning in sharing: a developmental analysis. Genetic Psychological Monographs, 101.

23. Livson, N., & Peskin, H. (1980). Perspectives on adolescence from longitudinal research. In J. Adelson (Eds.), Handbook of adolescent psychology. New York: Wiley.

24. Marcia, J. (1980). Ego identity development. In J. Adelson (Ed.),

Handbook of adolescent psychology. New York: Wiley.

25. Paikoff, R., & Brooks—Gunn, J. (1991). Do parent—child relationships change during puberty? Psychological Bulletin, 110.

26. Persen, A., & Taylor, B. (1980). The biological approach to adolescence: Biological change and psychological adaptation. In J. Adelson (Eds.), Handbook of adolescent psychology. New York: Wiley.

26. Pervin, L. A. (1990). A brief history of modern personality theory. In . A. Pervin (Ed.), Handbook of personality: Theory and research. New York: The Guilford Press.

27. Peterson, C. (1992). Personality (2nd ed). Ft Worth TX: Harcourt Brace Jovanovich.

28. Santrock, J. W. (2001). Adolescence (8th edition). New York: McGraw—Hill Companies, Inc.

29. Scheer, S. D. (1996). Adolescent to adult transitions: Social status and cognitive factors. Paper presented at the meeting of the Society for Research on Adolescence, Boston.

30. Scheer, S., Unger, D., & Brown, M. (1994). Adolescents becoming adults: Attributes for adulthood. Paper presented at the biennial meetings of the Society for Research on Adolescence, San Diego.

31. Selman, R. L. (1980). The growth of interpersonal understanding. Development and Clinical Analysis, New York: Academic Press.

32. Sharabany, R., Gershoni, R. & Hoffman, J. (1981). Girlfriend, boyfriend: Age and sex differences in intimate friendship. Developmental Psychology, 17.

33. Sprinthall & Collin (1995). Adolescent psychology: A developmental view (3rd edition). New York: McGraw—Hill, Inc.

34. Steinberg, L. & Steinberg, W. (1994). Crossing paths: How your child's adolescence triggers your own crisis. New York: Simon & Schuster.

35. Steinberg, L. (1992). Autonomy, conflict, and harmony in the family relationship. In S. S. Feldman & G. R., Elliot (ed.), At the threshold: the developing adolescent. Cambridge, MA: Harvard University Press.

36. Steinberg, L. (1999). Adolescence (5th edition). McGraw—Hill Companies Inc.

37. Sternberg, R. B. (1995). In search of the human mind. Florida: Harcourt Brace College Publishers.

38. Turiel, E. (1983). The development of social knowledge: morality and convention. New York: Cambridge University Press.

39. Wainryb, C. & Turiel, E. (1994). Dominance, subordination, and concepts of personal entitlements in cultural contexts. Child Development, 65.

XINLIXUE YU JIAOYU

心理学与教育

张文新　高峰强　司继伟　主编

山东人民出版社·济南
国家一级出版社　全国百佳图书出版单位

图书在版编目(CIP)数据

心理学与教育/张文新,高峰强,司继伟主编. —济南:山东人民出版社,2006.12(2022.1 重印)
ISBN 978-7-209-04141-6

Ⅰ.心… Ⅱ.①张… ②高… ③司… Ⅲ.心理学-研究 Ⅳ.B84

中国版本图书馆 CIP 数据核字(2007)第 026167 号

责任编辑:王　晶

心理学与教育
张文新　高峰强　司继伟　主编

山东出版传媒股份有限公司
山东人民出版社出版发行
社　址:济南市英雄山路 165 号　邮　编:250002
网　址:http://www.sd-book.com.cn
市场部:(0531)82098027　82098028
新华书店经销
日照报业印刷有限公司印装
规　格　16 开　(180mm×240mm)
印　张　22.5
字　数　400 千字
版　次　2006 年 12 月第 1 版
印　次　2022 年 1 月第 11 次
ISBN 978-7-209-04141-6
定　价　46.00 元

如有质量问题,请与印刷厂调换。(0633)8221365